北京大学“双一流”建设成果
方李邦琴北京大学人文学科文库出版基金赞助

北 京 大 学 人文学科文库 | 北大考古学 研 究 丛 书

先秦两汉都城礼制文明研究

A Study on the Ritual Civilization of the Capital Cities of the Pre-Qin and Han Dynasties

高崇文 著

图书在版编目(CIP)数据

先秦两汉都城礼制文明研究 / 高崇文著.--北京：北京大学出版社，2024.9.--（北京大学人文学科文库）.--ISBN 978-7-301-35467-4

Ⅰ. K878.34

中国国家版本馆CIP数据核字第2024YW6291号

书　　名	先秦两汉都城礼制文明研究 XIANQIN LIANGHAN DUCHENG LIZHI WENMING YANJIU
著作责任者	高崇文 著
责任编辑	方哲君
标准书号	ISBN 978-7-301-35467-4
出版发行	北京大学出版社
地　　址	北京市海淀区成府路205号　100871
网　　址	http://www.pup.cn　新浪微博：@ 北京大学出版社
电子邮箱	编辑部 dj@pup.cn　总编室 zpup@pup.cn
电　　话	邮购部 010-62752015　发行部 010-62750672 编辑部 010-62756694
印 刷 者	北京中科印刷有限公司
经 销 者	新华书店
	650毫米×980毫米　16开本　26.25印张　377千字 2024年9月第1版　2024年9月第1次印刷
定　　价	118.00元

总　序

袁行霈

人文学科是北京大学的传统优势学科。早在京师大学堂建立之初，就设立了经学科、文学科，预科学生必须在五种外语中选修一种。京师大学堂于1912年改为现名，1917年，蔡元培先生出任北京大学校长，他"循思想自由原则，取兼容并包主义"，促进了思想解放和学术繁荣。1921年北大成立了四个全校性的研究所，下设自然科学、社会科学、国学和外国文学四门，人文学科仍然居于重要地位，广受社会的关注。这个传统一直沿袭下来，中华人民共和国成立后，1952年北京大学与清华大学、燕京大学三校的文、理科合并为现在的北京大学，大师云集，人文荟萃，成果斐然。改革开放后，北京大学的历史翻开了新的一页。

近十几年来，人文学科在学科建设、人才培养、师资队伍建设、教学科研等各方面改善了条件，取得了显著成绩。北大的人文学科门类齐全，在国内整体上居于优势地位，在世界上也占有引人瞩目的地位，相继出版了《中华文明史》《世界文明史》《世界现代化历程》《中国儒学史》《中国美学通史》《欧洲文学史》等高水平的著作，并主持了许多重大的考古项目，这些成果发挥着引领学术前进的作用。目前北大还承担着《儒藏》《中华文明探源》《北京大学藏西汉竹书》的整理与研究工作，以及《新编新注十三经》等重要项目。

与此同时，我们也清醒地看到：北大人文学科整体的绝对优势正在减弱，有的学科只具备相对优势了；有的成果规模优势明显，高度优势还有待提升。北大出了许多成果，但还要出思想，要产生影响人类命运和前途的思想理论。我们距离理想的目标还有相当长的距离，需要人文学科的老师和同学们加倍努力。

我曾经说过：与自然科学或社会科学相比，人文学科的成果，难以直接转化为生产力，给社会带来财富，人们或以为无用。其实，人文学科力求揭示人生的意义和价值，塑造理想的人格，指点人生趋向完美的境地。它能丰富人的精神，美化人的心灵，提升人的品德，协调人和自然的关系以及人和人的关系，促使人把自己掌握的知识和技术用到造福于人类的正道上来，这是人文无用之大用！试想，如果我们的心灵中没有诗意，我们的记忆中没有历史，我们的思考中没有哲理，我们的生活将成为什么样子？国家的强盛与否，将来不仅要看经济实力、国防实力，也要看国民的精神世界是否丰富，活得充实不充实，愉快不愉快，自在不自在，美不美。

一个民族，如果从根本上丧失了对人文学科的热情，丧失了对人文精神的追求和坚守，这个民族就丧失了进步的精神源泉。文化是一个民族的标志，是一个民族的根，在经济全球化的大趋势中，拥有几千年文化传统的中华民族，必须自觉维护自己的根，并以开放的态度吸取世界上其他民族的优秀文化，以跟上世界的潮流。站在这样的高度看待人文学科，我们深感责任之重大与紧迫。

北大人文学科的老师们蕴藏着巨大的潜力和创造性。我相信，只要使老师们的潜力充分发挥出来，北大人文学科便能克服种种障碍，在国内外开辟出一片新天地。

人文学科的研究主要是著书立说，以个体撰写著作为一大特点。除了需要协同研究的集体大项目外，我们还希望为教师独立探索，撰写、出版专著搭建平台，形成既具个体思想，又汇聚集体智慧的系列研究成果。为此，北京大学人文学部决定编辑出版“北京大学人文学科文库”，旨在汇集新时代北大人文学科的优秀成果，弘扬北大人文学科的学术传统，展示北大人文学科的整体实力和研究特色，为推动北大世界一流大学建设、促进人文学术发展做出贡献。

我们需要努力营造宽松的学术环境、浓厚的研究气氛。既要提倡教师根据国家的需要选择研究课题，集中人力物力进行研究，也鼓励教师按照自己的兴趣自由地选择课题。鼓励自由选题是“北京大学人文学科文库”的一个特点。

我们不可满足于泛泛的议论，也不可追求热闹，而应沉潜下来，认真钻研，将切实的成果贡献给社会。学术质量是“北京大学人文学科文库”的一大追求。文库的撰稿者会力求通过自己潜心研究、多年积累而成的优秀成果，来展示自己的学术水平。

我们要保持优良的学风，进一步突出北大的个性与特色。北大人要有大志气、大眼光、大手笔、大格局、大气象，做一些符合北大地位的事，做一些开风气之先的事。北大不能随波逐流，不能甘于平庸，不能跟在别人后面小打小闹。北大的学者要有与北大相称的气质、气节、气派、气势、气宇、气度、气韵和气象。北大的学者要致力于弘扬民族精神和时代精神，以提升国民的人文素质为己任。而承担这样的使命，首先要有谦逊的态度，向人民群众学习，向兄弟院校学习。切不可妄自尊大，目空一切。这也是“北京大学人文学科文库”力求展现的北大的人文素质。

这个文库目前有以下17套丛书：

“北大中国文学研究丛书”

“北大中国语言学研究丛书”

“北大比较文学与世界文学研究丛书”

“北大中国史研究丛书”

“北大世界史研究丛书”

“北大考古学研究丛书”

“北大马克思主义哲学研究丛书”

“北大中国哲学研究丛书”

“北大外国哲学研究丛书”

“北大东方文学研究丛书”

“北大欧美文学研究丛书”

“北大外国语言学研究丛书”

“北大艺术学研究丛书”

“北大对外汉语研究丛书”

“北大古典学研究丛书”

“北大人文学古今融通研究丛书”

“北大人文跨学科研究丛书”[①]

这17套丛书仅收入学术新作，涵盖了北大人文学科的多个领域，它们的推出有利于读者整体了解当下北大人文学者的科研动态、学术实力和研究特色。这一文库将持续编辑出版，我们相信通过老中青学者的不断努力，其影响会越来越大，并将对北大人文学科的建设和北大创建世界一流大学起到积极作用，进而引起国际学术界的瞩目。

---

①本文库中获得国家社科基金后期资助或入选国家社科基金成果文库的专著，因出版设计另有要求，因此加星号注标，在文库中存目。

“北大考古学研究丛书”序

赵　辉

和历史、哲学、文学等学科相比，考古在人文学科中是个年轻的学科。在西方，考古学自诞生以来到今天仅一百五六十年。在中国，新文化运动启发了中国学术界对传统上古史体系深深的怀疑，从而提出重建上古史的任务。于是，考古学这门产生于西方的学问始为中国学术界接受，并被视为摆脱重建历史时缺少材料的窘境的主要办法，被寄予厚望。从那个时候始算，中国考古学发展至今刚刚接近百年。

当人们还在四处寻觅重建历史的办法时，常领风气之先的北京大学在1922年就在国学门下成立了考古学研究室。这是中国第一个考古学研究机构。自此，北大考古学人在动荡时局中，尽其所能地开展考古活动，择其要者，如1927年与斯文赫定博士共组“中瑞西北科学考察团”，在新疆开展了深入的考古历史考察。又如1944年与中央研究院历史语言研究所等四单位共组西北科学考察团，于甘肃各地开展史前和诸历史时期的田野考古，收获甚丰。如此等等。1946年起，北大史学系由裴文中先生首开考古学课程，招收研究生，建立博物馆，志在建设一个完备的考古学大学教育研究机构。

然而，真正系统的学科建设则是晚至1952年才开始的。是年，北大历史系成立了考古专业，著名考古学者苏秉琦先生出任专业第一任主任，宿白先生担任副主任，延揽群贤，筚路蓝缕，开启山林。前途虽然远非平坦，但几代学人风雨同舟，群策群力，艰苦奋斗，终于将考古专业发展成为学科门类齐全、专业领域覆盖完整的考古文博学院。一时之间，北大考古名师荟萃，人才济济，学术拔群，为全国高校之牛耳，中国考古之重镇，在国际上也有极大的影响力。

北大考古学的历史和中国考古学的历史一样长，中国考古学的每次重大进展，都有北大考古人的贡献，北大考古学的发展可谓是中国考古学术发展的代表和缩影。1954年起，北大考古陆续编写出各时段的中国考古学教材，广为传播，被国内其他高校采用或摹写，教材架构的中国历史的考古体系，也深植学界之中，成为共识。邹衡先生构建的三代考古学文化的基本体系，以及严文明先生有关新石器的分期和区系体系等，皆为该时段历史文化的基本框架，沿用至今，并由苏秉琦先生集大成为中国考古学区系类型学说。根据这个学说，考古学首次总括提出上古中国文化发展为多元或多元一体式格局的认识，从根本上改变了中国历史以黄河流域为中心的传统认识。1973年，在极端困难的情况下，北大继社科院考古所之后建立起全国高校中第一座第四纪地质与考古年代学实验室，立即在考古资料的年代学研究上发挥了重要作用，并以实验室为依托，开展了多项现代自然科学技术应用于考古学的尝试，为日后自然科学技术大量引入考古学研究做了前瞻性积累。20世纪80年代初，北大考古学人即敏锐洞察到学科即将发生的从物质文化史研究向全面复原古代社会研究的深刻转型，持续开展聚落考古。到今天，北大考古学人通过聚落形态研究古代社会，取得了一系列重要成绩。其在长期聚落考古实践中摸索形成的田野考古技术方法和理念，业已转化为国家文物局指导新时期全国考古工作的规范标准。

根植于深厚的学术传统，当前的北大考古学研究欣欣向荣，在传统领域不断深耕细作，在前沿领域不断开拓创新，在现代人及其文化的产生、新石器至青铜时代早期的精确年代测定、植物考古和农业起源及其发展、聚落演变和早期文明、新石器和青铜时代欧亚草原上的文化交流、冶金技术的起源和中国冶金技术体系的形成与发展、周原聚落与西周国家形态、基于材料分析的古代手工业体系分布和产品流通研究、丝绸之路上的文化与社会、考古所见汉唐制度、古代瓷业及产品的海外贸易等一系列前沿课题上取得和正在取得重要研究成果。凭借这些厚重的学术成果，北大考古学继续扮演着学术引领者的角色。

2016年，北京大学人文学部筹划了“北京大学人文学科文库”建设计划，“北大考古学研究丛书”是这个文库的一个组成部分。丛书为刊布北大考古研究成果提供了一个极好的平台，尤其得到当前活跃在学术一线的北大考古学人的重视，以把自己最得意的研究成果发表在这个平台上为荣。所以，“北大考古学研究丛书”势将成为一个引起国内外学术界广为关注、高质量的学术园地。对此，我满怀信心！

2017年6月25日于桂林榕湖

目　录

前　言

城市是人类社会发展到一定阶段的产物，是伴随着文明社会的形成、国家的出现而产生和发展的。因此，城市文明能够比较集中地体现社会进化的程度及特点。中国古代城市文明是一种礼制性的文明，其发展和完善都有自身的特点，它既是物象的行政规划形式，又是政治和意识的体现。礼制为复杂的国家机器服务，以处理人与人、人与神、国与国等关系，维护统一的社会秩序，这就构成了中国古代城市文明的显著特色，形成了典型的中国古代城市文明之模式。

《周礼·冬官·考工记》载："匠人营国，方九里，旁三门。国中九经九纬，经涂九轨，左祖右社，面朝后市。"这是说都城要营建为正方形，每边长九里，各有三门，城中有纵横交错的大道各九条，城内宫城前面左侧建宗庙，右侧建社稷坛，宫城后边是市场。《考工记》是战国时期的著作，记述了周代王城的规划，王宫建中立极，表现了周天子至高无上的权力，"朝""祖""社"三位一体，集中反映了当时政权、祖权和神权相结合的意识形态。需要指出的是，这只是一种理想的设计体系，在考古发现中，并无任何一座都城和它完全相符。但此体系并非闭门造车，也是采择三代以来已有之制又加以礼制化、理想化而成的。我们可以利用考古材料，参照文献记载来分析中国古代都城礼制设计体系的形成及特点，进而深入探讨社会形态的发展变化。

从考古发现的资料看，在新石器时代后期，各文化区域内纷纷出现了以祭祀为特征的礼制文化。当时，人们对各种自然现象还不理解，总认为世上的一切事物变化都是神的力量在左右，于是就要对神进行祭祀。正如文献所记，在原始社会早期，“民神杂糅”，“夫人作享，家为巫史”，因而“民匮于祀，而不知其福。烝享无度，民神同位。民渎齐盟，无有严威”。当社会发展，国家形成，出现王者，这种祭祀权力便逐渐为王者所垄断，即颛顼帝开始“乃命南正重司天以属神，命火正黎司地以属民……是谓绝地天通”（《国语·楚语下》），这也就实现了世俗王权与神权的紧密结合。新石器时代后期，各地古城纷纷出现，在这些大中型城址中，祭祀性遗迹均处于重要位置，各大墓中以祭祀性遗物为大宗，所有这些重要的考古现象正反映了王权的出现与神权的集中。各地的大中型古城，不仅是经济文化发展的中心，同时也是思想和信仰的中心、神权和王权的中心，表明当时是一种神权与王权紧密结合，且神权至上的社会形态，是最初产生的“神权国家”。

《荀子·礼论》云：“礼有三本：天地者，生之本也；先祖者，类之本也；君师者，治之本也。”《大戴礼记·礼三本》也有如是说：“礼有三本：天地者，性之本也；先祖者，类之本也；君师者，治之本也。无天地焉生？无先祖焉出？无君师焉治？三者偏亡，无安之人。故礼，上事天，下事地，宗事先祖，而宠君师，是礼之三本也。”这是讲，万物本于天地，人本于先祖，遵从君师事天神、事地神、事先祖，此谓礼之三本。这也说明礼是人类在认识天地间的自然现象、人类的繁衍和社会发展的过程中逐渐产生和形成的。在原始社会，人们由于无法理解自然变化而产生敬畏，于是进行祭祀，以求禳灾致福。《左传·昭公元年》载：“山川之神，则水旱疠疫之灾，于是乎禜之。日月星辰之神，则雪霜风雨之不时，于是乎禜之。”当人类发展到出现社会群体，形成部落，为了本部落群体的繁衍生存，人们便开始祭祀先祖，祈求先祖保佑子孙的繁昌。到社会分为阶级、产生国家、出现君王之后，维护统治、维护等级关系的礼仪制度也就应运而生了，礼也就成了治之根本。所谓“礼之三本”，实际上明确地指出了中国古代礼制发展的大体路径及特质，礼起源于对天地诸神及祖先神的祭祀，国家产生后，统治者借助天地神和祖先神来维护统治，将对天地神、祖先神的祭祀与政权统治紧密结合，制定了维护统治秩序的礼仪制度，成为三代王朝“经国家、定社稷、序民人、利后嗣”（《左传·隐公十一年》）的治国安邦根本之策，也就形成了夏商周三代独特的礼制性社会。

夏、商、周三族群均是由原始部落联盟进入最初国家文明的，强势的政权还不十分牢固，往往沿袭先前的思维逻辑和运转模式，依靠天地神、祖先神来运转和维护政权，将神权和祖权奉为最高权力，所以建国营都时首先要建社坛立宗庙。《左传·庄公二十八年》载：“凡邑，有宗庙先君之主曰都，无曰邑。”《礼记·曲礼下》载：“君子将营宫室，宗庙为先，厩库为次，居室为后。”这说明，作为国都，宗庙是不可或缺的主要祭祀场所。《墨子·明鬼下》也明确记载，夏商西周三代建国营都必须先筑社坛和宗庙：“昔者虞夏商周三代之圣王，其始建国营都日，必择国之正坛，置以为宗庙，必择木之修茂者，立以为菆社。”之所以夏商西周三代建国营都首先要建宗庙和社坛，就是因为三代凡国之大事均是在庙中举行占卜、祭祀之礼，一切政令都是在庙、坛中贞问于神，听命于神的旨意，遵照天命、祖命行事。这实际上是以“神”来“治”民，“礼制”即“以礼来治”。

东周列国的都城虽各式各样，但均是由宫城和郭城组成，并且明确宫城是为“君”而建，这与夏商西周三代建国营都首先立社坛、置宗庙不同，而是将筑宫城守卫国君作为第一要事。列国宫城内最突出的是高台式宫殿建筑，它是整个都城的制高点，是国君处理政务的“大朝”所在。从建筑形式上显示了国君政权至高威严之地位，反映了国君“政权至上”的思想意识。东周时期，凡国之大事，已不像夏商西周那样首先在宗庙或社坛中贞问、祭祀天地神和祖先神，而是在“大朝”政殿中由大臣议政，最后由国君裁决，由此形成了一种新的集权政体，为维护这种集权政体便制定了“大朝”礼仪。由东周时期各国都城新格局可以看出,《考工记·匠人营国》所记以“朝”居中心,“祖庙”“社坛”分置左右的都城设计理念,实际上是集权制政体下的理想设计规划,突出政权所在“大朝”建中立极的绝对权威,“大朝”之外的“左祖右社”则成了附属建筑。这种宫、庙分离之格局,朝、庙独立之变化,正反映了集权制政权权威的上升,神权则处于辅佐的地位。如果说,夏商西周时期,神权高于一切,国家政权完全在神权的护佑之下,处于初级国家阶段,那么至东周时期,各诸侯大国已步入成熟的国家阶段,集权制的政治体制逐渐确立。之后,历代王朝的都城营建均是遵循以帝王所居“大朝”为中心的设计理念,目的是突出其至高无上的权威。朝祖祭社、郊祀天地、五郊迎气、朝日夕月等逐渐成为国家大祀的基本内容,在都城范围内这些祭祀性的礼制建筑随之兴起,成为历朝都城礼制规划之定制,形成了典型的中国古代都城文明之模式。

中国古代都城的发展,也逐渐增加了特定的经济内涵——“市”。“市”的出现是社会发展到一定阶段的必然产物,在社会劳动生产出现大分工之后,手工业成为独立的部门,生产者之间的交换变成了社会的迫切需要,以交换为目的的商品生产也就出现了,专用于手工业生产与商品交换的“市”也随之产生。从中国古代“城”的发展看,原始社会出现的城,主要属于防御性质。夏商西周时期的城又区分为“都”和“邑”,突出了政治、等级、军事之内涵,有些都邑也有手工业,其主要职能是为都邑中的贵族制器,是为都邑贵族服务的手工业,这一时期的考古中还没发现作为商品交易而专设的“市”。至东周时期,由于社会生产力的不断提高,手工业和商业迅速发展,可以说,此时迎来了中国古代手工业、商业发展的第一次高峰时期,而作为手工业生产和商品交易的集中场所的“市”也迅速发展起来,成为当时都邑中的重要经济内容,成为各大都城礼制文明不可或缺的重要组成部分。由此,形成了“面朝后市”的都城布局,并将“城”与“市”连称,成为后来通称的

"城市"之名。

中国古代文明的发展演变是一个漫长而复杂的过程，涉及多方面的因素，包括氏族的形成、社会组织形态的发展以及相关政治、经济、文化、意识形态等多方面不间断的演变。本研究按照上述思路，根据考古资料，参照文献记载，研究聚落的形成、聚落的社会形态，都市的形成、都市的社会形态，由聚落到都市的演变，以及都市手工业和商业经济的发展等，深入探讨中国古代文明形成的全过程及其深远影响。

2022年5月

第一章　中国史前城址的考古发现与研究

从目前发现的中国原始社会的考古学文化看，最初的文化策源是多元的，经过长期的交流与融合，至夏商周时期，形成了以华夏文化为主体的多元一统的格局。早期中华文明形成的这一复杂过程，逐渐为众多考古新发现所解读。

一、史前各区域文化的形成

在中国大地上，大约距今一万年前后进入考古学上的新石器时代，经历七八千年的漫长发展，主要在黄河、长江两大流域形成了几个最为突出的文化区域，各自显示了早期文明化的进程。

中原文化区　即黄河中游地区，主要范围包括今河南、陕西及山西南部、河北西南部等地。约在公元前6000年至公元前5000年，这一地域已发现三个大的考古学文化体系，即陕西渭河流域的老官台文化、河南中西部的裴李岗文化，以及分布在冀中南一带的磁山文化。约在公元前5000年，经过先前各文化的融合，形成了相对统一的仰韶文化。约从公元前3500年的仰韶文化晚期开始，这一地域的考古学文化开始出现分化的趋势，有些地方衰落，有些地方崛起，各地文化的独立性增强。约从公元前3000年至公元前2000年，这一地域已分化为几支大的文化体系，即陕西渭河流域的客省庄二期文化、豫西地区的王湾三期文化、豫北冀南的后冈二期文化、豫东地区的造律台文化、晋南襄汾盆地的陶寺文化等。这些既有统一性、又有特异性的考古学文化，可统称为中原龙山文化。

海岱文化区　即黄河下游地区，主要范围包括今山东、江苏北部、安徽北部地区。在此地域目前发现最早的新石器时代文化是后李文化，时代约在公元前6200年至公元前5800年，主要分布在泰山北麓区域。其后又有北辛文化，约在公元前5300年至公元前4300年，其分布范围包括今山东中南部地区及淮北一带。公元前4300年至公元前2500年，这一地区融合成了较为统一的大汶口文化，整个范围包括今山东全境及苏皖北部地区，豫东也深受影响。至公元前2500年左右，大汶口文化演变发展为山东龙山文化，进一步表现出强劲的发展势头。

甘青文化区　即今甘肃、青海所在的黄河上游地区。甘肃东部原属仰韶文化的分布区域，大约至公元前3300年，整个甘青地区出现了一支独特的马家窑文化，此文化有可能是从仰韶文化中分化出来的。大约至公元前2600年之后，又先后出现半山文化和马厂文化。约从公元前2200年至公元前1800年，此地域出现了较为统一的齐家文化，除集中分布于甘青地区外，陕西西北部、内蒙古西部、宁夏等地区也有发现，其时代与中原地区的铜器时代早期相当。齐家文化之后，这一地域又出现了四坝文化、卡约文化、辛店文化、寺洼文化等多个类型，表现出离析衰落的趋势。

两湖文化区　即长江中游地区，主要范围包括今湖北、湖南两省。在公元前7000年前后，湖南洞庭湖西部的澧阳平原有彭头山文化，湖北三峡口至清江一带有城背溪文化，均是目前只发现于这两个区域内的新石器时代早期文化。至公元前5000年左右，该地域孕育产生了大溪文化，分布的中心区域是江汉平原西部和澧阳平原，其文化所及，西可至三峡地区，东可抵鄂东黄冈地区。约在公元前3000年至公元前2600年，由大溪文化演化出屈家岭文化，这一文化遍布长江中游大部地区，并向北进入原属中原仰韶文化区的汉水中游和南阳盆地一带。至公元前2600年之后，承继屈家岭文化发展而来的是石家河文化，其分布范围进一步扩大，在原来屈家岭文化区的基础上，又向东北扩展到淮河上游的豫东南地区。这个时期的遗址相当密集，出现许多处大型聚落与城址，显示了这一文化已发展至鼎盛时期。但到石家河文化晚期，这一文化没能持续发展，而是急转直下，突然衰落下去。

江浙文化区　即长江下游地区，主要范围包括今浙江省、江苏省、安徽中南部地区。约在公元前9000年至公元前7000年，在浙中的金衢盆地有上山文化，是目前在这一地区内发现的新石器时代最早的考古学文化。新石器时代中晚期之交（约前6000—前4000），在浙江东部的钱塘江南北两侧地域，又孕育产生了跨湖桥文化、河姆渡文化和马家浜文化。在安徽的淮河中游蚌埠一带出现了双墩文化。在此后的约一千年间，整个长江下游的广大区域内出现了若干文化面貌接近的地方文化，如皖西地区的薛家岗文化、巢湖地区的凌家滩文化、环太湖地区的崧泽文化、江苏中部的青莲岗文化等，这些文化之间既有联系又有独特性，表现出各自发展的势头。至公元前3300年左右，在浙江、江苏两省环太湖的广大区域内，孕育产生了统一的良渚文化。这一地区的良渚文化遗址非常密集，出现了许多大型聚落和祭祀性遗址，在杭州市余杭区瓶窑镇发现了大型莫角山古城。种种考古迹象表明，良渚文化已经进入成熟的史前文明发展阶段。然而，这样一个高度发达的长江下游区域文明，在公元前2500年前后，也迅速地衰落消失。

燕辽文化区　即今燕山北部、内蒙古东南至辽河流域。目前在这一地区发现的最早的新石器时代文化是公元前6000年前后的兴隆洼文化，其后至公元前4800年左右是赵宝沟文化，至公元前4000年左右，承继赵宝沟文化的红山文化呈现飞跃性发展的态势。发现的红山文化时期遗址数量已数倍于兴隆洼文化和赵宝沟文化时期，大型公共建筑、祭坛及积石冢等呈现出异乎寻常的规模，其文明化程度不逊于同时期的中原和长江中下游地区。然而，在公元前3000年前后，这一高度发展的文化突然中断了，其消失的原因也成了目前学术界的难解之谜。

除了上述六个大文化区外，还有其他文化区，如四川、广东、广西、福建等地也发现了新石器时代的考古学文化，但不如上述几个区域的资料丰富，新石器时代考古学文化的发展序列还没健全。

二、祭祀文化的出现

新石器时代后期，各区域内纷纷出现了以祭祀为特征的礼制文化，尤其以江浙文化区、两湖文化区和燕辽文化区最为显著。

江浙文化区是发现祭祀性遗址最多的一个区域，最为突出的是良渚文化（约前3300—前2300）祭坛墓地的发现。1987年，在浙江余杭瑶山遗址最早发现此类祭坛[①]。瑶山是一座人工堆筑的土山，在其顶部筑有边长约20米的方形祭坛。祭坛中央是方形红土台，四周是回字形灰土沟，灰土沟外侧是黄褐土筑成的土台，上铺砾石，形成了不同颜色的三重台面（图1-1）。在祭坛的南半部，有规律地排列着12座大墓，墓中随葬品丰富而精美，以玉器为大宗。1991年，在余杭区瓶窑镇汇观山又发现一座良渚文化祭坛[②]，其形制与瑶山祭坛非常相似。祭坛也是建于土山顶部，坛面呈内外套合的三重土色。祭坛东、西两侧由坛面至底部形成三层台阶。祭坛的西南部分布有4座大墓，其中4号墓随葬品尤为丰富，仅石钺就有48件之多。类似的祭坛在上海富泉山，浙江余杭反山、

①浙江省文物考古研究所：《余杭瑶山良渚文化祭坛遗址发掘简报》，《文物》1988年第1期，第32—51页。

②浙江省文物考古研究所、余杭市文物管理委员会：《浙江余杭汇观山良渚文化祭坛与墓地发掘简报》，《文物》1997年第7期，第4—19页。

卢村，江苏吴进寺墩、海宁大坟墩、昆山赵陵山等地均有发现[①]。实际上，此区域在早于良渚文化的崧泽文化时期（约前3900—前3300）就出现了此类祭坛墓地。浙江嘉兴南河浜遗址发现的崧泽文化祭坛[②]，是用不同颜色的土，分块垒筑而成的方形土坛，南边略遭破坏，保留面积约100平方米，垂直高度约90厘米。经解剖，该土坛分三次筑成，并在第一次建筑的土台中发现了动物肢骨。值得注意的是，在祭坛使用时和废弃后的两个时期，该处都埋有墓葬，且出土有陶龟等明显具有祭祀意义的随葬品及玉钺、玉璜等器物。

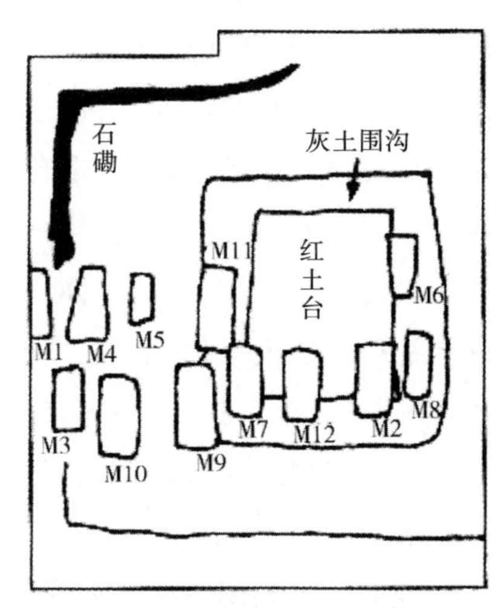

图1-1　瑶山祭坛与墓地平面图
（采自浙江省文物考古研究所：《余杭瑶山良渚文化祭坛遗址发掘简报》，第33页）

这些人工修筑的祭坛之功用，应当与祭天有关。祭坛均筑在山顶之上，坛面上多发现火烧痕迹及灰烬，有的还有动物肢骨等遗物，被认为是“燎祭”的遗迹。比如在上海福泉山良渚文化祭坛就发现明显的燎祭遗迹，祭坛呈三层台阶状，经过大火烧烤，并撒有介壳屑。在祭坛北侧台地上有一灰坑，长约19米、宽约7米、深1米多，内填纯净的草灰。

---

①黄宣佩：《福泉山遗址发现的文明迹象》，《考古》1993年第2期，第144—149、166页；浙江省文物考古研究所反山考古队：《浙江余杭反山良渚墓地发掘简报》，《文物》1988年第1期，第1—31页；浙江省文物考古研究所、余杭市文物管理委员会：《浙江余杭汇观山良渚文化祭坛与墓地发掘简报》；费国平：《浙江余杭良渚文化遗址群考察报告》，《东南文化》1995年第2期，第1—14页；陈丽华：《江苏武进寺墩遗址的新石器时代遗物》，《文物》1984年第2期，第17—22页；王明志、潘六坤、赵晔：《海宁清理良渚文化祭坛和墓葬》，《中国文物报》1993年9月19日第1版；钱锋：《赵陵山遗址发掘获重大成果》，《中国文物报》1992年8月2日第1版。

②刘斌、蒋卫东：《嘉兴南河浜遗址发掘取得丰硕成果》，《中国文物报》1996年12月15日第3版。

因坑壁、坑底皆无火烧痕迹，可以断定是在祭坛上举行燎祭后，把燃烧柴草留下的灰烬清扫至坑内。在黄土层第一期墓群的东西两侧，各见一大片经过火烧的地面，其上有一层灰烬、介壳屑、红烧土块和陶鼎残块等[①]。《礼记·祭法》载："燔柴于泰坛，祭天也。"孔颖达疏："燔柴于泰坛者，谓积薪于坛上，而取玉及牲置柴上，燔之，使气达于天也。"《周礼·春官·大宗伯》："以禋祀祀昊天上帝，以实柴祀日月星辰，以槱燎祀司中、司命、风师、雨师。"郑玄注："三祀皆积柴实牲体焉，或有玉帛，燔燎而升烟，所以报阳也。"这些虽是后期文献记载，但根据良渚文化祭坛的考古资料，可以看出燎祭祭天的礼俗由来已久。

我们还可利用祭坛上墓葬的随葬品推测祭坛的功用。考古发掘证实，祭坛上的墓葬与祭坛是紧密相关的，尤其是葬于祭坛顶部的大墓，一般只随葬玉石器，很少有陶器。玉石器中以玉璧、玉琮、冠状饰、三叉形饰和玉石钺等为大宗，这些器物被研究者认定为祭祀用的礼器。《周礼·春官·大宗伯》载："以玉作器，以礼天地四方，以苍璧礼天，以黄琮礼地。"《周礼》成书于东周时期，书中关于使用玉器进行祭祀的记载已显示出专门化、制度化，因此这种礼俗的产生应有更早的来源。邓淑苹指出，"中国的古代人相信天圆地方，天苍地黄，所以用'苍'璧来礼拜天神，用'黄'琮来礼拜地祇。但是这种宗教仪式究竟始于何时，却始终未有田野考古的现象可以加以证实，而今良渚文化中，璧、琮的伴随出土，大量且集中地出土于特殊墓葬中，尚遗留特殊仪式如火烧等的痕迹，使吾等不免考虑，这个深植于后世民心的宇宙观，或创始于良渚的居民"[②]。张光直认为，"把琮的圆方相套的形状用'天圆地方'的观念来解释，由来已久"，"内圆象天，外方象地，这种解释在琮的形象上说是很合理的"，"琮的实物的实际形象是兼含圆方的，而且琮的形

---

①黄宣佩：《福泉山遗址发现的文明迹象》。

②邓淑苹：《新石器时代的玉璧》，（台北）《故宫文物月刊》，1985年总第33期，第80—89页。

状最显著也是最重要的特征，是把方和圆相贯串起来，也就是把地和天相贯通起来。专从形状上看，我们可以说琮是天地贯通的象征，也便是贯通天地的一项手段或法器”[①]。从大宗的璧、琮等玉器多集中在祭坛顶部的大墓之中，以及祭坛上多有燎祭的痕迹来看，学者们推测这些璧、琮等是祭天礼地的法器是不无道理的。这也正是“礼之三本”中“天地者生之本”思想观念在考古遗存中的实际体现。

关于良渚祭坛大墓墓主的身份，有人认为是巫师，有人认为是部族首领，还有人认为是巫师兼酋长。从这类墓葬均在祭坛之上，随葬品主要是祭祀用的玉礼器来看，墓主肯定与祭祀有着密切的关系，他们生前应是执掌祭祀仪式的巫师。在原始社会，人们普遍认为万物均本于天地诸神，这些能贯通天地的巫师成为这一地域或者部族的最高首领，他们既执掌祭天礼地的祭祀权，又握有这一地域或部族的领导权，是集神权与领导权于一身的首领。

在安徽巢湖地区凌家滩文化（约前3500）中也发现了类似的祭坛墓地[②]。含山凌家滩祭坛位于一座丘陵的最高处，面积约600平方米，上下分三层，最下层系以纯净黄斑土铺底，然后以较大石块和石英、硅质岩类的小石子与黄沙铺设，最上面的一层是用大小不等的鹅卵石与黏土搅拌铺设而成，最终形成了一个中间高四周低的土坛。在祭坛的第一层表面，发现有3处祭祀坑和4处积石圈。在祭坛的东南角有一片红烧土遗迹，局部似是焚烧后的灰烬堆积，应是祭坛使用后的遗留。

---

①张光直：《谈“琮”及其在中国古史上的意义》，文物出版社编《文物与考古论集：文物出版社成立三十周年纪念》，文物出版社，1986年，第252—260页。

②安徽省文物考古研究所：《安徽含山凌家滩新石器时代墓地发掘简报》，《文物》1989年第4期，第1—10页；张敬国：《安徽含山凌家滩遗址新石器时代墓地第二次发掘的主要收获》，《文物研究》总第七辑，黄山书社，1991年，第259—267页；安徽省文物考古研究所、含山县文物管理所：《安徽含山县凌家滩遗址第三次发掘简报》，《考古》1999年第11期，第1—12页；安徽省文物考古研究所：《安徽含山县凌家滩遗址第五次发掘的新发现》，《考古》2008年第3期，第7—17页；安徽省文物考古研究所编：《凌家滩：田野考古发掘报告之一》，文物出版社，2006年。

祭坛也埋有墓葬，大型墓都排列在祭坛的南部和西部，祭坛南端的大墓出土了大批精美的玉器、石器和陶器，随葬玉器有玉人、玉璧、玉璜、玉龙、玉猪、玉蝉、玉龟、玉鹰等，这些多是用于祭祀的器物。特别是2007年发掘的23号墓，墓中共出土200件玉器，其中有3件用于占卜的玉龟，龟腹中还装有玉签，显示出当时占卜、祀神等仪式已比较完备（图1–2）。出土于4号墓的玉龟腔体之内的玉版，更显示出当时的祭祀观念（图1–3、图1–4）。玉版中心刻有一个内含八角形的正圆形，外围大圆形内的四个正方向和四角刻有八个树叶形图案，大圆外四角又刻有四个树叶形图案。俞伟超先生认为，中间圆形是太阳的象征，外围八个树叶形图案应当是社神的象征，而社是土地崇拜的场所。他认为这是表示文献中记载的“八极，八方之极也”，“是一种把大地分为八方的观念”。他还指出，“玉牌上的整个图案是在表现天地的总体，即是宇宙的象征”。“在那信仰万物有灵的时代，这个宇宙之神或天地之神，无疑具有至高无上的地位，是诸神信仰中的主神。”①当然，俞先生认为

图1–2　凌家滩07M23出土带玉签的玉龟

（采自安徽省文物考古研究所：《安徽含山县凌家滩遗址第五次发掘的新发现》，图版陆：1）

①俞伟超：《含山凌家滩玉器反映的信仰状况》，《古史的考古学探索》，文物出版社，2002年，第90—94页。

图1-3　凌家滩87M4出土玉龟
（采自安徽省文物考古研究所:《凌家滩》,彩版二一:1）

图1-4　凌家滩87M4出土玉龟腔内玉版
（采自安徽省文物考古研究所:《凌家滩》,彩版二〇:1）

八个树叶形图案是社神的象征这一观点还可再研究。不过,这件极特殊的玉版是放置在玉龟腹腔中,而后来发掘的23号墓所出3件玉龟的腹腔中则装有占卜用的玉签。从这种情况来看,似可推测此种图案的玉版也是用于占卜,玉版上的所谓树叶形图案,与所出玉签形状非常相似,有可能是刻画的玉签图案,用以表示天地间的四面八方,玉龟、玉签用于摇卦,再对照玉版上所示方向来占吉凶,实际上也是占问天地神祇的一种方式。这与商代用龟卜的方式来占问天地神祇有些类似,只是用具与形式不同,但二者似乎应有某些渊源关系。由此看来,这又是一处体现"天地者生之本"思想观念的典型考古实例。俞先生还进一步指出,"从上述玉牌、玉龟同出一墓的现象看,墓主在生前不仅对这两件玉器有使用的特权,而且还有占有的特权。就使用的特权而言,其身份应当是专职的巫师。就占有的特权而言,则恐怕还是具有某种世袭特权的氏族、部落的首领",因此他也是集神权与领导权于一身的人物。

长江中游地区的原始文化中,也发现了祭祀遗迹。在湖北天门石家河城址[①],发现了许多塔形陶器和缸形陶器,有些陶器上刻画有符号,器形特异,有时各器相套,呈弧形围绕土台。另有几千件陶塑动物集中

①北京大学考古系、湖北省文物考古研究所、湖北省荆州地区博物馆等:《石家河遗址群调查报告》,《南方民族考古》第5辑,1993年,第213—294、406—407页;石河考古队:《湖北省石河遗址群1987年发掘简报》,《文物》1990年第8期,第1—16页。

出土，有猪、狗、牛、羊、鸡、猴、象、鸟、鱼等，还有上百件人抱鱼陶塑，以及数十万件红陶杯。杯子十分粗糙，显然不是实用器。这些遗物都被推测为祭祀用品，陶杯可盛酒以祭，人抱鱼陶塑可能是描绘献祭之状。另外，塔形器和缸形器或被认为是陶祖之形。据此分析，它们也应是祭神用的。

湖南澧县城头山城址内发现了大溪时期（约前4400—前3300）的祭坛遗址[①]。祭坛平面呈椭圆形，中间高，四周低，面积约250平方米。经发掘得知，祭坛有过两次大的修筑过程。第一次建造的祭坛围绕一座屈肢葬墓修筑，在其东西两侧还各有两座墓。在祭坛使用过程中，其南部边缘之外留下了大量的祭祀坑，坑内有与祭祀有关的遗物多种。第二次修筑主要是进行加固和扩大，早期的祭坑均被叠压。在祭坛的边缘及坡面上均有大量与祭祀有关的遗迹。祭坛的东坡面有大量的灰烬层，包含许多兽骨和一具人骨残肢，应是祭祀用火所致。在祭坛的南侧，有一批修造规整的祭祀坑，坑内多有陶器、兽骨、石块和红烧土块等。在祭坛的东北也有一批祭祀坑，有一方坑内全是稻叶和稻米。在祭坛的坛面上有两组圆形坑，都比较浅，有的坑内放置石块。所有这些遗迹肯定与祭祀有关，至于祭祀的是何神，还有待进一步研究。

在辽宁西部建平县与凌源市交界处的牛河梁，发现了红山文化时期（约前4000—前3000）的大型坛、庙、冢统一整体规划的遗址群[②]。遗址群分布在南北走向的山梁上，女神庙遗址位于北部近山梁顶处，主体部分由大型山台和南北各一座庙组成。南区女神庙的主体部分是半地穴式建筑，土木结构，七室相连。经过局部发掘，庙内发现大量的祭器、泥塑动物，最主要的发现则是人物塑像，已清理出可辨认形状的身体部位有上臀部、腿部、肩部、乳房、手部、眼球等，都不同程度地表

①湖南省文物考古研究所：《澧县城头山古城址1997~1998年度发掘简报》，《文物》1999年第6期，第4—17页。

②辽宁省文物考古研究所编：《牛河梁红山文化遗址与玉器精粹》，文物出版社，1997年。

现出女性或孕妇特征。从规模大小看，这些人物塑像可分为三个等级，相当于真人三倍者只见一尊，另有相当于真人二倍者和原大者。从出土位置看，二倍者和原大者均出土于主室四周各室，唯有三倍于真人大小的塑像出土于主室中央。这是一尊较完整的女性头像，大鼻、大耳，眼眶内嵌入圆形玉片为睛，炯炯有神，形象逼真而神化（图1–5）。郭大顺先生认为，“这表明，在多层次的众神中有一尊主神，这尊主神个体最大，位置在庙的中心部位，是整个神庙所要突出的主要对象，也是被崇拜的偶像群中的最主要的崇拜对象”。“这样的女神塑像，应是被神化了的祖先形象。”[①]许倬云指出，“红山神庙的女神，为孕妇的造型，自然是生产力的象征。女神庙地居礼仪中心遗址群的最高处，具有君临礼仪中心的气势”[②]。如果如前所述，良渚文化祭坛墓地是“天地者生之本”思想观念的体现，那么，此红山文化女神庙遗址则是“先祖者类之本”思想观念的反映。

图1–5　女神塑像

（采自辽宁省文物考古研究所：《牛河梁红山文化遗址与玉器精粹》，图版71）

在女神庙遗址北部约8米处，有一南北、东西各约200米的巨大山顶平台，由东西并列的两座台址和北部的一座台址组成。台址周边多以人工石砌边墙，方向与女神庙完全一致，台面则高出女神庙地面近2米。在山台址的北墙外，散布着大面积的红烧土堆积，出土了人塑像残件、陶

---

①郭大顺：《中华五千年文明的象征：牛河梁红山文化坛庙冢》，辽宁省文物考古研究所：《牛河梁红山文化遗址与玉器精粹》，第33—35页。

②许倬云：《神祇与祖灵》，费孝通主编：《玉魂国魄：中国古代玉器与传统文化学术讨论会文集》，北京燕山出版社，2002年，第14页。

祭器和各类建筑构件等。从山台的位置、构筑形式及遗存来看，这肯定是一处祭祀遗址，其地势高于女神庙且处于山梁顶处，女神庙是祭祖神之处，那么此山台就有可能是祭天神、地神之处。

在牛河梁地区已发现20多处遗址点，在有编号的16个地点中，有13个都是积石冢，经过发掘的第二、三、五地点位于女神庙遗址正南约一千米处。每一地点的积石冢数量不等。第二地点由1个石筑的三层圆形祭坛和4座大型积石冢组成，1、2号冢在圆坛之西，4、5号冢在圆坛之东（图1-6）。每个冢内的墓葬数量不一：1号冢的东西轴线上有2座并列的大型石棺墓，其南为4排共20余座中、小型石棺墓；2号冢在正中心部位有一座大型石椁石棺墓，遭严重盗扰，其南也有等级较低的墓葬；4、5号冢的形制与前述两冢有异，4号冢平面呈前方后圆形，5号冢则呈南北长、东西宽的椭圆形，两冢内墓葬数量不详。第三地点位于第二地点正北，相距约200米，仅发现一冢，冢的中心部位有一座土圹石棺墓，其南有8座小墓。第五地点在第三地点之西882米处，中间是一座石砌方形祭坛，东、西两侧各有一冢。经发掘，东侧冢的中心位置是一座土坑

图1-6　牛河梁第二地点的祭坛与积石冢

（采自辽宁省文物考古研究所：《牛河梁红山文化遗址与玉器精粹》，图版51）

竖穴石棺大墓。从第二、五地点的墓地布局看，一般是祭坛居中，积石冢分居两侧，以突出祭坛的重要位置。积石冢中的墓葬大小有别，但各冢至少有一座主墓居中，规模大且随葬品丰富，墓内一般只随葬玉器。从这些现象来看，墓地中间的祭坛应是墓祭之处，后世子孙在这里祭祀其祖神。研究者多认为大墓的墓主应是执掌祭祀的巫师，这一推断是有道理的。各墓随葬品中，占主流的是玉器，主要有马蹄状箍、勾云形佩、猪龙、龟、鸟、蝉、蚕及神兽、神人像等一批充满神秘意味、与祭祀活动密切相关的玉器。关于马蹄状玉箍的功用说法不一，有人认为是臂饰或腕饰，也有人认为是舀米用的实用器，还有人推测其功用与束发有关。玉箍的形制与安徽含山凌家滩07M23出土的玉龟非常相似，玉龟为扁圆形，一端为平口，另一端为斜口，上腹面平口一端两边及中间各有一个对钻圆孔，腹腔内置玉签。考古发现，“红山文化出土的斜口箍形玉器与07M23的玉龟形器相似，可能也是与占卜有关的用具，这有助于解决红山文化斜口箍形器的功能和作用等问题，为研究红山文化增添了新的内容。凌家滩遗址和红山文化出土的玉人都是双手置于胸前，表示一种信仰仪式。凌家滩文化和红山文化出土器物表明，距今5300多年前相距遥远的两种文化存在某种相通性，反映出中国文明起源具有多源一体的发展趋势”[①]。这种马蹄形玉箍是牛河梁发掘出土最多的一种典型玉器，应为祭祀通神用的一种法器，多放置于墓主的头下，可见其重要性。墓中多出土的玉雕龙和玉龟，显然也是祭祀用的神器。牛河梁第五地点1号冢M1“双玉龟出土时握在墓主人手中，更是神权具体而形象的象征”[②]。郭大顺先生引用《越绝书》有关记载以及《说文·玉部》对“灵”字下部之“巫”字及王国维对“礼”字的解释，认为“古人一直是把玉器作为通神工具来对待的。掌握通神权力的巫者也

---

①安徽省文物考古研究所：《安徽含山县凌家滩遗址第五次发掘的新发现》，第17页。

②郭大顺：《中华五千年文明的象征：牛河梁红山文化坛庙冢》，辽宁省文物考古研究所：《牛河梁红山文化遗址与玉器精粹》，第26页。

以玉示名。红山文化墓葬随葬玉器的情况对此有很好的说明”[①]。李伯谦先生指出，“对红山文化玉器分类及其具体功能的认识，也许会有不同意见，但没有人否认其与通神有关。可见在红山文化时期，特别是它的晚段，当时社会虽已发生分化，凌驾于社会之上的所谓‘公共权力’已经存在，但掌握、行使这种‘公共权力’的并非世俗的‘王’，而是这些掌握着通神权力的巫师或曰‘神王’，神的权力高于一切，神的威望高于一切，社会的运转、社会矛盾的调解都靠神来解决，而神的意志和命令则统统要由能与神沟通的巫者来传达来贯彻”[②]。这些研究已将专门随葬玉神器的墓主之身份、等级及职能讲得很清楚，他们是执掌祭祀权、能与神沟通的巫者，也是集神权与部族领导权于一身的人物。

在其他新石器时代文化区域内，目前还没有发现如上述规模宏大的祭祀遗址，但建筑遗址中的奠基坑、墓地中的祭祀台以及墓中随葬的祭祀、占卜器具等屡有发现[③]，充分反映了这一时期人们崇拜、祭祀自然神和祖先神的风俗盛行，从考古学角度反映了“天地者生之本”“先祖者类之本”思想观念的产生和发展的轨迹。

三、王权的形成与神权的集中

新石器时代后期，几大文化区内都明显出现了较为集中的聚落群，各聚落群中往往有规模巨大的中心聚落，如黄河流域的西安半坡、临潼姜寨、宝鸡北首岭、华县泉护村、华阴西关堡、郑州大河村、郑州西山、

①郭大顺：《从“唯玉为礼”到“以玉比德”：再谈红山文化的“唯玉为葬”》，费孝通：《玉魂国魂》，第32页。

②李伯谦：《中国古代文明演进的两种模式：红山、良渚、仰韶大墓随葬玉器观察随想》，《文物》2009年第3期，第51页。

③王芬：《中国新石器时代的宗教遗迹》，《四川文物》2004年第4期，第17—25页；井中伟：《我国史前祭祀遗迹初探》，《北方文物》2002年第2期，第6—15页。

襄汾陶寺、秦安大地湾、泰安大汶口等遗址，淮河流域的安徽含山凌家滩遗址，长江流域的湖南澧县城头山、湖北天门石家河、浙江余杭良渚等遗址，多是面积超过数十万甚至达到百万平方米的大型中心聚落。大型中心聚落周围往往还有许多中小型聚落拱卫。这些中心聚落中的居住区、公共活动区、祭祀区、埋葬区及手工业区等，布局分明，排列有序。在一些中心聚落遗址中，多发现有数百座房子有规划地成组分布，并围成一圈，房子的门朝向聚落中心，中心为广场，有些聚落的外围还有壕沟围绕，是一种向心式的大型聚落（图1-7）。以向心式的大型聚落为中心，又网络周围数十公里甚至上百公里范围的中小型聚落，则形成

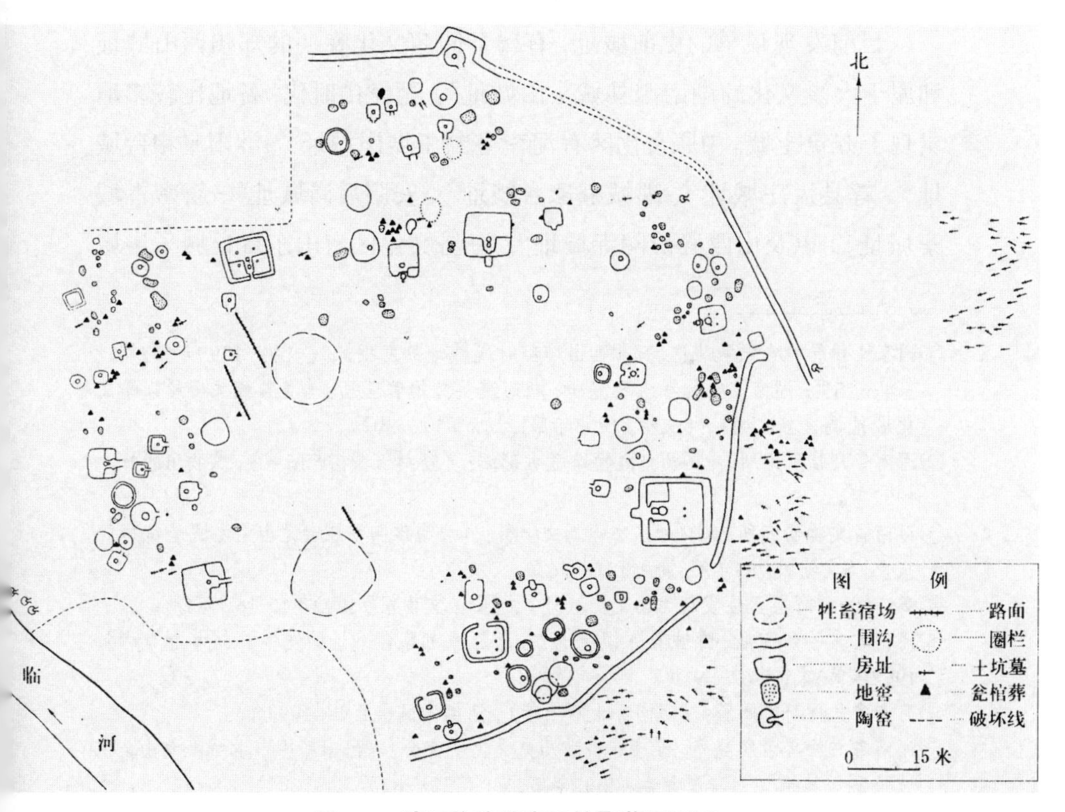

图1-7　陕西临潼姜寨原始聚落平面图

（采自《中国大百科全书·考古学》，中国大百科全书出版社，1986年，第231页）

了一个大的聚落群整体，生活在这一范围内的人们也成为一个有联系的稳定社会群体。这种聚落形态及社会体系为史前城市的产生奠定了基础。

城市是人类社会发展到一定阶段的产物，是伴随着人类文明社会的形成、国家的出现而产生和发展的。因此，城市文明能够比较集中地体现社会进化的程度及特点。中国古代城市文明是一种礼制的文明，其发展和完善都有自身的特点，它既是物象的行政规划形式，又是政治和意识的体现。礼制为复杂的国家机器服务，以处理人与人、人与神、国与国等关系，维护统一的社会秩序，这就构成了中国古代城市文明的显著特色，形成了典型的中国古代城市礼制文明之模式。

目前发现最早的史前城址，有属于仰韶文化晚期的郑州西山城址和属于大溪文化的湖南澧县城头山城址①。至龙山时代，各地比较多地出现了夯筑土城。中原文化区有河南登封王城岗城址②、淮阳平粮台城址③、辉县孟庄城址④、郾城郝家台城址⑤、安阳后岗城址⑥、新密古城寨城址⑦，以及山西襄汾陶寺城址⑧；海岱文化区有山东章丘城子崖城

①国家文物局考古领队班：《郑州西山仰韶时代城址的发掘》，《文物》1999年第7期，第4—15页；湖南省文物考古研究所、湖南澧县文物管理所：《澧县城头山屈家岭文化城址调查与试掘》，《文物》1993年第12期，第19—30页。

②河南省文物研究所、中国历史博物馆考古部编：《登封王城岗与阳城》，文物出版社，1992年。

③河南省文物研究所、周口地区文化局文物科：《河南淮阳平粮台龙山文化城址试掘简报》，《文物》1983年第3期，第21—36页。

④袁广阔：《辉县孟庄发现龙山文化城址》，《中国文物报》1992年12月6日第1版。

⑤河南省文物研究所、郾城县许慎纪念馆：《郾城郝家台遗址的发掘》，《华夏考古》1992年第3期，第62—91页。

⑥河南省文物研究所编：《河南考古四十年》，河南人民出版社，1994年。

⑦河南省文物考古研究所、新密市炎黄历史文化研究会：《河南新密市古城寨龙山文化城址发掘简报》，《华夏考古》2002年第2期，第53—82页。

⑧解希恭主编：《襄汾陶寺遗址研究》，科学出版社，2007年；高江涛：《陶寺遗址聚落形态的初步考察》，《中原文物》2007年第3期，第13—20页。

址[1]、邹平丁公城址[2]、临淄田旺城址[3]、阳谷景阳冈城址[4]、寿光边线王城址[5]、茌平教场铺城址[6]、五莲丹土城址[7]，江苏连云港藤花落城址[8]，安徽固镇垓下城址等；两湖文化区有湖北天门石家河城址[9]、江陵阴湘城城址[10]、荆门马家垸城址[11]、石首走马岭城址[12]、公安鸡鸣城

①张学海：《城子崖与中国文明》，《纪念城子崖遗址发掘六十周年国际学术讨论会文集》，齐鲁书社，1993年，第13—25页。

②山东大学历史系考古专业：《山东邹平丁公遗址第四、五次发掘简报》，《考古》1993年第4期，第295—299页。

③魏成敏：《临淄区田旺龙山文化城址》，中国考古学会编：《中国考古学年鉴1993》，文物出版社，1995年，第163—164页。

④山东省文物考古研究所等：《山东阳谷县景阳岗龙山文化城址调查与试掘》，《考古》1997年第5期，第11—24页。

⑤山东省文物考古研究所：《前进中的十年：1978～1988年山东省文物考古工作概述》，文物编辑委员会编：《文物考古工作十年》，文物出版社，1990年，第162—175页。

⑥张学海：《鲁西两组龙山文化城址的发现及对几个古史问题的思考》，《华夏考古》1995年第4期，第47—58页；中国社会科学院考古研究所山东队、山东省文物考古研究所、聊城市文物局：《山东茌平教场铺遗址龙山文化城墙的发现与发掘》，《考古》2005年第1期，第3—6页。

⑦罗勋章：《五莲县丹土村新石器时代遗址》，中国考古学会编：《中国考古学年鉴1996》，文物出版社，1998年，第156—157页。

⑧南京博物院、连云港市文物管理委员会、连云港市博物馆：《江苏连云港藤花落遗址考古发掘纪要》，《东南文化》2001年第1期，第35—38页。

⑨北京大学考古系、湖北省文物考古研究所、湖北荆州地区博物馆石家河考古队：《石家河遗址群调查报告》。

⑩荆州博物馆：《湖北荆州市阴湘城遗址1995年发掘简报》，《考古》1998年第1期，第17—28、71页。

⑪湖北省荆门市博物馆：《荆门马家垸屈家岭文化城址调查》，《文物》1997年第7期，第49—53页。

⑫荆州市博物馆、石首市博物馆、武汉大学历史系考古专业：《湖北省石首市走马岭新石器时代遗址发掘简报》，《考古》1998年第4期，第16—38页。

城址[①]、应城门板湾城址[②]，湖南澧县城头山城址[③]、鸡叫城城址[④]等；江浙文化区有浙江余杭良渚城址[⑤]；四川盆地文化区有新津龙马古城、温江鱼凫城、都江堰芒城、郫县古城等[⑥]；陕北神木发现石峁古城遗址；内蒙古中南部地区发现一些山城遗址；等等[⑦]。

目前发现的这些史前城址，大小相差悬殊，有的只有一两万平方米，有的则达二三百万平方米。一些小城的性质还达不到政治上的最高层面，充其量只是发挥军事城堡作用，或为了防止洪水等自然灾害而筑。而那些二三百万平方米的大城，如中原文化区的陶寺古城、两湖文化区的石家河古城、江浙文化区的良渚古城等，从规模、布局、文化内涵及在聚落群中的位置来看，应该是当时某一区域的政治、经济、文化中心。

陶寺古城　陶寺古城位于山西省襄汾县汾河东岸的塔尔山西麓[⑧]（图1-8）。该城属于龙山时期的城址，其年代上限在公元前2500年至公元前2400年之间，下限不晚于公元前2000年。陶寺古城分为早期城

---

①贾汉清：《湖北公安鸡鸣城遗址的调查》，《文物》1998年第6期，第25—30页。

②湖北省文物考古研究所：《湖北应城门板湾新石器时代遗址》，国家文物局主编《1999年中国重要考古发现》，文物出版社，2001年，第7—11页。

③湖南省文物考古研究所、湖南澧县文物管理所：《澧县城头山屈家岭文化城址调查与试掘》；湖南省文物考古研究所：《澧县城头山古城址1997～1998年发掘简报》；湖南省文物考古研究所：《澧县城头山：新石器时代遗址发掘报告》，文物出版社，2007年。

④湖南省文物考古研究所：《澧县鸡叫城古城址试掘简报》，《文物》2002年第5期，第58—68页。

⑤浙江省文物考古研究所：《余杭莫角山遗址1992～1993年的发掘》，《文物》2001年第12期，第4—19页；严文明：《良渚随笔》，《文物》1996年第3期，第28—35页；浙江省文物考古研究所：《杭州市余杭区良渚古城遗址2006～2007年的发掘》，《考古》2008年第7期，第3—10页。

⑥张之恒：《长江流域史前古城的初步研究》，《东南文化》1998年第2期，第6—14页。

⑦陕西省考古研究院、榆林市文物考古勘探工作队、神木县文体局等：《陕西神木县石卯遗址》，《考古》2013年第7期，第15—24页。

⑧解希恭主编：《襄汾陶寺遗址研究》；高江涛：《陶寺遗址聚落形态的初步考察》。

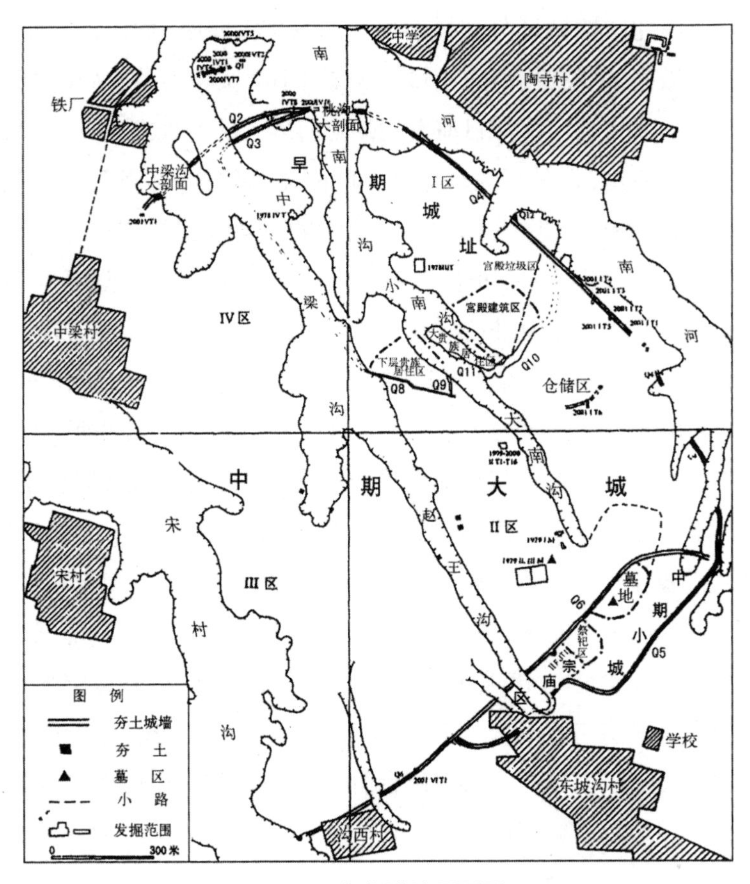

图1-8　陶寺城址平面图

（采自高江涛：《陶寺遗址聚落形态的初步考察》，第14页）

址与中期城址，城墙均是用夯土夯筑而成，外围有壕沟。早期城址南北长约1000米，东西宽约560米，面积约56万平方米①。在城内发现了上层贵族居住区（发掘者称“宫殿区”）、下层贵族居住区、生活垃圾区等。在城外东南部发现了较为集中的窖穴，可能是仓储区。城东南近600米处，是陶寺文化早期的墓地。

①中国社会科学院考古研究所山西队、山西省考古研究所、临汾市文物局：《山西襄汾陶寺城址2002年发掘报告》，《考古学报》2005年第3期，第307—346页。

陶寺文化中期城址是在早期城址的基础上向南、向西扩大而成，且在中期大城南部又扩出一座小城，形成大小两城相连的布局，总面积为280万平方米，是黄河流域目前发现的史前最大的城址。早期“宫殿区”在中期继续使用，已处于大城东部中间的显著位置，并发现有高规格的大型夯土建筑基址。已发掘的主体殿堂的台基达1万余平方米，台基夯土层中发现多处以人牲、玉器奠基的遗迹[①]，说明这一殿堂不但工程巨大，而且在构筑过程中进行过多次以人牲等进行隆重祭祀的仪式，是城中最为重要的宫殿。在宫殿区周围又发现有城垣围绕，呈长方形，东西长约470米，南北宽约270米，推定为宫城[②]，应是陶寺古城的权力中心所在。其西侧仍是一般贵族居住区。南部的仓储区继续使用。在大城的西南部还发现了制陶、石器制造等手工业遗址，被认为属于“工官管理手工业”区[③]。南部小城是专门用于埋葬和祭祀的特定区域。

小城中部是祭祀区，右边是墓地区，左边是宗庙区。中部祭祀区发现了大型建筑遗址[④]。该遗址已发掘部分为半圆形，由三道圆弧形夯土墙筑起上下三层夯土台基。最下部为第一层夯土台基，边缘距圆心25米，台基正东筑有“品”字形三级台阶，东南角筑有角门。第二层台基的边缘距圆心22米，台基正东有一个生土半月台，其方向正对第一层台基

---

①中国社会科学院考古研究所山西队、山西省考古研究所、临汾市文物局：《山西襄汾县陶寺城址发现陶寺文化中期大型夯土建筑基址》，《考古》2008年第3期，第3—6页。

②何驽、高江涛：《薪火相传探尧都——陶寺遗址发掘与研究四十年历史述略》，《南方文物》2018年第4期，第26—40页。

③中国社会科学院考古研究所山西队：《2012年度陶寺遗址发掘的主要成果》，《中国社会科学院古代文明研究中心通讯》2013年第24期，第60—63页；何驽：《陶寺遗址石器工业性质分析》，中国社会科学院考古研究所、夏商周考古研究室编：《三代考古》（七），科学出版社，2017年，第355—366页。

④中国社会科学院考古研究所山西队、山西省考古研究所、临汾市文物局：《山西襄汾县陶寺城址祭祀区大型建筑基址2003年发掘简报》，《考古》2004年第7期，第9—24页。

的正东“品”字形台阶。第三层台基的边缘距圆心12.25米，由夯土墙、夯土柱、生土台心组成。已发现的11个夯土柱紧挨夯土墙内侧，排列成圆弧状，距圆心10.5米。11个夯土柱之间形成20—30厘米的缝隙，各缝的缝中心线夹角多为7.5度。发掘者根据周围遗留有碎石片的现象，认为夯土柱基础之上原来可能竖立有石柱。发掘者根据天文学家的建议，由台基圆心通过夯土柱缝进行了观日的模拟实验，从而推测此台基可能是“兼观天象授时与祭祀功能为一体的多功能建筑”①。

在墓地区已发掘墓葬22座，其中M22规模巨大，随葬品丰富②。此墓的构筑和装饰特殊，墓室四壁底部发现壁龛11个，均放置随葬品。在墓口内填土中发现一具被腰斩的男性人牲骨架。此墓被陶寺文化晚期偏早的扰坑打破，墓主骨骸被扰乱，扰坑中有人骨残肢碎片及小的饰物，坑底还有随意抛弃的人颅骨5个，有可能也是该墓所用的人牲。从此墓的规模及人牲情况来看，墓主绝非一般贵族。从随葬品的情况也可看出这一点，此墓被扰乱后残余随葬品还有118件，有彩陶器、漆木器、石厨刀、骨镞以及10副猪骨等，还有多件玉器，其中玉钺5件，玉戚3件，玉琮、玉璧各1件，玉璜3组，兽面玉1组。有研究者认为，这类墓的墓主已经不是部落的首领，也不是酋邦的酋长，而是阶级社会里早期国家的最高统治者③。“此类墓墓主似乎同时拥有了军权、神权和族权，这类墓的墓主当为‘王者’。”④

宗庙区的详细考古资料目前还未见报道，发掘者将此区域定位为宗庙区应有所据，此处肯定有大型宗庙建筑遗址。由此看来，此小城是专门用于埋葬和祭祀的特定区域，凸显神权之重要地位，同时也反映

---

①中国社会科学院考古研究所山西工作队、山西省考古研究所、临汾市文物局：《山西襄汾县陶寺城址祭祀区大型建筑基址2003年发掘简报》，第23页。

②中国社会科学院考古研究所山西队、山西省考古研究所、临汾市文物局：《陶寺城址发现陶寺文化中期墓葬》，《考古》2003年第9期，第771—774页。

③李学勤主编：《中国古代文明与国家形成研究》，云南人民出版社，1998年，第49页。

④高江涛：《陶寺遗址聚落形态的初步考察》。

出，古城的“王者”牢牢掌握着神权、族权。

在陶寺古城周围数十公里范围内，分布有数十个大中小型聚落，它们属于同一个文化体系，共同拱卫着陶寺古城，这凸显了陶寺古城作为该区域政治经济文化中心的重要地位。从社会学的角度来分析，这就形成了最初期的国家形态，陶寺古城内握有神权、族权和军权的“王者”已经成为这个初期国家的最高统治者。研究者或认为陶寺古城是尧舜之都①，提出陶寺古城为本初之“中国”②。

石家河古城 石家河遗址群位于江汉平原中部偏北的天门市，在8平方公里范围内分布着约30多处遗址，其中心部位就是石家河古城③（图1–9）。该城始建于屈家岭文化时期，沿用至石家河文化中期，年代约在公元前2600年至公元前2000年之间。城址平面呈不规则的四边形，每边长1100—1200米，总面积120万平方米。城墙均是用夯土夯筑而成，现存墙段底部宽达50余米，有些地段的墙高尚存5—6米。紧靠城垣的外侧环绕一周沟壕，主要是人工开挖而成，局部也利用了自然冲沟加以连通。城壕周长4800米左右，一般宽80—100米。通过对城内外遗址的调查和发掘可以看出，一些遗址的布局、构成及所反映的功能有所不同。谭家岭遗址位于城中央，面积约20万平方米，存在着屈家岭、石家河文化时期的大批平地起建的单间式或分间式房屋遗迹，此处应是居住区。用直径达40厘米的柱子构建的大型房屋位于居住区的中心位置，可称之为“宫殿”。城内西北部邓家湾遗址出土了大量石家河文化时期

①何驽：《陶寺考古：尧舜“中国”之都探微》，中共临汾市委宣传部编：《帝尧之都　中国之源：尧文化暨德廉思想研讨会文集》，中国社会科学出版社，2015年，第63—123页。

②何驽：《陶寺圭尺“中”与“中国”概念由来新探》，中国社会科学院考古研究所夏商周考古研究室编：《三代考古》（四），科学出版社，2011年，第85—119页。

③北京大学考古系、湖北省文物考古研究所、湖北省荆州地区博物馆等：《石家河遗址群调查报告》；湖北省文物考古研究所、北京大学考古文博学院、天门市博物馆：《湖北天门市石家河遗址2014～2016年的勘探与发掘》，《考古》2017年第7期，第31—45页。

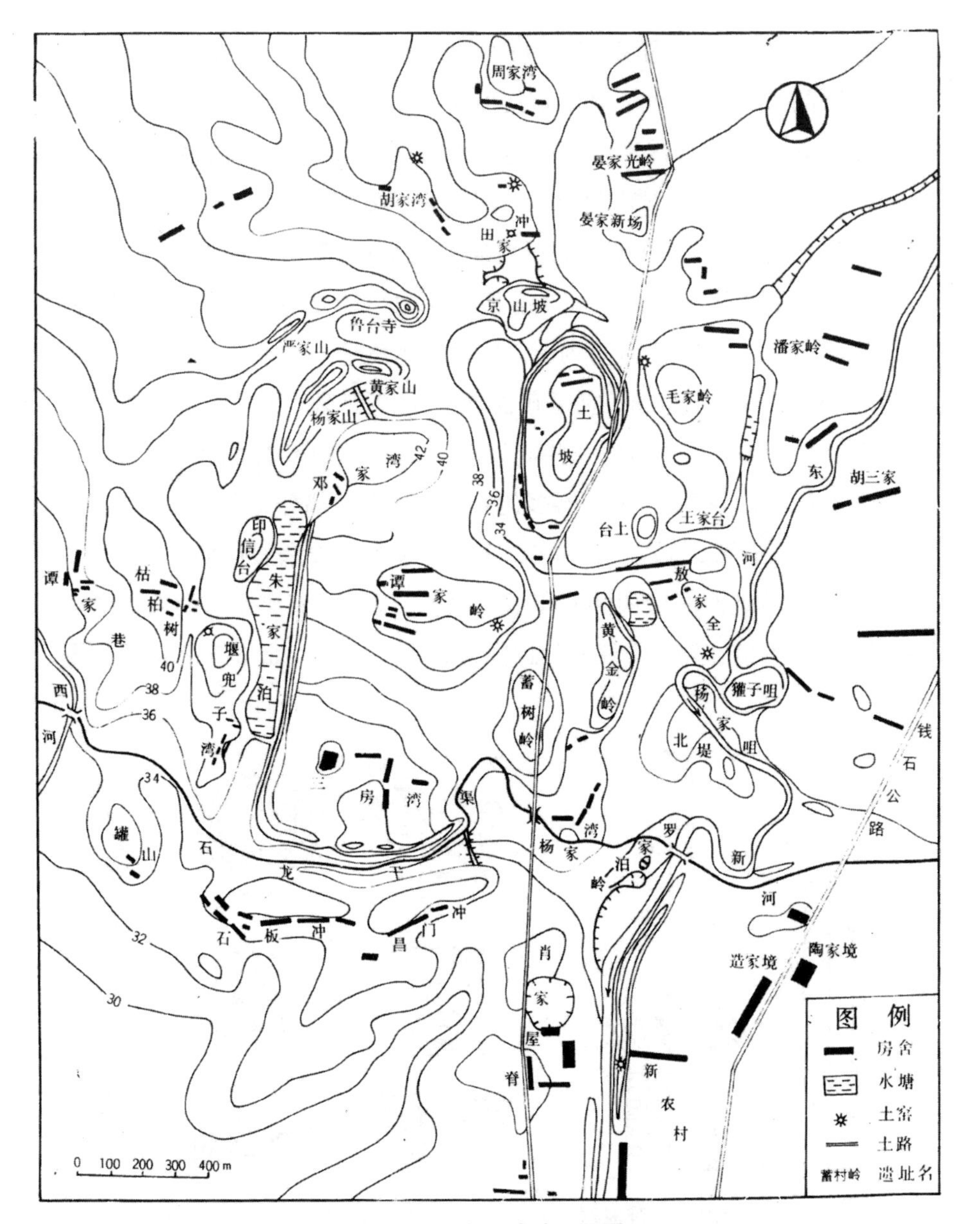

图1-9　石家河城址平面图

（采自北京大学考古系、湖北省文物考古研究所、湖北荆州地区博物馆石家河考古队：《石家河遗址群调查报告》，第218页）

的陶塑小动物（约20余种）和跪坐抱鱼的陶塑像，因此可能这是一个专业生产地。另外，邓家湾遗址中还发现屈家岭文化时期和石家河文化时期的长达数米的、相互套接的多节异形陶筒形器和陶缸的遗存（图1-10），这些特殊遗存可能与原始宗教信仰有关，因此这里或为进行祭祀活动的场所。城内西南部三房湾遗址发现有石家河时期的房址，集中出土了大量非日常实用的粗泥质红陶小杯，陶杯形制相近，制造粗糙，并成层堆积，以数十万计。这种小杯很可能是专用的祭祀用具，故此处可能是一个宗教活动场所。城的西北角是一片墓地，墓葬的规模不大，随葬品也不丰富，应是普通居民的墓葬区。城外东南的肖家屋脊遗址发现另一处墓地，一些规模较大的墓葬中出土的随葬品可达上百件之多。有的墓中出土玉器多达50余件，除一部分是装饰玉外，还有玉人头像、玉鹰、玉虎、玉蝉等，这其中应蕴含着宗教信仰的内涵（图1-11）。在城址西城壕西侧的印信台遗址，发现了五座紧邻的人工筑成的规整台基，台基边缘多用套缸围绕，并出土了大批与祭祀相关的器

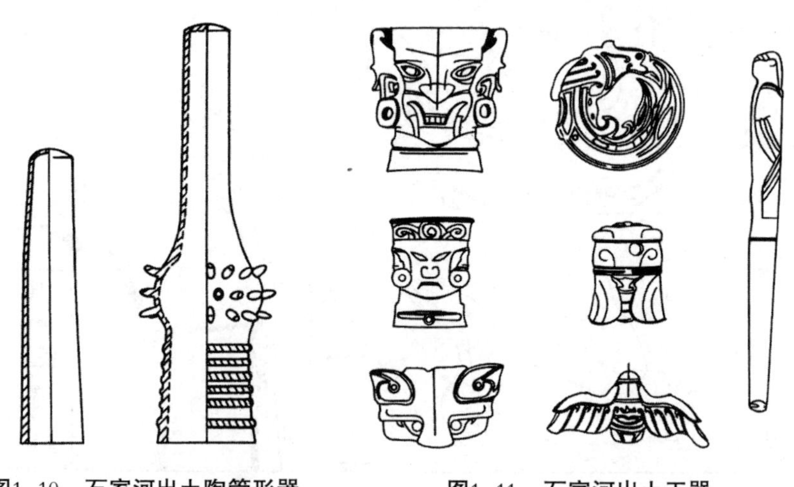

图1-10　石家河出土陶管形器
（采自李伯谦、徐天进编著：《考古探秘》，科学技术文献出版社，1999年，第100页）

图1-11　石家河出土玉器
（采自李伯谦、徐天进：《考古探秘》，第100页）

物，还有瓮棺、土坑墓等，这里应是一处重要的祭祀场地。可以看出，石家河古城应是这一地区初期国家的都城。

良渚古城　良渚古城位于浙江省杭州市余杭区瓶窑镇，平面略呈圆角长方形，正南北向。古城东西长约1500—1700米，南北长约1800—1900米，总面积达290多万平方米①（图1–12）。城墙底部普遍铺垫石块作为基础，宽度约40—60米，石头基础以上用较纯净的黄土堆筑，部分地段地表还残留4米多高的城墙。根据从城墙外侧叠压的堆积中出土的陶片判断，良渚古城的使用下限不晚于良渚文化晚期。古城的中心是莫

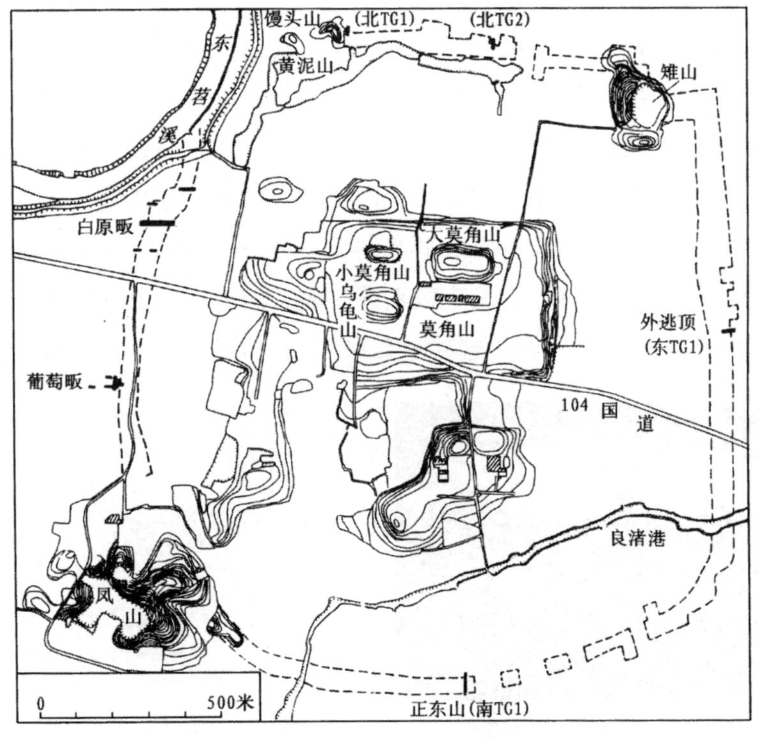

图1–12　良渚城址平面图
（采自浙江省文物考古研究所:《杭州市余杭区良渚古城遗址2006~2007年的发掘》，第5页）

①浙江省文物考古研究所:《杭州市余杭区良渚古城遗址2006~2007年的发掘》。

角山遗址，是一座人工筑成的长方形土台，东西长约670米，南北长约450米，高5—8米，面积约30万平方米。其上有大莫角山、小莫角山、乌龟山3个人工堆筑的土堆，呈三足鼎立之势。对大莫角山南侧的考古发掘证实，这是一处用大木柱、大木枋及数以万计的土坯构筑而成的大型建筑群，其面积不少于3万平方米。据此推测，莫角山遗址上的大莫角山、小莫角山、乌龟山可能是祭坛，其侧的大型房屋很可能是用于祭祀、聚会等活动的礼制性建筑。

在莫角山遗址西北不足200米处是反山墓地，这是一座人工堆筑的坟山，面积约3000平方米，高约6米①。在已发掘的范围内发现了11座墓葬，随葬品以玉器为大宗，还有象牙器、漆器、石器、陶器等，仅玉器就出土了1100余件组，其中有用作仪仗的斧、钺，有用于宗教法事的琮、璧等，有用于装饰的璜、珠、项饰、佩饰、手镯等。仅M12出土的玉器就有647件之多，号称“琮王”的玉琮和“钺王”的玉钺就出在此墓。玉琮高8.8厘米，射口直径17.1—17.6厘米，重达6.5公斤（图1–13），上面雕刻了8个神人兽面纹图案，神人头戴羽冠，身披皮甲，有一兽面护胸，显得十分威严神圣（图1–14）。这种图案在玉钺、柱形器、三叉形器、玉璜

图1–13　反山M12出土玉琮
（采自浙江省文物考古研究所反山考古队：《浙江余杭反山良渚墓地发掘简报》，彩版壹）

图1–14　玉琮上所刻神人徽像
（采自浙江省文物考古研究所反山考古队：《浙江余杭反山良渚墓地发掘简报》，第12页）

①浙江省文物考古研究所反山考古队：《浙江余杭反山良渚墓地发掘简报》。

等玉礼器上也有雕刻，这说明，这一神像是良渚居民集中崇拜的图腾神，是整个良渚社会统一的宗教信仰。有研究者认为，这类“神像最显著的特征，是神人头戴大羽冠，这种大羽冠应即是古代的‘皇’，带着大羽冠的神人应即为当时的皇王。……所以，良渚文化的神人徽像应是良渚人始祖的神像”[①]。在古代，钺是兵权的象征，也是王权的象征[②]。该墓出土的“钺王”之上刻有神徽图像，说明此兵权、王权也由神权统帅。李伯谦先生指出，“良渚文化中玉石钺大量而普遍的存在，表明当时凌驾于良渚社会之上的权力中枢中，军权、王权和神权是合为一体的，军权、王权已占有一定的地位。但权衡起来，神权仍高于王权和军权，余杭反山M12出土玉钺、瑶山M7出土玉钺柄端饰上都雕有神人兽面纹即可为证，它不仅说明在举行盛大祭典时要充当仪仗，即使在刑杀和征伐等活动时也要听命于神的指挥，而更为重要的，则是证明了能行使军权和王权的也正是能交接人神、沟通天地掌握祭祀大权的巫师本人，巫师既握有神权，也握有军权和王权”[③]。由此看来，反山墓地的墓主应是集神权、军权和王权于一身的“王者”，生前应是莫角山大型礼制性建筑的主人，也就是说，是这座良渚古城的最高统治者。李伯谦先生进一步指出，“良渚文化古国是神权、军权、王权相结合的以神权为主的神权国家”。

据调查，在莫角山遗址西南约200米的桑树头遗址，曾出土过大型玉璧等遗物，可能也是一处贵族墓地。莫角山遗址东北约500米处的马金口遗址，有许多红烧土块和良渚文化的陶片，还曾出土过大木柱、横梁等建筑材料，应是一处重要的建筑遗址。莫角山遗址东南约500米处的钟家村遗址也发现过玉器和石筑墙基等，也是一处重要的遗址[④]。可

---

①杜金鹏：《良渚神祇与祭坛》，《考古》1997年第2期，第53—54页。

②林沄：《说“王”》，《考古》1965年第6期，第311—312页。

③李伯谦：《中国古代文明演进的两种模式——红山、良渚、仰韶大墓随葬玉器观察随想》，第52页。

④严文明：《良渚随笔》。

以看出，这些遗址、墓地，均以莫角山礼制建筑群为中心，拱卫其周围，凸显莫角山礼制建筑群的神圣位置。

在良渚古城周围约40公里的范围内发现各类遗址百余处①，有瑶山、汇观山、卢村、子母墩等构筑规整的祭坛遗址，有构建复杂的卞家山码头遗址，有塘山芦村段、长坟、文家山等制作玉器、陶器与石器的手工业作坊遗址，有姚家墩、庙前等仅次于莫角山大型聚落而自成格局的聚落遗址，有瑶山、汇观山、卢村、文家山等数十处贵族墓地，在这些集中遗址之西北部还有长4.3公里的塘山土垣防洪工程遗址。可以看出，这一地域良渚时期的各类遗址分布密集，规模宏大，分布有序，呈现出一个以良渚古城为中心的庞大聚落群体系。良渚古城应是这一地域最高统治集团的权力机构所在地，从考古学方面呈现出早期国家的政治组织形态。

在公元前3000年前后，中国史前社会进入龙山时代，也即进入发生巨大变化的时代。由于社会生产力的发展，财富的分配逐渐失衡，社会成员开始出现等级分化，各成员、各群体之间的利益冲突变得复杂而激烈。因此需要一种权势来协调、处理这些复杂的矛盾，这种权势最初可能是氏族长或部落酋长，随着地域的扩张，部族的加盟，这种权势逐渐成为凌驾于各部族之上的专门权力组织，可称之为某一地域初期国家机器的雏形。龙山文化时期，各大文化区之所以比较普遍地出现城址，正是上述社会发展的结果，各地的大中型古城应是各地区初期邦国机器的载体。

四、小结

通过对史前城址的考察，可以看出一系列史前古城文明的特质：

---

①浙江省文物考古研究所：《余杭良渚遗址群调查简报》，《文物》2002年第10期，第47—56页。

（1）古城是一定地域的政治经济文化中心。龙山时期各大中型古城的出现，标志着以地域为基础的政治经济文化中心的形成。目前发现的各大中型古城，其周围数十公里范围内都分布着比较密集的中小型聚落，它们是互有联系的集聚区域。从社会学的角度分析，古城肯定是这一地域的政治经济文化中心。

（2）古城内有强势的权力机构。目前发现的大中型城址均工程巨大，修筑这样巨大的工程，如果没有强势的权力机构来统一组织是不可能完成的。而城内那些精心规划、居于突出位置的巨大"宫殿"，即是这一权力机构所在之处。城内的布局已摆脱按血缘氏族组织原则规划的聚落形态，而是按功能或等级进行规划。如在良渚古城遗址中，莫角山大土台位于古城中央，上面建有大型宫殿及祭坛，应是最高的权力机构所在之地；与其紧邻的反山墓地出土有代表宗教权力的"琮王"和代表军事权力的"钺王"，其墓主应是此城的最高统治者；莫角山宫殿区周围分布有不同级别的贵族居住区和墓地。因此可以推测，良渚古城是专为这个权力机构而筑的。

（3）社会结构出现了等级分化。这一时期的墓地可按规格划分成不同等级，墓葬的大小、随葬品的多寡也明显呈现出等级差异。如陶寺墓地存在明显的金字塔式等级结构，专门的高级贵族墓地的随葬品极其丰富，有带彩绘柄的玉钺、众多石镞和骨镞等，可能表示墓主生前是握有军权的人物；随葬品中的鼍鼓、特磬、蟠龙陶盘、彩绘木案、彩绘木俎等礼器，应是墓主社会地位和相应特权的象征。有学者认为，陶寺文化时期社会的上、中层已普遍使用礼器，并已形成按贵族等级身份依次有序地成套使用礼器的制度[①]。绝大多数小墓的墓圹仅能容身，只随葬几件陶器或根本无随葬品，墓主应属于平民阶层。这些现象反映出当

①高炜：《中原龙山文化葬制研究》，中国社会科学院考古研究所编著：《中国考古学论丛：中国社会科学院考古研究所建所40年纪念》，科学出版社，1993年，第90—105页。

时社会的等级分化已很明显，充分说明了社会的复杂化程度和文明化进程。良渚古城除了反山有可能是王者墓地外，瑶山、汇观山也有可能是高级贵族的祭坛墓地[①]，瑶山7号墓出土679件随葬品，其中玉器多达667件。这一切都反映出这是一个等级分明、结构严谨的社会。考古还发现，在一些大的建筑工程中出现了人祭现象。如仰韶文化晚期的郑州西山古城遗址内的房基下埋有装有婴儿骨骼的陶器[②]，河南登封王城岗城址发现人祭坑[③]，山东寿光边线王龙山城墙的基槽填土中也发现有完整的人骨架以及猪、狗骨架[④]，山西陶寺古城中有多处发现被处死之人的骨骼。这说明，最高统治者不仅拥有大量的财富，而且拥有剥夺他人生命的权力。种种现象都表明，此时期已经形成等级社会，极少数上层人物成为拥有各种特权的最高统治者。

（4）神权成为意识形态领域最为神圣的权威，也成了王者用以治理初期国家的最得力的手段。文献记载，原始社会早期，“民神杂糅”，“夫人作享，家为巫史”，因而“民匮于祀，而不知其福。烝享无度，民神同位。民渎齐盟，无有严威”。颛顼“乃命南正重司天以属神，命火正黎司地以属民……是谓绝地天通”[⑤]。这就是说，自颛顼开始，祭天礼地的祭祀权力就集中在少数人手里。徐旭生将此文献解释得更加清楚：“人人祭神，家家有巫史，是原始社会末期，巫术流行时候的普通情形……‘地天’可以相通，在当日人的精神里面，是一种非常具体的

---

①浙江省文物考古研究所编著：《瑶山》，文物出版社，2003年；浙江省文物考古研究所、余杭市文物管理委员会：《浙江余杭汇观山良渚文化祭坛与墓地发掘简报》，《文物》1997年第7期，第4—19页。

②国家文物局考古领队培训班：《郑州西山仰韶时代城址的发掘》。

③河南省文物研究所、中国历史博物馆考古部：《登封王城岗与阳城》，第38—42页。

④张学海：《寿光县边线王龙山文化城堡遗址》，中国考古学会编：《中国考古学年鉴1985》，文物出版社，1985年，第157页；佟佩华：《寿光县边线王龙山文化城堡遗址》，中国考古学会编：《中国考古学年鉴1987》，文物出版社，1988年，第171页。

⑤《国语·楚语下》，上海古籍出版社，1978年，第562页。

事实，绝不只是一种抽象的观念。……帝颛顼出来，快刀斩乱麻，使少昊氏的大巫重为南正‘司天以属神’……或者说只有他同帝颛顼才管得天上的事情，把群神的命令会集起来，传达下来，此外无论如何巫全不得升天，妄传群神的命令。又使‘火正黎司地以属民’，就是说使他管理地上的群巫，使他们好好地给万民治病和祈福。”并进一步指出，颛顼“把宗教的事业变成了限于少数人的事业”[①]。当社会发展出现国家，出现王者，这种祭祀权力便逐渐为王者所垄断。正如陈梦家所指出：“由巫而史，而为王者的行政官吏；王者自己虽为政治领袖，同时仍为群巫之长。”[②]这就实现了世俗王权与神权的紧密结合。新石器时代后期，各地古城纷纷出现，大中型城址中，祭祀性遗迹均处于重要位置，各大墓中又以祭祀性遗物为大宗，所有这些重要的考古现象，都反映了王权的出现与神权的集中。各地的大中型古城，不仅是政治经济文化的中心，同时也是宗教信仰中心，表明当时是一种神权与王权紧密结合，且神权至上的社会形态。李伯谦先生将此时期出现的一些古国认定为“神权国家”是有道理的。

---

①徐旭生：《中国古史的传说时代》，文物出版社，1985年，第79—83页。

②陈梦家：《商代的神话与巫术》，《燕京学报》1936年第20期，第535页。

第二章　二里头遗址的礼制文化

一、文献记载的夏代都邑建制

对于夏礼，古代文献有记载。孔子在谈及三代之礼时曾说："夏礼吾能言之，杞不足征也。殷礼吾能言之，宋不足征也。文献不足故也。足，则吾能征之矣。"（《论语·八佾》）又曰："吾说夏礼，杞不足征也。吾学殷礼，有宋存焉。吾学周礼，今用之，吾从周。"（《礼记·中庸》）春秋时期的孔子对于夏礼、殷礼有所了解，只是缺少充足的文献材料，即使有夏族之后杞，殷族之后宋，也不能完成夏礼和殷礼的整理。这证明了夏礼的存在，并且根据文献记载，庙和社就是夏代主要的行礼场所。夏商周三代对庙祭和社祭非常重视。社是祭祀土地神的地方，后来又与五谷之神连称为社稷，象征整个国家。庙是祭祀祖先的地方，《左传·庄公二十八年》记："凡邑，有宗庙先君之主曰都，无曰邑。"《礼记·曲礼下》载："君子将营宫室，宗庙为先，厩库为次，居室为后。"这说明，作为国都，宗庙是不可或缺的主要祭祀场所。《墨子·明鬼下》也明确记载夏商周三代建国营都必须先筑社坛和宗庙："昔者虞夏商周三代之圣王，其始建国营都日，必择国之正坛，置以为宗庙，必择木之修茂者，立以为菆社。"《尚书·甘誓》记禹子启征伐有扈氏，"威侮五行，怠弃三正"，并誓师曰："用命赏于祖，不用命戮于社。"孙星衍《尚书今古文注疏》云："祖者庙主，社者社主。"[①]顾颉刚、刘起釪对《甘誓》考证说："大概在夏王朝是作为重要祖训历世口耳相传，终于形成一种史料流传到殷代，其较稳定地写成文字，大概就在殷代，所以用了在殷代后期已出现的'五行'、'三正'字样。"认为"这件历史故事当然是夏代的"，"到西周可能写成基本定型的定本"[②]。《墨子·明鬼下》对此解释得更清楚："是以赏于祖而僇于社。赏于祖者何也？言分命之均也；僇于社者何也？言听狱之事也。故古圣王必以鬼神为赏贤而罚暴，是故赏必于祖，而僇必于社。"可见，夏王朝的国之大事均是在祖庙和社坛中进行。《礼记·王制》"天子七庙"条郑玄注记述了夏代宗庙的情况："此周制，……殷则六庙，契及汤与二昭二穆。夏则五庙，无大祖，禹与二昭二穆而已。"据此，夏代是否有"五庙"之制虽难以稽考，但无疑有祭祖的宗庙。根据这些史料可以得出，夏代的国都应当有进行祭社、祭祖的社坛和宗庙等礼制建筑。

除祭祖、祭社之外，东周文献还记载了夏代祭祀其他诸神的礼仪。《国语·鲁语》载："夏后氏禘黄帝而祖颛顼，郊鲧而宗禹。"这是夏后氏对传说时代的远祖进行经常性的祭祀之礼。《论语·泰伯》载孔子曰："禹，吾无间然矣！菲饮食，而致孝乎鬼神。"《礼记·表记》云："子曰：夏道尊命，事鬼敬神而远之。"《史记·夏本纪》也有类似记载："禹伤先人父鲧功之不成受诛，乃劳身焦思，居外十三年，过家门不敢入。薄衣食，致孝于鬼神。"此是夏时祭祀各种鬼神的记载。这些虽都是东周及汉代的文献记载，但应当都有所依据，不完全是无稽之谈。如《史记·殷本纪》中，司马迁把商王世系都排列出来了，与后来发现的甲骨文所记商王世系基本一致，说明司马迁利用了当时他能见到的最为真实的史料。当然，这些文献记载还可利用考古的实际资料来印证。

---

①〔清〕孙星衍撰，陈抗、盛冬铃点校：《尚书今古文注疏》，中华书局，1986年，第213页。

②顾颉刚、刘起釪：《〈尚书·甘誓〉校释译论》，《中国史研究》1979年第1期，第51—63页。

二、"夏墟"考古寻觅

《史记·夏本纪》记载了夏王朝的发展历程，自夏禹至夏桀共14世17王，历时400余年，其存续的时间约为公元前21世纪至前16世纪。那么，夏在何处？什么是夏文化？这是需要进行考古探索的。

从考古学的角度探讨夏文化、夏民族的分布，从20世纪30年代就开始了。郭沫若最早提出要从考古学上寻找夏文化，他说："此事于将来大规模的地下发掘时可望得到实物上的证据。"[①]于是有学者根据当时的考古发现，认为仰韶文化为夏文化[②]，也有人认为龙山文化为夏文化[③]。真正有目的地通过考古调查寻找夏文化、夏都邑，是从1959年徐旭生在河南西部调查"夏墟"开始[④]。徐旭生先生将古代文献中有关夏代的史料进行了全面整理和考证，认为夏人的活动区域有两个："第一是河南中部的洛阳平原及其附近，尤其是颍水谷的上游登封、禹县地带；第二是山西西南部汾水下游（大约自霍山以南）一带。"并指出文献所记夏先王鲧、禹、启、太康四世，前三世均在洛阳附近，后一世也有在此附近的可能，所以"夏氏族或部落早期活动的中心当在河南中部，不在山西西南部"，且"《史记》所指的河济、泰华、伊阙，《策》所指的伊洛位置比较清楚。就这几个清楚的地名来看，说桀都在洛阳附近比较方便"。

1959年，徐旭生先生组织考古人员在洛阳一带开始了"夏墟"的考古调查工作，先后调查了多个遗址，尤其认为偃师二里头遗址最为重要。徐旭生先生认为二里头遗址"在当时实为一大都会，为商汤都城的

---

①郭沫若：《中国古代社会研究》附录九《夏禹的问题》，商务印书馆，2011年，第353页。

②徐中舒：《再论小屯与仰韶》，《安阳发掘报告》第三期，1931年，第523—557页。

③范文澜：《中国通史简编》（修订本·第一编），人民出版社，1949年。

④徐旭生：《1959年夏豫西调查"夏墟"的初步报告》，《考古》1959年第11期，第592—600页。

可能性很不小”。虽然当时对夏代陶器还没有认知，但感觉所采集的陶器与郑州、洛阳一带的商文化相似，又有商汤居西亳的传统说法，所以徐先生推测二里头遗址可能是商汤的都城。不过，他仍然建议“此后对此河南偏西部、山西西南部两重点应当做较大规模的调查或复查，以便能早日订定科学的发掘计划”。[①]

1959年，中国科学院考古研究所对偃师二里头遗址进行了考古复查与发掘[②]。此次发掘，“找到了从龙山晚期到商代早期连续发展的三层文化堆积。根据遗物可分早、中、晚期。早期当属河南龙山文化晚期，但与常见的河南龙山文化还不能衔接起来，尚有缺环；中期虽仅留有若干龙山文化因素，但基本上接近商文化；晚期则是洛达庙类型商文化”。因此认为，“河南龙山文化之后，郑州二里冈商文化之前的这一阶段，时间上大致相当于历史上的夏代，因而推测这一类型的文化遗址可能属于夏文化”。由此，中国科学院考古研究所将二里头遗址作为探讨夏文化的重点。

目前，二里头遗址已发现宫城、大型宫殿遗址、祭祀遗址、手工业作坊遗址、居住区、墓葬区等，时代大约为公元前19世纪至公元前16世纪之间，共分为四期：第一期为聚落初步形成期，第二期为都邑兴盛期，第三期为都邑的繁荣期，第四期为衰落期[③]。第三期的遗存发现比较多，并且一直延用到第四期，直至第四期末才废弃[④]（图2-1）。

关于二里头文化的性质还存在诸多不同的认知：或认为二里头文

---

①徐旭生：《1959年夏豫西调查“夏墟”的初步报告》。

②中国科学院考古研究所洛阳发掘队：《1959年河南偃师二里头试掘简报》，《考古》1961年第2期，第81—85页。

③中国社会科学院考古研究所编著：《偃师二里头：1959～1978年考古发掘报告》，中国大百科全书出版社，1999年。

④许宏、陈国梁、赵海涛：《二里头遗址聚落形态的初步考察》，《考古》2004年第11期，第23—31页。

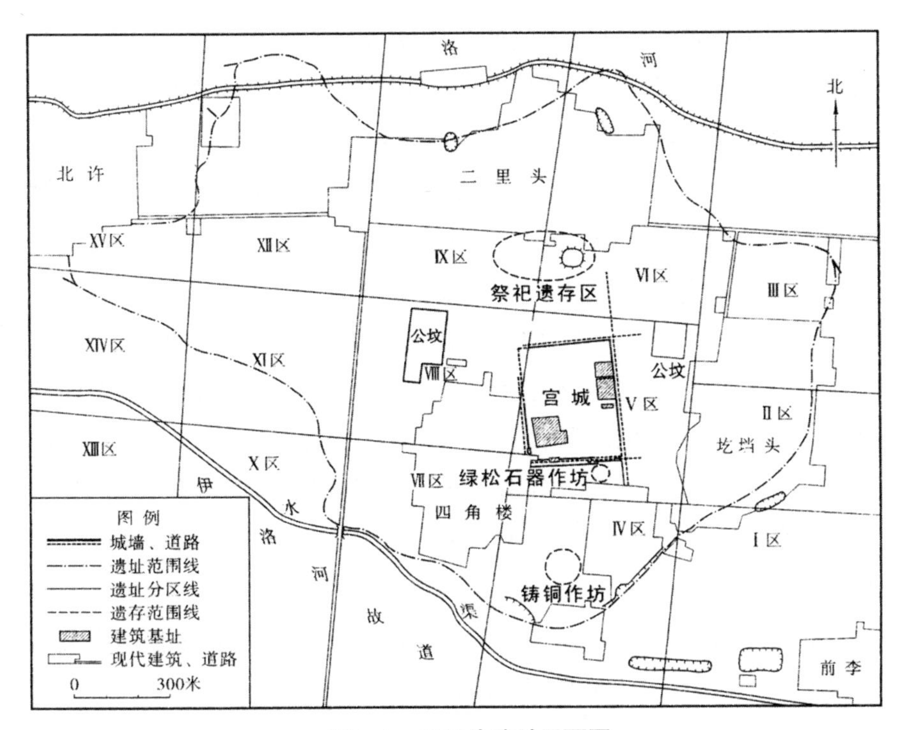

图2-1　二里头遗址平面图

（采自刘庆柱主编:《中国古代都城考古发现与研究》[上]，
社会科学文献出版社，2016年，第62页）

化一、二期是夏文化，三、四期是商文化，三、四期遗址是汤都西亳[①]；或认为二里头一至三期文化为夏文化，四期为早商文化，二里头遗址可能是夏都阳城[②]；或认为二里头文化一期为夏文化，二期以后为商文化[③]。上述观点多立足于商汤居西亳说，而认为汤居郑亳的学者，则认为二里头文化一至四期均属夏文化。郑杰祥先生论证了郑州商城出土

①殷伟璋:《二里头文化探讨》,《文物》1978年第9期，第1—4页；方酉生:《论汤都西亳——兼论探索夏文化的问题》,《河南文博通讯》1979年第1期，第6—9页；安金槐:《豫西夏文化初探》,《中国历史博物馆馆刊》1979年第1期，第24—28页。

②孙华:《关于二里头文化》,《考古》1980年第6期，第521—525页。

③孟凡人:《试谈夏文化及其与商文化的关系问题》,《郑州大学学报》1979年第1期，第13—22页。

的带“亳”字陶器，认为“这批带‘亳’字陶器的发现，进一步证明现在郑州所发现的规模巨大的早商时期城址，应该就是商汤亳都的遗迹”，并指出郑州商城之下叠压的一层“洛达庙期”遗存，即后来定名为二里头文化的遗存，应早于二里冈下层文化。二里头四期文化“是属于一脉相承的同一类型的文化，应该全部属于夏文化”①。邹衡先生考证出二里头文化中与商、周文化不同的独具特征的封口盉为“灌器中夏器鸡彝”，因而认为“二里头文化既然以盛行鸡彝为其最突出的特征，则其文化性质为夏文化，应该不会有什么疑问了”，二里头文化“一至四期全属一种文化”②。不论哪种观点，都承认二里头遗址的文化是早于商代、晚于河南龙山文化的一种考古学文化，其时代正属于夏王朝时期，此处又有宫城、宫殿、祭祀等遗址，因此认为这是夏王朝的都城应该没有问题。1983年，在二里头遗址东6公里处又发现了一座商代早期的城址③，证实商汤时期在偃师一带确实建有城邑，从而可以旁证与商文化不属同一文化的二里头遗址不可能是商汤所居之西亳。

三、二里头遗址的布局

二里头遗址的宫城为纵长方形，东城墙复原长度378米，西城墙复原长度359米，北城墙复原长度292米，南城墙复原长度295米，是一座非常正规的宫城，外围是否有郭城目前还没有发现④。在宫城南墙西部发现7号建筑基址，与南城墙在一条建筑直线上，北部正对1号宫殿的南门。在宫城内发现四条垂直相交的大路，走向与宫殿基址方向基本

①郑杰祥：《二里头文化商榷》，《河南文博通讯》1978年第1期，第9—14、22页。

②邹衡：《关于探讨夏文化的几个问题》，《文物》1979年第3期，第64—69页。

③杜金鹏、王学荣：《偃师商城近年考古工作要览：纪念偃师商城发现20周年》，《考古》2004年第12期，第3—12页。

④中国社会科学院考古研究所二里头工作队：《河南偃师市二里头遗址宫城及宫殿区外围道路的勘察与发掘》，《考古》2004年第11期，第3—13页。

一致，略呈“井”字形，路面宽12—20米。

宫城内已发现两组大型宫殿基址（图2–2）。1号宫殿基址坐落在宫城西南部，略呈方形，长、宽各约100米，台基底座高出当时地表0.8米，是一座四周筑有廊庑的封闭式庭院。南部廊庑正中辟一大门，北部廊庑偏东处和东部廊庑偏北处各辟一小门。主殿址坐落在庭院的北部正中处，坐北朝南，台基东西长36米，南北宽25米，在殿基上发现两圈柱洞。在东廊庑面对主殿的位置，还有一处坐东面西的建筑。在庭院内及主殿基边缘、廊庑边缘发掘出许多祭祀坑和墓葬（图2–3）。

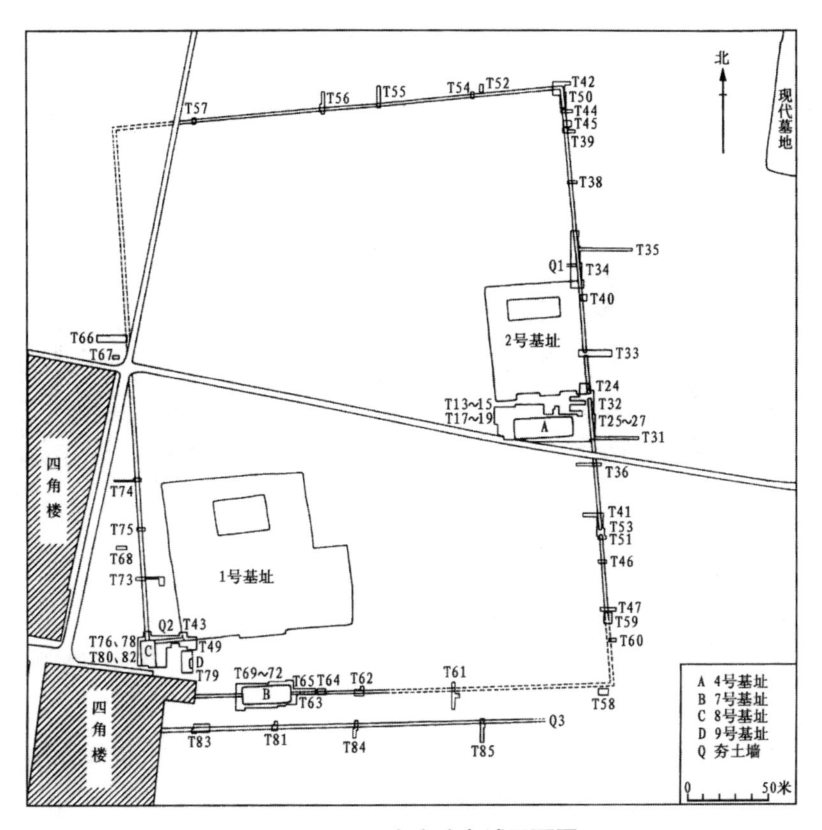

图2–2　二里头遗址宫城平面图

（采自中国社会科学院考古研究所二里头工作队：《河南偃师市二里头遗址宫城及宫殿区外围道路的勘察与发掘》，第4页）

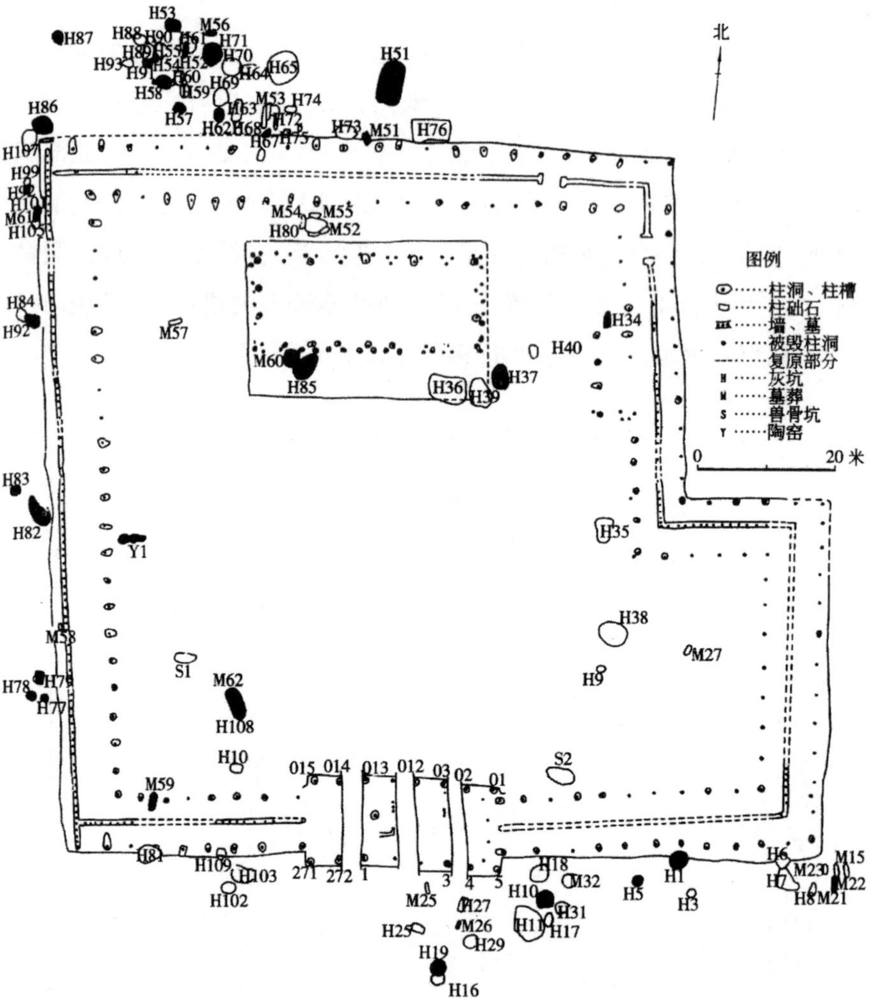

图2-3　二里头遗址1号宫殿基址平面图

（采自杜金鹏：《二里头遗址宫殿建筑基址初步研究》，刘庆柱主编：《考古学集刊》第16集，科学出版社，2006年，第209页）

2号宫殿基址坐落在宫城东部，与南部的4号宫殿组成一组建筑（图2-4）。2号宫殿基址整体布局也是一座四周筑有廊庑的封闭式方形庭院，南北长约73米，东西宽约58米。南部廊庑正中辟一大门。主殿堂坐落在庭院北部正中处，坐北朝南，台基东西长约33米，南北宽约13

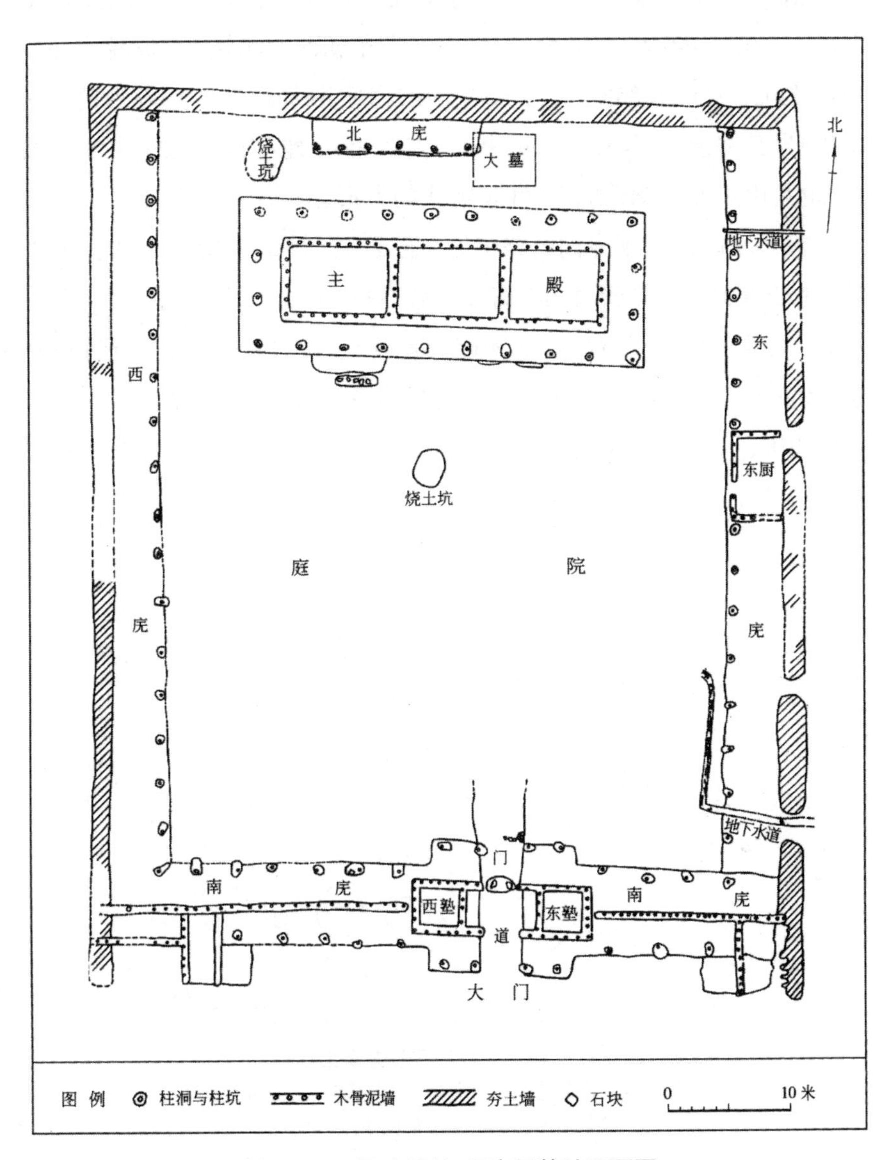

图2-4　二里头遗址2号宫殿基址平面图

（采自杨锡璋、高炜主编，中国社会科学院考古研究所编著：《中国考古学·夏商卷》，中国社会科学出版社，2003年，第67页）

米。在台基四周有一圈柱洞，台基中央用木骨泥墙筑成东西相连的三个大房间。在东廊庑中间位置，也有一处坐东朝西的建筑。在庭院中部有一烧土坑，主殿北部有一“大墓”。在2号宫殿基址的南部发现的同时期的4号宫殿基址，与2号宫殿基址方向一致，建在同一条南北中轴线上，也是由主殿、东西廊庑、庭院组成的方形建筑[①]。

在宫城以北发现专门的祭祀区，主要有两种祭祀遗迹[②]。偏东部的是一种凸出地表的圆形土坛，直径一般在5—9米，坛上布列一圈或两圈土墩，土墩直径1米左右。坛面和坛下有路土，坛的周围是平整干净的场地（图2–5）。偏西部的是一种半地穴式的祭祀遗迹，系在地上挖一个长方形的坑，一般东西长、南北宽，大小不一，较小的长宽数米，较大的长

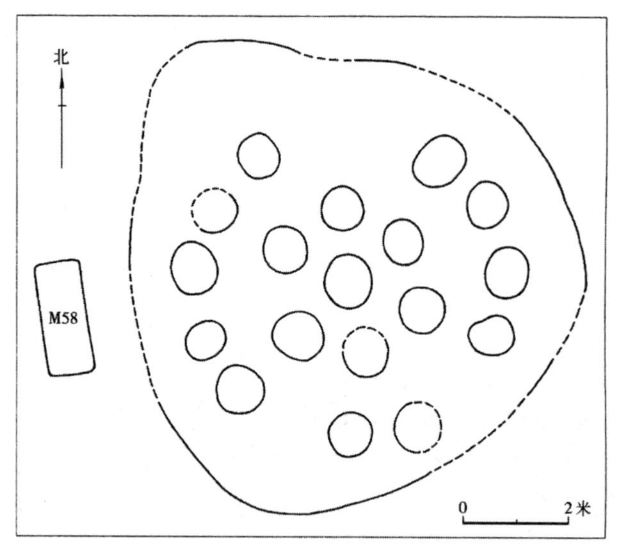

图2–5　二里头祭祀遗迹土坛

（采自杨锡璋、高炜主编，中国社会科学院考古研究所编著：《中国考古学·夏商卷》，第130页）

①中国社会科学院考古研究所二里头工作队：《河南偃师市二里头遗址4号夯土基址发掘简报》，《考古》2004年第11期，第14—22页。

②杨锡璋、高炜主编，中国社会科学院考古研究所编著：《中国考古学·夏商卷》，第129页。

达二三十米。坑内由下而上层层铺垫净土，几乎每层垫土上都有因人们活动践踏而形成的路面，往往还有成片的烧土面。另外，还发现有排列整齐的墓葬，往往出有铜器、玉器、绿松石器、漆器等。此类半地穴式建筑内没有发现柱洞，顶部当无遮盖，所以可以肯定不是用于居住。

二里头遗址发现多处铸铜遗址、绿松石器制作遗址、制骨遗址及制陶遗址等[①]。铸铜遗址、绿松石器制作遗址位于宫城之南，外围筑有围垣，形成集中独立的手工业区。其他手工业遗址的分布较为分散。

贵族居住区主要分布于宫城东部、东南部。一般居住区在宫城的西部、北部。

墓葬散见于遗址各处，同时，在当时的居住区或日常活动区内，如路土之间、建筑的近旁、庭院内甚至房屋内也较常见。迄今尚未发现集中分布且长期沿用的墓地。

四、二里头遗址的礼制文化研究

从二里头遗址的整体布局看，有相当一部分已体现出《考工记》所载的都城礼制规划，但也有一部分与之有别。

（一）二里头宫城建制

宫城基本呈方形，坐北朝南，城内街道横平竖直，宫殿建筑呈轴线建造，这些均与《考工记》中的礼制规划相似。考古发现的时代较早的史前城址有多种形状，如湖南省澧县彭头山古城呈圆形，河南省郑州市西山古城也似圆形，浙江良渚古城略呈圆角长方形，湖北省天门市石家河古城近似圆角方形，山东省章丘县城子崖古城呈不规则形，山东省阳谷县景阳冈古城为狭长形。但至龙山时代后期，城址就多是较为规整

---

①赵海涛、张飞：《二里头都邑的手工业考古》，《南方文物》2021年第2期，第126—131页。

的方形，如河南省新密市古城寨古城、周口市淮阳区平粮台古城、登封市王城岗古城均为方形。古城寨古城、平粮台古城的年代已接近夏代纪年，王城岗古城的年代已进入夏代纪年，甚至有研究者认为王城岗古城是夏初之都城。可以看出，龙山时代后期至夏代，中原地区已按坐北朝南的布局营建方形古城，并且成为以后历代都城的规划原则。之所以如此营建都城，除了地形及气候方面的原因外，大概当时已经初步形成"天圆地方"的宇宙观念。

（二）1号宫殿的性质

1号宫殿基址的建筑格局也体现了"建中立极"的设计理念。主宫殿建在方正的庭院北部正中位置，与庭院的南门形成此建筑的中轴线，凸显主宫殿的威严壮观，开创了以后历代宫殿建筑的设计模式。《考工记》还记载，周代王城城门是一门三道，郑玄注云："国中，城内也，经纬谓涂也，经纬之涂皆容方九轨。"贾公彦疏云："南北之道为经，东西之道为纬，王城面有三门，门有三涂，男子由右，女子由左，车从中央。"一门三道之制可溯源到夏代，二里头一号宫殿南门即是一门三道。一门三道，设计上左右对称，行者进出"有上下之别"，实际上也是以此突出帝王之地位。因此，这一制度成为后来都城建制之通制。

关于1号宫殿的性质，学术界有不同的认识。有人认为是进行政治活动的场所，即朝堂或前朝后寝的施政宫殿①；有人认为是宗庙或庙寝合一的建筑②；杜金鹏先生则认为可能是夏社③。1号宫殿除了设计

---

①杨鸿勋：《初论二里头宫室的复原问题》，《建筑考古学论文集》，文物出版社，1987年，第78页。

②北京大学历史系考古教研室商周组编著：《商周考古》，文物出版社，1979年，第27—28页。

③杜金鹏：《二里头遗址宫殿建筑基址初步研究》，刘庆柱：《考古学集刊》第16集，第178—236页。

规整、规模宏大、威严壮观外，在庭院内还发现与主宫殿同时的大量墓葬和祭祀坑，这也是其最为显著的特征之一。在庭院内共发掘出6个“灰坑”（即祭祀坑）、8座墓葬和2个兽骨坑。这些“灰坑”中，多埋有人骨，呈捆绑状，有的还与兽骨埋在一起。所谓“墓葬”中，埋的也是被处死的人骨，死者多俯身，两臂屈折于背后，似被捆绑而处死。有的手、足、腿被砍断，呈跪姿埋葬。比较特殊的是主殿后面的一大圆坑，上口直径2.25—3米，向下先增大又逐渐缩小，3.9米深处见地下水。在坑口四周边缘有3座墓葬和1座疑似墓葬的空坑，其中两座墓内死者似被捆绑，头骨均面下，另一座墓中死者下肢作折跪状（图2-6）。上述庭院内

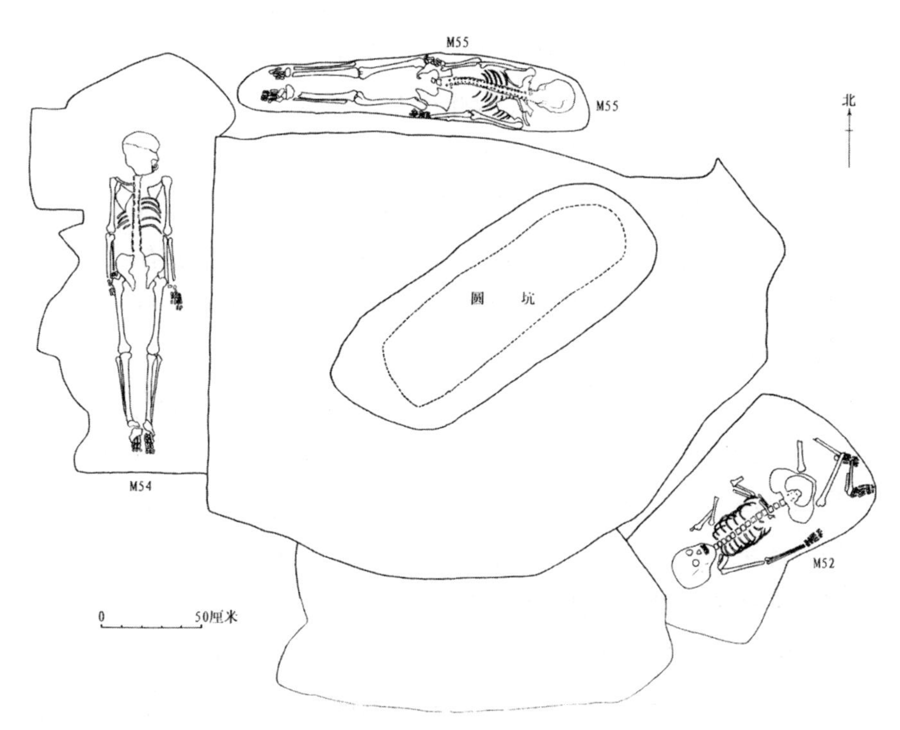

图2-6　一号宫殿主殿北部圆坑及祭祀墓平面图

（采自中国社会科学院考古研究所：《偃师二里头：1959年~1978年考古发掘报告》，中国大百科全书，1999年，第148页）

的这些“灰坑”“墓葬”及“兽骨坑”，杜金鹏先生认为均是祭祀遗迹，1号宫殿应当是一座举行祭祀活动的礼制建筑，并根据《考工记》中“左祖右社”的记载，进一步推测坐落于宫殿区西部的1号宫殿基址是夏社遗址。

将1号宫殿推定为用于祭祀的礼制建筑是正确的，该基址也有可能是夏社遗址。社是专门祭祀地神之所，并且东周文献中记载夏王朝有“社”的存在。《尚书·甘誓》曰：“用命赏于祖，不用命戮于社。”《书序》曰：“汤既胜夏，欲迁其社。”汉代文献记载自夏禹时开始有社祀，《史记·封禅书》曰：“自禹兴而修社祀。”《淮南子·氾论训》载：“禹劳天下，而死为社。”从人类早期的祭祀活动看，最早是祭祀地神、天神。地能生万物，由地神主宰，所以要祭祀地神；天有雷雨风雪之变化，由天神控制，所以要祭天神。祭社的目的很广泛，比如祈求风调雨顺、五谷丰登、征战得胜、辟除灾疫等等，因此社祀具有很广泛的社会性。至周代便形成了不同等级的社祀活动。《礼记·祭法》云：“王为群姓立社，曰大社。王自为立社，曰王社。诸侯为百姓立社，曰国社。诸侯自为立社，曰侯社。大夫以下成群立社，曰置社。”二里头遗址1号宫殿后部有一个深度超过3.9米的祭祀坑，可能就是为祭祀地神所设。社的形状是封土成坛。《管子·轻重戊篇》载：有虞氏“封土为社”。商代甲骨文有祭土的记录，祭土即祭社。《公羊传·僖公三十一年》：“诸侯祭土。”何休注：“土为社也。”到后来，还在坛上或立石、或立木、或植树以代表社神。1号宫殿的主殿台基高于庭院地面10—20厘米，台基上没有发现隔墙遗迹，只发现四周的柱洞，这说明这是一座上有大屋盖而四面通透的土坛建筑。这种形制与文献讲的社无屋盖不同，而与有屋盖、四面无壁的明堂相似。还有一种可能是，在夏代，祭祀建筑的专门分野还没有形成，凡国之大事，均在此进行祭祀，这也正说明1号宫殿中的祭祀活动还较为原始。祭祀遗址四周用廊庑组成了封闭式的庭院，这与原始社会时众人都能参与的祭祀广场不同，进入此庭院参与祭祀的只能是有一定地位的人。这样的设计体现了祭祀权的集中，并以此加强国家政权的运行。这大概也是早期国家产生的一个特点。

（三）2号宫殿的性质

关于2号宫殿的性质，学术界也有不同的认识，主要有宗庙、陵寝、夏社三种观点①。从建筑结构和布局看，2号宫殿与1号宫殿最大的不同是，庭院内没有祭祀遗迹，庭院中央只有一个烧土坑，主殿台基上筑有三间大房间。主殿后面的所谓“大墓”是一个竖穴式深坑，上口较大，东西长5.2—5.35米，南北宽4.25米，深6.1米，但底部较小，长1.85米，宽1.3米。在“大墓”内发现一具装于红漆木匣中的狗骨架。在中央部位的盗洞中发现少量朱砂、漆皮和蚌饰片。此外，在坑口还出土1块卜骨。根据这种现象，有报道称此墓为“迁骨葬”或“衣冠葬”，墓中埋葬的是当时统治者的始祖或高祖（遗骸或其象征物）②。虽然此遗迹究竟属何性质还难以确定，但无疑具有祭祀性。1号宫殿既然是用于祭祀天地诸神的，2号宫殿则可能是用于祭祀祖神的，因此，学者推定其为宗庙遗址是有可能的。4号宫殿在其南部，规模比2号略大，并且向北的一面不设北围墙，而是设置通向2号宫殿的踏步，这说明4号宫殿与2号宫殿是建在同一轴线上的统一建筑。如果2号宫殿是庙，4号就有可能是朝，朝是政治活动的场所，庙是祖神所在之处，形成前朝后庙的格局。需要思考的是，这种布局是否反映了当时的意识形态：政权的巩固需要祖神的保佑，所以夏王要经常到后面去祭祀祖神。

---

①中国社会科学院考古研究所二里头队：《河南偃师二里头二号宫殿遗址》，《考古》1983年第3期，第206—216页；张国硕：《夏商时代都城制度研究》，河南人民出版社，2001年，第173—174页；赵芝荃：《夏社与桐宫》，《考古与文物》2001年第4期，第36—40页。

②杨锡璋、高炜主编，中国社会科学院考古研究所编著：《中国考古学·夏商卷》，第129页。

研究者多认为二里头宫城已形成“左祖右社”的布局，并依此推测，在宫城中部还可能有大型宫殿，即“朝”之所在。经多年的考古调查与勘探发现，在中部区域有一些建筑台基，但没见报道有类似于1号、2号规模的大型基址，而多见路土及广场（可能与原始社会大型聚落中用于公共集会的广场相似）。这说明，二里头宫城作为国家都城的雏形，正处于由大型原始聚落发展到完整礼制都城布局的过渡阶段。

（四）宫城之外祭祀遗址的性质

在宫城北部发现有东西两处祭祀区。东部遗迹的主要特征是凸出地表的圆形土坛。《礼记·祭法》云：“天下有王，分地建国，置都立邑，设庙、祧、坛、墠而祭之。”郑玄注：“封土曰坛，除地曰墠。”孔颖达疏：“起土为坛，除地曰墠。”因此这种圆形土坛应是祭坛。西部遗迹的主要特征是半地穴式的祭祀坑，可能是“除地曰墠”的墠类祭祀遗址。

以上东、西两种祭祀遗迹，究竟是祭祀何神灵？据《礼记·祭义》云：“郊之祭，大报天而主日，配以月。夏后氏祭其闇，殷人祭其阳，周人祭日以朝及闇。祭日于坛，祭月于坎，以别幽明，以制上下。祭日于东，祭月于西，以别外内，以端其位。”可能如一些学者指出的，这是与祭日、祭月有关的遗迹[①]。

（五）二里头遗址手工业专业化进程

在宫城以南发现了铸铜作坊遗址、绿松石器制作遗址，遗址外围筑有围垣，围垣内发现有青铜器浇铸工厂、陶范烧烘工房和陶窑，出土了坩埚、陶范、熔炉碎片、铜矿石、铜渣等遗物[②]。绿松石器制作遗址位

---

①杨锡璋、高炜主编，中国社会科学院考古研究所编著：《中国考古学·夏商卷》，第129页。

②陈国梁：《略论二里头遗址的围垣作坊区》，许宏主编、中国社会科学院考古研究所编：《夏商都邑与文化（二）：纪念二里头遗址发现55周年学术研讨会论文集》，中国社会科学出版社，2014年，第92—93页。

于铸铜作坊遗址北部，发现有加工工具、原料、嵌片、毛坯、半成品、成品、残次品、废料等大量与加工绿松石器有关的遗物[①]。此作坊邻近宫城，又设有专门的围垣，应是受王室控制、专为王室制器。二里头遗址的其他多处手工业点，推测可能是以家庭或家族为单位进行生产的小作坊[②]。总的来看，这一时期的手工业生产已逐渐从农牧业生产中独立出来，进入专业化的进程之中。

五、小结

二里头遗址作为夏王朝的都城，呈现出一系列新特点：

（1）城的形制已规整化，宫城基本呈方形，坐北朝南，城内街道横平竖直，宫殿建筑呈轴线建制，这也成为以后历代都城的规划原则。

（2）城内主要是祭祀建筑与宗庙建筑。从文献记载看，夏代是依照天神、祖神的旨意来行使权力、处理国之大事的，所以，国家大事均要在祖庙和社坛中进行。这是都城中首先建造社坛和宗庙的原因所在，同时，体现出夏王朝将神权、祖权与政权紧密结合在一起，标志着社会进入到一个新的发展阶段。

（3）城外出现祭祀遗址，主要祭祀各种神灵，反映出泛神意识的兴起。

（4）手工业遗址的集中出现，初步丰富了城市的经济内涵。

---

①中国社会科学院考古研究所编著：《二里头：1999—2006》，文物出版社，2014年，第337—338页。

②张海：《公元前4000至前1500年中原腹地的文化演进与社会复杂化》，博士学位论文，北京大学考古文博学院，2007年，第304—307页；赵海涛、张飞：《二里头都邑的手工业考古》。

第三章　商代都城的礼制文化

据《史记·殷本纪》记载，自商先祖契至成汤八迁其都，大体范围在豫东、鲁西、冀南区域。自商汤至盘庚即位，又五迁其都：即“仲丁即位，元年，自亳迁于嚣”，“河亶甲整即位，自嚣迁于相”，“祖乙胜即位，是为中宗，迁于庇”，“南庚更自庇迁于奄”，“盘庚自奄迁于殷”[①]。商王朝自灭夏立国，先后共有六都。从考古发现看，目前学术界普遍较认同的商都有四处，即郑州商城、偃师商城、洹北商城和殷墟。

一、商代礼制文明的特质

由殷墟出土的甲骨文可以看出，殷人的祭祀文化是非常丰富的，也逐渐系统化。甲骨文记录了商王进行占卜、贞问、祭祀天帝诸神和祖先神的活动，这不仅是商王祭祀档案，还是商王施政档案，因为殷人凡事都要贞问天帝诸神和祖先神，征得它们的同意才能施行。

从甲骨文的内容看，殷人将天帝奉为最高主宰，信仰天帝，崇信天命，一切都要遵从上天的旨意。甲骨文中有大量的祭天卜辞：

①方诗铭、王修龄：《古本竹书纪年辑证》，上海古籍出版社，1981年。

庚午卜，内贞，王乍邑帝若。八月，二告。（《合集》14201）[1]

壬子卜，争贞，我其乍邑，帝弗佐若。三月。

癸丑卜，争贞，我宅兹邑大（甲）宾帝若。三月。

癸丑卜，争贞，帝弗若。（《合集》14206）

这是为了建邑而反复贞问天帝，征得天帝同意才能动工兴建。

辛亥卜，内贞，帝于北方曰（宛）风曰（役），𣎵年。

辛亥卜，内贞，帝于南方曰微，风夷，𣎵年。

贞，帝于东方曰析，风曰劦，𣎵年。

贞，帝于西方曰彝，风曰朿，𣎵年。

辛亥卜，内贞，今一月帝令雨，四日甲寅夕（雨）。

辛亥卜，内贞，今一月（帝）不其令雨。（《合集》14295）

这是占问天帝降雨、祈求丰年等内容的卜辞。

辛未卜，㱿贞，王勿逆伐𢀛方，上下弗若，不我其受又。（《合集》06203）

丁巳卜，㱿贞，王叀沚戠从伐土方。（《合集》06416）

辛巳卜，宾贞，□燎。贞王叀沚戠从伐巴方，帝受我又。（《合集》06473）

这是出兵征伐之前告祭于天帝的卜辞。

与祭天一样，殷人同样非常重视祭地，殷墟卜辞中关于祭“土”（即

---

①郭沫若：《甲骨文合集》，中华书局，1978年。凡引此书均简称《合集》。《合集》释文主要参照胡厚宣主编：《甲骨文合集释文》，中国社会科学出版社，1999年。

祭“社”）的内容颇为丰富[①]，说明在商代祭社是一项经常性的礼仪活动。

> 壬戌卜，争贞，既出炘燎于土宰。
>
> 贞，燎于土一牛俎宰。（《合集》14396）
>
> 癸未卜，争贞，燎于土，𣎆于岳。（《合集》14399）
>
> 戊子卜，其又岁于亳土三小宰，十小宰。（《合集》28109）

还有大量祭祀山、岳、河、洹、泉等山川诸神的卜辞。

根据诸多学者对甲骨文卜辞的研究，商人对先祖的祭祀已经更加规范化和制度化，是用周祭制度[②]。所谓周祭，是指殷商王室用五种祭奠方式轮流祭祀成系列的先公先王先妣。除周祭外，还有一些不成系统的祭祀祖先的典礼，被称为“特祭”或“选祭”。卜辞中还记载，商王祭祀祖先主要是在“宗”或“必”中进行。从字形上分析，“宗”上面“宀”形是屋宇之形，“示”则是神主的象征，故《说文》云：“宗，尊祖庙也。”于省吾考证“必”为“祀神之室”[③]。“宗”和“必”正是商代祭祀祖先的宗庙。除宗、必外，也有学者认为，甲骨文中的“□”或“匚”就是后世“庙”字的初形，因为在这些方框内往往还有“甲”“乙”“丙”“丁”等商王庙号[④]。据研究，殷墟卜辞所见商先王宗庙有：大乙宗、大丁宗、大甲宗、大庚宗、大戊宗、中丁宗、祖乙宗、祖辛宗、祖丁宗、小乙宗、武丁宗、祖

---

①《诗·大雅·绵》：“乃立冢土。”毛传云：“冢土，大社也。起大事，动大众，必先有事乎社而后出谓之宜。”郑笺：“大社者，出大众将所告而行也。”见〔清〕阮元校刻：《十三经注疏》，中华书局，1980年，第511页；陈梦家：《亳土即亳地之社》，《殷墟卜辞综述》第十七章，中华书局，1988年，第562页。

②常玉芝：《商代周祭制度》，中国社会科学出版社，1987年。

③于省吾：《甲骨文字释林》，中华书局，1979年，第38—39页。

④李立新：《甲骨文“□”字考释与洹北商城1号宫殿基址性质探讨》，《中国历史文物》2004年第1期，第11—17页。

甲宗、康丁宗、武乙宗、文丁宗[①]。从直系先王汤至文丁，几乎都立有宗庙，这反映了殷商时期没有迁庙、毁庙制度，即没有“殷六庙”之制[②]。殷墟卜辞中，不但记有商代各王的庙，而且还记有王后的庙，如有“妣庚宗”“妣庚必”“母辛宗”等，这应当是某一商王先妣、母的宗庙。

陈梦家根据甲骨文归纳出殷人所祭祀的对象分为三大类：（1）天神，有上帝、东母、西母、日、云、风、雨、雪；（2）地祇，有社、四方、四戈、四巫、山、川；（3）人鬼，有先王、先公、先妣、诸子、诸母、旧臣[③]。

我们从甲骨文卜辞中可以看到，商王凡事都要贞问天地诸神和祖先神，对天地神、祖神行祭祀之礼以取得行政之命，充分体现了神权、祖权与政权紧密结合的政体形态。

二、甲骨文、传世文献记载的商代都城格局

殷墟甲骨文中有关建筑的名称有“宫”“室”“庭”“寝”等，用于祭祀的宗庙建筑名有“宗”“必”“□”“匚”，“土”是指社祀建筑。但甲骨文中没有发现名“朝”的建筑，也没发现朝政建筑的专用名。据甲骨文所记，商王的一些祭祀活动多在宗庙等礼制建筑的庭院中进行，如：“贞，惠多子飨于庭”（《合集》27647）、“王其飨于庭”（《屯南》2276）[④]、“甲午卜，王其侑祖乙，王飨于庭”（《屯南》2470）。于省吾先生指出，“庭”即为宗庙太室之中庭[⑤]。实际上，甲骨文中的“庭”即“朝”，是指祭祀建筑前的庭院。《说文》云：“廷，朝中也。”《周礼·夏

①王贵民：《商周制度考信》，明文书局，1989年，第61页附“商代宗庙宫室表”。

②《礼记·王制》“天子七庙”郑玄注云：“此周制……殷则六庙，契及汤与二昭二穆。夏则五庙，无大祖，禹与二昭二穆而已。”

③陈梦家：《殷墟卜辞综述》，第562页。

④中国社会科学院考古研究所编：《小屯南地甲骨》，中华书局，1980年。凡引此书均简称《屯南》。

⑤于省吾：《甲骨文字释林》，第85—86页。

官·太仆》郑玄注："燕朝，朝于路寝之庭。"许慎、郑玄均将宫殿建筑前的"庭"解释为"朝"，当有所据。清戴震对此解释得更清楚："凡朝君，臣咸立于庭，朝有门而不屋，故雨沾衣失容，则辍朝。"[①]焦循《群经宫室图》亦云："凡朝皆廷也，其堂为路寝，其廷为燕朝。"陈梦家认为，"古文字'廟'从朝，朝廷之朝当源自大庙朝见群臣"[②]。《说文·广部》："廟，尊先祖貌也。从广，朝声。"《白虎通·宗庙》："庙者，貌也。象先祖之尊貌也。所以有室何？所以象生之居也。"甲骨文中没有"廟"字，"廟"字始出现于西周金文。从字形上分析，"朝"上盖屋为"廟"，说明在西周时期，依然是"朝有门而不屋"，凡国之大事均是在庭院中祭告神主。甲骨文中"宗""必""□""匚"，都是指神主所在的有屋建筑，"庭"是这些建筑前举行祭告活动的庭院，即后来名"朝"之地。以此观之，在商代并没有专门用于"朝"的独立宫殿建筑，商代都城中也没有完全确立"大朝"之殿居中、"前朝后寝""左祖右社"之布局。

三、郑州商城的礼制文化

（一）郑州商城的考古发现

1950年，在郑州发现二里冈遗址，1952年进行了发掘。根据发掘，二里冈遗址的堆积分为Ⅰ、Ⅱ两期，并推断其"年代也可能早于安阳的小屯期"，指出，"郑州殷代遗址的范围广大，延续的时代也比较长久，当是殷代的一个重要城邑"[③]。1953年，河南省文物局组成专门的文物工作队，开始在二里冈一带进行较大规模的发掘[④]。除二里冈遗址外，

①〔清〕戴震：《考工记图》，〔清〕阮元、王先谦编：《清经解　清经解续编》第三册卷五百六十四，上海书店，1988年，第881页。

②陈梦家：《西周铜器断代》（四），《考古学报》1956年第2期，第91页。

③安志敏：《一九五二年秋季郑州二里冈发掘记》，《考古学报》第八册，1954年，第93页。

④河南省文物局文物工作队编著：《郑州二里冈》，科学出版社，1959年。

在1953年至1955年先后发掘了南关外、白家庄、铭公路西侧、紫荆山北和人民公园等遗址，发现多座墓葬和各类手工业作坊遗址，尤其是在人民公园发现了二里冈文化与殷墟文化的叠压关系，从而证明了二里冈文化早于殷墟文化的发展序列[①]。1955年，在白家商文化层下面发现了夯土层，初步判断可能是商代的夯土墙，这是最早发现城墙的端倪。1956年开始沿夯土的走向进行钻探，发现这是一座近长方形的夯土城垣。1972年至1973年，再次对商城的南、东、西三面城垣进行钻探复查，发现四周城垣尚有大小11处缺口，有些缺口可能与城门有关。从1956年至1985年，采用横截城墙的方法开挖探沟24条，以了解城墙夯筑结构及更准确的年代，最终确定郑州商城的始建年代应在商代二里冈期下层时期[②]。此后又发现围绕商城西、南侧的半圈夯土城墙[③]，被推定为郑州商城的“外郭城”。

在郑州商城内东北部发现数十处夯土台基，确定与商城是同时期的，还发掘出3座大型房基[④]。此后又在此区域10个地点进行了发掘，确认商城内东北部应是宫殿区，这为研究宫殿区的范围、布局等提供了重要资料[⑤]。

郑州商城规模大，已发现宫殿区和祭祀遗址，在其周围又发现了各

---

①河南省文物局文物工作队第一队：《郑州商代遗址的发掘》，《考古学报》1957年第1期，第53—73页。

②河南省博物馆、郑州市博物馆：《郑州商代城遗址发掘报告》，《文物资料丛刊》第1集，文物出版社，1977年，第1—47页；杨育彬：《商代王都考古研究综论》，《中原文物》1991年第1期，第8—16页。

③河南省文物研究所：《郑州商城外夯土墙基的调查与试掘》，《中原文物》1991年第1期，第87—95页；河南省文物研究所：《郑州三德里、花园新村考古发掘简报》，《郑州商城考古新发现与研究：1985—1992》，中州古籍出版社，1993年，第228—233页。

④河南省文物研究所：《郑州商代城内宫殿遗址区第一次发掘报告》，《文物》1983年第4期，第1—28页。

⑤宋国定：《1985—1992年郑州商城考古发现综述》，河南省文物研究所：《郑州商城考古新发现与研究》，第48—59页。

种手工业作坊遗址及铜器窖藏等，还分布有多处墓葬区。郑州商城遗址是目前发现的商代最大规模、各类遗址齐全的城址，此处为商代早期的都城遗址已是学术界的共识。

（二）郑州商城的布局

郑州商城遗址位于今郑州市区，始建于商代前期，即二里冈下层文化时期。城墙平面近方形，东、南墙长约1700米，西墙长约1870米，北墙长约1690米，周长约6960米，面积约300万平方米[①]（图3-1）。城墙用夯土版筑而成，底宽平均20米，最宽处可达32米；残存高度不一，最高处尚存5.75米。在城墙外发现了部分城壕遗迹。城址内东北部分布有密集的大型夯土建筑基址，建筑台基面积规模大的有2000多平方米，小的也有100多平方米。河南省文物考古研究所发掘的一处建筑基址规模庞大，东西长逾65米，南北宽13.6米，基址上发现南北两排方形柱础槽，北排现存27个，南排有10个，东部台基已毁，估计柱础还要向东延伸[②]。如此规模的建筑，肯定属于大型宫殿建筑（图3-2）。在宫殿区中部曾发掘过一条壕沟的局部，在发掘的长15米、宽2米的范围内发现近百个经过切割、加工的人头盖骨杯[③]。如此之多的人头杯出现在宫殿区内，说明其使用者不是一般平民，而应是商王室贵族。在宫殿区周围已发现部分城墙基址，东西长约750米，南北宽约500米，有可能是宫城[④]。如此，早先发现的郑州商城则属内郭城。在内郭城之外的外郭城依地形而建，不甚规整，其外有护城壕。因东部是湖沼，故城墙与护城壕只有

---

①河南省文物考古研究所编著：《郑州商城：1953—1985年考古发掘报告》上册，文物出版社，2001年，第178页。

②河南省文物考古研究所：《郑州商代城内宫殿遗址区第一次发掘报告》。

③河南省文物考古研究所：《郑州商城》上册，第476—482页。

④赵芝荃：《评述郑州商城与偃师商城几个有争议的问题》，《考古》2003年第9期，第85—92页。

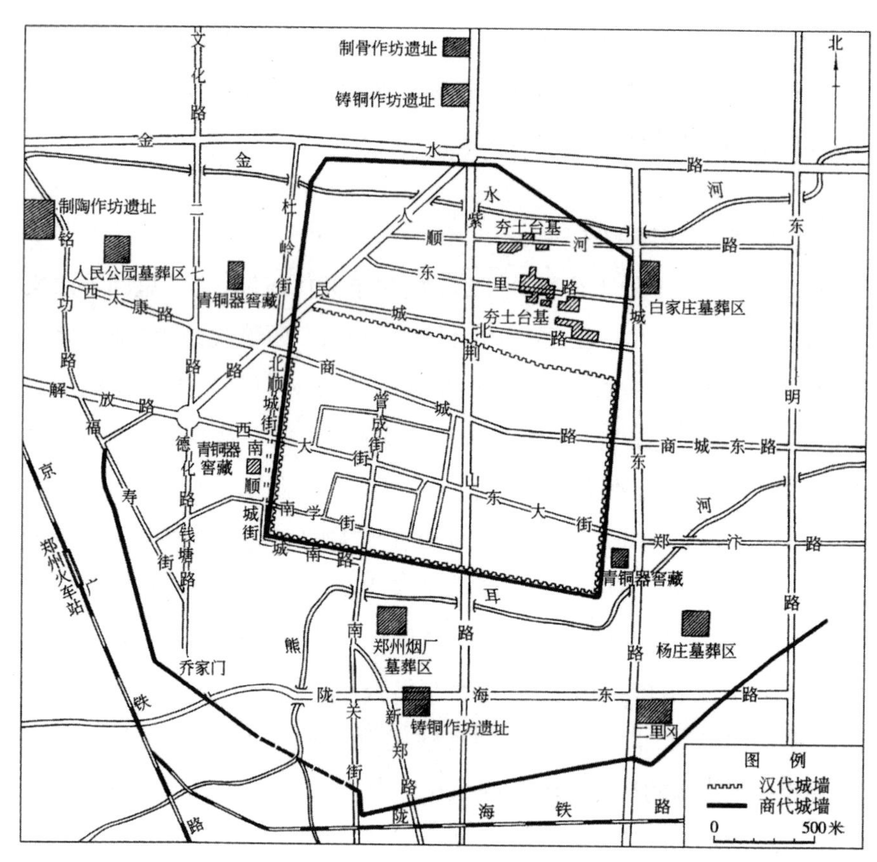

图3-1　郑州商城平面图

（采自河南省文物考古研究所：《郑州商城》，前言第2页）

南、西、北三面，估计其面积约1300万平方米[①]。

在宫殿区的北部发现有祭祀遗迹。在一平坦的高地上，发现埋石6块，其中3块埋在空地中间，有一块最高，另3块埋在东南部附近。还发现烧土坑1个，烧土面1片，殉狗坑8个，殉人坑14座。这些殉狗、殉人坑，似乎是以埋石为中心而分布的。在此祭祀遗址的西部，靠近内郭城西城墙的一处高地上，也发现了一处祭祀遗址。目前只发掘了一个方形的祭祀坑，

①河南省文物考古研究所：《郑州商城外郭城的调查与试掘》，《考古》2004年第3期，第40—50页。

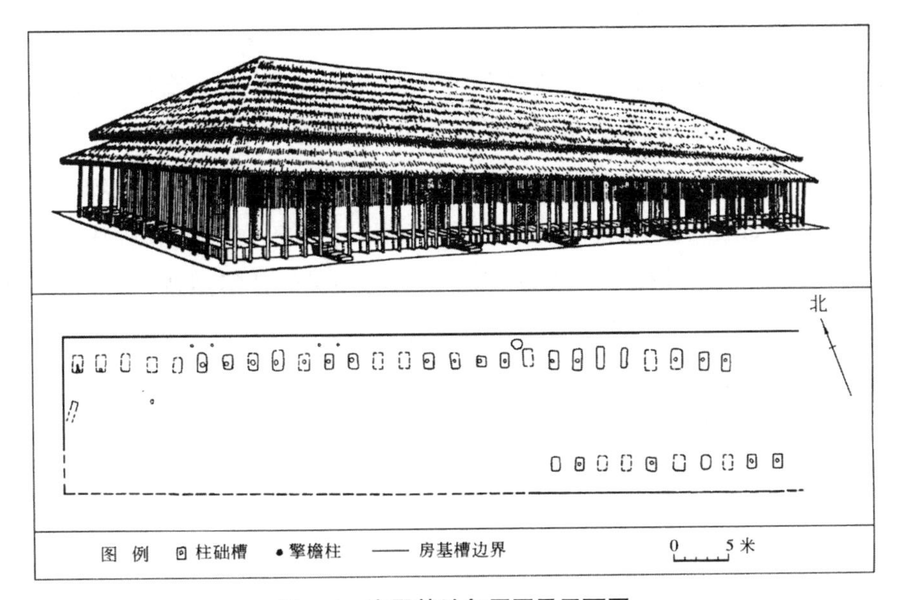

图3-2　宫殿基址复原图及平面图

（采自刘庆柱:《中国古代都城考古发现与研究》[上]，第75页）

东西残长约2.6米，南北宽约2.3米，深约0.75米。坑内南、西、北壁有二层台，二层台四角各埋一只狗，东、西两边的狗头相对，说明这四只狗在坑内的位置是精心安排的。祭祀坑南部约100米处发现了殉人坑。在靠近内郭城城墙内侧区域，还发现了一些一般居址。在内郭城城址南、北、西三面之外附近地区，发现了众多的铸铜、制陶、制骨作坊遗址。

（三）郑州商城的礼制文化研究

1. 亳社遗址的推定

由于郑州商城位于今郑州市区内，对于古城布局及文化内涵的勘查受到了局限。从已有的考古信息看，郑州商城应是由三层城墙组成，可分为外郭城、内郭城和宫城。

大型宫殿建筑台基集中在内郭城的东北部，在宫殿区北部有祭祀性场地，这种将祭祀性场地与宫殿建筑有序地规划在一起，表现出与夏都二里头遗址相似的信息，即政权、神权、祖权紧密结合，依靠神权来掌控政权。此处的祭祀场地中部有6块大石块，中心一石最高，四周又放置5块石块，周围分布着殉狗坑和殉人坑（图3–3）。这些祭祀坑与石块应有密切关系，坑内的狗、人骨架应是祭祀时的牺牲，祭完之后埋在石块的周围。这一迹象与《淮南子·齐俗训》“殷人之礼，其社用石”的记载相符，所以有学者认为，这个以石为社主的社祭遗迹，可能是亳社所在地[①]。李维明对1953年在郑州二里冈遗址出土的牛肋骨刻辞重新进行了研究，新发现“乇”字，整个释文为：“又乇土羊乙丑贞从受七月。”“乇土”即“亳土”，也即“亳社”[②]。常玉芝进一步研究认为，这

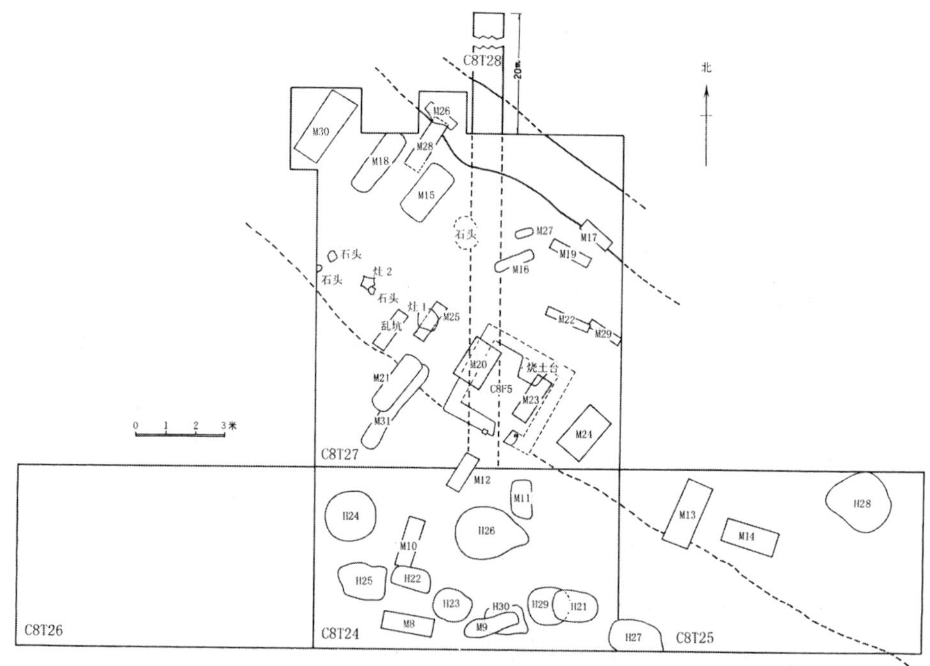

图3–3 宫殿区祭祀遗址平面图

（采自河南省文物考古研究所：《郑州商城》，第495页）

①杨锡璋、高炜主编，中国社会科学院考古研究所编著：《中国考古学·夏商卷》，第352页。

②李维明：《郑州出土商代牛肋骨刻辞新识》，《中国文物报》2003年6月13日第3版。

是上、下两辞，下辞为：“乙丑贞：及孚。七月。”上辞为：“□□［贞］：又乇土羊。”并指出，“郑州出土的牛肋骨上的两条刻辞，一条辞卜问‘及孚’，即抓捕敌人作祭牲，一条辞卜问用羊侑祭亳社，很显然，抓捕人牲也是为了祭祀‘乇土’即亳社的。”[①]此既证实商汤所居之亳即是郑地，同时也表明汤都亳城内设有亳社。郑州商城宫殿区内社祀建筑的存在，正体现了商王朝依靠天地诸神来掌控整个国家政权。祭社的礼仪活动已在殷墟甲骨文中有所记录，卜辞中的“土”字即“社”字。“贞，勿𠦪年于𨛜土。”王国维释“𨛜土”为“邦社”[②]。陈梦家释“𨛜土为𨛜地之社”，正如“亳土即亳地之社”[③]。在殷墟卜辞中关于祭“土”即祭“社”的内容颇为丰富，说明在商代祭社是一项经常的礼仪性活动。类似的社祀遗址在江苏铜山丘湾商代遗址中也有发现，在遗址中立有4块大石，一石居中，三石紧贴其外，在大石周围发现20具人骨架和12具狗骨架，混杂埋在一起，人的葬式都是俯身屈膝、双手反缚，所有的人头、狗头都是朝向大石，这应是当地的一处社祀遗址[④]。

2. 祭日、祭月遗址的推定

在宫殿区遗址北部有两处祭祀遗址，呈东西排列，其位置和排列方式都与二里头祭祀遗址相似。二里头的两处祭祀遗址中，东部是高出地面的坛，西部是挖于地下的坎。郑州商城东部的祭祀遗址也是高地，西部也是下挖成坑或叫坎。这些恐怕不是偶然的巧合，这样的规律可以帮助我们探讨这些祭祀遗址的性质。殷墟卜辞中有祭日的文字

①常玉芝：《郑州出土的商代牛肋骨刻辞与社祀遗迹》，《中原文物》2007年第5期，第96—103页。

②〔清〕王国维：《观堂集林》卷九《殷卜辞中所见先公先王考》，中华书局，1959年，第414页。

③陈梦家：《殷墟卜辞综述》第十七章，第562页。

④南京博物院：《江苏铜山丘湾古遗址的发掘》，《考古》1973年第2期，第71—79页；俞伟超：《铜山丘湾商代社祀遗迹的推定》，《先秦两汉考古学论集》，文物出版社，1985年，第54—58页。

记载:“出入日,岁三牛”(《合集》32119)、“賁于东母三豕”(《合集》14340)。郭沫若根据卜辞中的这一类内容推断,商代有对日神朝夕进行祭祀的仪式,“宾日”“出日”“入日”就是这种祭祀仪式的纪录[①]。陈梦家也指出,殷人祭日的仪式有“宾”“御”“又”“岁”等,并认为,卜辞中的“东母”“西母”大约指日、月之神[②]。这类卜辞的内容印证了《礼记·祭义》中有关夏商周时期祭日、祭月的记载是可信的:“郊之祭,大报天而主日,配以月。夏后氏祭其闇,殷人祭其阳,周人祭日以朝及闇。祭日于坛,祭月于坎,以别幽明,以制上下。祭日于东,祭月于西,以别外内,以端其位。”以此推测,郑州商城东部高地的祭祀遗址有可能是祭日之坛,西部坑类遗址可能是祭月之坎。

3. 小双桥遗址的性质

20世纪80年代末,距郑州商城西北20公里的小双桥发现一处二里冈上层文化时期的遗址[③],发掘出数座大型夯土台基和大小各异的祭祀坑等,其中祭祀坑有人牲祭祀坑、兽牲祭祀坑、人兽合祭坑等,还有只用人头的祭祀坑。人祭坑内的人牲少则1个,最多的达60余个。有的大型祭祀坑内分三层堆放大量牛头骨,较小的坑内也有牛骨、马骨、猪骨及其他遗物。出土有陶器、原始瓷器、石器、玉器、青铜建筑构件、铜礼器残片、卜骨、朱书陶文等。有学者认为此遗址是仲丁所迁之隞都[④]。另有学者认为,此遗址没有发现明显的生活迹象,看不出曾有大量人群长年在此居住,表明小双桥遗址不是一座王都,只是一处商王室祭祀的场所[⑤]。此遗址距郑州商城只有20公里,在时间上与郑州商城后期并存,

①郭沫若:《殷契粹编》,科学出版社,1965年,第354—355页。
②陈梦家:《殷墟卜辞综述》,第573—574页。
③河南省文物考古研究所、郑州大学文博学院考古系、南开大学历史系博物馆学专业:《1995年郑州小双桥遗址的发掘》,《华夏考古》1996年第3期,第1—56页。
④陈旭:《商代隞都探寻》,《郑州大学学报》1991年第5期,第85—89、68页。
⑤许俊平、李锋:《小双桥商代遗址性质探索》,《中原文物》1997年第3期,第106—110页。

因此很可能是为了适应商王朝大型祭祀活动的需要，在都城之外又新开辟的祭祀场地。在偃师商城和殷墟也有类似的发现。

4. 郑州商城的王室手工业

在商城南城墙外约700米的南关外发现铸铜作坊遗址，面积有1000平方米，遗址内发现铸铜场地以及残熔铜炉、炼铜坩埚、陶范、炼渣、矿石等铸铜遗物。陶范有礼器范、兵器范和工具范三类，礼器范有鼎、鬲、觚、斝、爵范等。在商城北城墙外300米发现紫荆山铸铜作坊遗址，遗址内发现房基、窖穴、铸铜场地以及坩埚、陶范、铜矿石、铜块、铜渣等与铸铜有关的遗物。陶范也是礼器范、兵器范和工具范三类。这两处铸铜作坊均紧邻郭城，又主要铸造供贵族使用的礼器、兵器等，据此推测，此两处铸铜作坊应是由商王室控制，专为王室贵族服务的手工业作坊[①]。

在紫荆山遗址北部发现制骨作坊遗址，在一窖穴内就有1000多块骨料，有人骨、牛骨和鹿骨，其中人骨最多，骨料上多有锯痕。还出土了骨器、骨器半成品以及制骨工具等。从城内宫殿区发现近百个经过切割、加工的人头盖骨杯的情况看，此制骨作坊也应是由商王室所控制，专为王室贵族服务的[②]。

在商城西城墙外700米的今铭功路北段西侧发现制陶作坊遗址，面积1400多平方米，遗址中发现房基17座、窑址14座、墓葬15座，出土有陶拍、陶杵和印模等制陶器具，印模花纹有云雷纹、方格纹、夔纹、饕餮纹等。15座墓中，有9座是成人墓，6座为小孩墓，有些成人墓还随葬数件陶器。值得注意的是，没有随葬品的2座成人墓和3座小孩墓，分别被压在102号房基内各层地坪之下，这说明这些墓内的死者都是在铺设地坪时作为奠基被埋入的[③]。另外3座小孩墓也没有随葬品，被压埋在制陶

①河南省文物考古研究所：《郑州商城》上册，第307—384页。

②河南省文物考古研究所：《郑州商城》上册，第461—483页。

③河南省文物考古研究所：《郑州商城》上册，第384—460页。

场地白灰面之下，这说明这处用人奠基的制陶作坊与上两处作坊相同，也是由商王室控制的。

（四）关于郑州商城都城问题的讨论

对于郑州商城的性质，主要有隞都说和郑亳说两种观点。安金槐先生于1961年最早提出隞都说[①]。据《史记·殷本纪》记："帝中丁迁于隞。"《尚书·序》："仲丁迁于嚣（与隞相通）。"《竹书纪年》："中丁即位，元年，自亳迁于嚣。"又据《史记·殷本纪》正义引《括地志》："荥阳故城，在郑州荥泽县西南十七里，殷时隞地也。"认为郑州与古荥泽相距很近，推测郑州商城可能是中丁之隞都。1993年，安先生再次发文论证郑州商城为隞都[②]，对城垣、宫殿、铜器窖藏、手工业遗址等的时代作了分析，认为郑州商城"应是属于商代二里冈期下层二期至二里冈上层一期的一处都城遗址"，"这两个时期应是稍晚于商代二里冈下层一期与二里头文化三、四期，而又早于安阳殷墟的商代晚期，即相当于商代中期偏早阶段。而这个商代中期的偏早阶段，正和商王朝仲丁王由亳迁于隞（或嚣）的时代相当"。又认为"偃师商城早于郑州商城"，"偃师商城就应是商代早期的西亳都城遗址。而郑州商城则应是由亳迁于隞都或嚣都遗址"。

1978年，邹衡先生提出郑州商城应是成汤所居的亳都[③]。依据《左氏春秋经》襄公十一年（前562）载："公会晋侯……伐郑。秋，七月，己未，同盟于亳城北。"杜注："亳城，郑地。"并参考郑州商城出土"亳"字陶文，推定郑州商城为商汤所居亳都。后来，学者在郑州商城找到新的证据，即前文所举李维明先生对1953年在郑州二里冈遗址出土的牛肋骨刻辞重新进行研究，认为"乇土"即"亳土"，也即"亳社"[④]，进一步证实

①安金槐：《试论郑州商代城址——隞都》，《文物》1961年第Z1期，第73—80页。
②安金槐：《再论郑州商代城址——隞都》，《中原文物》1993年第3期，第23—47页。
③邹衡：《郑州商城即汤都亳说》，《文物》1978年第2期，第69—71页。
④李维明：《郑州出土商代牛肋骨刻辞新识》。

郑州商城即商汤所居之亳。

对于这一问题，我们可从此城的规模、内涵及时代等方面进行分析。郑州商城有三层城墙组成，分为宫城、内城和外郭城，宫城内的多处宫殿遗址和祭祀性遗址分布有序。郑州商城始建于二里冈下层文化时期，在整个二里冈文化时期都在使用，与商汤时代正相吻合。从二里冈文化的分布情况看，比较集中的是以郑州为中心的豫东地区，可以推测商汤即是在这一文化中心区建立亳都的。商汤以郑地为根据地发展壮大并西征灭夏，灭夏后，在偃师建都邑以镇抚夏民，用以控制西部地域，遂形成了商代前期的东、西两都制，即郑亳为主都，偃师商城为副都或陪都①。因此，郑州商城为商汤所建亳都是无疑的。

四、偃师商城的礼制文化

（一）偃师商城的考古发现与布局

河南偃师商城是1983年发现的，经多年的考古勘察、发掘与研究，关于此城的年代、分期、布局、文化内涵等已基本清楚②。

偃师商城位于二里头宫城之东6公里处的洛河北岸，是一座商代早期的城址（图3-4）。该城由宫城、郭城（原报道称之小城）组成，后来又将郭城扩大为大郭城（原报道称之大城）。大郭城东墙约1770米，西墙约1710米，南墙约740米，北墙约1240米，西城墙有3座城门，北城墙有1座城门，东城墙有2座城门，城墙外围有护城壕。小郭城东西宽约740米，南北长约1100米。宫城位于小郭城纵向轴线的中部地势较高处，略呈方形，东西长180—185米，南北长190—200米，已发现南墙正中辟一门。

①刘绪：《再论偃师商城是不准确的界标——兼答方酉生先生》，《东南文化》2003年第1期，第6—12页；董琦：《论证汤亳的学术标准》，《中国历史文物》2003年第5期，第57—64页。

②杜金鹏、王学荣：《偃师商城近年考古工作要览》。

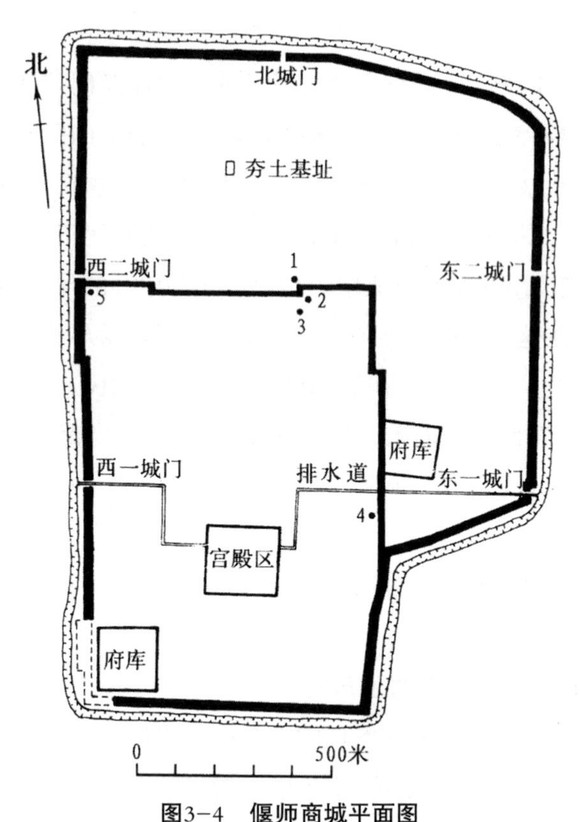

图3-4　偃师商城平面图

（采自中国社会科学院考古研究所河南第二工作队：《河南偃师商城小城发掘简报》，《考古》1999年第2期，第1页）

宫城内发现东西两组宫殿建筑基址，宫殿基址由南而北沿纵轴线排列，往北是祭祀区。祭祀区之北是一人工水池（图3-5）。

祭祀区规模比较大，位于宫城中部偏北，东西绵延达200米，主体部分由东往西可分A、B、C三个区域。A区的面积近800平方米，由若干“祭祀场”和祭祀坑组成。B区和C区是两处精心设计修建、规模庞大的“祭祀场”。B区总面积约1100平方米，C区总面积约1200平方米。两区呈东西并列，布局、形制和结构等方面基本一致，平面形状为长方形，四周筑有夯土围墙，在南面夯土围墙中部辟有一门，围墙内有分布密集的祭祀沟和祭祀坑。用以祭祀的牺牲多是猪、牛、羊等，有的是被

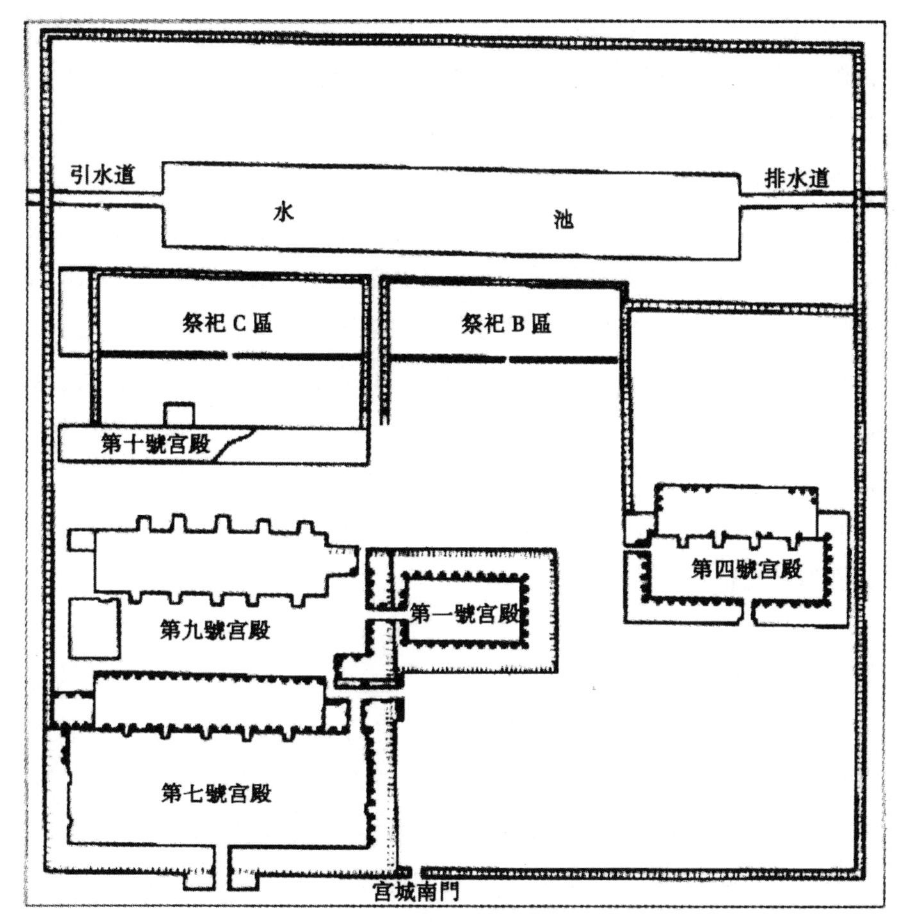

图3-5　偃师商城宫城第一期主要遗迹平面图

（采自王学荣：《偃师商城第一期文化研究》，《三代考古》[二]，科学出版社，2006年，第261页）

杀死，有的是活埋，有的是单独掩埋，有的是多个个体一起掩埋，有的还可能放在漆案上。从使用时间看，B、C两区与整个城址一致，A区开始使用的时间要晚。所以，发掘者认为，B、C区经长期使用，堆积已经饱和，于是又开辟了新的A区祭祀场地[①]。

①中国社会科学院考古研究所：《河南偃师商城商代早期王室祭祀遗址》，《考古》2002年第7期，第6—8页。

在宫城外、郭城内发现数处建筑群基址和铸铜遗址。小郭城的西南隅发现Ⅱ号建筑群基址，东墙外发现Ⅲ号建筑群基址，大郭城北部也发现有建筑基址。大郭城的东北隅还发现了许多铸铜遗存，因而在大郭城修筑之前，这一带可能是商代初期的铸铜作坊区。

偃师商城的修筑时间有先后。根据考古发掘证实，偃师商城的修建应分三个阶段①。最初修筑的是祭祀性建筑，包括祭祀场地、宫城内的宫殿、水池及排水道等，这些建筑修好后再修筑宫城，位于宫城西南方向的Ⅱ号建筑群（府库）和东北方向的Ⅲ号建筑群（府库）也属此时期。这是偃师商城第一阶段的布局。到了第二阶段，为了加强宫城的防护，修筑了小郭城，在小郭城外的东北部设有青铜铸造作坊区。第三阶段是在小郭城的基础上进行扩大，修筑了大郭城，小郭城于是废弃，在大郭城的北部有居住区和手工业作坊区。

（二）偃师商城的礼制文化研究

偃师商城由宫城与郭城组成，这是之后历代都城所遵循的建制。两城的功用有所不同。《吴越春秋》载："筑城以卫君，造郭以守民。"城即宫城，为君而筑；郭即郭城，为民而建。宫城居中，郭城在外，大小两城相套。从形式上看，偃师商城是如此设计，宫城位于小郭城的中部最高处，处于"建中立极"的位置，以突出其权威性。但此宫城是否主要是"筑城以卫君"，还是值得探讨的。

学术界对宫城内建筑的性质发表了许多意见，多数认为东组建筑可能是宗庙遗址，西组建筑为宫殿遗址②。也有认为，中间位置有主体宫殿，东组为宗庙，西组为社稷，呈朝政之殿居中、左祖右社的布局③。

---

①王学荣、谷飞：《偃师商城宫城布局与变迁研究》，《中国历史文物》2006年第6期，第4—15页。

②王学荣、谷飞：《偃师商城宫城布局与变迁研究》。

③杨鸿勋：《宫殿考古通论》，紫禁城出版社，2001年，第45—49页。

究竟宫城内的这些建筑属何性质，还可从商代的思想观念来分析。

夏、商、周三族群均是由原始部落联盟进入国家文明的，强势的政权还不十分牢固，往往沿袭先前的思维逻辑和运转模式，依靠天地诸神、祖神来运转和维护政权，所以将神权和祖权奉为最高权力。文献对此也有记载。《尚书·汤誓》载："有夏多罪，天命殛之。……予畏上帝，不敢不正。……尔尚辅予一人，致天之罚。"这是记载商汤遵照天命伐夏桀。《论语·尧曰》："予小子履，敢用玄牡，敢昭告于皇皇后帝。"何晏《集解》："孔曰：履，殷汤名。此伐桀告天之文。殷家尚白，未变夏礼，故用玄牡。皇，大；后，君也。大大君帝，为天帝也。《墨子》引《汤誓》，其辞若此。"《墨子·兼爱下》："汤曰：'惟予小子履，敢用玄牡，告于上天后。'"商汤在伐夏桀前进行誓师，用玄牡祭天，遵照天命旨意伐夏桀。不止于此，商王凡事都要祭告于天。《尚书·盘庚》："先王有服，恪谨天命……予迓续乃命于天，予岂汝威？"当然，这些记载均是后期文献的追述，可能有些传说的内容，但商代的甲骨文则如实地记录了商王的祭祀活动，如："庚午卜，内贞：王乍邑，帝若。八月。二告。""癸丑卜，争贞：我宅兹邑，大宾，帝若。三月。"（《合集》14201、14206）这是将作邑之事告祭于天。"甲子卜，□贞：出兵，若。""辛巳卜，宾贞，□燎。贞，王叀沚戓从伐巴方，帝受我又。"（《合集》7204）"己酉卜，贞：王正𢀛方，下上若，受我又。一月。"（《合集》6322）这是出兵征伐之前告祭于天。"贞：令𠂤伐东土，告于祖乙于丁，八月。"（《合集》7084）这是出兵征伐之前告祭于先祖。其他祈祷风调雨顺的卜辞就更多了。《礼记·表记》云："殷人尊神，率民以事神。"甲骨文卜辞表明这句话的记载是符合商代尊天祭祖的实际情况的。郭沫若曾指出："殷人之所以要卜，是嫌自己的力量微薄不能判定一件行事的吉凶，要仰求比自己更伟大的一种力量来做顾问。"[①]这就要凡事必卜，必祭

---

①郭沫若：《先秦天道观之进展》，郭沫若著作编辑出版委员会编：《郭沫若全集　历史编》（第一卷），人民出版社，1982年，第317—330页。

告于天神或祖神，然后遵照天命、祖命行事。

根据商代的思想观念来分析偃师宫城的功用，可能会更准确。宫城内的祭祀遗址和宫殿建筑基址先后分为三期[①]。从已发现的遗迹现象来看，北部的祭祀场是较早建成使用的，并且规模庞大，一直使用到商城废弃之时，表明此祭祀场是宫城最为主要的组成部分。祭祀场又分为东、西两区，其门向南，正对东、西两组建筑。由此看来，祭祀场地之所以分为东、西两区，应当与其南部的东、西两组建筑相对应。东、西两组建筑第一期的宫殿即4号宫殿（图3-6）与7、9号宫殿，规模庞大，东西并列，均是由廊庑、宽大的庭院和设有四五个台阶的大殿组成。这不像一般生活居所，而像聚会议事之所。根据商代的思想观念，国之大事均要贞问天帝和先祖，那么，东组大殿就有可能是先祖宗庙，而西组

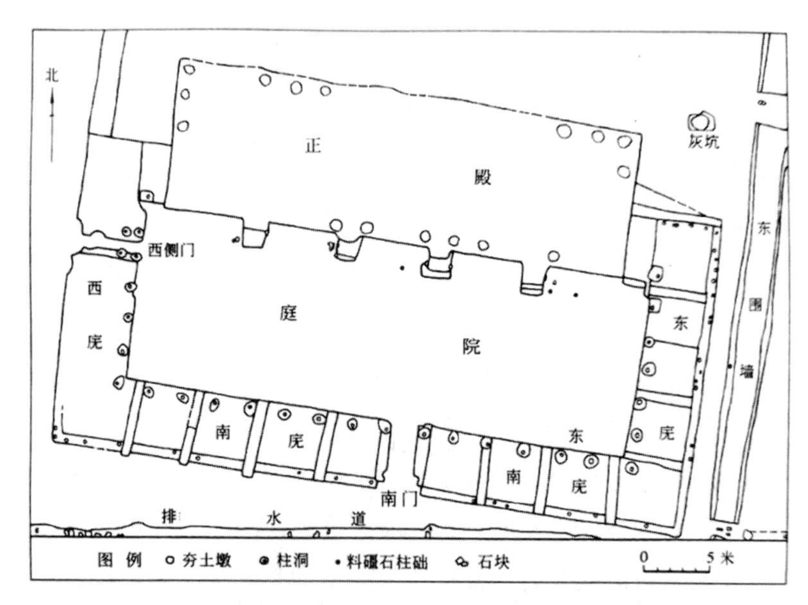

图3-6　偃师商城宫城遗址4号宫殿基址发掘平面图

（采自杨锡璋、高炜主编，中国社会科学院考古研究所编著：《中国考古学·夏商卷》，第212页）

①杨锡璋、高炜主编，中国社会科学院考古研究所编著：《中国考古学·夏商卷》，第210页。

大殿可能是天帝诸神庙。在这两处宫殿进行占卜，贞问先祖、天帝，然后到后部对应的祭祀场祭祀先祖、天神。殷墟卜辞载：“贞咸宾于帝。贞咸不宾于帝。贞大□宾于帝。贞大甲不宾于帝。贞下乙□于帝。贞下乙不宾于帝。”（《合集》1402）《汉书·律历志》引《世经》曰：“《伊训》篇曰：‘惟太甲元年十有二月乙丑朔，伊尹祀于先王，诞资有牧方明。’言虽有成汤、太丁、外丙之服，以冬至越茀祀先王于方明以配上帝。”可见甲骨文及文献明确记载了商代实行以先王配祀上帝的祭祀制度。从形式上看，这是占卜、贞问、祭祀活动，实际上也是施政活动，是利用神权和祖权来维护王权的运转。这正反映了在国家文明初期，政权与神权、祖权紧密结合，并保留着国家产生之前的部落联盟或酋邦社会的遗风。此宫城与其称为“王宫”，还不如称为“神宫”，商人相信神才具有至高无上的权威，一切都要遵从神的旨意，所以将“神宫”设在郭城正中最突出的位置，以显示其神权至上的信念。

（三）关于偃师商城都城问题的讨论

对于偃师商城的性质问题，学术界先后提出了商汤西亳说[①]、太甲桐宫说[②]、商初别都或重镇说[③]、太戊新都说[④]、两京之一说等[⑤]。经过多年的考古发掘与勘察，对此城的布局及年代已基本了解，为探讨其性质提供了丰富资料。东周时期的文献记载了国都的必要组成部分。《左传·庄公二十八年》记：“凡邑，有宗庙先君之主曰都，无曰邑。”《礼记·曲礼下》

---

①赵芝荃、徐殿魁：《河南偃师商城西亳说》，胡厚宣主编：《全国商史学术讨论会论文集》，1985年，第403—410页。

②邹衡：《偃师商城即太甲桐宫说》，《北京大学学报》1984年第4期，第17—19页。

③郑杰祥：《关于偃师商城的年代和性质问题》，《中原文物》1984年第4期，第66—70、26页。

④杜金鹏：《偃师商城始建年代与性质的初步推断》，田昌五主编：《华夏文明》第三集，北京大学出版社，1992年，第30—46页。

⑤许顺湛：《中国最早的“两京制”——郑亳与西亳》，《中原文物》1996年第2期，第1—3、8页。

载:“君子将营宫室,宗庙为先,厩库为次,居室为后。”《墨子·明鬼下》也明确记载,夏商周三代建国营都必须先筑社坛和宗庙:“昔者虞夏商周三代之圣王,其始建国营都日,必择国之正坛,置以为宗庙,必择木之修茂者,立以为菆社。”可以看出,作为都城首先应设立宗庙及祭祀天帝诸神的祭坛。偃师商城由郭城与宫城组成,且宫城中最主要的是祭祀性建筑,具备了成为早期都城的必要条件。就偃师商城的考古学文化面貌看,其不同于二里头夏文化,而与二里冈早商文化相似,当然也包含部分二里头文化的因素。因此,学术界基本公认的是偃师商城遗址属商文化体系。

此城的始建时代,是在二里冈下层文化时期,即商代初年。从此城各部分的修建过程看,最初是选择高地兴建祭祀性建筑,再筑城墙以围之,形成宫城。后来又筑小郭城以护卫宫城及宫城外的居住区、府库区及手工业作坊区等。最后扩大郭城范围,修筑大郭城。从修建时间及修筑过程看,是否与商汤灭夏的过程相对应。偃师商城与二里头夏代后期都城毗邻,且二里头夏都废弃之时,正是偃师宫城内祭祀建筑兴建之时。《汤誓》中记载了商汤伐夏的情形,商汤率师在祭坛上祭告天帝,遵天命伐灭夏桀:“有夏多罪,天命殛之。……予畏上帝,不敢不正。……尔尚辅予一人,致天之罚。”灭夏后,为了镇抚夏民,便在祭祀建筑周围移居商贵族与兵民,设立府库及手工业作坊等,并两次增筑郭城,逐渐成为一座商代早期的都城。刘绪先生梳理了有关商汤建都的文献资料后指出,西汉与先秦文献乃至甲骨文卜辞中单称“亳”,不见“西亳”“南亳”之称。西汉的董仲舒只是讲成汤“作宫邑于下洛之阳”,东汉班固在《汉书·地理志》河南郡偃师县下的注文中,也只是注明“尸乡,殷汤所都”,均没有提到河洛地区有称为“亳”或“西亳”的地方,记载偃师境有“亳”或“西亳”地名者,均是东汉末及其以后的文献。因此认为,偃师商城是商汤所建之陪都,并非首都“亳”或“西亳”[①]。刘先生的这种

①刘绪:《再论偃师商城是不准确的界标》。

观点是颇有见地的。

五、洹北商城的礼制文化

（一）洹北商城的发现与宫殿基址的发掘

洹北商城是20世纪90年代末发现的一座城址，其发掘与研究都还是初步的[1][2]。此城位于安阳殷墟洹水以北，故名“洹北商城”。城的平面呈方形，南北长约2200米，东西长约2150米，面积约470万平方米，仅次于郑州商城，是偃师商城的两倍多（图3-7、图3-8）。宫殿区位于洹北商城南北中轴线南段。据发掘者估计，宫殿区南北长500余米，东西宽至少200米。在宫殿区的东南部，发现1、2号建筑基址南北纵列。2号基址位于1号基址北27米处，东西长90余米，南北宽70余米，总面积近6300平方米。1号基址的整个平面布局呈“四合院式”，东西长约173米，南北宽约90米，总面积达16000平方米。基址的中、西部已经发掘，据发掘资料及钻探勘查资料可知，此建筑的主殿坐北朝南，东、西侧设有两厢建筑，南面筑有廊庑，中部形成宽阔的庭院。主殿正对的南廊庑中部辟二门，门侧筑有门塾。

1号基址的主殿规模庞大，结构复杂。基址上筑有东西向平均分布的排房，已经揭露9间，向东还有延伸，估计总共有11间。房间面阔7.6—8.4米、进深4.9—5.4米。每室均辟有一个南门，位置大致居中，门前各有一台阶。主殿址西部筑有耳庑，估计东部也有对称的耳庑。在西耳庑与主殿衔接处辟有一条南北向通道，在主殿的8、9号房之间也有一条南北向通道，这两处通道应是为贯通南北建筑所设。在主殿、西厢、门塾

---

①中国社会科学院考古研究所安阳工作队：《河南安阳市洹北商城的勘察与试掘》，《考古》2003年第5期，第3—16页。

②中国社会科学院考古研究所安阳工作队：《河南安阳市洹北宫殿区1号基址发掘简报》，《考古》2003年第5期，第17—23页。

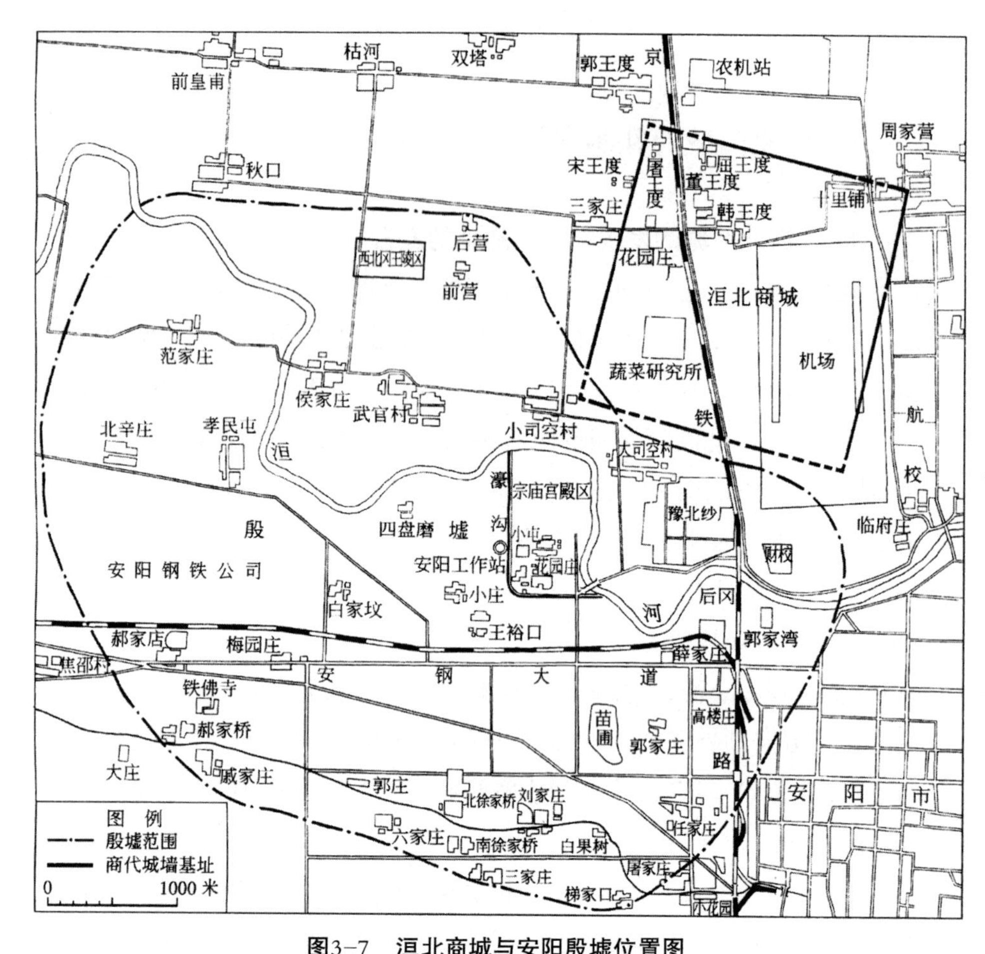

图3-7　洹北商城与安阳殷墟位置图
（采自杨锡璋、高炜主编，中国社会科学院考古研究所编著：《中国考古学·夏商卷》，第285页）

处发现祭祀遗迹40余处，祭祀用牲多是人、羊、狗等。这些祭祀坑多被当时的活动面叠压，因此，这些祭祀坑应与宫殿建筑过程中或落成时举行的祭祀仪式有关（图3-9）。

（二）洹北商城的礼制文化研究

经过对洹北商城的考古发掘与研究，基本可以确定这是一座晚于

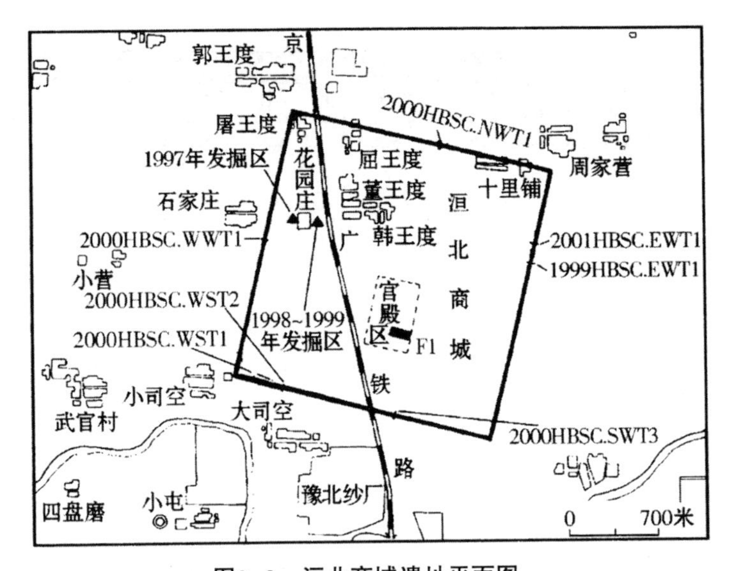

图3-8　洹北商城遗址平面图

（采自杜金鹏：《洹北商城一号宫殿基址初步研究》，第59页）

偃师商城而早于安阳殷墟的商代中期都城，即盘庚始建之殷都[①]。

城址的形制布局呈较为规整的正方形，宫殿区居中部略南，与偃师商城布局近似。宫殿区也近方形，是否设有宫城，还有待进一步的考古工作，但从大的布局上看，已与《考工记》所记都城规划形制有些相似了。

1号基址中发现了40余处祭祀坑，反映了商朝凡事都要祭告于神的风俗。甲骨文中多有为建造房屋而祭告于神的卜辞，如："庚午卜，内贞：王乍邑，帝若。八月。二告。""壬子卜，争贞，我其乍邑，帝弗左若。三月。""癸丑卜，争贞，勿乍邑，帝若。""癸丑卜，争贞：我宅兹邑，大宾，帝若。三月。""癸丑卜，争贞，帝弗若。二告。二告。二告。"（《合集》14201、14206）可以看出，为了作邑、建房，商王反复贞问天帝，请求天神的同意。所以，1号基址中的这些祭祀坑，应当是在占卜贞问上帝后，进行祭祀之礼时形成的。

①杜金鹏：《洹北商城一号宫殿基址初步研究》，《文物》2004年第5期，第50—64页。

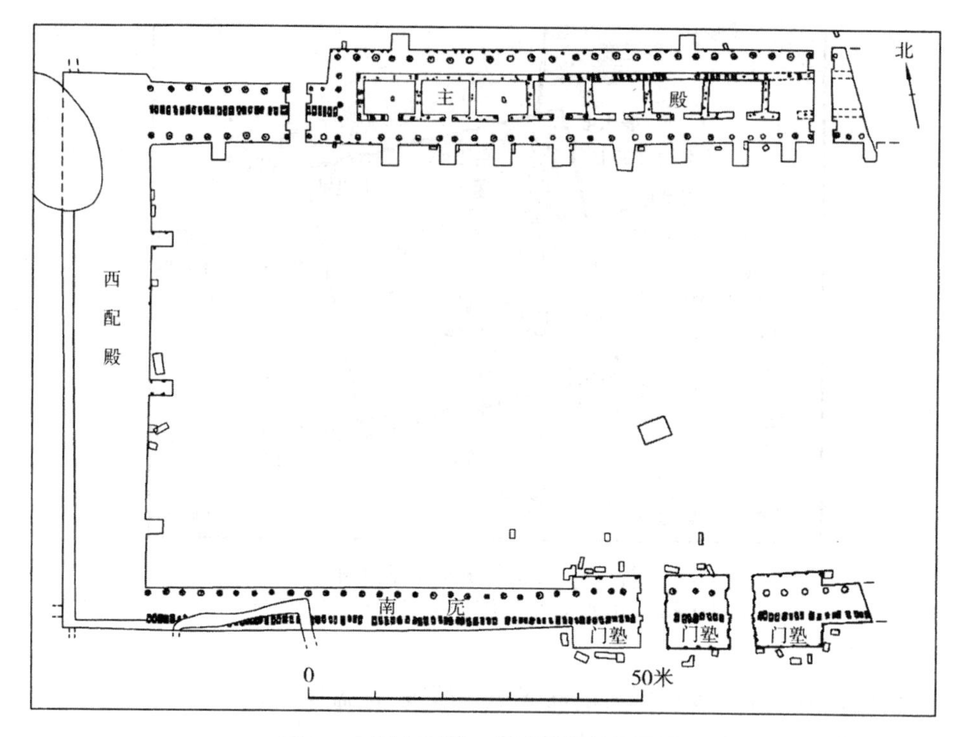

图3-9 洹北商城一号宫殿基址平面图

（采自刘庆柱：《中国古代都城考古发现与研究》[上]，第143页）

有学者根据1号基址的形制特点，并与偃师商城同类建筑进行比较后认为，此基址可能是宗庙遗址，这一推测是可信的①。除洹北商城的1、2号基址与偃师商城的5、4号基址的位置、形制及布局结构几乎相同外，洹北商城1、2号基址之北约160米处有一大型灰坑，南北长12米，东西长度还不清楚，坑内发现成堆的牛骨及陶器。此坑所处的位置，与偃师商城宫殿基址之北的B、C区祭祀坑相若，故此坑也可能是祭祀坑，与前面的1号宗庙建筑有关。宗庙用于占卜，诸事先贞问先祖，然后到后部的祭祀场地进行祭祀。洹北商城可能与偃师商城的宫庙布局相似，在1号基址之西还应有与之规模相当的建筑，即天帝诸神之庙。两座东

①杜金鹏：《洹北商城一号宫殿基址初步研究》。

西并列的庞大建筑，既可称之为庙，也可称之为朝，因国之大事均要在庙中贞问天神和祖先，庙既是贞问祭祀之所，又是治事之所。甲骨文中多有商王在“大室”中进行占卜、贞问的纪录，陈梦家先生指出，“室为庙中之一部分”，“除小室外都是祭祀所在的宗室，大室则亦兼为治事之所”[①]。如此，洹北商城的庙、朝合一，同样反映了商时期政权依靠神权来运转的政体模式。

六、安阳殷墟的礼制文化

（一）殷墟遗址的考古发现与布局

20世纪30年代开始对河南安阳殷墟进行考古发掘，目前已基本勘清殷墟各类遗迹的分布情况[②]（图3-10）。主体遗址位于洹河南岸的小屯村一带，至今没有发现城墙，只是在宫殿区的西、南两面发现有壕沟，西壕沟长1050米，南壕沟长650米，北、东两面邻洹水，这应当是代替宫城墙的防御设施。在这一区域内已发现建筑基址近60处。几批重要的甲骨文主要在宫殿区内发现。在宫殿区内也发现少数几处规模较小的铸铜、制骨等作坊遗址，更多的是分布在宫殿区之外的大范围区域内，向南1—3公里处的王裕口村、薛家庄、铁路苗圃等地有制陶、铸铜作坊遗址，向西2—3公里处的孝民屯、北辛庄一带有铸铜、制骨作坊遗址，东北的大司空村有制骨作坊遗址等。一般的居住遗址也分布在宫殿区四周1—3公里范围内，并发现有多处族坟墓地与居住区相交错。宫殿区西北、洹水北岸的西北冈（即侯家庄、武官村）一带是王陵区。

殷墟遗址的布局，不像郑州商城、偃师商城及洹北商城那样规整，

---

①陈梦家：《殷墟卜辞综述》，第471、477页。

②中国社会科学院考古研究所编著：《殷墟发掘报告：1958—1961》，文物出版社，1987年；中国社会科学院考古研究所编著：《殷墟的发现与研究》，科学出版社，1994年；陈旭：《夏商考古》，文物出版社，2001年，第159—219页。

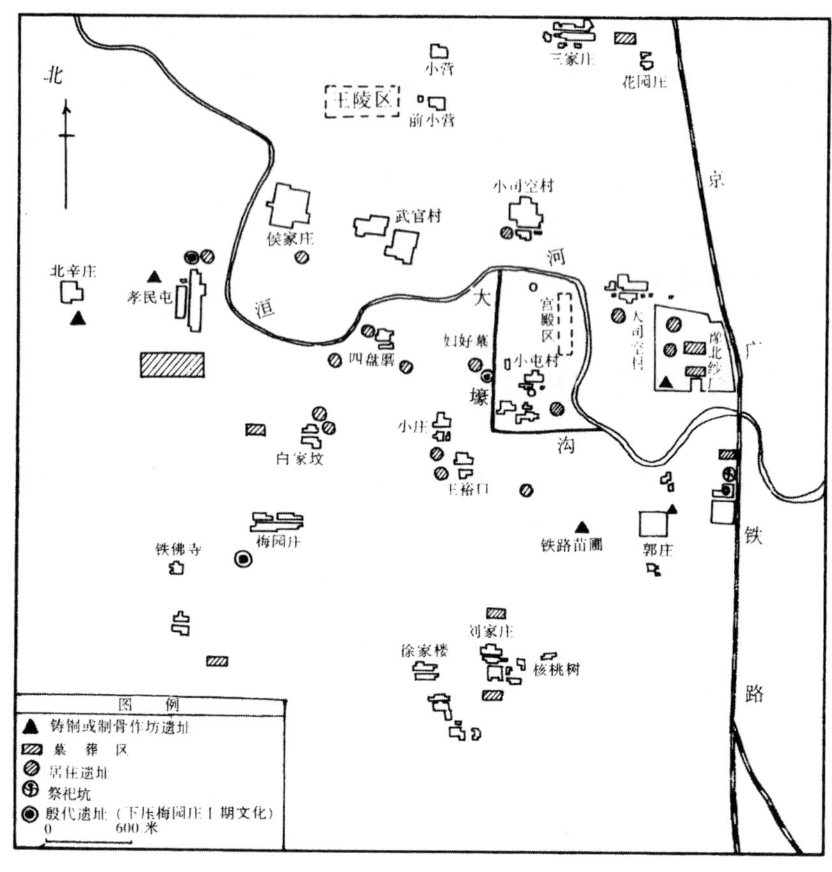

图3-10　殷墟遗迹分布图

（采自陈旭：《夏商考古》，第160页）

但宫殿区内以壕沟围出中心区域，居住区、手工业作坊区分布四周，王陵区单独安排，这些都体现了以王权为中心的设计理念。尤其是宫殿区、王陵区内大量祭祀坑的发现，更反映了商代浓厚的祭祀礼制文化和尊神敬祖的思想意识。

（二）殷墟的礼制文化研究

1. 殷墟的宗庙、社坛建制

殷墟甲骨文卜辞记载的殷人祭祀天神、地神、祖神等礼制文化内容，在考古中得到了证实。20世纪30年代对殷墟宫殿区进行的考古发掘，将发掘的建筑基址自北向南分为甲、乙、丙三组，石璋如先生推定，甲组为宫室遗址，乙组为宗庙遗址，丙组为祭坛遗址[①]（图3-11）。乙组建筑基址规模较大，在乙七、乙八建筑基址周围有成行密集排列的殉葬坑，殉有大量的马、羊、狗及人等，此建筑基址似为商王祭祖的宗庙遗址。在乙组建筑基址以南，又发现了与乙组建筑基址有密切关系的大型建筑基址。其中1号房是主要建筑，南边至少有6处门道，门道两侧有排列规则的祭祀坑，坑内多数埋人骨架3具，其中各有1具跪状人骨架。从房“内无隔墙、无居住痕迹、门外有祭祀坑等现象分析，这座基址大概是用于祭祀的宗庙性建筑”[②]。在乙组建筑西南部的丙组建筑，石璋如先生推测为祭坛遗址。丙一是一个大的祭台，祭台之上又有三个祭坛，分别是丙二、丙三、丙四，在祭坛周围分布众多祭祀坑，有的埋人，有的埋羊、狗等。另有研究者认为，丙组建筑遗址应是殷社遗址，丙三、丙四是东西并列的方坛，其上没有柱洞及墙基，应是社坛，即受祭之神主所在。丙二是长方形土台，上面有成排的木柱，但没有墙的遗迹，上面可能只有顶棚，此台应是祭台，即祭祀者在此进行祭祀。这样殷墟的宫庙建筑的布局就是按“前朝后寝”“左祖右社”来设计的，甲组建筑是后寝，乙组建筑是前朝，丙组建筑是社坛，新发现的位于乙组建筑右前方的建筑遗址是宗庙。[③]

殷墟宫殿区的乙组建筑规模庞大，在其前面考古发掘出189个祭祀坑，分布密集，排列有序，应是多次祭祀时分组埋入的，坑内除了马、羊、狗牲外，还有大量的人牲，在已发掘的这些祭祀坑内共有641具人牲[④]

①石璋如：《小屯第一本·遗址的发现与发掘乙编·殷墟建筑遗存》，“中央研究院”历史语言研究所，1959年。

②中国社会科学院考古研究所安阳工作队：《河南安阳殷墟大型建筑基址的发掘》，《考古》2001年第5期，第26页。

③杜金鹏：《殷墟宫殿区建筑基址研究》，科学出版社，2010年。

④石璋如：《小屯第一本·遗址的发现与发掘丙编·殷墟墓葬之四·乙区基址上下墓葬》，“中央研究院”历史语言研究所，1976年。

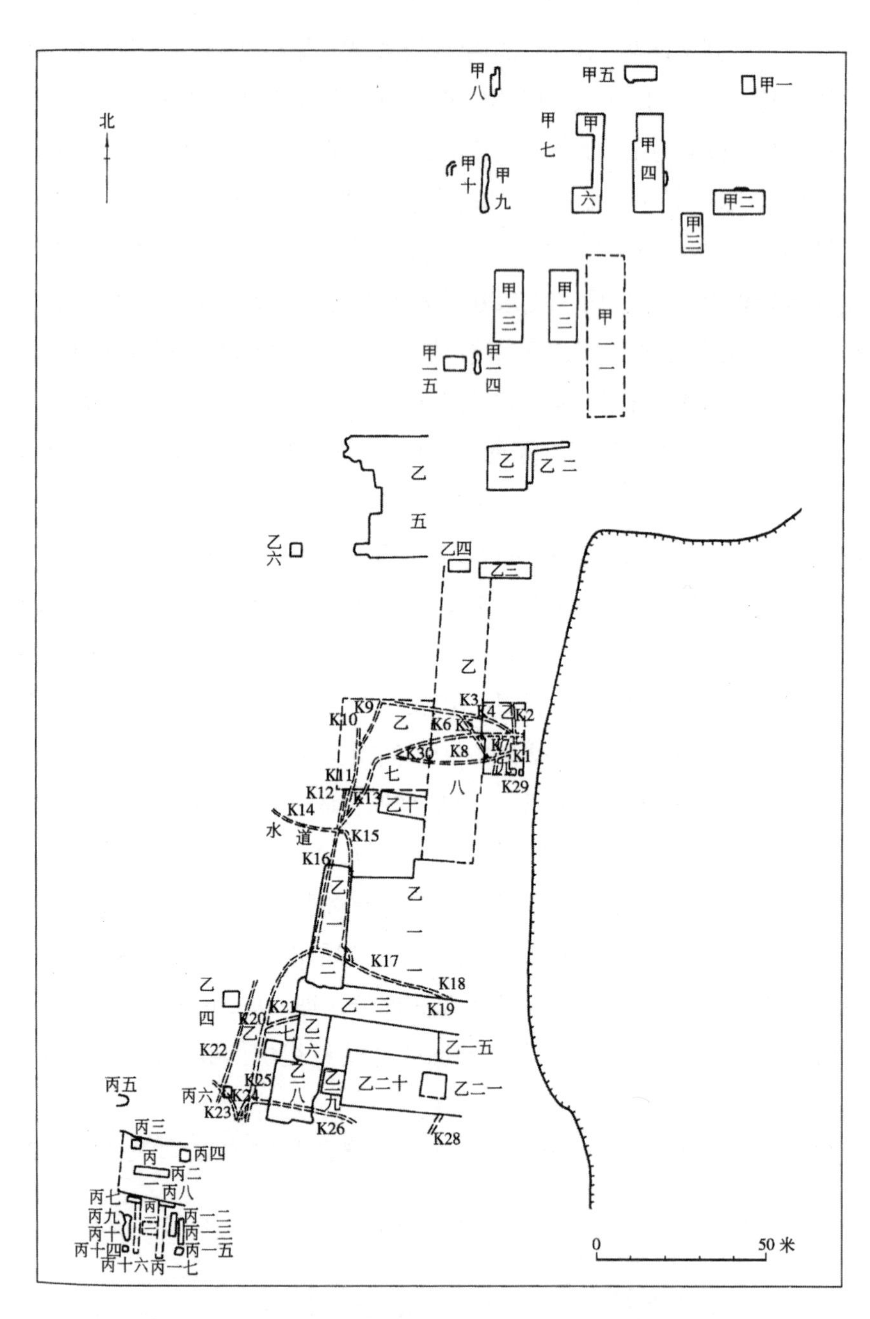

图3-11 安阳殷墟宗庙宫殿区甲、乙、丙三组基址位置图

（采自刘庆柱：《中国古代都城考古学史论述》，《考古学集刊》第16集，第11页）

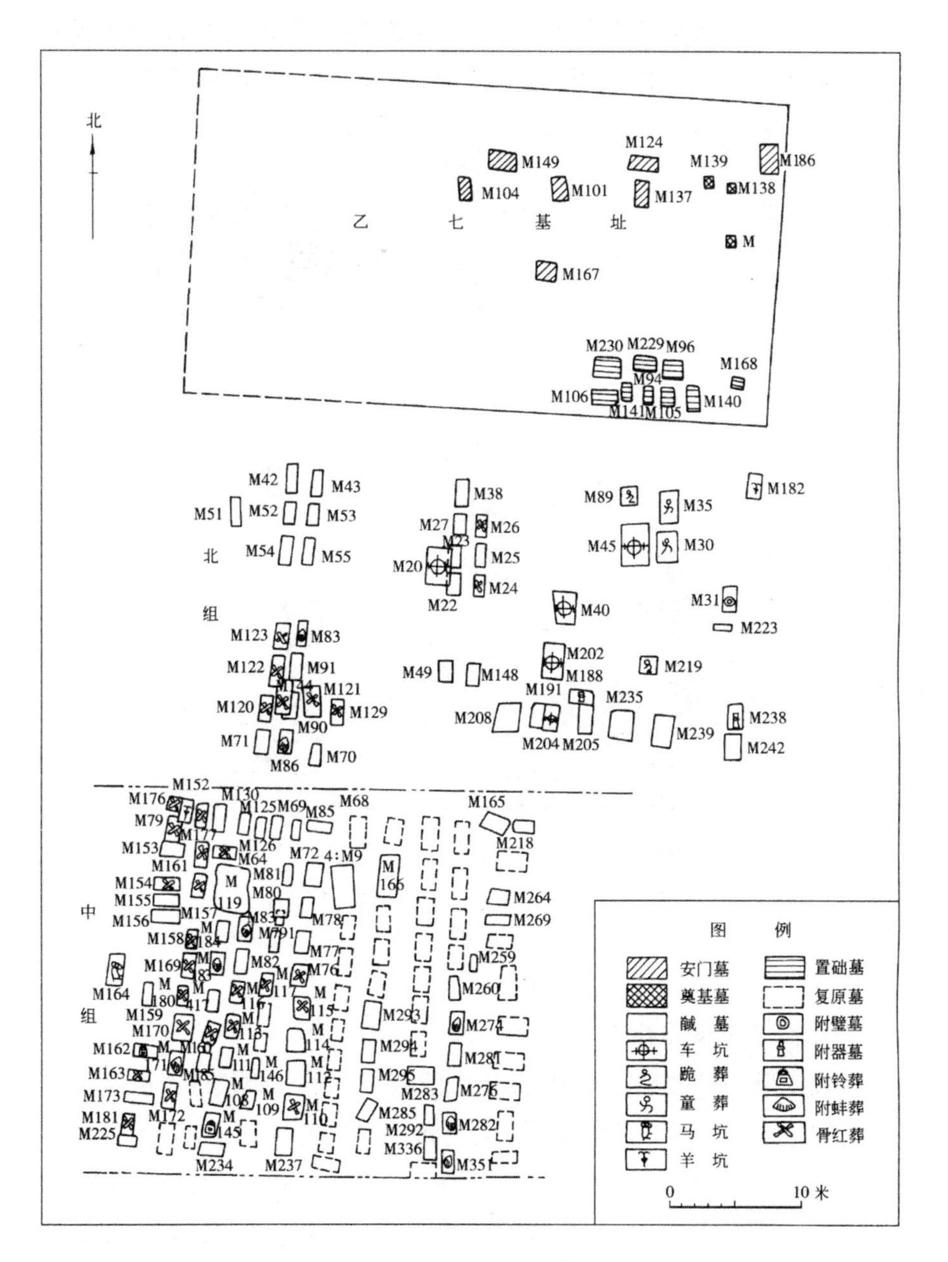

图3-12　安阳殷墟乙组宗庙基址平面图

（采自杨锡璋、高炜主编，中国社会科学院考古研究所编著：《中国考古学·夏商卷》，第354页）

（图3-12）。石璋如先生将其推定为宗庙建筑是可信的。丙组遗址由多组祭坛组成，也可能是甲骨文中的社坛所在，在此祭祀天、地诸神（图3-13）。

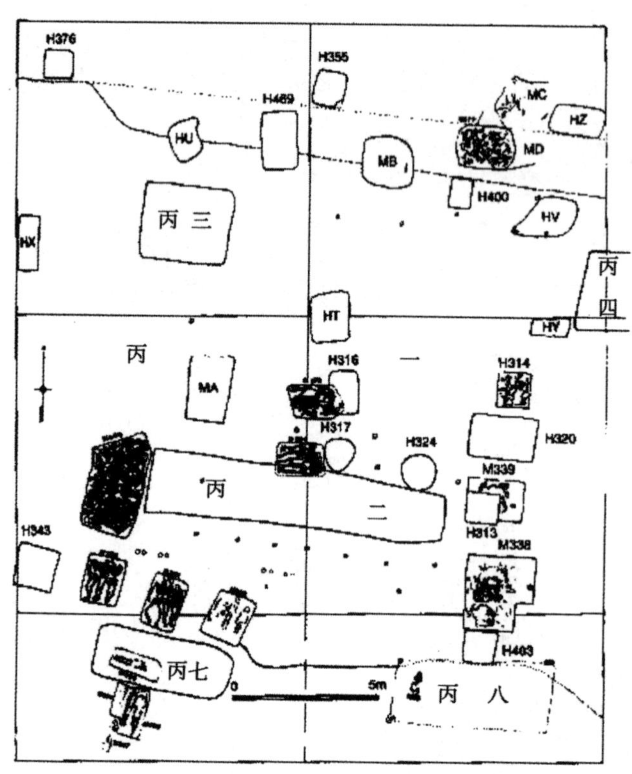

图3-13　安阳殷墟丙组祭坛基址平面图

（采自石璋如：《小屯第一本·遗址的发现与发掘乙编·殷墟建筑遗存》，第302页）

2. 商王陵丧葬礼俗

商王除在宗庙祭祀先祖外，还在陵墓区进行大规模的祭祖仪式。西北冈一带的王陵区内，有12座大墓被推测是商王的墓，分为东西两区，东区5座，西区7座（图3-14）。之所以分为两组埋葬，张光直先生认为是体现了殷人的“二分制度”。他认为“二分制度”是研究殷人社会的一个重要的关键，西北冈的大墓分东西两区，在东者4座，在西者7座，而自盘庚到帝辛共12王，除帝辛自焚死，其余11王依其世次亦可分为两

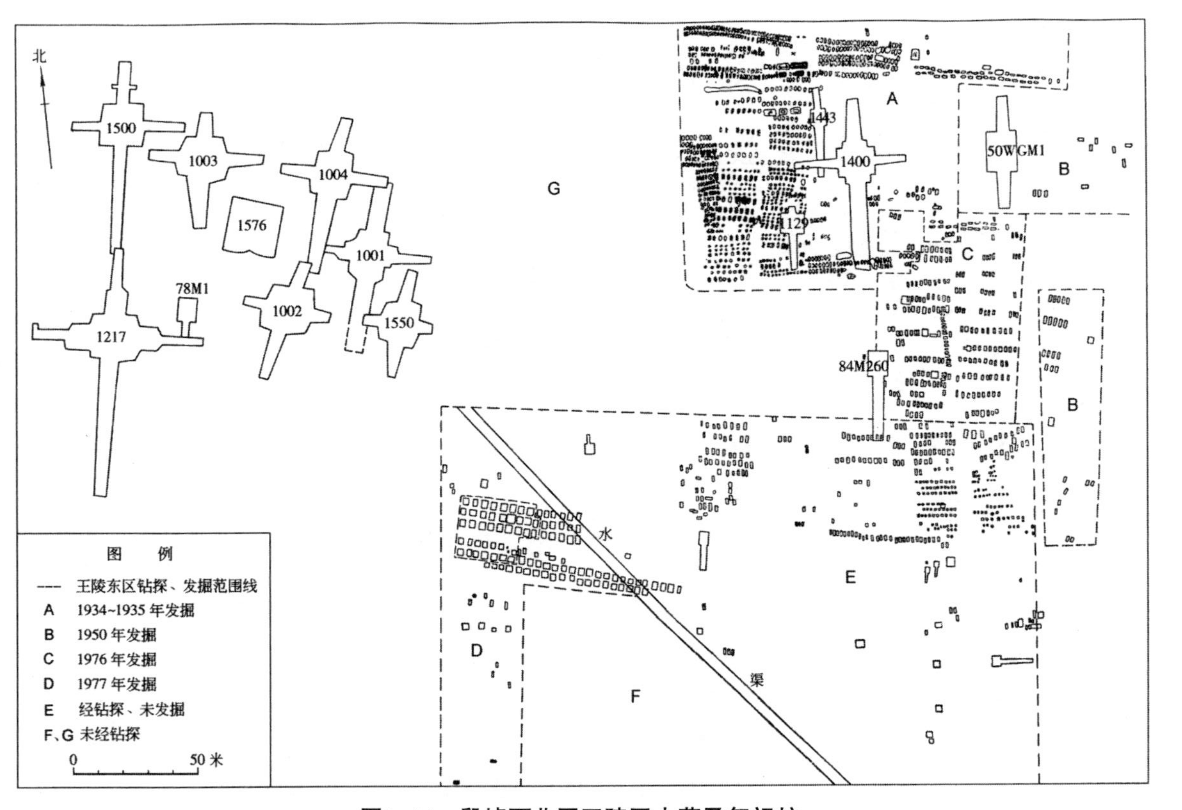

图3-14　殷墟西北冈王陵区大墓及祭祀坑

（采自杨锡璋、高炜主编，中国社会科学院考古研究所编著：《中国考古学·夏商卷》，第301页）

组，属丁者4王，属乙者7王。商的乙丁制与周的昭穆制相似，而周代宗法制度中的昭穆制度是非常严格的，尤其是在宗庙制度中更是如此。如果商王陵存在乙丁制度，那么是否小屯乙组宗庙也存在乙丁制？石璋如先生最初就指出，西北冈的王陵与小屯的宗庙可能彼此相关[①]。

商王陵充分反映了商代的丧葬礼制和祭祀礼制。商王墓实行的殉葬制是惊人的，不但殉马、狗、羊等，更多的是殉人，这是其突出的时代特点。如1001号墓[②]，设有四条墓道，墓底腰坑埋1人，手执石戈。墓底四隅各挖2个坑，每坑埋1人，手执铜戈。木椁外侧埋1人。墓室二层台上埋11人，其中6人有木棺，有的佩有首饰。四条墓道内有被砍杀的人头73个，无头躯骨60具，全躯2具，皆为青少年男性。墓坑的东侧还有31个坑，其中22个坑埋68人，大多有随葬品，有的戴皮盔，执铜戈或石戈等。另有7个埋马坑（图3-15）。可以看出，此商王死后，从死者至少有164人，其中四条墓道中被砍杀后埋入的应属人牲，他们是在埋葬过程中被杀害的，其余的属人殉，是商王生前的妃妾、仆从、护卫等，商王死后要继续役使他们的。又如武官村1号墓[③]，是一个有南北两条墓道的大墓，腰坑埋1人，手执铜戈。二层台上埋41人，其中14人有木棺，有的有随葬品。北墓道内有3个马坑，马坑之间1坑内埋2人，手执铜戈或铜铃。南墓道也有3个马坑，另埋1人。墓坑填土中出人头骨34个。填土中的这34个人头应属人牲，其余属人殉（图3-16）。

在西北冈商王陵区还发现大批祭祀坑，仅1976年一次就考古发掘

①张光直：《殷礼中的二分现象》，《中国青铜时代》，生活·读书·新知三联书店，1983年，第197—219页。

②梁思永、高去寻：《侯家庄·1001号大墓》，“中央研究院”历史语言研究所，1962年。

③郭宝钧：《1950年春殷墟发掘报告》，《中国考古学报》第5册，1951年；安阳亦工亦农文物考古短训班、中国科学院考古研究所安阳发掘队：《武官大墓道南墓道的发掘》，《安阳殷墟奴隶祭祀坑的发掘》附录，《考古》1977年第1期，第31—32页。

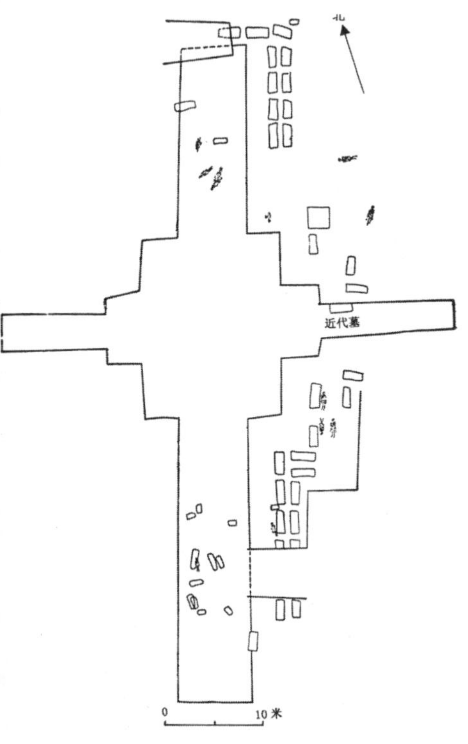

图3-15　安阳侯家庄西北岗1001号墓
（采自黄展岳：《殷商墓葬中人殉人牲的再考察》，《考古》1983年第10期，第937页）

图3-16　安阳殷墟武官村1号墓
（采自《中国大百科全书·考古学》，第438页）

了191坑，用人牲1178人[①]（图3-17）。侯家庄商王陵区先后发掘五次，共发掘人牲坑932个，发现人牲个体3460个[②]。如果加上已探明而尚未发掘或尚未探明的祭祀坑，人牲总数估计还要增加几倍。

甲骨卜辞中有许多关于用人牲祭祖的资料，每次祭用的人数少则数人、数十人，多则数百人，甚至上千人[③]：

①安阳亦工亦农文物考古短训班、中国科学院考古研究所安阳工作队：《安阳殷墟奴隶祭祀坑的发掘》，《考古》1977年第1期，第20—36页。

②黄展岳：《古代人牲人殉通论》，文物出版社，2004年，第72页。

③胡厚宣：《中国奴隶社会的人殉和人祭》（上、下篇），《文物》1974年第7、8期。

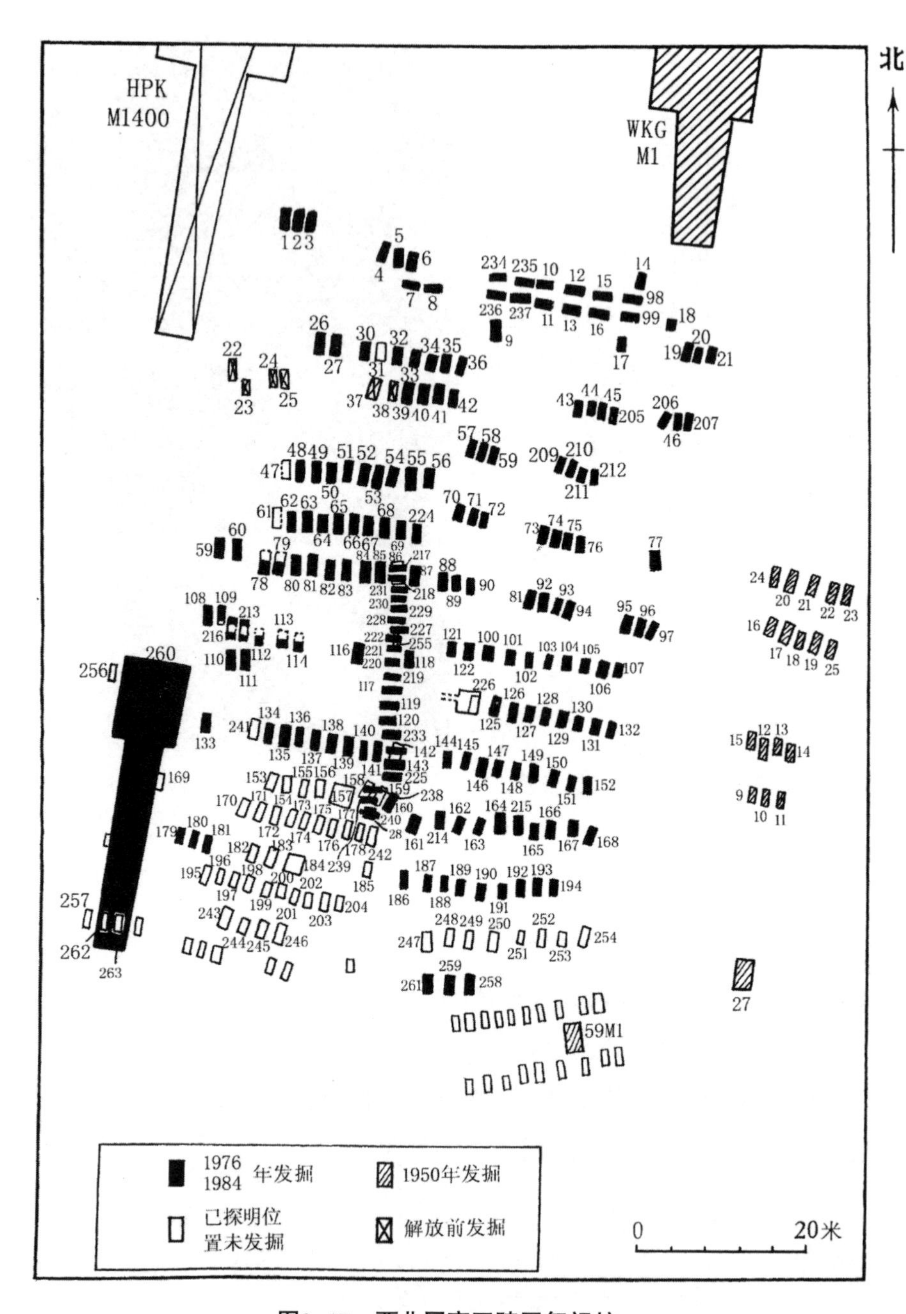

图3-17　西北冈商王陵区祭祀坑

（采自黄展岳：《古代人牲人殉通论》，第72页）

翌乙酉有伐于五示：上甲，成，大丁，大甲，且乙。（《合集》248）

丁丑卜，贞，王宾武丁伐十人，卯二牢，鬯……

丁酉卜，贞，王宾文武丁伐十人，卯六牢，鬯六卣，亡尤。（《合集》35355）

王其用羌于大乙，卯惟牛，王受又。（《合集》26955）

贞，御自唐大甲、大丁、且乙百羌百宰。二告。贞，御惟牛三百。（《合集》300）

卜辞中的“伐”“卯”均为杀之义。“伐之义为杀，在甲骨文用为人祭的专名，像以戈砍伐人头之形，当即殷墟发掘所见的人头坑和无头葬。”①从甲骨文所记及考古发现看，商王朝祭祀用人牲的数量是巨大的，也是普遍的。

商代之所以能用大量的人牲进行祭祀，除了思想观念上崇信神灵，借用神灵的权力来治理国家外，还有社会方面的因素，商代也可以说是中国奴隶社会的早期阶段，对人能创造财富的劳动价值还没有充分的认识，因此将大量的奴仆、俘虏等杀死来祭祀神灵。再者，在夏商之前，是邦国林立之时代，《史记·五帝本纪》说黄帝时有“万国”，《尚书·尧典》说尧时有“万邦”，夏族和商族正是通过对“万国”“万邦”的大规模征伐而建立的国家，如黄帝伐蚩尤，尧、舜、禹伐三苗，夏后相征淮夷，商汤革夏命伐定诸夷，以及武丁奋伐诸方国等。从传说时代至商王武丁时期，各族之间的相互征伐比比皆是。此时期内征伐掠夺来的大量俘虏主要用以祭祀先祖神灵，向他们告捷。殷墟甲骨文表明，商王用人牲祭祀数量最多的是武丁时期，人牲来源以羌人为最，另外还有来自10多个方域或邦国的俘虏。这与武丁奋伐诸方国的文献记载正好相符，也与考古发现武丁时期人牲、人殉之制最盛行相印证。

---

①胡厚宣：《甲骨文所见商族鸟图腾的新证据》，《文物》1977年第2期，第84—87页。

3. 殷墟手工业作坊的分布及性质

铸铜作坊遗址分别发现于苗圃北地[①]、薛家庄[②]、孝民屯[③]、孝民村东南地[④]、小屯村东北地[⑤]、任家庄[⑥]、辛店[⑦]等。目前发现的殷墟最大的铸铜作坊遗址是苗圃北地遗址，位于宫庙区南部1公里许，范围在1万平方米以上。遗址的发现熔铜场地、烘烤陶范的工房及熔炉等，出土坩埚残片90多块，陶范、陶模2万多块，以礼器范为主，还有兵器范和工具范。此铸铜作坊遗址始建于殷墟文化一期，延续至四期，规模不断扩大[⑧]。在苗圃北地遗址之东还发现薛家庄作坊遗址，出土陶范千余块，有礼器范和兵器范等。时代从殷墟文化二期延续至四期。孝民屯铸铜遗址位于宫庙区之西，出土熔炉壁块、铜渣、陶范等，其中陶范出土320多块，有礼器范、兵器范和工具范等。遗址时代从殷墟文化二期延续至四期。小屯东北地铸铜作坊遗址是20世纪30年代在宫殿建筑基址内发现的，出土3000多块陶范，陶范器类有礼器范、兵器范及车马器范等，还出土有孔雀石、铜炼渣。其时代较早，属殷墟文化一期[⑨]。

①中国社会科学院考古研究所：《殷墟发掘报告》，第11—60页。

②周到、刘东亚：《1957年秋安阳高楼庄殷代遗址发掘》，《考古》1963年第4期，第213—220页。

③殷墟孝民屯考古队：《河南安阳市孝民屯商代铸铜遗址2003～2004年发掘》，《考古》2007年第1期，第14—25页。

④中国社会科学院考古研究所安阳工作队：《2000—2001年安阳孝民屯东南地殷代铸铜遗址发掘报告》，《考古学报》2006年第3期，第351—384页。

⑤石璋如：《小屯第一本·遗址的发现与发掘乙编·殷墟建筑遗存》，第329—332页。

⑥安阳市文物考古研究所：《河南安阳市任家庄南地商代晚期铸铜遗址2016—2017年发掘简报》，《中原文物》2018年第5期，第9—108页。

⑦孔德铭、申明清、李贵昌等：《河南省安阳市辛店商代铸铜遗址发掘及学术意义》，《三代考古》（七），科学出版社，2017年，第52—64页。

⑧陈旭：《夏商考古》，第175—176页。

⑨陈志达：《小屯村东北地铸铜遗址》，中国社会科学院考古研究所：《殷墟的发现与研究》，第92页。

制骨作坊遗址发现大司空村[①]、北辛庄[②]两处。大司空村遗址面积约1380平方米，是殷墟最大的制骨作坊遗址。遗址内发现工房、骨料坑等，出土骨料3.5万余件，多为牛、羊、猪、狗、鹿的骨骼。出土制骨工具有铜锯、铜钻、磨石等，推测这处制骨作坊可能主要制作骨笄之类的饰品。其时代为殷墟文化二期至四期。北辛庄制骨作坊遗址也发现工房和骨料坑，出土骨料5000余块，主要是动物骨骼，多有锯痕，还出土铜锯、铜钻、石刀、磨石等制骨工具[③]。另外在花园庄南地发现一大型坑，坑内出土各种兽骨数十万块，多为牛骨，亦有少数猪骨、狗骨、鹿角及人骨。时代为殷墟文化三期至四期初，推测附近可能有制骨作坊[④]。

在小屯西北地出土了一批石料和较多磨石残块，还发现部分玉石雕刻品，此可能是玉石器加工场所。在小屯南地、苗圃北地、薛家庄南地发现过陶窑，有可能是制陶作坊遗址。

研究者将殷墟手工业分为中、南、东、西四个区域，由王室和贵族控制，从事生产的“极有可能是专门从事各种手工业生产的家族”[⑤]。殷墟卜辞中有涉及“工”“我工”“多工”“右工”“左工”“百工”等的占卜内容。既然商王为其占卜，既说明这些“工”是受商王室控制，也说明这些“工”还是有一定的地位，“右工”“左工”之称，也可能是商王朝对工匠的一种编制。学者指出，卜辞所占卜的这些“工”，应属于拥有专门手工业技能的家族[⑥]。这也说明，商代所呈现的社会生产大分工，手工业

---

①中国社会科学院考古研究所：《殷墟发掘报告》，第79—84页。

②中国社会科学院考古研究所：《殷墟发掘报告》，第85—89页。

③陈志达：《殷代制骨作坊遗址》，中国社会科学院考古研究所：《殷墟的发现与研究》，第93—95页。

④中国社会科学院考古研究所安阳工作队：《1986—1987年安阳花园庄南地发掘报告》，《考古学报》1992年第1期，第97—128页。

⑤何毓灵：《论殷墟手工业作坊遗址考古的相关问题》，《南方文物》2021年第2期，第132—137页。

⑥肖楠：《试论卜辞中的“工”与“百工”》，《考古》1981年第3期，第266—270页。

已从农牧业生产中分离出来，成为专门的行业。殷墟的手工业主要是专为商王室和贵族服务的，商王朝都城的手工业有可能是实行“工商食官”的制度。

在我国，大约是从商周时期进入了社会生产分工的大发展时期，货币也是在这一时期开始出现的。人们最初的交换还是以物易物的物物交换，是带有偶然性的。随着交换的扩大和加深，就必然要求有某种特殊的商品变成其他商品的等价物，以便于交易，最后终于使这种特殊的商品从一般商品中分化出来，取得货币的职能。一般认为，在商周时期这种取得货币职能的特殊商品主要是海贝，属于实物货币。甲骨文及商代金文中，经常有进行“赏贝”“赐贝”的记录，并且以“朋”为单位，受赏人则用所赐贝购买铜以做尊彝。如丰作父丁鼎铭：“乙未，王赏宗庚丰贝二朋。肜日，乙丰用作父丁鼎。”（《集成》2625[①]）戍甬鼎铭：“丁卯，王令宜子会西方于省，唯返，王赏戍甬贝二朋用作父乙鼎。”（《集成》2694）戍嗣子鼎铭：“丙午，王赏戍嗣贝二十朋，在□□，用作父癸宝鼎。”（《集成》2708）作父己簋铭：“己亥，王赐贝在阑，用作父己尊彝。”（《集成》3861）殷代铜器铭文多记载商王用贝赏赐贵族，贵族再用贝换取铜以铸礼器。《说文·宝》云：“珍也，从王从贝。”这说明，贝是商王的珍惜之物，只有商王和高级贵族才能将“贝”作为实物货币使用，社会普通人群还是处于以物易物的交换形式，也就是说，商业还没有完全从手工业中分化出来成为独立的行业，也就没有用于商品交换的特定金属铸币。

（三）关于殷墟都城问题的讨论

《史记·殷本纪》正义引《括地志》转引《竹书纪年》云：“自盘庚

①中国社会科学院考古研究所编：《殷周金文集成释文》2625号器，香港中文大学中国文化研究所，2001年。凡引此书均简称《集成》。

徙殷至纣之灭，二百七十三年更不徙都。纣时稍大其邑，南距朝歌，北据邯郸及沙丘，皆为离宫别馆。”此外，《水经注·洹水》等多部文献均根据《竹书纪年》的记载，认为是盘庚徙于殷都。19世纪末20世纪初甲骨文的发现及其后对殷墟的考古发掘，可与古代文献相印证，因此学术界一般认为安阳殷墟是商王盘庚迁殷的都城。但随着研究的深入及新的考古资料的丰富，学术界对殷墟是何王所建之都及殷墟是否是都城再次提出了疑问。

早期研究殷墟甲骨文的王国维、董作宾、陈梦家等，推断殷墟甲骨文的时代是自盘庚至帝乙或帝辛时期①。但是研究甲骨文的学者至今没有找到可确定为盘庚、小辛、小乙三王时的卜辞，对甲骨文的分期还是从武丁时期开始，无武丁之前盘庚、小辛、小乙三王时期的刻辞（《合集》）。对于殷墟宫殿建筑基址的年代，石璋如先生推定甲组建筑始建于武丁时期，一直使用到殷亡；乙组可能始建于祖甲时期，但改造完成于文丁至帝乙时期；丙组则建于帝乙、帝辛时期②。20世纪80年代，陈志达对这些宫殿建筑重新进行研究，认为乙组始建于武丁至祖甲时期，丙组可能也始于这个时期，甲组可能在武丁或更早一些时期修建③。西北冈陵墓区发现设4条墓道的墓8座，2条墓道的墓3座，1条墓道的墓2座，还有1座没修完的大墓。有学者研究认为，只有设4条墓道的墓与没完工的大墓是商王墓，其中3座大墓（M1001、M1550、M1400）是属于武丁、祖庚、祖甲的，有4座（M1004、M1002、M1500、M1217）是属于廪辛、康丁、武乙和文丁的，有2座（M1003和未完成的M1567）属于帝乙和

---

①王国维：《观堂集林》卷十二《说殷》，第523—525页；董作宾：《甲骨文断代研究例》，《庆祝蔡元培先生六十五岁论文集》上册，商务印书馆，1933年；陈梦家：《殷墟卜辞综述》，第35页。

②石璋如：《小屯第一本·遗址的发现与发掘乙编·殷墟建筑遗存》。

③陈志达：《安阳小屯殷代宫殿宗庙遗址探讨》，《文物资料丛刊》第10集，文物出版社，1987年，第68—79页。

帝辛的，还认为西北冈王陵区内没有盘庚、小辛、小乙三王的陵墓[①]。综合以上种种，有学者提出殷墟并非盘庚所徙殷都，而是武丁始建的商晚期都城[②]。更有学者根据殷墟没有发现城墙、布局不规整、各类建筑与墓地杂乱地分布在一起等，认为殷墟并非殷都[③]。

鉴于殷墟已发现规模庞大的宫殿宗庙等祭祀遗址，又有十几万片商王室用于占卜的卜辞，殷墟作为商代后期的都城，或都城的重要组成部分，应当是没有问题的。关键是要弄清殷墟开始建都的时间及与洹北商城的关系问题。1987年对甲组基址进行了重新发掘，有学者指出，有一部分建筑应始建于盘庚、小辛、小乙时期[④]。另外也有学者认为西北冈陵墓区有盘庚、小辛、小乙的陵墓。邹衡先生认为M1217、M1500属于盘庚至小乙时期[⑤]。张光直先生认为M1001可能是盘庚的大墓[⑥]。郑振香、杨宝成先生认为只有一条墓道的大墓HBM1可能是早于武丁的一位殷王之墓[⑦]。如果认为盘庚始建都于洹北商城，武丁又迁于洹水南岸之殷都[⑧]，从地理位置上看，似乎武丁没有必要放弃洹水北岸规模庞大又非常规整的都城，而迁至只有一河之隔的南岸草创新都。而且，被认定为甲组宫室的建筑基址多东西向，不似郑州商城、偃师商城、洹北商城的主要宫殿基址均为南北向。由此推测，至武丁时期，只是在洹水之南新

①杨锡璋：《安阳殷墟西北冈大墓的分期及有关问题》，《中原文物》1981年第3期，第47—52页。

②彭金章、晓田：《殷墟为武丁以来殷之旧都说》，《中国考古学会第五次年会论文集：1985》，文物出版社，1988年，第17—23页。

③秦文生：《殷墟非殷都再考》，《中原文物》1997年第2期，第51—59页。

④杨宝成：《试论殷墟文化的年代分期》，《考古》2000年第4期，第74—80页。

⑤邹衡：《试论殷墟文化分期》，《北京大学学报》1964年第4、5期，第37—58页。

⑥张光直：《中国青铜器时代》，第208页。

⑦郑振香：《有关殷王都的三个问题》，中国社会科学院考古研究所：《殷墟的发现与研究》，第48—50页。

⑧杨锡璋、徐广德、高炜：《盘庚迁殷地点蠡测》，《中原文物》2000年第1期，第15—19页。

开辟了祭祀场地，新建了宗庙等祭祀建筑，以适应这一时期大规模的军事活动及庞大的祭祀活动。因此推测，洹北商城与殷墟是统一的都城建制，只是兴建时间上有先后。当然，这一推测还有待于对洹北商城继续进行考古发掘来验证。

七、小结

（1）郑州商城、偃师商城已发现两重城垣，从而开启了都城由宫城与郭城两部分组成的建制。

（2）这几处商代都城虽在布局上有所差异，但总体建制和建都理念还是一致的，宫城内仍然是以社坛、宗庙建筑为主体。尤其是在殷墟的社坛、宗庙中发现众多祭祀遗迹，并发现众多卜辞，充分展现出商王的施政更是唯神命是从。从殷墟卜辞中可以看到，商王凡事都要贞问天地诸神和祖先神，对天地神、祖先神进行祭祀之礼以取得行政之命，充分体现了神权、祖权与政权紧密结合的政体形态。殷墟卜辞的内容是商王进行占卜、贞问和祭祀的原始记录，这既是商王祭祀档案，又是商王施政档案，如建邑造房、出兵征伐、祈求丰年、祈福避灾等等，都要占卜贞问神明。这些占卜、贞问、祭祀均是在社或庙中进行的，这也是夏商周三代建都时首先建造宗庙和社坛之缘由。

（3）汉代文献讲“古不墓祭”，“古礼庙祭，今俗墓祭”。而考古发现殷墟商王陵已经有众多的祭祀坑，表明商王朝就出现了“墓祭”礼仪。

（4）甲骨卜辞中有许多关于商王用人牲祭天、祭地、祭祖的内容，殷墟考古也发现了众多人祭坑，商王陵墓内也发现众多殉人。商代是中国奴隶社会的早期阶段，对人能创造财富的劳动价值还没有充分的认识，因此出现将大量的奴仆、俘虏等杀死来祭祀先祖神灵及用生人殉葬之风。殷墟甲骨文表明，商王用人牲祭祀数量最多的是武丁时期，人牲来源以羌人为最，另外还有来自10多个方域或邦国的俘虏。这与武丁奋伐诸方国的文献记载正好相符，也与考古发现武丁时期人牲、人殉之制最盛行相印证。

（5）商代已出现社会生产大分工，手工业已从农牧业生产中分离出来，成为专门的行业。殷墟的手工业主要是专为商王室和贵族服务的，商王和高级贵族已开始将“贝”作为实物货币使用。商王朝都城内的手工业有可能是实行“工商食官”的制度。

第四章　西周都邑的礼制文化

据文献记载，周族源于戎狄之间。《国语·周语上》：“昔我先王世后稷，以服事虞夏。及夏之衰也，弃稷不务，我先王不窋用失其官，而自窜于戎狄之间。”据研究，周族早期主要活动在陕西西部地域。至公刘时居豳。《诗·大雅·公刘》：“笃公刘，匪居匪康，乃埸乃疆，乃积乃仓，乃裹糇粮，于橐于囊，思辑用光。”毛传曰：“公刘居于邰，而遭夏人乱，迫逐公刘，公刘乃辟中国之难，遂平西戎，而迁其民邑于豳焉。”《史记·周本纪》：“公刘卒，子庆节立，国于豳。”豳乃是周人的早期都邑，在今陕西省旬邑县西南。至公刘九世孙古公亶父时，迫于戎狄之侵扰，率全族迁于岐。《史记·周本纪》：“乃与私属遂去豳，度漆、沮，逾梁山，止于岐下。豳人举国扶老携弱，尽复归古公于岐下。及他旁国闻古公仁，亦多归之。于是古公乃贬戎狄之俗，而营筑城郭室屋，而邑别居之。”《诗·大雅·绵》：“古公亶父，来朝走马，率西水浒，至于岐下。”“周原膴膴，堇荼如饴。爰始爰谋，爰契我龟。曰止曰时，筑室于兹。”此是描写古公亶父率众来到肥沃的周原开始营筑城郭宫室的情景。周原遗址在今陕西省岐山县东北。古公之孙周文王经营岐邑，行仁政，使周强大起来。《孟子·梁惠王章句下》：“昔者文王之治岐也，耕者九一，仕者世禄，关市讥而不征，泽梁无禁，罪人不孥。”后来文王迁都于丰，文王去世后，他的儿子姬发即位，是为武王，又迁都于镐。《诗·大雅·文王有声》载：“文王受命，有此武功。既伐于崇，作邑于丰，文王烝哉！……考卜维王，宅是镐京。维龟正之，武王成之，武王烝哉！”郑玄笺云：“丰邑在丰水之西，镐京在丰水之东。”丰水即今陕西省西安市西郊的由南向北注入渭河的沣水，丰邑、镐京遗址位于沣水的两岸。周人通常把丰镐地区统称为宗周。武王灭商后，遣其弟周公旦经营原夏、商统治的东部地区，并于号称“天下之中”的洛邑营建陪都。《尚书·洛诰》记载了周公派召公选择建都的具体地点：“我乃卜涧水东，瀍水西，惟洛食；我又卜瀍水东，亦惟洛食。”所选地点即今河南省洛阳市瀍水的东西两侧。此陪都称为成周。

据上述文献记载，周人的都邑先后有豳邑、岐邑（周原）、丰邑、镐京、洛邑（成周）。考古工作者对周原遗址、长安丰镐遗址以及洛阳市的涧河、瀍河区域都作了许多考古工作，并有大量的考古发现，证实了这几处遗址是周人先后的都邑所在。

一、周代礼制文明的特质

西周王朝祭祀的主要对象与商类似，还是天神、地神和祖神，但其祭祀的目的更为明确，即借用神权来治理国家。《周礼·春官·大宗伯》：“大宗伯之职，掌建邦之天神人鬼地祇之礼，以佐王建保邦国。”周人认为，天神、地神、祖神（人鬼）是立国之本，只有虔诚地祭祀，才能安邦治国。

文献中较多地记载了周人对天、地、祖神的祭祀：

“已！予惟小子，不敢替上帝命。”（《尚书·大诰》）

“今天其命哲，命吉凶，命历年。”（《尚书·召诰》）

“维此文王，小心翼翼，昭事上帝，聿怀多福。”（《诗·大雅·大明》）

这些均是记载周王崇信天命。

《诗·大雅·云汉》载："王曰：於乎！何辜今之人！天降丧乱，饥馑荐臻。靡神不举，靡爱斯牲。圭璧既卒，宁莫我听？……不殄禋祀，自郊徂宫，上下奠瘗，靡神不宗。……祈年孔夙，方社不莫。昊天上帝，则不我虞。敬恭明神，宜无悔怒。"毛传云："上祭天，下祭地，奠其礼，瘗其物。宗，尊也。国有凶荒，则索鬼神而祭之。"郑笺云："言王为旱之故求于群神，无不祭也。无所爱于三牲，礼神之圭璧又已尽矣，曾无听聆我之精诚而兴云雨。"又云："宫，宗庙也。为旱故洁祀不绝，从郊而至宗庙，奠瘗天地之神，无不斋肃而尊敬之。"此是颂扬周宣王为了禳除特大旱灾，在都城之郊、宗庙、社坛举行祭祀天神、地神、祖神之礼，祈求降雨之事。

《尚书·召诰》载："越三日丁巳，用牲于郊，牛二。越翼日戊午，乃社于新邑，牛一、羊一、豕一。……旦曰：'其作大邑，其自时配皇天，毖祀于上下……'"此是周公作新邑于洛邑，在洛邑的"郊""社"举行祭天神、地神之礼。

西周的甲骨文与铜器铭文也屡记周王祭天之礼，与文献记载可相互印证。

周原甲骨文记载了周人祭天之礼：

> 川告于天，囟亡咎。
> 燎于□。
> 其微、楚厥燎，师氏受燎[①]。

燎，是一种祭天的方式，通过积柴焚烧牲体或玉帛，以烟气上达于天。周原甲骨文所记的"燎"祭，即是周王进行的祭天之礼。

①曹玮编著：《周原甲骨文》，世界图书出版公司，2002年，第4、26、70页。

西周铜器铭文记载了周王举行祭天之礼：

天亡簋："乙亥，王有大礼。王汎三方，王祀于天室，降，天亡佑。王衣祀于王丕显考文王，事喜上帝。"（《集成》4261）

何尊："隹武王既克大邑商，则廷告于天……尔有唯小子，亡识视于公氏，有恖于天，彻命，敬享哉！"①

大盂鼎："文王受天有（佑）大命……𠭯酒无敢酖，有𩁹烝祀，无敢䤵，故天翼临子，法保先王。"（《集成》2837）

上述西周铜器铭文均是记录周王祭天之礼。

周人对天的信仰比起商人来似乎有些变化。从甲骨文可以看出，商人无论何事都要占卜、贞问上帝，笃信上帝的旨意，唯上帝之命是从，听天由命。而周人对天地神、祖先神的祭祀更具实际意义，强调周王受命在天，直接替天行命，这比商代王权与神权的关系更进了一步。《诗·大雅·皇矣》："有命自天，命此文王。"《诗·周颂·昊天有成命》："昊天有成命，二后受之。"（二后即文王、武王）《尚书·康诰》："天乃大命文王，殪戎殷，诞受厥命。"大盂鼎铭文："文王受天有（佑）大命。"逨盘铭："文王、武王达殷，膺受天鲁命，匍有四方，并宅，厥勤疆土，用配上帝。"②史墙盘铭："曰古文王，初𢄊龢于政，上帝降懿德大甹，匍有上下，迨受万邦。"（《集成》10175）这实际上是周王首创"王权神授"的思想观念，以此来加强周王的统治权力。周王成了上天的儿子，是"天子"，故称"周天子"，并且只有周天子才有祭天的资格，也就是只有周天子才有替天行命的权力。《礼记·丧服小记》云："礼，不王不禘。"孔颖达疏云："礼，唯天子得郊天，诸侯以下否，故云：'礼，不王不禘。'"

①李学勤：《何尊新释》，《中原文物》1981年第1期，第35—39、45页。

②钟柏生、陈昭容、黄铭崇等：《新收殷周青铜器铭文暨器影汇编》757号器，艺文印书馆，2006年。

《礼记·王制》曰:“天子祭天地,诸侯祭社稷,大夫祭五祀。”因此,祭天成为周天子受天命的特权,假借天命来表明周王政权的神圣性和权威性。

因为周王是受天命而王天下,是上天之子,所以,周王室对先王的祭祀更是隆重备至,将受命于天的先王神灵配祀于天神,以进一步加强周天子的神圣地位。《诗·大雅·文王》:“文王在上,於昭于天……文王陟降,在帝左右。”《诗·大雅·下武》:“三后在天,王配于京。”毛传云:“三后,太王、王季、文王也。王,武王也。”言死后的先王神灵已上达于天,所以周王室祭天要以祖配祀。南宫乎钟铭:“天子其万年眉寿,畯永保四方,配皇天。”(《集成》181)《礼记·丧服小记》云:“王者禘其祖之所之出,以其祖配之。”郑玄注:“禘,大祭也。始祖感天神灵而生,祭天则以祖配之。”“禘”本是祭天之大祭祀,周人对祖神的祭祀与对天神、地神一样,均行禘祭。郑玄注《周礼·大司乐》云:“(天神、地祇、人鬼)三者皆禘,大祭也。”西周铜器铭文多有对祖先进行禘祭的记录,如小盂鼎铭文:“用牲,禘周王、武王、成王……”(《集成》2839)剌鼎铭文:“王禘用牡于太室,禘昭王。”(《集成》2776)“燎祭”原本也是祭天之仪式,周人多在宗庙用燎祭祭祀祖先,《逸周书·世俘》:“武王在祀……燎于周庙。”西周铜器铭文中多有燎祭的记录。小盂鼎铭文记盂伐鬼方凯旋后向周天子告捷,并燎祭于周庙:“王呼费伯令盂,以人馘入门,献西旅。以(馘)入燎周庙。”(《集成》2839)表明周王相信自己的祖先也在天上,而且在上帝左右,显示出先祖与天神的密切关系。

陈来根据《周礼》等文献记载,将周人祭祀的诸神分为三大类。天神:天、昊天、上帝、帝、五帝、日月、星辰、司命、司中、风师、雨师;地祇:地、社稷、四望、五祀、五岳、山林、川泽、四方四物、群小祀;人鬼:先王、先公、先妣、先祖、祖庙[①]。

---

①陈来:《古代宗教与伦理:儒家思想的根源》,生活·读书·新知三联书店,1996年。

可以看出，周人祭祀的对象仍然是天神、地祇、人鬼三大类，周人之所以虔诚地对天神、地神、祖神进行祭祀，是认为此三者是周王朝长治久安的根本保证。利用天神、地神、祖神来统治天下，正是周代礼制的根本性特质。

二、金文、传世文献记载的周代都城格局

西周时期的祭祀建筑和礼制文化充分地体现在都城的建设之中。

根据文献记载，周天子宫城为五门三朝的设计。《诗经·大雅·绵》中记载，周先祖古公亶父来岐下，筑室、筑庙，遂“迺立皋门，皋门有伉；迺立应门，应门将将”。这是关于周代宫城宫门的最早文献记载。东汉郑司农注《周礼》“阍人”和“朝士”两职官时，最先提出了天子五门和内外朝之说，“王有五门，外曰皋门，二曰雉门，三曰库门，四曰应门，五曰路门，路门亦曰毕门。外朝在路门外，内朝在路门内”。后郑玄注《礼记·明堂位》时，根据先郑（郑司农）的注释，又提出了“天子五门，皋、库、雉、应、路；鲁有库、雉、路，则诸侯三门”，以及“天子诸侯皆三朝”（外朝一，内朝二）之说。《礼记·曲礼》孔颖达疏云：“凡天子三朝，其一在路门内，谓之燕朝。……其二是路门外之朝，谓之治朝。……其三是皋门之内、库门之外谓之外朝。……天子诸侯皆三朝也。”关于三朝的用途，任启运《朝庙宫室考》云：“内朝，路寝也，又谓燕朝，宗人嘉事行于此；治朝，日听政事所在；外朝，则有大政询万民之朝也。”后来经学家多从其说，但清代戴震《考工记图》则认为天子和诸侯皆为三门三朝。

汉儒根据先秦的文献归纳出来的宫门等级之制，在西周时代是否确是如此，我们可以参考西周的铜器铭文。如周初的小盂鼎铭文记载：“唯八月既望，辰在甲申……明，王格周庙……盂以多旂佩鬼方……入南门，告曰：王令盂以□□伐鬼方……王若曰：‘嘉。’盂拜稽首，以酋

进，即大廷。……折酋于□。王呼费伯令盂以人馘入门，献西旅。以馘入燎周庙。盂以……入三门，即立中廷，北向，盂告。"（《集成》2839）此文记述盂伐鬼方凯旋后献俘并接受周天子的赏赐，盂首先进南门以告，再进一门，燎馘于周庙，最后入三门，接受周天子的赏赐。陈梦家认为，盂"入三门"是进入第三道门，则周天子宫为三门之制①。如理解为又进了三道门，则为五门之制。周天子的宫门究竟是"三门"还是"五门"，还有待于今后的研究和考古验证。小盂鼎铭文中还提到了盂入南门"即大廷"，再入一门"燎周庙"，入三门后"即立中廷"，向北以告。"以（馘）入燎周庙"是进行燎祭之礼，此礼不能在庙内而只能是在庙前庭院进行，应是燎于周庙之廷。在先秦，"廷"即"朝"，"朝"与"庙（廟）"又可互用。《说文》云："廷，朝中也。"《周礼·夏官·太仆》郑玄注："燕朝，朝于路寝之庭。"许慎、郑玄均如此解释，当有所据。陈梦家认为，"古文字'廟'从朝，朝廷之朝当源自大庙朝见群臣"。又引西周金文"唯三月王才宗周，戊寅王各于大朝"，认为"大朝亦即《玉藻》之大庙"。小盂鼎铭文记盂凯旋告捷时，正是入南门"即大廷"，入二门"燎周庙"之廷，入三门"即立中廷"，向北朝天子以告，周天子应在后面的寝中。此"大廷"、"周庙"之廷、"中廷"是否即"三朝"所在？如斯则正合天子三门（或五门）三朝之制，但此"三朝"实际是"三廷"组成的"前庙后寝"格局。

周人营造宫室前先要立宗庙，《礼记·曲礼下》："君子将营宫室，宗庙为先，厩库次之，居室为后。"又《左传》曰："邑有先君之宗庙曰都，无曰邑。"《诗经》也记载了周人来岐山之下，于是"筑室于兹"，"作庙奕奕"，"乃立冢土"。周代是靠宗法制度来维护统治的，为了强调宗法关系，特别重视庙祭，各级贵族均按礼制立庙。《礼记·王制》云："天子七庙，三昭三穆，与太祖之庙而七；诸侯五庙，二昭二穆，与

①陈梦家：《西周铜器断代》（四）。

太祖之庙而五；大夫三庙，一昭一穆，与太祖之庙而三；士一庙。庶人祭于寝。”依此来看，周人宗庙实行昭穆制度，但西周时期是否实行这样严格的制度，查看一些文献和铭文，又发现有许多矛盾的地方。如郑玄注《周礼·隶仆》云：“《诗》云‘寝庙绎绎’，相连貌也，前曰庙，后曰寝。”这样解释，寝、庙则成了一座建筑。大克鼎铭文：“王在宗周，旦，王格穆庙，即位，申季佑善夫克入门，立中廷，北向，王呼尹氏册命善夫克。”（《集成》2836）又伊簋铭文：“王在周康宫，旦，王格穆大室，即位，申季入佑伊，立中廷，北向，王呼命尹封册命伊。”（《集成》4287）此穆庙即穆太室，庙即太室，西周铭文中多有“王在某宫，旦，王格大室”的记载。西周铭文中的周庙、康庙、穆庙等，也都可能是指大室。前引小盂鼎铭文所记，盂入南门“即大廷”，入二门“燎周庙”，入三门“即立中廷”，如此则是庙在二门内，路寝在三门内，表明庙与寝是前后坐落的两个建筑。不论是一座建筑还是两座建筑，这种布局与《考工记》所记“左祖右社”的规划不相符。依此看来，西周时期的宫城内是否呈“左祖右社”的布局，也是值得怀疑的。

周天子的都城内除了宫室、宗庙外，再就是社坛了。社又称社稷，是祭祀土谷神的地方。社稷象征整个国家，所以历代王朝都对此非常重视。《墨子·明鬼下》云：“昔者虞夏商周三代之圣王，其始建国营都日，必择国之正坛，置以为宗庙，必择木之修茂者，立以为菆社。”《礼记·祭法》云：“王为群姓立社，曰大社；王自为立社，曰王社；诸侯为百姓立社，曰国社；诸侯自立社，曰侯社；大夫以下，成群立社曰置社。”除了这些外，还有州社、里社、军社、亳社等。《逸周书》曰“封人社坛，诸侯受命于周，乃建大社于国中”，此大社是建在都城中。

尽管上述有关周代都城的记录还有些不好理解或矛盾的地方，但也充分反映了周人对都城进行神圣化、礼制化的思想意识。

三、岐邑周原的礼制文化

（一）岐邑周原的聚落形态

岐邑周原遗址位于陕西省岐山与扶风两县交界地域，整个范围东西宽约8公里，南北长约5公里，总面积约40平方公里（图4-1）。此区域内已发现十余处西周时期的大型建筑遗址，正式考古发掘的有岐山凤雏甲组建筑基址、扶风召陈建筑群址和云塘、齐镇建筑群址。在凤雏甲组建筑基址内发现周王室用于占卜的“龟室”，证明此建筑应是周王室的宫庙建筑群，这一地域应是岐邑的中心区域。

根据考古发现，岐周的范围是很大的，周原是中心区，其周围的凤

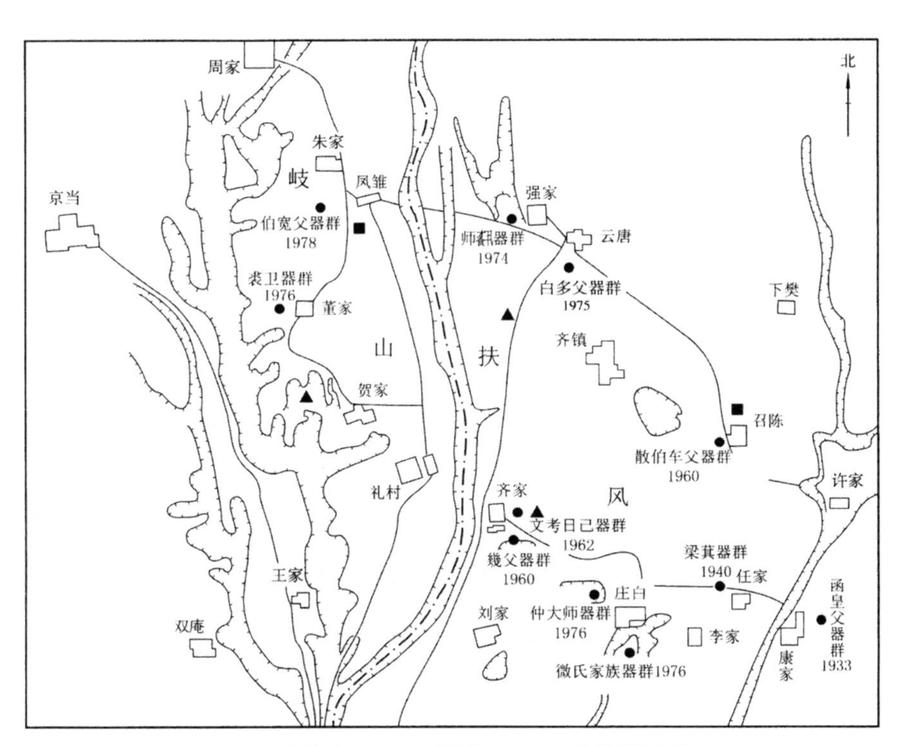

■大型建筑遗址　▲西周墓地　●西周铜器窖藏

图4-1　周原遗址分布图

（采自刘庆柱：《中国古代都城考古发现与研究》[上]，第157页）

翔、宝鸡、眉县、武功、乾县内，均发现有周代的居址、作坊、墓葬及铜器窖藏等，这些遗迹往往是组成一个单元分片分布。在这一范围内已发现众多青铜器窖藏，其中有铭文的青铜器有数百件，记录了贵族的族姓名号，如虢季、微史、裘卫、毛公、南宫、膳夫克、录伯、单氏等一大批姬姓和非姬姓的世家大族，表明这些青铜器属这些贵族所有。窖藏与附近的居址、作坊、墓地等构成了某一贵族生活居住的地域单元，此应当是文献中所称的"邑"，周人谓之"采邑"。在岐周范围内屡出高级贵族的青铜器窖藏，说明在此区域内有众多贵族的采邑。

当然，对于整个岐周地区聚落的考古还是有限的，仅就目前的资料来看，周原应是周王的都邑中心所在，周围分布着众多贵族的采邑以拱卫周原，由此形成周代的都邑聚落形态。

（二）周原的城址

之前，在周原中心区域一直没有发现城墙遗迹，1989年施用遥感物探技术并经考古钻探、试掘，在凤雏甲组建筑基址周围发现了地下城墙基[①]。因凤雏甲组建筑基址正位于此城址的中心部位，可推测此城大概始建于周文王时期或更早。据文献记载，最初是古公亶父（即太王）率周族来周原建邑，王季、文王时均居于此。此后文王虽迁丰，周原依然是周王的重要都邑。《诗·大雅·绵》详细地描写了古公营建周原的情景，云："乃召司空，乃召司徒，俾立室家。其绳则直，缩版以载，作庙翼翼。捄之陾陾，度之薨薨，筑之登登，削屡冯冯，百堵皆兴，鼛鼓弗胜。"描写了古公率众筑"室家"，作宗庙，并用版筑墙的方法修筑了"百堵"土墙。接着又说："乃立皋门，皋门有伉；乃立应门，应门将将；乃立冢土，戎丑攸行。"毛传云："王之郭门曰皋门，王之正门曰应门。

①庞怀靖：《凤雏甲组宫室年代问题再探讨》，《考古与文物》2001年第4期，第58—59、74页。

美太王作郭门以致皋门，作正门以致应门。”孔颖达疏曰：“皋、应非诸侯之门，故云‘王之郭门曰皋门，王之正门曰应门’。是诸侯之郭门不得名皋门，诸侯之正门不得名应门。太王实非天子，而以皋、应言之者，美太王作郭门以致皋门，作正门以致应门。言太王本作郭门、正门耳。在后文王之兴，以为皋门、应门。虽迁都于丰，用岐周旧制，故云致得为之也。……太王门、社必不得同于天子……文王因其制度，增而长之，以为天子之制，故云致耳。”当然，在太王、文王时期，城门的设置不一定依照天子、诸侯的等级制度，但是，既然筑有城则必须筑有城门，这是肯定的。据遥感物探所得图像显示，在凤雏甲组建筑基址之南，还有3道东西向的城墙基，各开门洞以通甲组基址，可能就是《绵》中所说的“皋门”“应门”所在，这是据遥感影像所作的推测。

近几年对周原进行了深入的考古工作，已进一步确认城址的存在[①]（图4-2）。该城址由大小相连的两城组成。小城位于周原遗址的西北部，北起凤雏南，南至礼村北，西界王家沟，东抵李家—强家一线。东西约1480米，南北约1065米，整体呈规整的长方形，方向北偏西352°，面积约175万平方米。城址北、东、南三面有人工城壕，西面以王家沟为壕。根据以往的考古发现，凤雏建筑群（包括甲组、乙组、三至十号建筑）位于城内北部正中；齐家北玉石作坊、云塘制骨作坊贴近东墙内侧；云塘水池位于城内东北角。此外，西周时期的墓葬散布城内，但确定的铜器窖藏只有西墙边的裘卫家族窖藏一处。根据出土的与小城城墙年代相关的陶器推断：小城城墙的始建年代应在商末周初，废弃时间应在西周末年。

大城位于小城东南，基本包括了周原遗址的核心部分。北起强家—云塘一线（即小城北墙延长线），东至下雾子—召陈一线，南达庄白—刘

---

①周原考古队：《2020—2021年周原遗址西周城址考古简报》，《中国国家博物馆馆刊》2023年第7期，第6—30页。

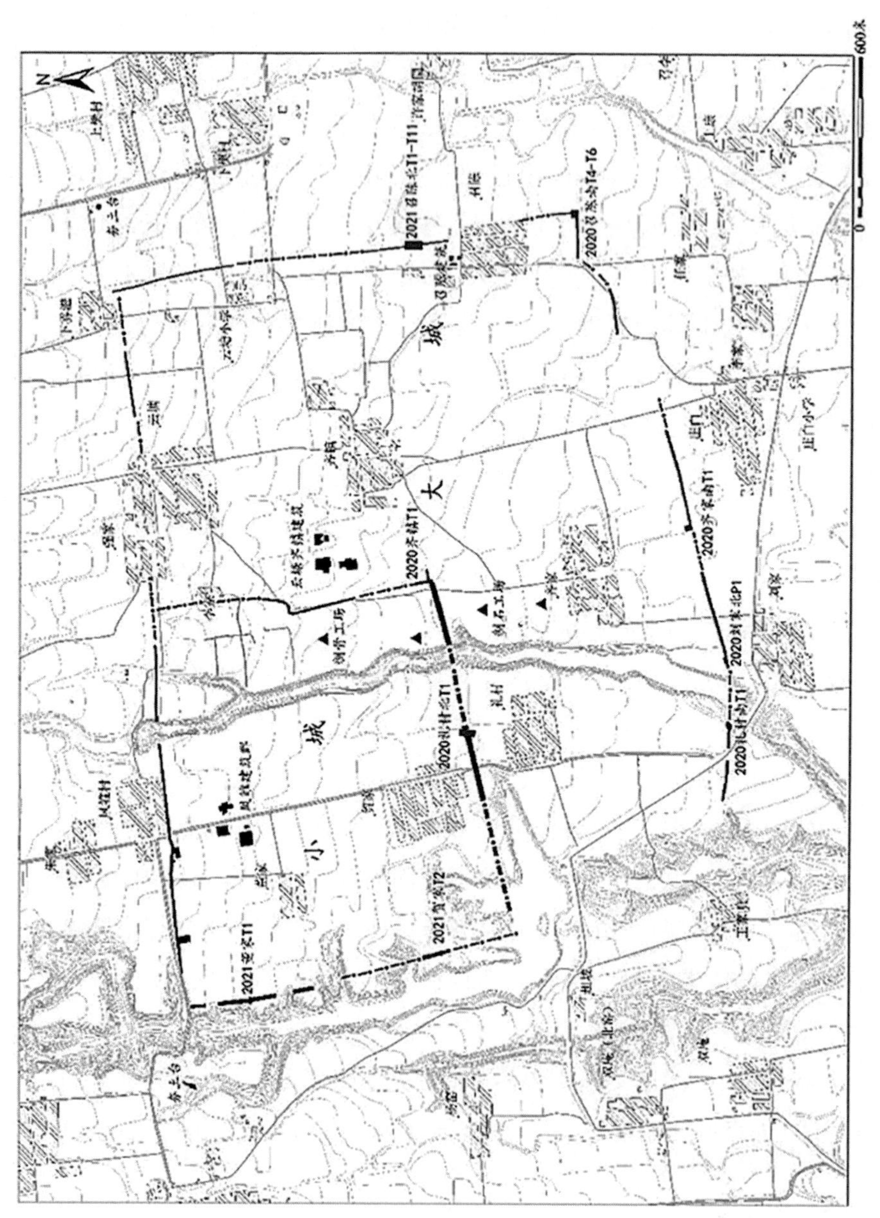

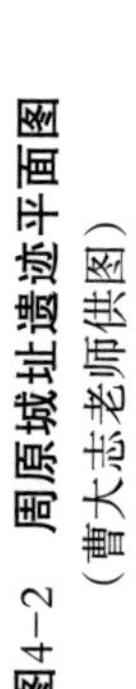

图4-2　周原城址遗迹平面图
（曹大志老师供图）

家北一线，西抵王家沟。东西约2700米，南北约1800米，形状规整，方向北偏西352°，面积约520万平方米。大城的西北角、东北角外各有一夯土台基。西北的台基距西墙300米，经钻探平面为梯形，南北长55米、东西宽10—19米、高约3米。这里地势高亢，可以俯瞰城内外。东北角的台基距东墙约300米，20世纪60年代被取土完全破坏，据西部的台基判断，此台也应高约3米。在东城垣发现城门址，由门道、门塾、门内夯土台等构成。在北门道南侧的城墙内外各发现马坑1座，坑内埋马4匹，这两座马坑可能是与城门有关的祭祀遗存。根据以往的考古发现，云塘-齐镇建筑群位于大城内北部，靠近小城墙；召陈建筑群位于大城东墙内侧；李家铸铜作坊位于城外东南。西周时期墓葬和铜器窖藏散布在大城内，任家、庄白等窖藏都位于南墙之外。根据底层叠压关系及出土的与大城城墙年代相关的陶器推断：大城城墙建于西周晚期，废弃时间估计与小城城墙一致，即西周末年。

岐邑周原虽由大小两城组成，但并不是同时规划兴建的，大城于西周晚期才建，这有可能与西周晚期的政治形势有关。《史记·周本纪》："懿王之时，王室遂衰。"《国语·周语上》："厉王虐，国人谤王。召公告曰：'民不堪命矣！'"《左传·昭公二十六年》："至于厉王，王心戾虐，万民弗忍。"另外，西部戎狄屡对周进行侵扰，《汉书·匈奴传》载："戎狄交侵，中国被受其苦。"大概此时的周王室处于内外交困之时，为了宗室的安全才建了大郭城。

（三）周原的宗庙、社祀遗址

凤雏甲组大型建筑遗址位于小城内北部正中，南北长45.2米，东西宽32.5米，坐北朝南[①]（图4-3、图4-4）。由南而北的中轴线上依次为影

①陕西周原考古队：《陕西岐山凤雏村西周建筑基址发掘简报》，《文物》1979年第10期，第27—37页；徐龙国：《西周都城遗址考古发现与研究》，刘庆柱：《中国古代都城考古发现与研究》（上），第148—160页。

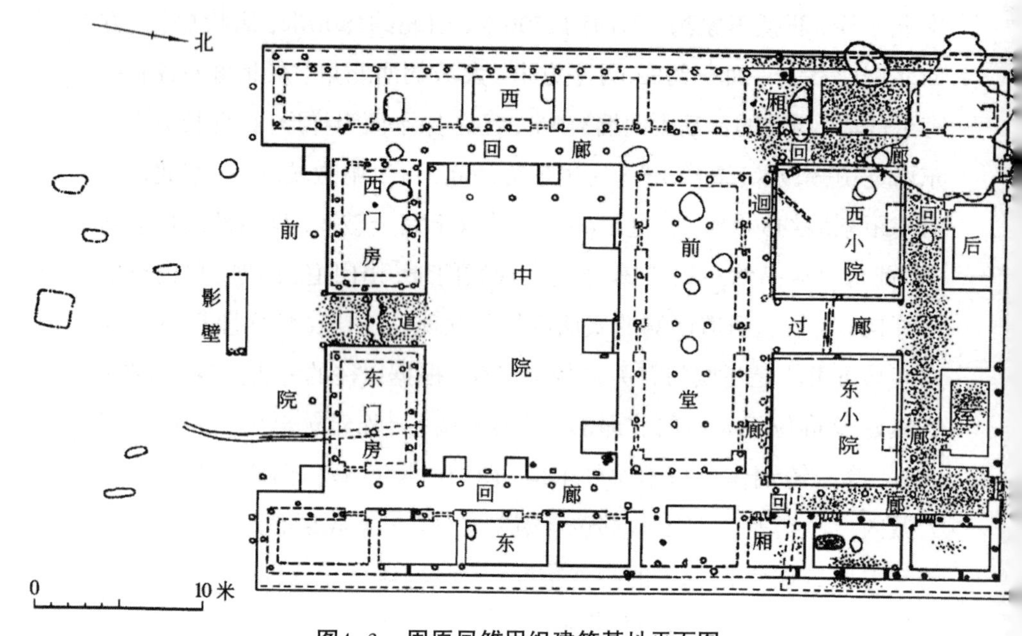

图4-3　周原凤雏甲组建筑基址平面图

（采自刘庆柱：《中国古代都城考古发现与研究》［上］，第155页）

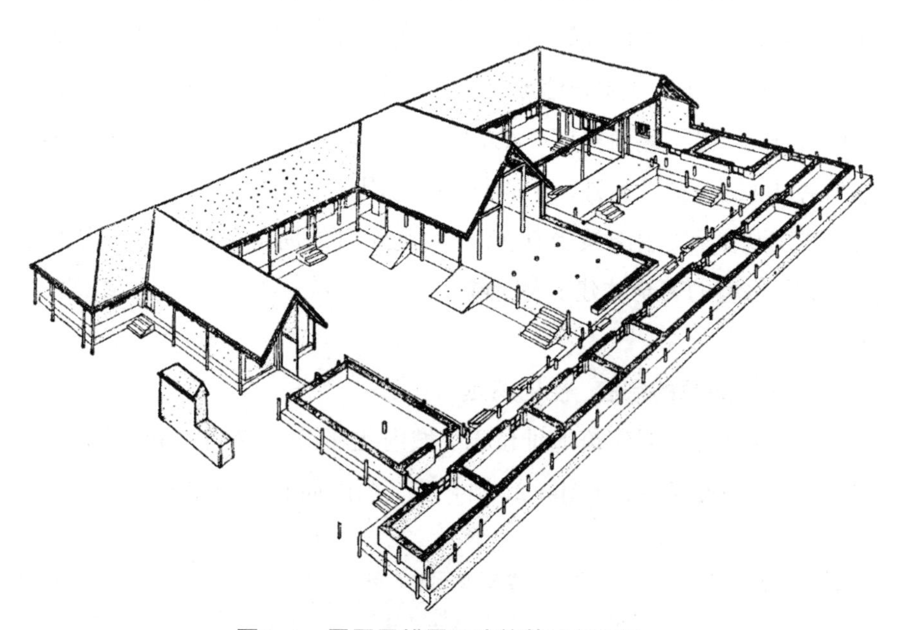

图4-4　周原凤雏甲组建筑基址复原图

（采自刘庆柱：《中国古代都城考古发现与研究》［上］，第155页）

壁、门道、前堂、过廊，最后边为后室；东西两侧配置门房、厢房、左右对称，由前至后又形成前院、中院和东西小院，中院和两小院四周有回廊，整体布局井然有序。据《尔雅·释宫》等文献解释，影壁谓之树；影壁与门之间谓之宁；门东西两侧门房谓之塾；中院谓之中庭；堂前有三阶，东为阼阶，西为宾阶；堂后两小院也应谓之庭；东西厢房谓之厢；最后一排是室，也可谓之寝。

对甲组建筑的性质，有人认为是王宫，有人认为是宗庙，还有人认为是寝庙相连的祭祀性建筑。《尔雅》云："室有东西厢曰庙，无东西厢曰寝。"此遗址西厢房内的两个窖穴中，出土了大量周王室占卜用的甲骨，有字者293片，分属文王、武王、成王和康王时期[①]，因此这个房子可能就是文献所记设在庙中的"龟室"。《周礼·春官·龟人》载："龟人掌六龟之属……凡取龟用秋时，攻龟用春时，各以其物入于龟室。上春衅龟，祭祀先卜。若有祭事，则奉龟以往。"此是讲，将龟版整治加工好后放入宗庙中的龟室，祭祀时从龟室中取出龟版进行占卜。又所出甲骨上刻有"祠，自蒿于周"，学者认为此内容是在说武王自镐京前往周原祀周宗庙之事[②]。由此证明这组建筑应是周王室的宗庙。

郑玄注《周礼·隶仆》云："《诗》云'寝庙绎绎'，相连貌也，前曰庙，后曰寝。"此是说西周时期的"寝"与"庙"是相连的建筑。王国维对西周金文中时常出现的"王在某宫，旦，王格太室"进行研究后指出："古者寝庙之分盖不甚严。"认为庙堂之后"王亦寝处焉"，铭文"皆云'旦，王格太室'，则上所云'王在某宫'者，必谓未旦以前王所寝处之地也"[③]。这与郑玄对《诗经》"寝庙绎绎"的解释是一致的。依据前文对小盂鼎铭文的分析，凤雏甲组建筑的格局就是：门内的庭院曰"大

①曹玮：《周原甲骨文》。

②徐中舒：《周原甲骨初论》，《四川大学学报丛刊》第10辑，《古文字研究论文集》，四川人民出版社，1982年，第1—12页。

③王国维：《观堂集林》卷三《明堂庙寝通考》，第133—134页。

廷”，即“大朝”，或曰“前朝”；“大朝”正北的主体建筑曰“周庙”，后部的小院曰“中廷”，即“中朝”；“中朝”面对的后部建筑曰“路寝”。此正是“朝”“庙”“寝”相连的一体建筑。

由于西周王朝是假借上天之命、依靠宗法制度来进行统治的，所以宗庙是其“行政”的重要场所，凡国之大事均要在宗庙中举行。如周天子的“即位礼”，各地诸侯朝见周天子的“觐礼”，周天子对臣下的任命及赏赐的“册命礼”，出兵征伐的“授兵礼”，胜利归来的“告捷礼”“献俘礼”等，均要在宗庙中进行。并且要定期在宗庙决定治理国家的一些政务，此为“告朔”“视朔”“听朔”。西周铜器铭文中，屡见记录周王在宗庙中举行“册命礼”“告捷礼”“献俘礼”等的内容。如：

> 卌三年逨鼎：“唯卌又三年六月既生霸丁亥，王才周康宫穆宫，旦，王格周庙即位，司马寿佑吴逨，入门，立中廷，北向，史減授王命书。王呼尹氏册命逨……”①
>
> 南宫柳鼎：“唯王五月，初吉甲寅，王在康庙，武公佑南宫柳，即立中廷，北向。王呼作册尹册命柳……”（《集成》2805）
>
> 大克鼎：“王在宗周，旦，王格穆庙，即位，申季佑膳夫克，入门，立中廷，北向，王呼尹氏册命膳夫克……”（《集成》2836）
>
> 师遽方彝：“唯正月既生霸丁酉，王才周康寝，飨醴，师遽蔑历，侑王，王呼宰利赐师遽……”（《集成》9897）
>
> 小盂鼎：“唯八月既望，辰在甲申，昧爽，三左三右，多君入服酒，明，王格周庙……告曰：王令盂以□□伐鬼方……以馘入燎周庙。……王格庙，祝延□□□□□邦宾丕裸，□□用牲禘周王、武王、成王。……王格庙，赞王邦宾，诞王令赏盂。”（《集成》2839）

---

①陕西省文物局、中华世纪坛艺术馆编：《盛世吉金——陕西宝鸡眉县青铜器窖藏》，北京出版社，2003年。

尤其是小盂鼎明确记载了盂伐鬼方归来在宗庙进行告捷之礼的仪节：（1）天亮之前，三左三右等侯伯先入庙以待；（2）天亮时，周王即位于周庙；（3）盂进以馘燎于周庙；（4）盂与侯伯告周王于庙之中庭；（5）周王禘祭先王于庙以告捷；（6）王赏盂于周庙。此文如实记载了在宗庙进行告捷之礼的完整仪节。

可以看出，西周王朝有关政权的活动在宗庙中进行，表明政权在神权的护佑之下，宗庙礼仪即是国家的政治礼仪。从建筑形式上看，是"朝""庙""寝"一体的建筑格局，真正象征政权的建筑"朝"还没有从体现神权的建筑中独立出来。

《诗·大雅·绵》云："乃立冢土，戎丑攸行。"毛传云："冢，大戎大丑众也。冢土，大社也。起大事，动大众，必先有事乎社而后出，谓之宜。"郑笺云："大社者，出大众将所告而行也。"孔疏云："'戎丑攸行'之意，言国家起发军旅之大事，以兴动其大众，必先有祭事于此社，而后出行。其祭之名谓之为宜，以行必须宜，祭以告社，故言'戎丑攸行'也。"可以看出，古公亶父在岐营建都邑时，首先建宗庙和大社，国之大事必先在社中或庙中贞询、祭祀后才能进行。在周原凤雏甲组大型建筑遗址南40米处发现了三号基址，基址平面呈"回"字形，四面为夯土台基，中间为庭院，庭院内竖立一块大型长方形巨石（图4-5、图4-6、图4-7）。基址内出土金箔、绿松石、玉器、漆器和原始瓷器等。《简报》推测此为周的社宫遗址是可信的[①]。

综上所考，凤雏三号基址为社，甲组基址为庙，两者位置一前一后。由此观之，周之都邑周原并不存在如《考工记》所载"大朝"之殿居中、"左祖右社"之布局。

---

①周原考古队：《周原遗址凤雏三号基址2014年发掘简报》，《中国国家博物馆馆刊》2015年第7期，第6—24页。

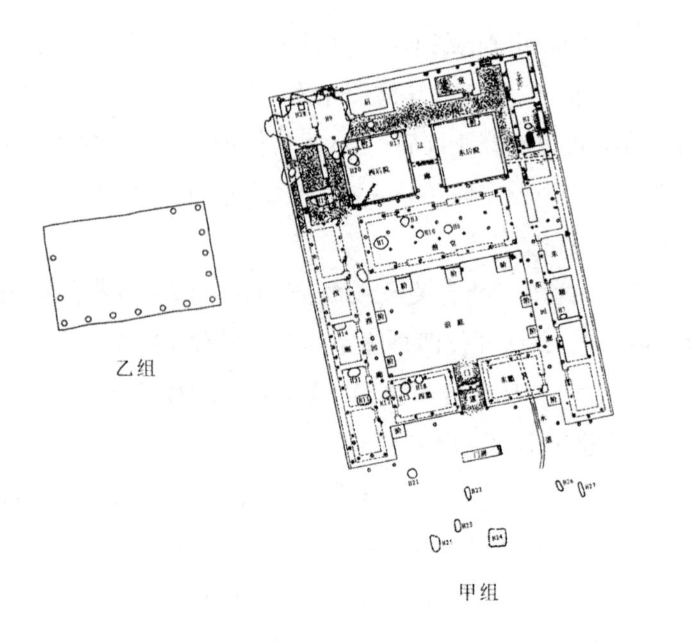

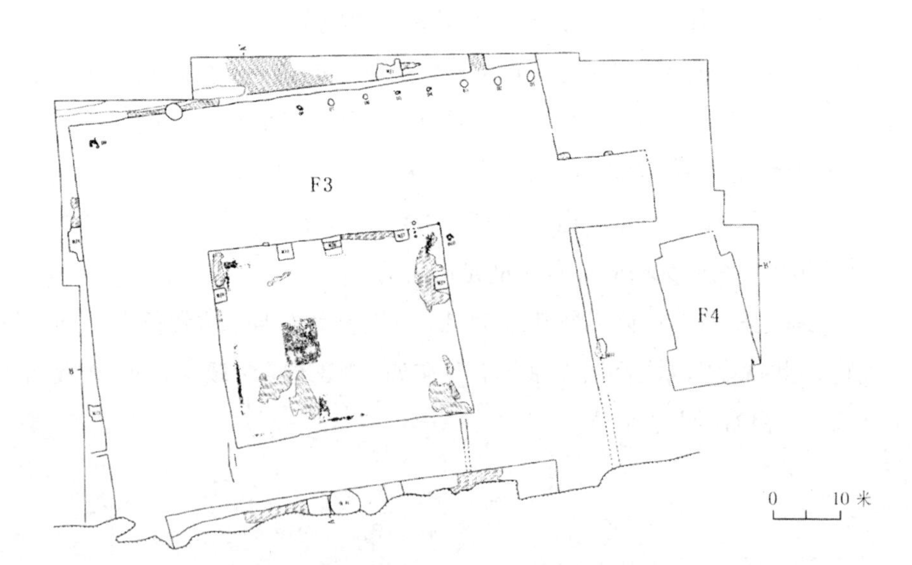

图4-5　凤雏甲组基址与三号基址位置图

（采自宋江宁：《对周原遗址凤雏建筑群的新认识》，《中国国家博物馆馆刊》2016年第3期，第56页）

图4-6　凤雏三号基址铺石
（采自周原考古队：《周原遗址凤雏三号基址2014年发掘简报》，第16页）

图4-7　凤雏三号基址立石
（采自周原考古队：《周原遗址凤雏三号基址2014年发掘简报》，第17页）

（四）召陈建筑基址群

召陈建筑基址群位于大城东墙内侧，在召陈村北，临近东城门，西北距凤雏遗址约2.5公里。在此处已发现西周建筑基址15处，时代属西周中晚期①。已经发掘的几座建筑基址保存的都不太好，墙基遗迹不存，只有台基、柱础和散水等。从台基的规模与柱础的分布看，建筑结构比较复杂，规模庞大，有的甚至超过凤雏甲组建筑。如3号基址东西长24米，南北宽15米，台基上东西分布7排柱础坑，南北分为6排，柱距可达5.6米，柱径为50—70厘米。由此，该基址可复原成面宽6间、进深5间的宏伟殿堂（图4-8）。

①陕西周原考古队：《扶风召陈西周建筑群基址发掘简报》，《文物》1981年第3期，第10—22页。

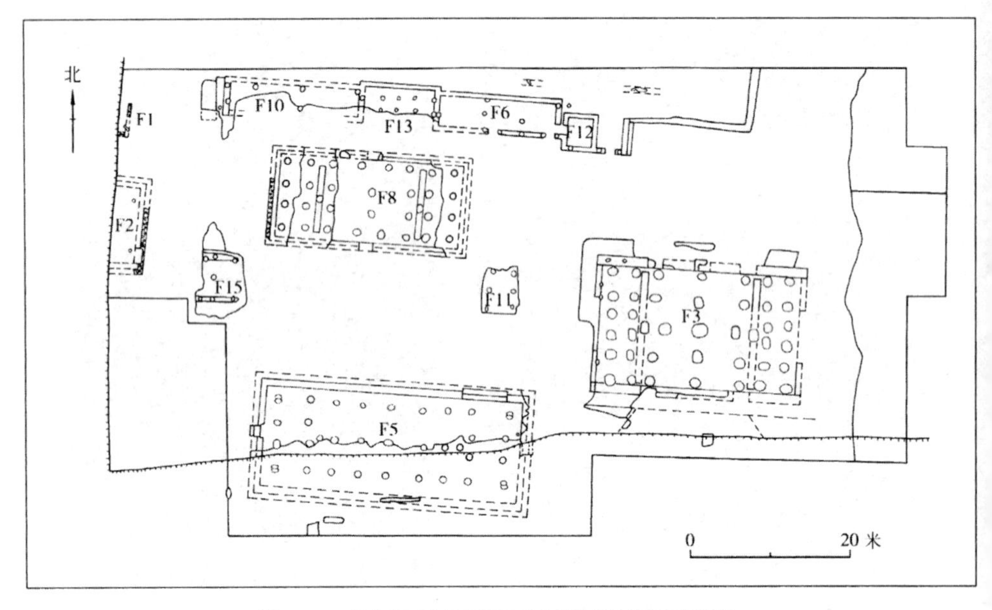

图4−8　扶风召陈西周建筑基址群局部平面图

（采自刘庆柱：《中国古代都城考古发现与研究》[上]，第155页）

由于保存下来的遗迹有限，对于这组建筑的性质还不清楚。根据文献及铜器铭文记载，西周时期凡国之大事均在宗庙中进行，并没有专门独立的朝政大殿，所以，如此宏伟的大型建筑，有可能是西周中晚期周王室的宗庙类礼制建筑。

（五）云塘−齐镇建筑基址群

云塘−齐镇建筑基址群位于大城内北部，西部靠近小城东墙。从小城东墙与此建筑基址群的位置看，东墙并不是直线的，在此建筑基址群处的城垣靠西，至建筑基址群北部又拐向东，然后再向北延伸，似乎东墙修筑时是要避开此建筑群的（图4−2），表明云塘−齐镇建筑基址群的兴建相对早于小城，同时也表明小城内甲组等建筑群早于小城且是最先兴建的，从而印证了《墨子·明鬼下》中“昔者虞夏商周三代之圣王，其始建国营都日，必择国之正坛，置以为宗庙，必择木之修茂者，立以为菆社”的记载。周族到周原建邑定都，首先建宗庙和社坛，然后再筑城以卫之。

在云塘–齐镇区域已发掘多处建筑基址[①]，其中云塘的一处建筑基址保存得比较好，形制比较清楚，为研究周代的宫室制度与礼仪制度提供了重要资料。云塘建筑群平面呈“凸”字形，周围有墙垣围绕，形成一大的院落，正南辟一门，院落中有三座建筑基址呈“品”字形分布。最大的一座位于北部，东西长达22米，坐北朝南，呈倒“凹”字形，台基上发现37个规律排列的柱础，在东、西、北侧各有一台阶，南部凹进处设两个台阶。另两座建筑略小，坐落在南部东、西两侧。西部一座保存较好，南北长11.6米，东西宽8.5米，坐西朝东，台基上发现11个柱础。东部的一座已遭损坏，据残留的遗迹看，应与西部的一座形制相同，只是坐东朝西，与之对称。在三座建筑基址之间形成庭院，庭院中部有两条由门通向北部建筑的石子路，将庭院分为中、东、西三部分（图4–9）。

学者对这组建筑的结构进行了研究，推测可能是西周家族宗庙基址[②]。《尔雅·释宫》：“门侧之堂谓之塾。”李如圭《仪礼释宫》：“夹门之堂谓之塾”，“门之内外，其东西皆有塾，一门而塾四，其外塾南向”。南门基址的上部有9个柱础，可复原为面阔3间、进深2间的建筑，中间为门道，两侧为塾，每侧南北各2塾，共4塾，正与文献记载相符合。进门后的庭院即文献与西周金文中常称的“庭”或“廷”。庭中的石子路谓之“陈”，两“陈”将庭院分为“中庭”“东位”“西位”。根据北部主基址上的柱础可将此建筑复原成“前堂后室”的建筑，堂前有“阼阶”和“宾阶”，与两“陈”相衔接。堂上有“两楹”，两侧有“东序”“西

---

①周原考古队：《陕西扶风县云塘、齐镇西周建筑基址1999～2000年度发掘简报》，《考古》2002年第9期，第3—26页。

②徐良高、王巍：《陕西扶风云塘西周建筑基址的初步认识》，《考古》2002年第9期，第27—35页；刘瑞：《陕西云塘、齐镇发现的周代建筑基址研究》，《考古与文物》2007年第3期，第39—53页。

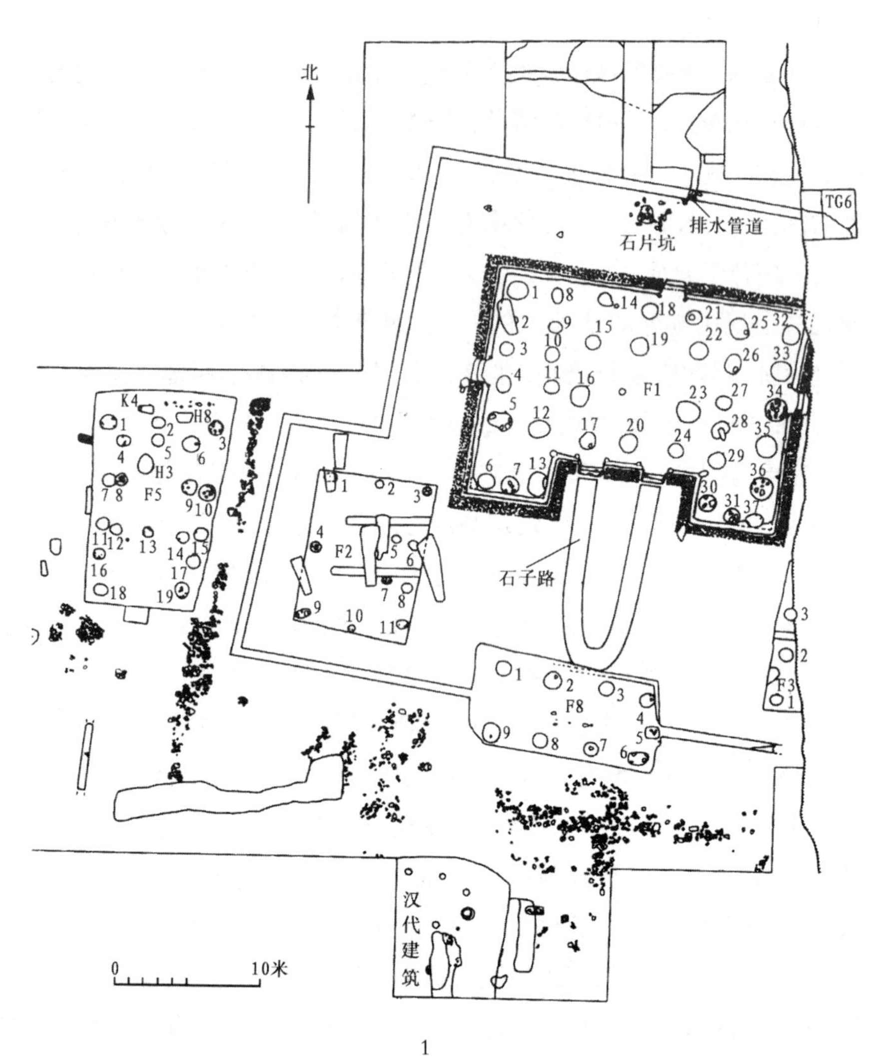

1

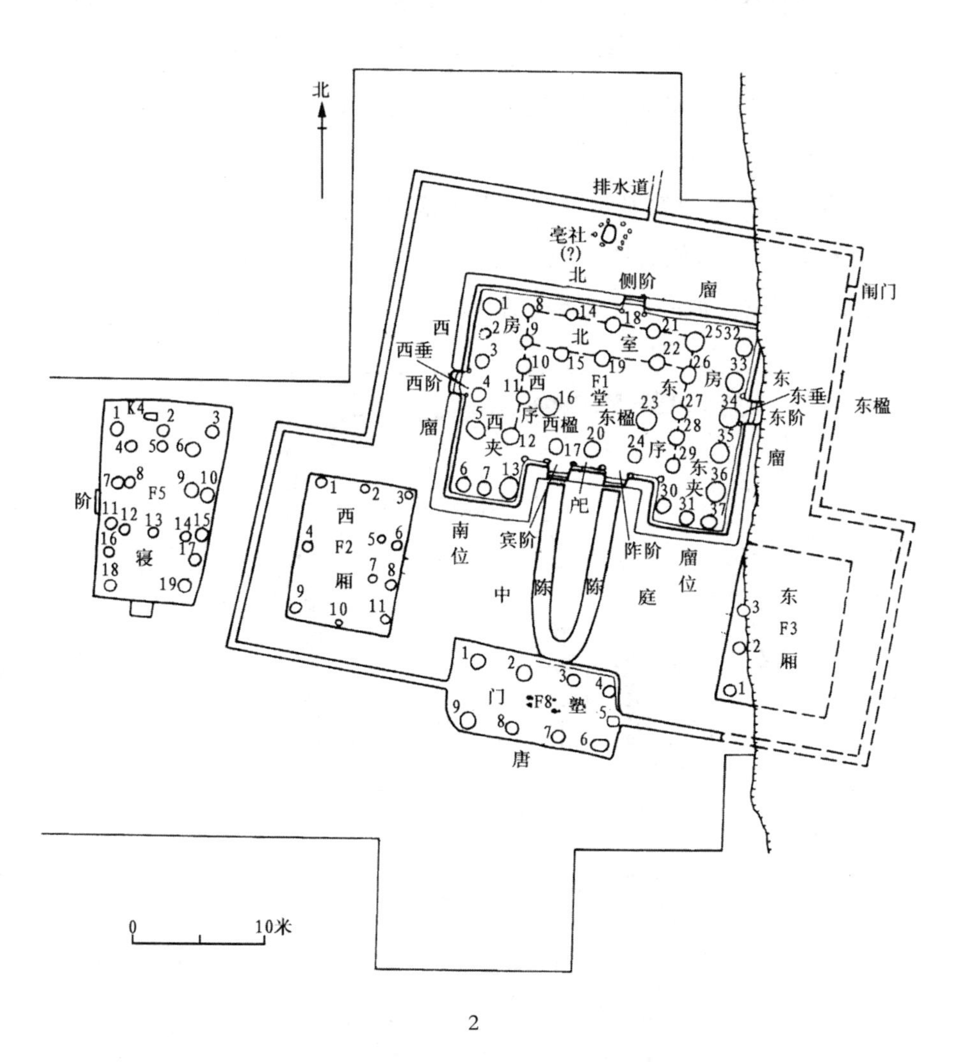

2

图4–9　云塘建筑基址平面图

1.基址平面图　2.基址结构示意图

（1.采自周原考古队：《陕西扶风县云塘、齐镇西周建筑基址1999~2000年度发掘简报》，第5页；2.采自徐良高、王巍：《陕西扶风云塘西周建筑基址的初步认识》，第28页）

序”“东夹”和“西夹”。后室两侧有“东房”和“西房”。庭院西侧台基上发现的11个柱础，中部偏东的两个柱础亦似是两楹之柱础，此建筑可能也是“前堂后室”之布局，只是体量比北部的主建筑小。与之对称的东部建筑也应是此种建筑格局。另外，在齐镇也发现了类似格局的建筑基址（图4–10）。

研究者将此建筑基址群推测为宗庙，是可从的。《春秋穀梁传·僖公十五年》记“夷伯之庙”云：“夷伯，鲁大夫也，因此以见天子至于士皆有庙。”根据周原一带所出铜器窖藏，证明岐邑地域分布有众多世家

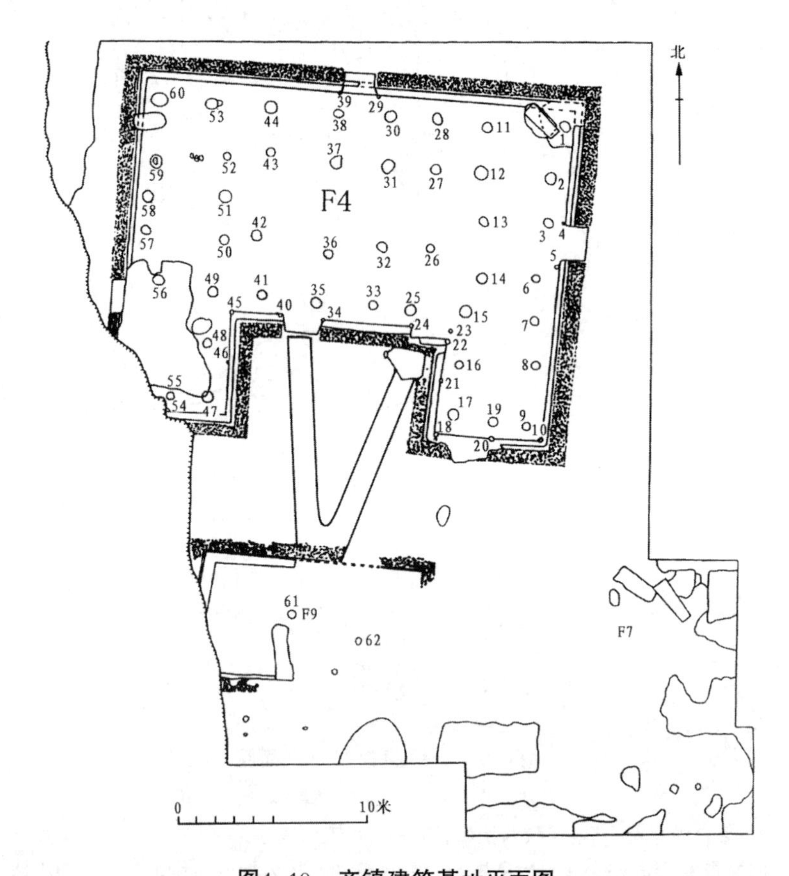

图4–10　齐镇建筑基址平面图

（采自周原考古队：《陕西扶风县云塘、齐镇西周建筑基址1999～2000年度发掘简报》，第12页）

大族，各族均应有各自的宗庙。从此建筑群的格局看，与文献记载的周代宗庙建筑格局多相吻合，故应是周贵族的宗庙。此建筑基址群的发现，为研究周代贵族宗庙制度提供了重要资料，也可以与凤雏甲组周王室宗庙比较，研究周代不同等级的宗庙制度及礼仪。

(六)岐邑周原的采邑遗址

"采邑"制度是周代最重要的赐封制度之一。采邑是周王赐封给公卿大夫的田邑，根据封爵等级而大小不同。采邑为世袭，由嫡长子继承。公卿大夫在采邑内有统治权并对周王室承担义务。《周礼·天官·太宰》："以八则治都鄙：一曰祭祀，以驭其神；二曰法则，以驭其官；三曰废置，以驭其吏；四曰禄位，以驭其士；五曰赋贡，以驭其用；六曰礼俗，以驭其民；七曰刑赏，以驭其威；八曰田役，以驭其众。"郑玄注："都鄙，公卿大夫之采邑，王子弟所食邑。周召毛聃毕原之属在畿内者。"贾公彦疏云："释曰：则亦法也，以八则治三等采地之都鄙也。"这说明，公卿大夫在自己的采邑内，用八种法则进行治理，这实际上是周代非常重要的政治制度，以此来维护周王室的统治秩序。

西周铜器铭文对周王赐封采邑也有记载：

> 遣尊："唯十又三月辛卯，王在斥，赐遣采曰赵……遣对王休，用作姞宝彝。"(《集成》5992)
>
> 中方鼎："唯十又三月庚寅，王在寒次，王令大史贶福土，王曰：中，兹福人入事，赐于武王作臣，今贶畀汝福土，作乃采……"(《集成》2785)

这是西周早期的铭文记载，说明周王在周初就采取了赐封采邑的政策，以拱卫周王室。

文献还记载，岐邑有周公、召公受封的采邑："周、召者，《禹贡》雍州岐山之阳地名。……文王受命，作邑于丰，乃分岐邦周、召之地为周公旦、召公奭之采地，施先公之教于己所职之国。”[①]在岐周范围内屡次出土高级贵族的青铜器窖藏，如扶风庄白铜器窖藏出土微氏贵族铜器群，扶风强家铜器窖藏出土虢氏贵族铜器群[②]，他们都应在岐邑周原内有受封的采邑。

1. 周公采邑——周公庙遗址

周公庙遗址位于岐山县城以北约7.5公里的凤凰山南麓，遗址南北约2200米，东西约1700米[③]。遗址的北部主要是墓地分布区，其中陵坡墓地主要是大墓区，发现多座设四条墓道的大墓，在墓区的东、西、北三面还发现设有围墙[④]。百草坡墓地在陵坡墓地之西，主要是中型墓分布区。在遗址的南部发现40余处夯土建筑基址，在大型建筑基址东部发现有铸铜、制陶及石器作坊遗址。

根据考古发掘的情况看，周公庙遗址兴盛于先周文王至西周早期，西周晚期衰落。由于该遗址的墓葬被盗严重，各建筑基址的地面遗迹也破坏殆尽，为判断此遗址的性质及建筑格局带来困难。此遗址出土90余片刻辞卜骨，为探讨该遗址的性质提供了重要线索。刻辞中屡见“周公”之名，与文献记载的周公于文王时期受封于周地相印证。而且此遗址的兴盛时期，正是周公受封、协助武王灭商、辅佐成王治理朝政的时期。由此可以判断，此遗址可能就是周公之采邑。因此，周公庙遗址对研究西周的采邑布局、内涵及管理制度乃至整个岐周都邑的形态等，都是非常重要的。

---

①〔东汉〕郑玄：《诗谱序·周南召南谱》，阮元：《十三经注疏》，第264页。

②李学勤：《西周中期青铜器的重要标尺——周原庄白、强家两处青铜器窖藏的综合研究》，《中国历史博物馆馆刊》1979年第1期，第29—36页。

③徐天进：《周公庙遗址的考古所获及所思》，《文物》2006年第8期，第55—62页。

④种建荣：《周公庙遗址陵坡墓地及相关问题》，《中国国家博物馆馆刊》2018年第7期，第30—41页。

2. 姜太公后裔采邑——孔头沟遗址

孔头沟遗址位于岐山县城东约8.5公里，东距周原遗址11公里，西距周公庙遗址8公里。遗址范围内又有赵家台、张家村、宋家、画东、沟底和前庄等六个紧邻的遗址，遗址时代从殷墟文化一期一直延续到西周晚期，整个遗址面积最大约4平方公里[①]。遗址内已发现铸铜作坊遗址、制陶作坊遗址、制砖作坊遗址等。另外发现一处较大型的墓地，为研究此遗址的性质提供了重要资料。

墓地位于宋家村北部，也称“宋家墓地”，南北长约300米，东西宽约200米。探查已发现墓葬165座，发掘了22座墓葬及3座马坑。墓葬分布密集有序，均为东西向，头向东，时代从商周之际延续至西周晚期（图4-11）。从已发掘的墓葬看，可分4个等级：第1等级是两座带墓道的大型墓，其中M10是2条墓道的“中”字形墓，M9是1条墓道的“甲”字形墓；第2等级墓口面积在20平方米左右；第3等级墓口面积在10平方米左右；第4等级墓口面积在5平方米以下。第1等级的M9、M10南北并列，位于墓地中部，其他三等墓葬位于M9、M10的南、西、北三侧。M10葬具为一椁二棺，墓道与墓室内发现拆散的车轮41个。由于该墓被盗，残余随葬品有铜礼器、兵器及工具、车马器等，其中铜爵铭文为“尚作郭公宝尊彝”7个字。推测铜爵的时代为西周早期偏晚，墓的年代为西周晚期偏早[②]。M9葬具为一椁一棺，墓道与墓室内发现拆散的车轮27个。被盗所余随葬品有车马器、兵器、玉石器、陶器、骨角器等。推测墓的时代为西周中期偏晚[③]。李学勤先生曾考证西周铜器铭文中的“郭

①种建荣、张敏、雷兴山：《岐山孔头沟遗址商周时期聚落性质初探》，《文博》2007年第5期，第38—43页。

②陕西省考古研究院、北京大学考古文博学院：《陕西岐山县孔头沟遗址西周墓葬M10的发掘》，《考古》2021年第9期，第24—42页。

③陕西省考古研究院、北京大学考古文博学院：《陕西岐山县孔头沟遗址西周墓葬M9的发掘》，《考古》2022年第4期，第22—39页。

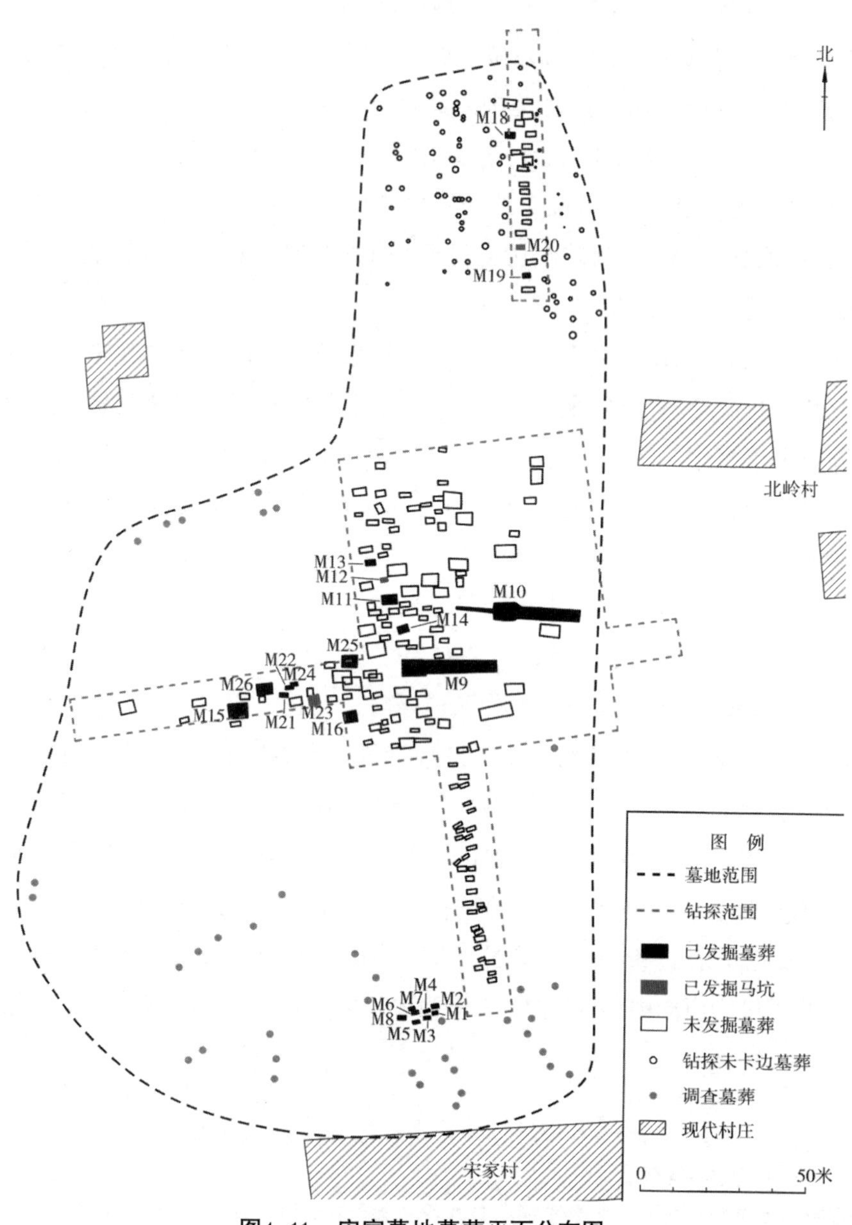

图4-11 宋家墓地墓葬平面分布图

（采自陕西省考古研究院：《陕西岐山县孔头沟遗址西周墓葬M10的发掘》，第25页）

公”，认为是姜太公留任畿内的一支，郭公为姜太公之子[①]。据此，考古报告认为M10墓主当为姜太公之子郭公一支的后代。M9与M10并列分布，墓主均为男性，年代相邻，或为父子关系。

《周礼·地官·大司徒》载：“以本俗六安万民……二曰族坟墓。”郑玄注：“族，犹类也。同宗者，生相近，死相迫。”《周礼·春官·冢人》载：“冢人掌公墓之地，辨其兆域而为之图，先王之葬居中，以昭穆为左右。凡诸侯居左右以前，卿大夫士居后，各以其族。……以爵等为丘封之度，与其树数。”根据此墓地中墓葬坑位的分布看，M9、M10居中，其他等级的墓在其两旁和后部，布局与文献记载的“族坟墓”中“公墓”的排列近似，因此，宋家墓地应是郭公后代的“公墓”地。由此也可证实，整个孔头沟遗址应是姜太公留任畿内的支族的采邑，正与周公采邑邻近。

3. 商遗民举族采邑——贺家北遗址

除周公采邑、姜太公后裔采邑外，周原还应有商遗民贵族采邑。在凤雏甲组大型建筑遗址之南的贺家北遗址发现东、西相邻的两处墓地，两墓地相距约80米。西墓地清理出中小型墓葬20座，均为竖穴土坑墓，其中16座有腰坑，坑内殉狗，墓葬时代贯穿整个西周时期。其中M11内葬具为一椁两棺，出土铜圆鼎6件、簋2件、爵2件、尊2件及方鼎、斝、觯、卣、斗各1件，还有原始瓷器豆6件。铜器铭文显示，“墓主人昔鸡很可能来自殷代的举族。武王克商之后，其国族尚在，但部分支族可能被迁至周原地区，因此这座墓葬具有较浓郁的商文化风格”[②]。东墓地清理墓葬4座，均为竖穴土坑木椁墓，M27、M30用一椁二棺，M29为一椁一棺，M28仅能辨出一椁，棺数不清。墓内多有腰坑和殉狗，M28还

---

①李学勤：《论西周王朝中的齐太公后裔》，《烟台大学学报》2010年第4期，第99—101页。

②周原考古队：《陕西宝鸡市周原遗址2014～2015年的勘探与发掘》，《考古》2016年第7期，第32—44页。

发现残存车轮4个。由于墓葬均被盗扰，随葬品已不全，M30残存随葬品有铜器、车马器、陶器、原始瓷器、玉器、石器、蚌贝器、骨器、漆器等。铜器有鼎4件、盨2件，2件立耳鼎有铭文，标本M30：1铭文为："伯牛父作尊鼎，其万年，子子孙孙永宝用"，标本M30：2铭文为："姬牛母作尊鼎，其万年，子子孙孙永宝用"。4座墓的时代为西周晚期偏晚。根据2015年的考古发掘，"墓葬均表现出了殷遗民的墓葬习俗。结合2014年所发掘的20座墓葬中有16座带腰坑的现象，可以说明该区域及附近应是周原遗址内的一个殷遗民集中居住区"①。

武王克商后，许多东方旧族皆来"侯服于周"，其中多有殷民族，"殷士肤敏，裸将于京"②。1976年扶风庄白发现的史墙盘，其铭文证实了殷贵族臣服于周的史实："微史烈祖乃来见武王，武王则令周公舍寓，于周俾处。"（《集成》10175）此铭文讲，商微氏烈祖臣服于周，并见武王，武王则令周公在周原安排住处。此地域也应就此成为微氏族的采邑。

从贺家北墓葬的规模看，墓主不会是一般的殷族平民，而应是受周王封爵的殷遗民中的高级贵族。由此推测，商遗民举族的采邑也在周原一带。

（七）周原手工业作坊的分布及性质

据参加周原考古工作的研究者统计，周原遗址已发现手工业作坊遗址61处，其中铸铜作坊8处，玉石器手工业遗存12处，制骨手工业遗存19处，角器作坊3处，制陶作坊9处，蚌器手工业（含漆木器作坊）遗存10处。依据生产规模的大小，这些作坊遗存分为大型作坊、小型作坊和家庭手工业三种形态。研究者指出，这些作坊的生产原料来源统一，

---

①周原考古队：《2015年周原遗址贺家北（ⅡC3区）墓葬发掘简报》，《考古与文物》2019年第5期，第25—44页。

②《毛诗·大雅·文王》，阮元：《十三经注疏》，第505页。

产业分工明确，流通范围广泛，由此认为“手工业园区”内的手工业者是“世工世族”的社会群体，是全职手工业者[①]。

通过上述研究可以看出，周原手工业的分布是有规律的，多集中在凤雏、云塘宫庙区之南、召陈宫庙区之西的位置，形成相对独立的手工业区，此应是西周王朝专门规划的区域。有些手工业作坊所制器物种类较单一，而且数量巨大。如云塘制骨作坊遗址的一个灰坑内就出土了8000多斤骨块，其中应属牛的个体数达1306头之多，并且此作坊专制骨笄和骨锥[②]。又如齐家制玦作坊以生产石玦为主，发现石玦残次品多达5000余件[③]。如此大量的骨笄、骨锥和石玦制品，不可能专供居住在周原的贵族使用，应该也参与商品流通。由此推测，周原手工业作坊区内的各作坊性质可能有所不同，专门制造兵器或有“王”字刻划符号的作坊，可能属周王室控制的手工业，而那些制品数量巨大的作坊就不一定只为王室贵族服务，更可能是提供商品参与流通。

《国语·晋语》载：“工商食官。”韦昭注：“工，百工。商，官贾也。《周礼》：府藏皆有贾人，以知物价。食官，官禀之。”就周原的手工业作坊性质而言，大概不能均是“工商食官”。周王朝既然在周原规划了相对独立的手工业园区，就应当设有官吏进行管理，也有可能设有贾人，以管理物价。园内那些专为王室贵族服务的手工业可能是由官府提供食宿，即所谓的“工商食官”，而那些以提供商品的手工业就不可能是“工商食官”了，而应是通过商品交换来保证其生活来源的。

西周时期，具有货币职能的主要是海贝，周王经常用贝赏赐贵族，

---

①郭士嘉、雷兴山、种建荣：《周原遗址西周“手工业园区”初探》，《南方文物》2021年第2期，第147—153页。

②陕西周原考古队：《扶风云塘西周骨器制造作坊遗址试掘简报》，《文物》1980年第4期，第27—38页。

③陕西省考古研究院、北京大学考古文博学院、中国社会科学院考古研究所等编著：《周原：2002年度齐家制玦作坊和礼村遗址考古发掘报告》，科学出版社，2010年。

贵族再用贝购买铜以铸尊彝。献侯鼎铭："唯成王大𠦪在宗周，赏献侯𩕏贝，用作丁侯尊彝。"（《集成》2626）燕侯旨鼎铭："燕侯旨初见事于宗周，王赏旨贝二十朋，用作有姒宝尊彝。"（《集成》2628）这是周王赏赐献侯、燕侯以贝，他们则用贝购买铜以铸鼎的记载。堇鼎铭："燕侯令堇饴太保于宗周，庚申，太保赏堇贝，用作太子癸宝尊鼎。"（《集成》2703）这是太保赏赐燕侯以贝，此内容是燕侯命令堇到宗周向太保敬奉美食，太保赏赐给堇贝，堇用贝购买铜为太子癸做了这件宝鼎。中作祖癸鼎铭："侯赐中贝三朋，用作祖癸宝鼎。"（《集成》2458）攸簋铭："侯赏攸贝三朋，攸用作父戊宝尊彝。"（《集成》3906）这是诸侯赏赐属下的。可见，从周王、太保到诸侯均对下属有赐"贝"的制度。还有记载"赐金"的铭文，内史鼎铭："内史令并事，赐金一钧，非余。曰：'内史龏朕天君。'其万年，用为考宝尊。"（《集成》2696）此处所赐之"金"是铜，以"锊""钧"为单位，应是实物称量货币。

铜器铭文记载赏"贝"的青铜器在商代晚期就出现了，西周早期多见，但到西周后期就很少见了。这说明商代晚期至西周早期，"贝"已从一般商品中分化出来，取得货币的职能，成为贵族们经常使用的实物货币。正因为"贝"是贵族们的宝物，是他们特有的实物货币，普通的平民一般是不会有的。如从更广泛的范围和社会群体看，大概当时更多的交换还是以物易物形式，独立的商业还没有从手工业中分化出来。

四、镐京的礼制文化

（一）丰镐遗址的考古发现

陕西长安丰镐遗址，位于西安西南部沣河两岸，遗址范围约10平方公里，已发现多座夯土建筑基址和大批墓葬（图4-12）。沣西应是文王所迁的丰邑，在沣河西部的客省庄与马王庄一带，钻探发现14处夯土建筑基址，其中4号建筑基址平面呈倒凸字形，面积约1827平方米。在夯

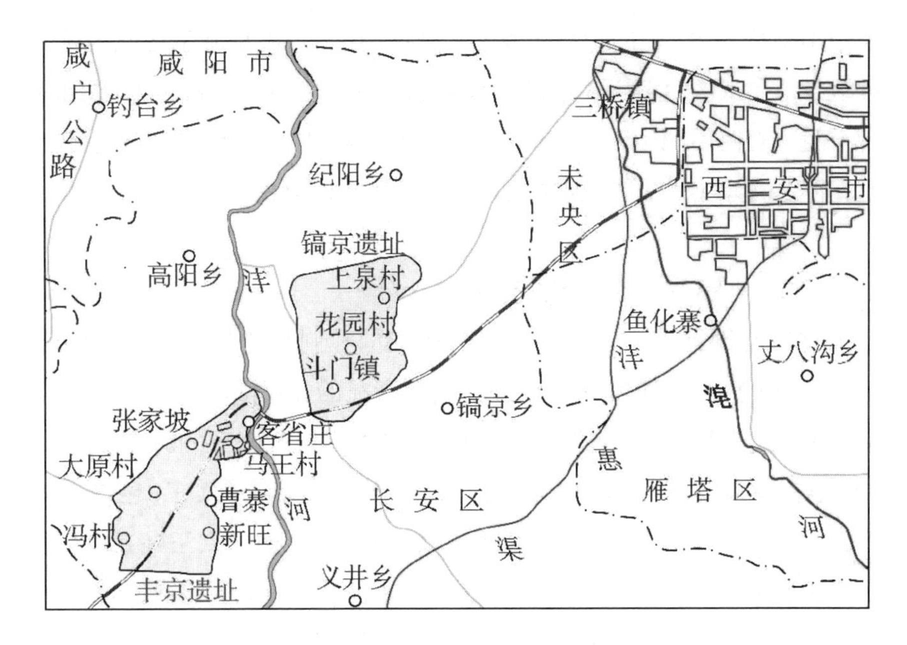

图4-12　丰镐遗址位置平面图

（采自中国社会科学院考古研究所丰镐队：《西安市长安区丰京遗址水系遗存的勘探与发掘》，《考古》2018年第2期，第26页）

土基址间还发现宽10—15米的道路[①]。这一区域应是集中的宫殿区。在沣西发现有制陶、制骨、铸铜作坊遗址和多处铜器窖藏。在张家坡已发掘250座墓葬，其中20座早期墓葬有殉人，每墓殉1—4人不等，晚期墓则基本不见殉人[②]。沣东应是武王所建的镐京，在此范围之内，也发现了10余处夯土建筑基址，其中5号夯土基址面积将近4000平方米，上面的宫殿基址坐北朝南，长59米，宽23米，面积1357平方米，有主殿和东西两厢，此应是镐京的主要殿堂之一[③]。在沣东还发现有制陶作坊遗址

①中国社会科学院考古研究所沣西发掘队：《陕西长安沣西客省庄西周夯土基址发掘报告》，《考古》1987年第8期，第692—700页。

②中国社会科学院考古研究所编著：《张家坡西周墓地》，中国大百科全书出版社，1999年。

③陕西省考古研究所：《镐京西周宫室》，西北大学出版社，1995年。

及中小型墓葬等[①]。上述大量考古发现证明丰邑、镐京确系在此区域，并表明，在武王迁镐后，丰邑并没有被废弃，仍然是王都的重要组成部分且一直使用。但由于考古工作的局限，整个丰镐遗址的布局还不清楚，对建筑基址的功能及性质还难以开展深入、全面的研究。

（二）丰镐遗址的礼制文化研究

文献与铜器铭文记载了镐京有重要的礼制性建筑。《逸周书·世俘》记载了武王克商后举行献俘礼与郊天礼的礼仪活动："辛亥，荐俘殷王鼎，武王乃翼，矢珪矢宪，告天宗上帝。王不革服格于庙，秉黄钺语治庶国，籥人九终。王烈祖自大王、大伯、王季、虞公、文王、邑考以列升，维告殷罪。"又曰："武王朝至，燎于周。"又云："武王在祀，太师负商王纣悬首白旗，妻二首赤旗，乃以先馘入燎于周庙。若翼日辛亥，祀于位，用籥于天位。越五日乙卯，武王乃以庶国馘祀于周庙……告于周庙。"这记录的是周武王克商后在宗周举行的献俘告祖礼与告天宗上帝礼，说明在宗周（即镐京）设有周的宗庙[②]。许多铜器铭文也记载宗周设有宗庙。趞鼎铭："唯三月王才宗周，戊寅王各于大朝。"[③]同簋铭："唯十又二月初吉丁丑，王在宗周，格于大庙，荣伯右同，立中廷，北向。"（《集成》4270）大克鼎铭："王在宗周，旦，王格穆庙，即位，申季佑膳夫克，入门，立中廷，北向，王呼尹氏册命膳夫克。"（《集成》2836）这说明，周建都镐京后，一些重要的礼仪活动是在镐京的宗庙中进行。铜器铭文还记载，周王在宗周的宗庙中定期进行四时之祭礼。士

---

①陕西省考古研究院商周考古研究室：《2008～2017年陕西夏商周考古综述》，《考古与文物》2018年第5期，第41—65页。

②《诗·小雅·正月》："赫赫宗周，褒姒灭之。"毛传曰："宗周，镐京也。"见阮元：《十三经注疏》，第443页。近来有学者研究认为：周原称"宗周"，金文中的莽京即镐京。参见曹大志：《周原与镐京——关于西周王朝的都城》，《中国国家博物馆馆刊》2023年第7期，第31—56页。

③陈梦家：《西周铜器断代》（四）。

上盉铭："唯王大禴于宗周，出祼葊京年。"（《集成》9454）禴即礿祭，是夏季在宗庙以新菜祭祀祖先之祭礼。《周礼·春官·大宗伯》："以禴夏享先王。"《尔雅·释天》："夏祭曰礿。"郭璞注："新菜可礿。"《礼记·王制》："天子诸侯宗庙之际，春曰礿，夏曰禘，秋曰尝，冬曰烝。"郑玄注："此盖夏殷之祭名。周则改之，春曰祠，夏曰礿。"臣辰盉是西周早期铜器，记录了周王在宗庙举行的礿祭之礼，说明在西周早期宗庙祭祀之礼已经制度化。

2019年到2020年，陕西省考古研究院在镐京遗址发现多处建筑基址，主要位于西咸新区沣东新城斗门街道花园村和官庄村交界地。编号14的建筑基址，总体呈东西长方形，长约53米，宽约34米，总面积达1800多平方米。在建筑的中心部位发现了8间大的房子，其中中间两座房子比较大，宽度达6米左右，边上是厢房，中间两间可能是主室或者主殿。祭祀坑位于该建筑的东南部，坑内多是牛、羊、猪等动物骨骼（图4-13）。

图4-13　镐京遗址祭祀坑图

（陕西省考古研究院供图）

推测此建筑可能是西周中晚期的宗庙遗址①。此发现对研究西周时期的宗庙制度具有非常重要的意义。

镐京不但有宗庙，还有辟雍、灵台等礼制建筑。《诗·大雅·文王有声》："镐京辟雍，自西自东，自南自北，无思不服。"《诗·大雅·灵台》："经始灵台，经之营之……王在灵沼，於牣鱼跃……於论鼓钟，於乐辟雍。"如此文献有后人追述之嫌，但西周成王时期的铜器麦尊也记录了宗周有辟雍等礼制建筑。麦尊铭："王命辟井（邢）侯出坯，侯于井……侯见于宗周，亡尤，会王祼莽京，彡祀，友若翌日，在辟雍，王乘于舟，为大豊（礼）。"（《集成》6015）此是记录周王册命邢侯于邢，后来邢侯回宗周朝见周王，恰逢王在莽京祭祀先王，邢侯参加了祭礼。之后王隆重接待了邢侯，又在辟雍乘舟，"为大豊"。遹簋也记录了类似的礼仪活动。遹簋铭："唯六月既生霸，穆穆王在莽京，呼渔于大池，王飨酒，遹御亡谴。""大池"，郭沫若认为是举行渔礼之地，指太庙中的辟雍大池②。综观上述文献与铭文的记载，证明宗周镐京设有宗庙、灵台与辟雍等礼制建筑，但建筑形式并不清楚。

对于文献记载的周代明堂、辟雍、灵台等礼制建筑，汉代经学家对其形制、作用等进行了全面研究，认为明堂是用于天子布政、祭祀五方帝神、献俘、诸侯朝觐、告朔等活动的场所；辟雍是天子进行礼乐活动的地方，多在此举行宴飨之礼、乡射之礼及养老尊贤等活动；灵台是观象授时之处。东汉蔡邕《明堂月令论》讲了明堂、辟雍的重要性，"譬若北辰居其所而众星拱之"。对于明堂、辟雍、太庙、灵台的形制，有人认为是分体的单独建筑，也有人认为是一体的组合建筑。汉戴德《大戴礼记·盛德》云："明堂者古有之也……以茅盖屋，上圆下方，外水曰

---

①据2021年3月31日，《华商报》文物报道融媒体传播栏目"陕西文物探探探"邀请陕西省考古研究院岳连建研究员所做学术报告。又《光明日报》2021年11月20日第7版载。

②郭沫若：《两周金文辞大系图录考释》，上海书店出版社，1999年。

辟雍。”对于明堂、辟雍的具体形制，西汉时曾有两派说法：古文经学派主《考工记》说，认为是“四向五室”建筑；今文经学派则主《大戴礼记·盛德》说，认为是“四向九室”建筑。王莽根据汉代古文经学派的观点，在汉长安南郊筑明堂、辟雍、灵台、宗庙等礼制建筑。考古发现的汉长安城南郊明堂辟雍建筑遗址，中部台基上“四向五室”的建筑为明堂，周围环绕的圆形水渠为辟雍。此正如班固《白虎通·辟雍》云：“辟者，璧也，象璧圆以法天也。雍者，雍之以水，象教化流行也。”蔡邕在《明堂月令论》中则认为，清庙、太庙、明堂、辟雍、太学是一座建筑，认为明堂“取其宗祀之清貌，则曰清庙。取其正室之貌，则曰太庙。取其尊崇，则曰太室。取其堂，则曰明堂。取其四门之学，则曰太学。取其四面周水圆如璧，则曰辟雍。异名而同事，其实一也”。实际上，根据西周时期的铜器铭文推测，西周时期的明堂可能就是一座用于朝会议事及祭祀的敞亮大房子，辟雍是在明堂附近供贵族游乐的水池。这些建筑经汉代经学家根据“天圆地方”及“阴阳五行”学说进行神圣化的复原，则成了礼制建筑之经典。自汉至隋唐乃至宋明，这些建筑成为历代都城中必备的礼制文化象征。

五、小结

西周都城较之前更加规范化，各类建筑更加专门化、礼制化，明确了各类建筑的礼制功能。

（1）西周都城仍然是将宗庙和社坛作为主体建筑。周人对天的信仰比起商人来似乎有些变化，周人对天地神、祖先神的祭祀更具实际意义，强调周王受命在天，直接替天行命，这比商代王权与神权的关系更进了一步。周王首创“王权神授”的思想观念，以此来加强周王的统治权力。周王成了上天的儿子，是“天子”，故称“周天子”、并且只有周天子才有祭天的资格，也就是只有周天子才有替天行命的权力。由于西周王朝是凭借上天之命、依靠宗法制度来进行统治的，所以宗庙是其“行政”的重要场所，凡国之大事均要在宗庙中举行。如周天子的“即位礼”，各地诸侯朝见周天子的“觐礼”，周天子对臣下的任命及赏赐的“册命礼”，出兵征伐的“授兵礼”，胜利归来的“告捷礼”“献俘礼”等，均要在宗庙中进行。并且要定期在宗庙决定治理国家的一些政务，此为“告朔”“视朔”“听朔”。西周铜器铭文中，屡见记录周王在宗庙中举行“册命礼”“告捷礼”“献俘礼”等的内容。可以看出，周王同样是利用天神、地神、祖神来统治天下，但比商王更加直接地垄断了“受命于天”的权力。

（2）西周都城新增明堂、辟雍、灵台等礼制建筑。明堂是用于天子布政、祭祀五方帝神、献俘、诸侯朝觐、告朔等活动的场所；辟雍是天子进行礼乐活动的地方，多在此举行宴飨之礼、乡射之礼及养老尊贤等活动；灵台是观象授时之处。这些建筑成为此后历代都城中必备的礼制文化象征。

（3）西周都城范围内分布有贵族的采邑，以此来拱卫周王室。各贵族还建有各自的家庙，以通过宗法关系维系贵族间的等级秩序。

（4）都城手工业更加专门化，从而促进了商品交换的兴起，进一步增加了城市的经济内涵。

第五章　东周列国都城的礼制文化

一、鲁都曲阜的礼制文化

《史记·周本纪》载：西周初年，武王“封弟周公旦于曲阜，曰鲁”。《史记·鲁周公世家》载：武王“封周公旦于少昊之虚曲阜，是为鲁公。周公不就封，留佐武王”。“后武王既崩，成王少”，周公摄政，“其子伯禽代就封于鲁”。根据文献记载及考古勘察证实，鲁国的都城在今山东曲阜鲁故城。

（一）曲阜鲁故城的考古发现与布局

1977年至1978年，山东省考古工作对鲁故城进行了较大规模的勘察与试掘，通过对鲁故城南墙东部、西北城角和北墙东端三处进行试掘，可知城墙夯土有早晚多层叠压，也就是说曾经过多次修整。南墙东部早期城墙属西周早期，西北城角和北墙东端的早期城墙属西周后期，说明鲁故城始建于西周早期，西周后期进行过增筑修整。现在所保存的鲁城遗迹，主要属于东周时期[①]（图5-1）。

鲁故城的形制为大小两城相套。大城为扁方形，东西长约3.7公里，

①山东省文物考古研究所、山东省博物馆、济宁地区文物组等编：《曲阜鲁国故城》，齐鲁书社，1982年。

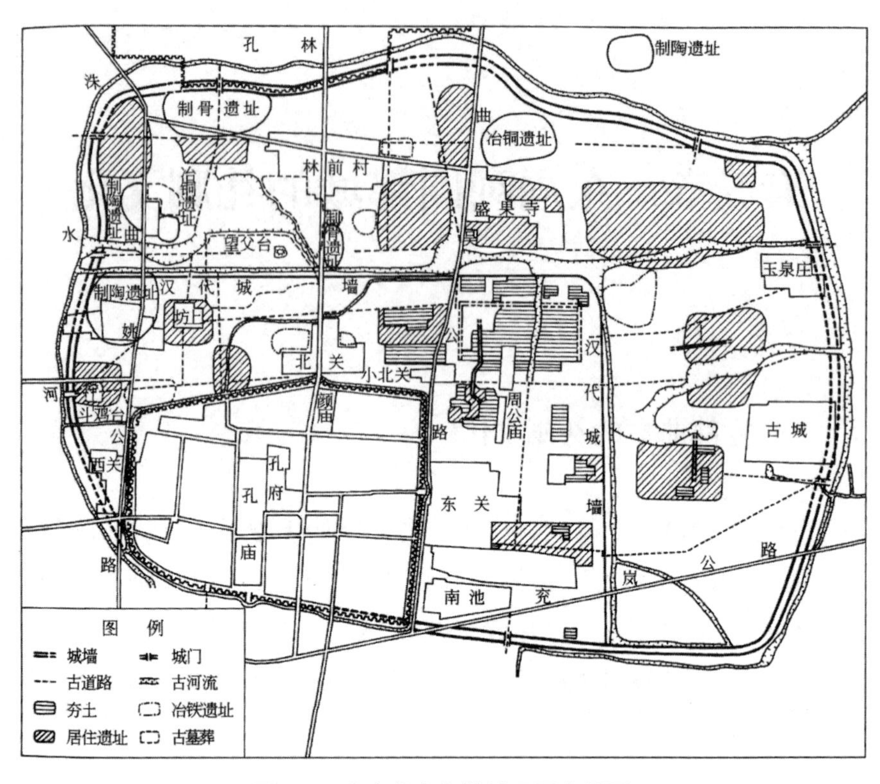

图5-1　山东曲阜鲁故城平面布局图

（采自张长寿、殷玮璋主编，中国社会科学院考古研究所编著：《中国考古学·两周卷》，中国社会科学出版社，2004年，第253页）

南北长约2.7公里，面积约10平方公里。现存较好的城墙残高约10米，墙基宽约40米，顶宽20—30米。经钻探发现，大城有11座城门，东、西、北三面各有3门，南面2门。南墙的东、西两门的南口两侧发现有与城墙相连的夯土台基，台基东西宽约30米、南北长约50米，应是门阙的基址。各门只有一条门道，南东门门道最宽，约15米。各城门都发现有通往城内的大道，已发现干道10条，南北向、东西向各5条，多贯通全城，将城门与城门或城门与大型建筑群联系起来，路面宽度在6—15米不等，由南墙东门通往宫殿区的大道最宽，约15米。大城的西城墙和北城墙外利用洙水作城壕，南城墙与东城墙外有人工挖掘的城壕。

小城应是宫城，位于郭城中部的高地上，东西长约550米，南北长约500米，平面比较方正。在宫城的西北、北部和东部边缘钻探发现断续夯土墙，宽约2.5米，此应是宫城城墙。据最新考古工作判断，宫城始建于春秋晚期，战国晚期废弃①。宫城内分布有众多夯土台基，经试掘可知，属于两周时期的基址可分早、晚两期，早期的属于春秋时期，晚期的属于战国时期。从台基的分布看，宫城内北部最高处台基最密集，规模也最大。宫城南通往城门的大道两侧也分布有数处夯土台基。

居民区主要分布在郭城的东、西、北部，在北部的盛果寺、林前村，西部的坊上村、斗鸡台，东部的古城村西，均分布有居住遗址，这些民居多靠近城门。

手工业作坊区主要在郭城的西北部，与居住遗址交错。已发现冶铁作坊遗址2处，冶铜作坊遗址2处，制骨作坊遗址2处，制陶作坊遗址2处，各遗址的时代在西周至战国时期。

在郭城的西半部发现5处墓葬区，时代属西周至春秋时期。

（二）鲁故城的礼制文化研究

1. 鲁故城的建制

鲁故城的布局与《考工记》所记都城的规划比较一致。《考工记》载："匠人营国，方九里，旁三门。国中九经九纬，经涂九轨，左祖右社，面朝后市。"此是讲都城的营建，作正方形，每边长九里，各有三门，城中有纵横交错的大道各九条，城内宫城前部左侧建宗庙，右侧建社稷坛，宫城后边是市场。《考工记》是战国时期的著作，应是记述周代王城的规划礼制，王宫建中立极，表现了周天子至高无上的权力，"朝""祖""社"三位一体，集中反映了当时政权、祖权和神权相结合

---

①韩辉、徐倩倩、高明奎等：《曲阜鲁国故城考古工作取得重要成果——确认了鲁故城宫城　解决了宫城、外郭城的年代问题》，《中国文物报》2017年3月10日第5版。

的意识形态。

鲁故城形制是大小两城相套，大城应是郭城，小城应是宫城。宫城居中，郭城在外，基本上呈方形，与《考工记》所记基本一致，体现了王者之居建中立极的观念。

《考工记》记载，王城每边是三座城门，四面共十二座。何以“旁三门”？郑玄解释为“天子十二门，通十二子”，即十二门通子丑寅卯等十二辰。商周之时，以干支来记述天地时辰之运转。另外，“天圆地方”的宇宙观念在商周时期已盛行。所以，《考工记》如此设计天子的都城，大概也是为了表现周天子居九里之方城以法地，建十二之通门以法“十二子”，并借此以通天地之间，更体现了周天子作为上天元子以御天下之地位。诸侯都城的城门之数，礼书无记。考古发现的东周列国都城之城门也无定数，每边多是一门或二门，只有曲阜鲁故城东、西、北三面为三门，南边为二门，这可能是不能完全僭越天子之礼的缘故。

鲁之宫城也依礼制而建。郑玄始立天子五门、诸侯三门之说，就是以鲁之宫城有库、雉、路三门为据。《春秋·定公二年》载：“夏五月壬辰，雉门及两观灾”，“冬十月，新作雉门及两观”。杜预注：“雉门，公宫之南门。两观，阙也。天火曰灾。”孔颖达疏：“鲁之雉门，公宫南门之中门也”，“两观在雉门之两旁矣”，“是灾起雉门而延及两观也”。《礼记·檀弓》还记载了鲁公的宫室有库门：“鲁庄公之丧，既葬而绖，不入库门。”《礼记·明堂位》则记载了鲁之宫门制度：“大庙，天子明堂。库门，天子皋门。雉门，天子应门。”郑玄注：“言（鲁）庙及门如天子之制也。天子五门：皋、库、雉、应、路。鲁有库、雉、路，则诸侯三门与？”郑玄是根据东周时期成书的《春秋》等文献，考证出鲁之宫城有库门、雉门、路门三层门，应当是可信的，此也是诸侯宫门之建制。

2. 鲁故城的庙、社建制

据文献记载，鲁宫城内的主要建筑有宫室、宗庙和社。《左传·哀公三年》记载，当时哀公的宫室起火，并殃及桓公庙、僖公庙和太庙，先后几位大员包括正卿季桓子和鲁哀公本人都到现场指挥救火。从此事件可以看出，哀公的宫室与桓公庙、僖公庙和太庙（即周公庙）毗邻，并且宗庙居于宫室的一侧。宫城中还有周社和亳社，《左传·定公六年》载："阳虎又盟公及三桓于周社，盟国人于亳社。"《左传·文公十五年》载："日有食之，天子不举，伐鼓于社；诸侯用币于社，伐鼓于朝，以昭事神，训民事君。"此礼仪活动同时在朝廷和周社中进行，故两地不能相距很远。又《左传·闵公二年》记季友出生时卜人占卜曰："男也，其名曰友，在公之右，间于两社，为公室辅。"杜预注："两社，周社、亳社，两社之间，朝廷执政所在。"孔颖达疏："《穀梁传》曰：'亳社者，亳之社也。亳，亡国也。亡国之社以为庙屏，戒也。'则亳社在宗庙之前也。"又曰："郑玄考校礼文，以为鲁制三门：库、雉、路。天子、诸侯皆三朝，图宗人之嘉事，则有路寝庭朝。日出视朝，则在路门之外。其询国危、询国迁、询立君，《周礼》朝士所掌外朝之位者，乃在雉门之外耳。雉门之外，左有亳社，右有周社。间于两社，是在两社之间。朝廷询谋大事，则在此处，是执政之所在也。"根据郑玄、孔颖达的考证，鲁宫城为"三门三朝"之制，路门内的路寝庭朝是行嘉事的内朝，也曰燕朝；路门外是日听政事的治朝；雉门外是询谋大事的大朝所在。大朝（《春秋》经传单称"朝"）左有宗庙，右有周社，如此布局正符合"左祖右社"之制。

这种大朝宫殿建筑居中的格局，突显了其重要位置已超越宗庙和社坛。在商周时期，国之大事均是在宗庙中议定，这在商代的甲骨文、西周的铭文均有所反映。然东周时期的文献则记载，国之大事多是在"大朝"中议决，各诸侯国的朝觐、聘问、赐命等重要礼仪也是在大朝中进行。所以，孔颖达指出，"朝廷询谋大事，则在此处，是执政之所在"。清秦蕙田也说："三代盛时无所谓朝贺也，每日则有视朝之仪，月朔则有听朔之礼。听朔者，天子于明堂、诸侯于祖庙行之，故亦谓之朝庙，不于朝也。……但古者于庙行告朔之礼，所以尊祖；后世于朝举贺岁之礼，乃以尊君。”[①]不难看出，东周时期“朝”居中央，“庙”“社”分列左右的建筑格局，反映了政权权威上升，神权则处于辅佐的地位。如果说夏商西周时期国家政权还完全在神权的护佑之下，处于初级国家阶段，那么至东周时期，各诸侯大国已步入成熟的国家阶段，集权的政治体制逐渐确立。

鲁是周公旦受封之地，由于周公的显赫功绩及特殊地位，鲁国的一切制度多从周天子之制。《礼记·明堂位》：“成王以周公为有勋劳于天下，是以封周公于曲阜……命鲁公世世祀周公，以天子之礼乐。”鲁公世代对周公的祭祀是不会怠慢的。“以禘礼祀周公于大庙。”郑玄注：“禘，大祭也。周公曰大庙，鲁公曰世室，群公称宫。”鲁宗庙为七庙制，用天子庙制。“鲁公之庙，文世室也。武公之庙，武世室也。”郑玄注：“此二庙，象周有文王、武王之庙也。世室者，不毁之名也。鲁公，伯禽也。武公，伯禽之玄孙也，名敖。”这说明，鲁庙制是仿效周天子七庙制，周公庙为太祖庙，伯禽、武公庙为二祧庙，按礼制，此三庙百世不迁。其下有父至高祖之庙，合称“四亲庙”，“四亲庙”神主随着世系渐远而“亲尽”，其神主依次移入祧庙，此称之为“毁庙”。宗庙要按“昭穆”制度排列。《周礼·春官·小宗伯》：“辨庙祧之昭穆。”郑玄注：“祧，迁主所藏之庙。自始祖之后，父曰昭，子曰穆。”太祖庙居中，以下六庙按“左昭右穆”位置排列。文献记载，鲁国还以天子之礼进行庙祭。《礼记·明堂位》：“是故夏灼，秋尝，冬烝，春社，秋省而遂大蜡，天子之祭也。”孔颖达疏：“此一经明鲁得祭之事。”凡此均是鲁国的宗庙之礼制。

从宫城内建筑基址分布看，北部高地上规模庞大的建筑基址，应是大朝所在地，南部周公庙村东部和西部均有大型建筑基址，正位于大朝南部之左、右，有可能就是“左祖右社”之所在。

---

①〔清〕秦蕙田撰，方向东、王锷点校：《五礼通考》卷一百三十六，中华书局，2020年，第6284页。

3. 鲁国的郊祭之礼

文献记载，鲁国还举行郊祭之礼。《礼记·明堂位》："鲁君孟春乘大路，载弧韣，旂十有二旒，日月之章，祀帝于郊，配以后稷，天子之礼也。"郊祭，即在城郊举行的祭祀，祭祀对象包括天地、日月、山川等神祇。《荀子·礼论》："郊者，并百王于上天而祭祀之也。"杨倞注："百王，百神也。"《礼记·礼运》："祭帝于郊，所以定天位也；……礼行于郊，而百神受职焉。"《春秋》经传中多次提到鲁君行郊祭之礼。僖公三十一年，"夏四月，四卜郊，不从，乃免牲，非礼也。犹三望，亦非礼也。礼不卜常祀，而卜其牲日。牛卜日曰牲。牲成而卜郊，上怠慢也。望，郊之细也。不郊，亦无望可也"（《左传·僖公三十一年》）。成公十年，"夏四月，五卜郊，不从，乃不郊"（《春秋·成公十年》）。襄公七年，"夏四月，三卜郊，不从，乃免牲。孟献子曰：'吾乃今而后知有卜筮。夫郊，祀后稷以祈农事也。是故启蛰而郊，郊而后耕。今既耕而卜郊，宜其不从也。'"（《左传·襄公七年》）《春秋》经传对这几次鲁卜而不郊的原因有不同的解释，但鲁于城郊举行郊礼则是肯定的。

鲁故城南郭墙近中部的南门是鲁都城的正门，门基址规模较大，东西宽30米，南北长58米，门外两侧夯土台基应是门阙基址。文献对这座城门有专门记载，《春秋·僖公二十年》载："春新作南门。"杜预注："鲁城南门也。本名稷门，僖公更高大之，今犹不与诸门同，改名高门也。"《水经注·泗水》也说："其遗基犹在，地八丈余矣。亦曰雩门。"城门外往南1.5公里处有舞雩台，是用于祈雨的祭台。雩祭，是祈雨的祭礼，因举行此祭礼时配有乐舞，故又称舞雩。《周礼·春官·司巫》："司巫，掌群巫之政令。若国大旱，则率巫而舞雩。"《礼记·月令》："（仲夏之月）命有司为民祈祀山川百源，大雩帝，用盛乐。乃命百县雩祀百辟卿士有益于民者，以祈谷实。"郑玄注："阳气盛而常旱，山川百源，能兴云雨者也。众水始所出为百源，必先祭其本乃雩。雩，吁嗟求雨之祭也。雩帝，谓为坛南郊之旁，雩五精之帝，配以先帝也。"《春秋》经传记录鲁国遇旱举行“大雩”21次，有时一月之内连续举行两次雩祭。鲁故城南门之外的舞雩台，正是鲁国举行雩祭的祭台。

4. 鲁故城的“面朝后市”建制

东周时期，由于社会生产力的不断提高，手工业和商业都在迅速发展，可以说，中国古代手工业、商业迎来了第一次高峰。当时独立经营的手工业者已非常普遍，金工、木工、车工、漆工、陶工、皮革工、纺织工、制盐工等比比皆是，这些手工业者被称为“百工”或“工肆之人”[①]。他们所制的产品并不是自用，而是放到“肆”上出卖，即所谓“百工居肆，以成其事”[②]。由于手工业已成为独立的生产部门，产品的交换则成为必然，各行业之间如果不是“通工易事”，就会造成“农有余粟，女有余布”[③]，百工不可得食；只能有无相通，百工才可得食。《韩非子·备内》则记：“舆人成舆，则欲人之富贵；匠人成棺，则欲人之夭死也。非舆人仁而匠人贼也。人不贵，则舆不售；人不死，则棺不买。情非憎人也，利在人之死也。”此叙述非常形象，说明东周时期的手工业已成为专门独立的行业，各行业之间必须有无相通进行交换才能生存，“百工”才能得食。这样便促使了商品经济的大发展，商业逐渐从手工业中分离出来，一个专门经商的商人阶层也就出现了，东周各国也逐渐出现了许多专靠经商起家的富商巨贾。作为手工业生产和商品交易的集中场所——市，也在各都邑中迅速繁荣起来，这是古代都市文明的新内涵。

鲁故城发现众多手工业遗址，有冶铁、铸铜、制骨、制陶等作坊遗址，均分布在郭城内宫城之北区域。“工贾近市”，鲁故城的贸易市场也应在此区域内，与宫城呈现出“面朝后市”之布局。

综观鲁故城的整体布局，应是以宫城为中心进行规划的。最大的宫

---

①《墨子·尚贤》，许嘉璐主编：《诸子集成》（上册），广西教育出版社、陕西人民教育出版社、广东教育出版社，1995年，第13页。

②《论语·子张篇》，阮元：《十三经注疏》，第2532页。

③《孟子·滕文公篇》，阮元：《十三经注疏》，第2711页。

殿基址位于宫城内北部最高处，是鲁国的“大朝”之殿所在。在“大朝”之前面，还有路门、雉门、库门及两观。宫城正南有一条宽15米的主干道，直通正南门。南门外筑有两阙，往南有祭祀天帝山川诸神的舞雩台。这样由北而南，构成了鲁城的一条中轴线。“大朝”之左为宗庙、之右为周社，左右对称。宫城南主干道两侧也有数处台基，可能是官府所在。手工业作坊区主要在郭城的北半部，作为商业活动中心的市，应靠近手工业作坊区，大概在宫城之北的位置，也符合“面朝后市”之制。总体来看，东周鲁故城的规划布局是最接近于《考工记》记载的一座都城。

二、齐都临淄的礼制文化

《史记·周本纪》载：周“封功臣谋士，而师尚父为首封。封尚父于营丘，曰齐”。《史记·齐太公世家》亦有相似的记载。营丘在何处？晋郭璞、北魏郦道元、唐张守节均注在淄水附近或即临淄城内。后人多从其说，但至今没能确认。后至六世胡公，迁都薄姑（今山东博兴）。至七世献公（前9世纪），又“都治临淄”。此后，齐国一直以临淄为都，直至公元前221年为秦所灭。

姜太公最初被封于营丘之时，营丘一带还是一片荒凉的不毛之地。《史记·货殖列传》云：“太公望封于营丘，地潟卤，人民寡。”《盐铁论·轻重》篇亦云：“昔太公封于营丘，辟草莱而居焉，地薄人少。”然“太公至国修政，因其俗，简其礼，通工商之业，便鱼盐之利，而人民多归齐，齐为大国”[①]。经过十余代的经营发展，至春秋时期，齐国已建设成为一个“冠带衣履天下，海岱之间敛袂而往朝焉”[②]的东方大国，其都城临淄也逐步发展成当时最繁华的都市之一。《战国策·齐策》曾

---

①《史记·齐太公世家》，中华书局，1959年，第1480页。
②《史记·货殖列传》，第3255页。

描写临淄的繁荣景象说："临淄甚富而实，其民无不吹竽鼓瑟，击筑弹琴，斗鸡走犬、六博蹹鞠者。临淄之途，车毂击，人肩摩，连衽成帷，举袂成幕，挥汗如雨，家敦而富，志高而扬。"这段话是苏秦说给齐宣王听的，其中不免有夸张之词，但也可以想见当时临淄城的繁华景象。

（一）临淄齐故城的考古发现与布局

临淄齐故城在今山东省淄博市临淄区齐都镇，东临淄河，西依系水，南有牛山、稷山，东、北两面是辽阔的原野，确是一处依山傍水、土地肥饶的好地方。现在保存的故城主要属于东周时期，秦汉时期继续沿用，到魏晋以后逐渐荒废。

经过多年的考古勘察，已大致了解临淄齐故城的布局和建制①（图5-2）。

临淄齐故城有大、小两个城。大城南北约4.5公里，东西约3.5公里。大城西南角套连一小城，南北约2公里，东西约1.5公里。小城是宫城，大城是郭城。城墙外筑有城壕。

临淄故城的大城城垣不很规整，基本是依淄水和系水河岸的地形筑成的，拐角共有20余处。墙基宽约20—43米。大城有城门8座，西墙1门，北墙2门，南墙2门，东墙3门。城内交通干道共发现7条，比较重要的主干道有2条南北向道路，一条由南墙东门向北穿过手工业区至郭城东北部河崖头墓葬区一带，路宽20米，另一条由南墙西门直通北墙东门，南北纵贯全城，路宽也有20米。东西向的主干道也有2条，一条由东墙北门西行，略偏西北，直达西墙，路宽15米，依此推测，此处可能也有一座城门。另一条由东墙中门西行，至西部遇河道中断，路宽17米。纵横的4条主干道交叉于郭城中部略偏北的阚家寨村一带，说明这一带是最繁

---

①群力：《临淄齐国故城勘探纪要》，《文物》1972年第5期，第45—54页；山东省文物考古研究所编著：《临淄齐故城》，文物出版社，2013年。

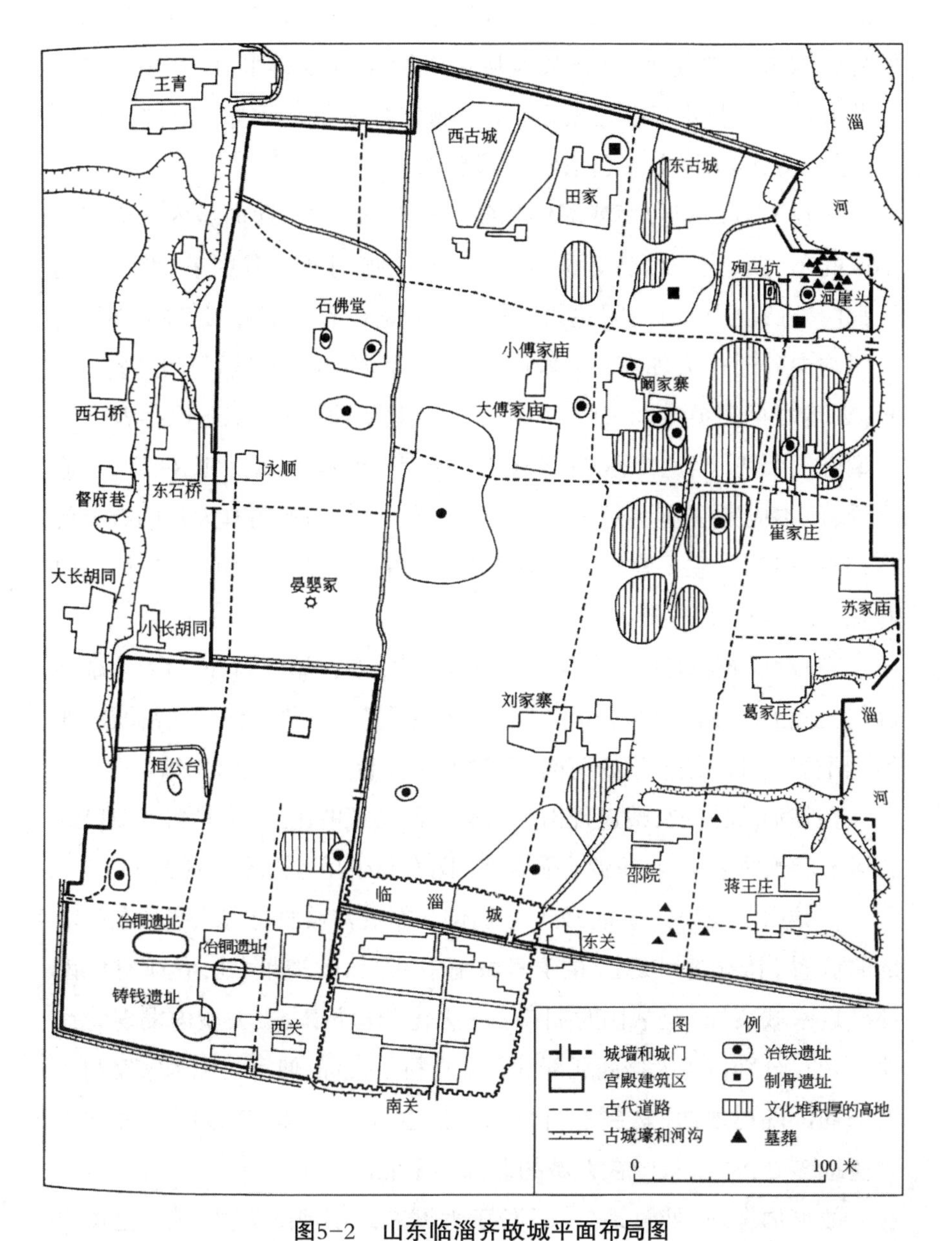

图5-2 山东临淄齐故城平面布局图

（采自张长寿、殷玮璋主编，中国社会科学院考古研究所编著：《中国考古学·两周卷》，第249页）

华的区域。在大城内东、西部都发现有人工河道，这些人工古河道通向城外的河流或护城河。在齐故城城墙处发现了4处排水口。其中大城西墙北段的一处排水口已经发掘，系采用大石块堆砌而成，分3排，每排5孔，总长度达4米以上，规模巨大，设计合理。

小城有城门5座，每座城门均筑一个门洞，并有通向城内的道路。小城的东、西、北三面各有城门1座，南面有城门2座。其中东、北二门门址都向外凸出，应有门阙建筑。东门门道宽14米，北门门道宽10米，此二门均向外通往大郭城。小城南墙东门门道宽8.2米，西门门道宽13.7米，西墙城门门道宽20.5米。在小城的西北部的地面上，还保存着一个大型夯土台基，当地传称“桓公台”，现存高度14米，南北长86米。从遗迹看，原本应是一座上下三层的高台建筑。台基周围还有大片的夯土台基，这一带当是主要宫殿区。小城内发现的由北门、西门、南东门向内的3条大道均通往宫殿区。

齐故城的宫殿遗址并不都限于宫城内，在宫城西墙外，还有“歇马台”夯土台基，西北约9公里处又有“梧台”夯土台基。估计从宫城向西到“梧台”一带，是齐王的苑囿区，这些夯土台基应是离宫别馆。

在临淄故城的宫殿遗址出土具有齐国特征的瓦当，多是树木双兽纹和树木卷云纹半瓦当，也偶有圆瓦当，图案与半瓦当相同①（图5-3）。

宫城内发现铸铁遗址2处，分别位于靠近宫城西门东北部和东门南部的位置。铸铜遗址2处，位于宫城南中部。铸钱遗址1处，位于宫城南部靠近南城墙处，是战国时期铸“齐法化”作坊遗址。大城内发现铸铁遗址4处，分别位于大城西北部的石佛堂村、中部的傅家村和阚家寨村、南部的邵院村之西。铸铜遗址发现1处，位于阚家寨东部附近。发现制骨遗址多处，主要集中在大城的北部及东北部区域。

故城内发现2处墓地，一处位于大城东北部河崖头村一带，已探出

---

①张龙海：《临淄齐瓦当的新发现》，《文物》1992年第7期，第55—59页。

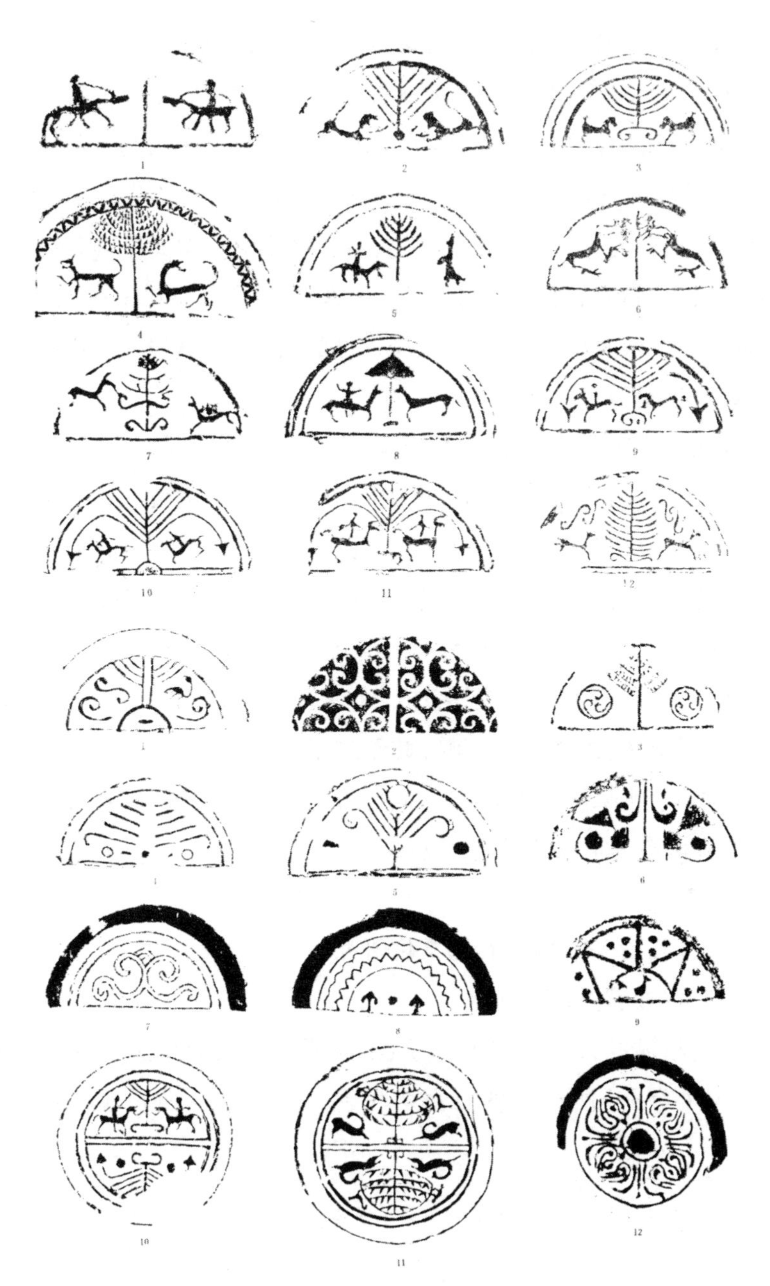

图5-3　临淄齐故城出土树木双兽纹、树木卷云纹瓦当

（采自张龙海：《临淄齐瓦当的新发现》，第56、58页）

大、中型墓20余座，时代属于西周晚期至春秋时期。其中五号墓为设有一条墓道的“甲”字形大墓，墓葬东、西、北三面围绕相连的殉马坑，东、西两面长约70米，北面长约54米，坑宽约4.8米，已经清理出殉马228匹。墓坑底部用石块砌成石椁，石椁北部还有器物坑。在墓的填土中发现有殉葬的狗、猪和其他家畜、家禽等骨骼。据此推测，此墓有可能是春秋晚期齐景公墓①。另一处墓地位于大城南部刘家寨、邵院村一带，时代属春秋时期。另外，在大城北部的傅家村、阚家寨、葛家庄也发现有春秋时期墓。

故城外围分布有众多东周墓地，时代多属战国时期②。战国时期的齐王陵位于故城东南约11.5公里的牛山一带，6座王陵东西并列，俗称“四王冢”和“二王冢”。齐王陵附近还分布有大型墓葬，在紧靠齐王陵北部的淄河店墓地探出有20余座大型墓，已发掘的二号墓为“甲”字形，规模巨大，墓室内砌石椁，石椁内有木质葬具一椁二棺。石椁北部有一殉葬坑，内置4椁，每椁置3棺，每人1棺，共计殉葬12人。墓室的二层台上清理出被拆卸的车22辆。此墓虽早年被盗，仍出土众多礼器、乐器、兵器等。此墓葬北部还有一个殉马坑，共殉马69匹。推测此墓为战国早期齐国有一定权势的卿大夫墓③。

（二）临淄齐故城的礼制文化研究

1. 临淄故城的规划理念

临淄故城的设计理念与《考工记》所载的城建思想有许多不同之处，而与《管子》所记载的有密切联系。《考工记》强调礼制和等级，

---

①山东省文物考古研究所：《齐故城五号东周墓及大型殉马坑的发掘》，《文物》1984年第9期，第14—19页。

②山东省文物考古研究所编著：《临淄齐墓（第一集）》，文物出版社，2007年。

③山东省文物考古研究所：《山东淄博市临淄区淄河店二号战国墓》，《考古》2000年第10期，第46—65页。

《管子》则更强调因地制宜和实用。《管子·乘马》云："凡立国都，非于大山之下，必于广川之上，高毋近旱而水用足，下毋近水而沟防省，因天材，就地利，故城郭不必中规矩，道路不必中准绳。"论述了建立国都和进行城市规划时，必须充分考虑自然地理条件。《管子·权修》云："地之守在城，城之守在兵，兵之守在人，人之守在粟，故地不辟则城不固。"指出，保卫国土，要依靠城池，依靠士兵，但归根结底要靠开垦土地，发展生产。《管子·八观》又云："夫国城大而田野浅狭者，其野不足以养其民；城域大而人民寡者，其民不足以守其城。"强调城市的规模必须适应周围土地面积的大小、肥沃程度及人口的多寡，从而阐明了城市与国防、城市与农业生产之间的辩证关系。临淄故城的地理位置和城市规划布局在很大程度上与《管子》所载的城建思想相近。

《管子·度地》云："内为之城，城外为之郭。"《吴越春秋》曰："筑城以卫君，造郭以守民。"古文献清楚地说明了国君是住在宫城里，老百姓及官吏们是住在郭城里。只是齐临淄的宫城不是在郭城的中部，与《考工记》所载有别。宫城与郭城分置的做法，早在商代就出现了，如郑州商城、偃师商城即如此设计。但那时（包括夏代和西周）宫城内最主要的建筑是宗庙、神社等祀神建筑，反映了"神权至上"的意识形态。东周时期，列国都城虽各式各样，但均是由宫城和郭城组成，并且明确宫城是为"君"而建，宫城内最突出的是高台式宫殿建筑，是国君处理政务之所。从建筑形式上凸显国君居高临下的地位，反映了"政权至上"的意识形态。

2. 临淄齐故城宫殿建制

宫城内的桓公台分为三层，应是一座高大的台榭建筑，显示了国君所居的至高地位。文献记载了临淄故城筑有高大的台榭建筑。《国语·齐语》载："（齐）襄公筑台以为高位。"韦昭注："居高台以自尊。"此明确说明，国君居住在高大的台榭建筑之上，以显示君权至上地位。《晏子春秋·内篇谏下》记载，"（齐）景公筑路寝之台，三年未息"。路寝乃国君所居，是国君料理朝政的大朝所在。“景公登路寝之台，不能终，而息乎陛。”此路寝之台之高，致使景公竟然不能一次登上。“穷台榭之高，极污池之深而不止，务于刻镂之巧，文章之观而不厌……侈为宫室……广为台榭。”这说明，齐景公所筑路寝之台，是一座设有多种宫室、上下错落的台榭建筑。“景公与晏子登路寝之台而望国，公愀然而叹曰：‘使后嗣世世有此，岂不可哉！’”齐景公以路寝之台作为政权的象征，希望后世子孙永保齐国政权。可见，大朝正殿建于高台之上，是为了显示国家政权的至高地位。

3. 齐故城的分区建制

《管子·小匡》记载，临淄城内划分为21乡，并区分为“工商之乡六，士农之乡十五”。《管子·大匡》对士农工商居住区也作了规定：“凡仕者近宫，不仕与耕者近门，工贾近市。”现在已无法弄清这21乡的具体分布情况，但可以根据已发现的手工业作坊等遗址大体了解其分布规律。

手工业作坊遗址在郭城和宫城内都有发现，手工业分布区域上的不同，反映了手工业的经营性质不同。于宫城内置手工业作坊，在东周各国是比较普遍的，这些作坊应是由王室直接控制的。郭城内的手工业作坊大概官营和私营都有。与周代多是“工商食官”，都城内手工业基本都是官营不同，战国时期私营手工业有了很大发展，一部分手工业作坊有可能是私营的。

东周时期，由于社会生产力的不断提高，手工业和商业都在迅速发展，可以说，此时迎来了中国古代手工业、商业的第一个发展高峰。作为手工业生产和商品交易的集中场所——市也迅速繁荣起来，“市”成为当时都市规划中的重要组成部分，是都市文化中不可缺少的重要经济内涵。东周时期，都市中的商业贸易活动实行“集中市制”，也就是说，为政府控制、管辖，有固定的场所，并设有专门的官吏进行管理。所以，各个都市中都设有专门的“市”。据文献记载，临淄城内有“国之诸市”[①]“市立三乡”[②]等。据裘锡圭先生考证，齐国印文中有“都市”“大市”“中市”“右市”[③]等，可见，临淄城内大概有多个市。宫城之北的郭城西部区域大概是临淄城中最繁华的商业区。据杨宽先生考证：“临淄城中最热闹的街道叫作庄，是一条直贯外城南北的‘六轨之道’。这条街道附近最热闹的市区叫作岳，在北门之内，是市肆和工商业者聚集之所。所谓‘庄岳之间’，是战国时代齐国人口最密集而繁华的地方。直到西汉初年，岳还很繁华，称为岳市。”[④]这一位置的南部是宫城，东部是手工业区，正符合《考工记》所载建筑国都要“面朝后市”之制和《管子·大匡》所记“工贾近市”的规划布局。

郭城的居住区主要分官署和民居两部分。郭城南部可能是官署和官吏居住区域。在大城南部的刘家寨一带曾出土了许多汉初封泥[⑤]，多为临淄官署所用，可知这一带为官署和官吏居住地域。汉初基本是沿用旧临淄城，因而应与战国时期的布局大致相同。这一带西部是宫城，也符合“仕者近宫”的规划制度。

郭城的最北部当为一般平民居住区。《管子·轻重甲》载：“（齐）桓公忧北郭民之贫，召管子而问曰：‘北郭者，尽屦缕之甿也，以唐园为本利，为此有道乎？’”说明靠近北郭的居民多是贫寒的农民。这一带距离城门较近，出城便是一片平野，“不仕与耕者近门”，更便于出城从事农业生产。

临淄城内的居民都住在“里”内，“里”既是居民的基本组织单位，又“作内政而寓军令”[⑥]，也就是说，“里”还兼有政治组织和军事组

---

①《左传·昭公三年》，阮元：《十三经注疏》，第2031页。
②《管子·小匡》，许嘉璐：《诸子集成》（上册），第84页。
③裘锡圭：《战国文字中的“市”》，《考古学报》1980年第3期，第285—296页。
④杨宽：《战国史》，上海人民出版社，1980年，第98页。
⑤刘创新编著：《临淄新出汉封泥集》，西泠印社出版社，2005年。
⑥《管子·小匡》，许嘉璐：《诸子集成》（上册），第85页。

织的性质。具体的做法是，按照当时每户出一人的兵役制，使城内各级居民组织的户数与军队各级组织的人数相一致。军队组织中，“小戎”为一个基本单位，由50名士卒、1辆战车及4匹马组成，又称为“一乘”。所以城内居民组织以50户为一个基本单位，称之为“里”，“里”除有围墙、里门外，里内还有小空场，可以容纳50名士卒的军事训练。因而同在一里内的居民不能随意迁徙。军旅大队人马的操练在郊外进行，即《管子·小匡》所说的：“卒伍政定于里，军旅政定于郊，内教既成，令不得迁徙。”

4. 齐国的商品货币经济

在我国，大约从商周时期进入社会生产分工的大发展时期，货币也正是在这一时期开始出现的。人们最初的交换还是以物易物的物物交换，是带有偶然性的。随着交换的扩大和加深，就必然要求有某种特殊的商品变成其他商品的等价物，以便于交易，最后使这种特殊商品从一般商品中分化出来，取得货币的职能。一般认为，在商周时期这种取得货币职能的特殊商品主要是海贝。甲骨文及商周金文中，经常有商王或周王对属下进行“赏贝”“赐贝”的记录，并且以“朋”为单位，受赏人则用所赐的贝购买铜以做尊彝，即做铜礼器。西周金文中，还有周王“赐金”“宾金”的记载，以“锊”“钧”为单位。此“金”即铜，大概在西周时期，铜也曾做过称量货币。商周时期的海贝或铜都是实物货币，我国最早的金属铸币则是从春秋时期开始出现的，到战国时期已大量流通。这是因当时社会商品经济的迅速发展与高度繁荣而造成的。由于当时列国分立，各国的货币形态也各异，形成了我国古代货币种类最多的时期。

东周时期，是实行“集中市制”，临淄城内有“国之诸市”，货币经济非常繁荣。齐国主要流行刀币，还有少量圜钱（图5-4）。

齐刀币　首部为凹弧形，背为弧形。面文主要有“齐之法化”“齐法化”“节墨之法化”“节墨法化”“安阳之法化”“簟邦之法化”“齐

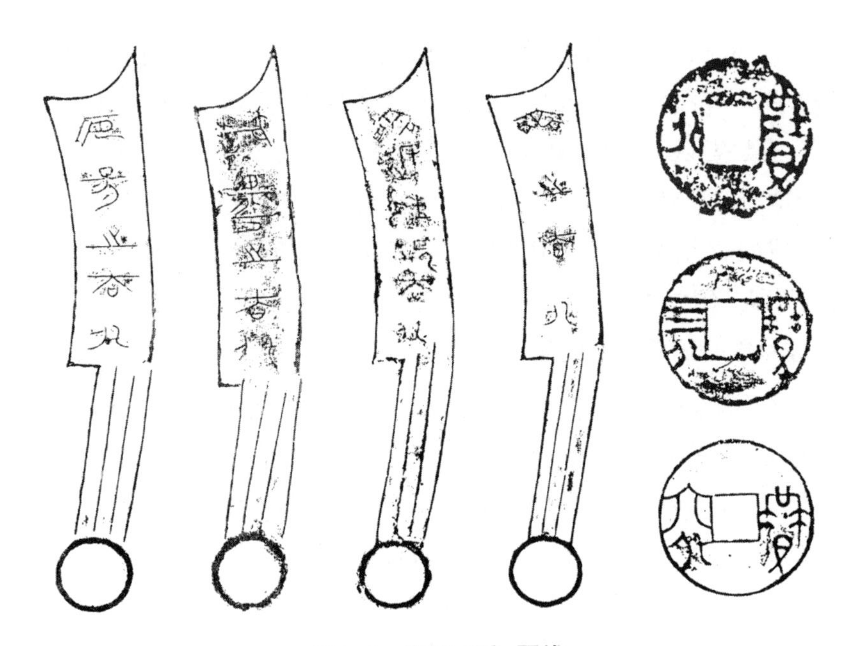

图5-4　齐国刀币、圜钱

（采自国家文物局《中国古钱谱》编撰组编:《中国古钱谱》，文物出版社，1989年，第101、102、105、120页）

建邦长法化”等七种。背文有记数、天象、五行、吉语等。通长约17.8—18.9厘米，重约40.8—61克。

关于齐国刀币的流通时间，说法不一。一般认为，齐国最早的刀币是“齐之法化”，铸行时间为春秋早期或齐桓公时。“节墨之法化”“安阳之法化”“簟邦之法化”晚于“齐之法化”，为春秋晚期。因即墨原是古莱国的都邑，公元前567年齐灭莱，其地入齐，故“节墨之法化”应在此时之后铸行。“簟”即“莒”。“安阳”也是莒国的都邑，《后汉书·赵彦传》载：“莒有五阳之地。”李贤注：“谓城阳、南武阳、开阳、阳都、安阳。”莒，古国名，公元前549年为齐所灭，其地入齐。“簟邦之法化”“安阳之法化”应是莒入齐之后所铸。以上刀币是姜齐的货币，流通的下限可能在田氏代齐前后。

“齐法化”是最多的一种，面文少一“之”字，但肯定晚于“齐之法化”，大概是田齐铸行的货币。齐国在齐威王、齐宣王时期进行了大量的改革，“齐法化”可能铸行于此时。“节墨法化”也应晚于“节墨之法化”。有学者认为，此货币大概是乐毅伐齐之时（前284—前279），田单据守即墨时所铸。此种刀币铸造粗糙，钱面不平，正是因战争旷日持久所造成的。“齐建邦长法化”是一种开国纪念币，“建邦”即开国，“建邦长”即开国之君。从此种刀币的面文格式看，与“齐法化”是一个系统，也可能是田氏代齐时所铸。

齐“明”刀　“明”刀本是燕国货币，但在齐地也有发现，并且有的背面有“齐化”“簟”“安阳”等文，可以肯定是齐国所铸造。这种刀币应是受燕国刀币的影响出现的，大概铸行于战国中晚期。

圜钱　皆方孔有廓，面文有四种：“賹六化”“賹四化”“賹二化”“賹化”，大小轻重递减。“賹”是一种重量单位，齐国计算黄金一般称“賹”，如《管子·乘马》：“黄金一賹”。《史记·田单列传》：“田单又收民金，得千賹。”此货币上的“賹”已与重量单位分离开来，只是一种价值符号了。

5. 齐国所设学宫

东周之时，诸子百家之说竞起，齐国为招揽才能之士，在稷门（临淄城西门）为文学游说之士设有专门的学宫。《史记·田敬仲完世家》：“（齐）宣王喜文学游说之士，自如邹衍、淳于髡、田骈、接予、慎到、环渊之徒七十六人，皆赐列第，为上大夫，不治而议论，是以齐稷下学士复盛，且数百千人。”《史记·孟子荀卿列传》：“为开第康庄之衢，高门大屋，尊宠之。览天下诸侯宾客，言齐能致天下贤士也。”齐都临淄为学士设学宫，为战国时期的学术发展和交流发挥了重要作用。

6. 姜齐、田齐的墓地变化

在郭城东北部发现的一处墓地，可能是春秋时期齐国君的公墓区。《左传·襄公二十五年》记：崔杼弑齐庄公，“侧庄公于北郭”。在此处又发现了可能是齐景公的大墓，所以，郭城东北部这一片墓地可能是姜齐的公墓区。春秋时期把公墓放在城内的做法还见于其他都城，因此大概也是传统旧制。

公元前386年，田氏代齐。田齐的公墓区不在城内，而在城东南20多里的牛山脚下。这一带有多个高大的封土堆，其中四个大的封土堆，《水经注》称之为“四豪冢”，历代传说是田齐之威、宣、愍、襄四王之墓。另有“二王冢”可能也是田齐的公墓[①]。可见，田齐改变了姜齐的旧制，将公墓迁出了城外。

综观临淄齐故城的都市规划，更强调因地制宜和实用，既适宜经济的发展，又符合行政的管理，成为东周时期“富冠海内”的“天下名都”。

三、燕国都城的礼制文化

《史记·周本纪》载，西周初年，武王“封召公奭于燕”。《史记·燕召公世家》亦载：“周武王之灭纣，封召公于北燕。”燕国早期的国都在何处，史载不详。经考古证实，北京房山琉璃河董家林古城应是始封的燕国都城。春秋初期，燕国由于受到北部戎狄各部族及南部鲜虞、中山的威胁，燕又曾几迁其都。《史记·燕召公世家》集解引《世本》曰：“桓侯徙临易。”燕桓侯所徙“易”，即当在易水一带。今易县西关曾出土“易下都□王氏”的燕国官印，“易”即燕国，“易下都”即燕下都[②]。《韩非子·有度》又载：“燕襄王以河为境，以蓟为国。”说明燕襄王时从易水一带又迁于蓟，蓟位于今北京宣武门至和平门一带[③]。春秋晚期，北

①张学海：《田齐六陵考》，《文物》1984年第9期，第20—22页；王恩田：《陈齐六冢的年代与墓主》，《管子学刊》1989年第3期，第92—95、78页。

②李学勤：《战国题名概述》（上），《文物》1959年第7期，第53页，图15。

③齐心主编：《图说北京史》上册，北京燕山出版社，1999年，第67页。

方戎狄各部族强势发展，迫使燕国再次迁都于易。《水经注·易水》载：“易水又东迳易县故城南，昔燕文公徙易，即此城也。”燕文公由蓟再次迁至燕下都。战国末年，秦“兵临易水”。燕王喜二十八年（前227），秦大将王翦率军在易水以西打败燕军，遂占领燕下都，第二年又攻下蓟城，“燕王亡徙居辽东”。燕王喜三十三年（前222），“秦拔辽东，虏燕王喜，卒灭燕”[①]。

（一）始封燕都——琉璃河古城

20世纪六七十年代，考古工作者于北京房山琉璃河发现一处大型西周遗址，包括董家林城址、黄土坡墓地及刘李店居址等，此遗址被推测为早期的燕都[②]（图5-5）。

董家林城址在60年代还保存有1米多高的北城墙，后来由于平整土地而被夷为平地，但城址地面仍比周围高出1米多，可见此城是建在一处高地之上。70年代对城址进行了钻探和部分发掘，北城墙地下墙体保存较好，全长约829米，东、西城墙的北半段尚存约300米。在东、西、北三面城墙外，还钻探出深约2米的城壕。根据对城址西北角和东北角的试掘，推测古城平面应呈方形或南北长方形。在城内北部的高地发现夯土基址，推测为宫殿区和祭祀区。根据城址所出陶器判断，古城的始建年代最迟不应晚于西周初期。在紧临古城东南部的黄土坡村北部发现大片墓地，分布有数百座墓葬，前后已发掘墓葬200余座，时代从西周早期一直到西周晚期。从此墓地的时代及其紧临古城的情况看，此墓地肯定与古城紧密相关。

关于此城的性质，研究者多认为是周武王“封召公奭于燕”的早期燕都，这从黄土坡墓地出土的铜器铭文中可以确认。1193号大墓是目前

①《史记·燕召公世家》，第1561页。

②北京市文物研究所：《琉璃河西周燕国墓地：1973—1977》，文物出版社，1995年，第1—4页；齐心：《图说北京史》上册，第36—39页。

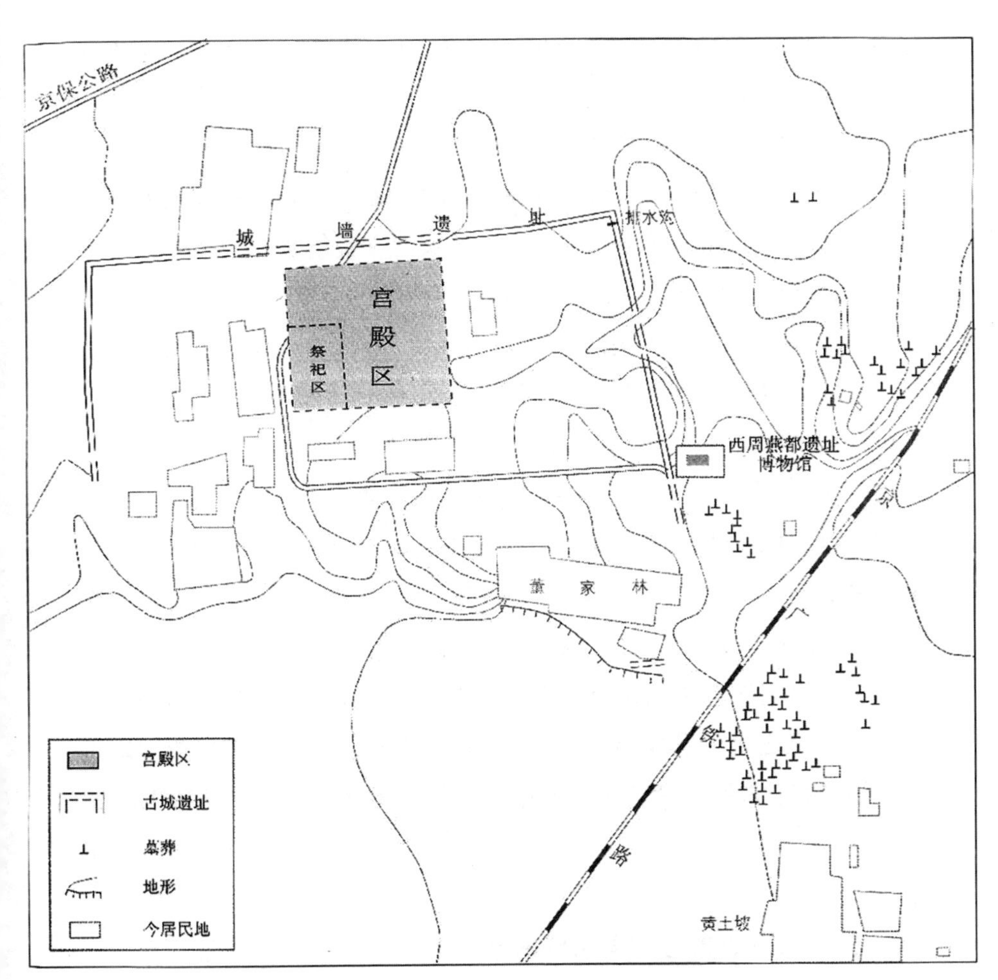

图5-5　北京琉璃河董家林古城、黄土坡墓地位置图

（采自齐心：《图说北京史》上册，第37页）

此墓地发现的最大墓葬①，墓道设置比较特殊，在墓室四角各设1条墓道，共4条墓道，墓室内构筑大型木质椁室。如此规模的大墓，原本的随葬品一定很丰富，只是曾严重被盗，椁内随葬品所剩无几，所幸椁内

①中国社会科学院考古研究所、北京市文物研究所、琉璃河考古队：《北京琉璃河1193号大墓发掘简报》，《考古》1990年第1期，第20—31页。

还出土铜罍、铜盉各一件，并有长篇铭文，为研究大墓的时代及墓主身份等提供了极为宝贵的资料。铭文为："王曰太保：佳乃明，乃鬯享于乃辟。余大对乃享，令克侯于匽……"学者多认为二器所记应是周武王封太保召公奭于燕之事，"令克侯于匽"中的"克"，应是代召公奭就封于燕的召公之子，即第一代燕侯，后面的铭文是令克管理这一带的各个部族[①]。此墓应是第一代燕侯克之墓。

在此墓地还发现数座记有"燕（匽）侯"铭文的墓葬。253号墓出堇鼎，铭文："匽侯令堇饴太保于宗周，庚申，太保赏堇贝，用作太子癸宝尊鼎。"[②]铭文记述了堇奉燕侯之命去宗周向召公奉献食物而受到召公赏赐之事。同墓还出土圉方鼎、圉甗、圉卣铜器，圉方鼎铭文记述了圉作为燕侯的代表去成周参加周王的典礼而受到燕侯的赏赐。52号墓出土复尊铭文："匽侯赏复纲衣、臣、妾、贝，用作父乙宝尊彝。"[③]251号墓出土伯矩鬲铭文："才戊辰，匽侯赐伯矩贝，用作父戊尊彝。"[④]

根据黄土坡墓地所出有关燕侯的数座西周墓葬，尤其是周初的第一代燕侯克之墓的发现，证实了紧临墓地的董家林古城应是燕国始封的都城。由于古城的考古工作有限，其布局还有待今后继续考古勘察与研究。

（二）燕下都的考古发现与布局

燕下都故城位于河北易县县城东南2.5公里的北易水和中易水之间，地势北高南低。故城南、北紧临中、北易水，后来中易水河道北移，冲毁了部分南墙。故城的西、北和西南部，山峦环抱，东南面向华北平

---

①《北京琉璃河出土西周有铭铜器座谈会纪要》，《考古》1989年第10期，第953—960页。

②北京市文物研究所：《琉璃河西周燕国墓地》，第101页。

③北京市文物研究所：《琉璃河西周燕国墓地》，第182页。

④北京市文物研究所：《琉璃河西周燕国墓地》，第140页。

原，处于优势地带。

燕下都的考古工作始于20世纪30年代。1930年春，北京大学马衡教授正式成立燕下都考古团，并对故城外的老姆台建筑基址进行了小规模的科学发掘[①]。1949年后，开始对燕下都进行全面勘察、钻探及发掘工作。至20世纪末，基本勘清燕下都的整体布局，是战国时期的燕国都城[②]（图5-6）。

燕下都的平面布局，与齐临淄、鲁曲阜不甚相同，属另一种类型。燕下都故城由东、西两城组成，两城之间有河道和城垣相隔。西城内遗存很少，可能是为加强东城的安全而扩建的附郭。西城平面略呈方形，其东城墙即东城西墙，西城墙长约3717米，北城墙长约4452米，南城墙长约2310米。西城墙中部发现一处城门址和通向城内外的道路。东城平面也略呈方形，东城墙长约3980米，西城墙长约4630米，南城墙长约2210米，北城墙长约4594米。东城墙外有护城壕，西城墙西侧有贯通南北的河道，今称运粮河，在此河道的略北处经西城墙引入东城内，又分为南、北两条河渠。东城内还有一东西向隔墙，西端起自西城墙河道引入口北侧，经入城河渠分流处直达东城墙。东城发现3座城门址，东门位于东城墙北段，北门位于北城墙中部，隔墙中部设有一门。推测，应在西城墙的河渠入口处设有水门，使东、西城相通。东城南部也应设有城门。

东城的东北部是宫殿区，由南而北有武阳台、望景台、张公台及北垣外的老姆台等四处大型宫殿建筑台基，构成宫殿区的中轴线，在中轴线两侧对称分布着宫殿建筑组群。宫殿区虽没有宫城城垣，但有两条河道将其围住，像是用水道代替了宫城城垣。

发现手工业作坊遗址10余处，有铸铁、铸铜、铸钱、制骨、制陶及专造兵器作坊等，主要分布在两个区域，一部分紧临宫殿区西部，多出土

---

①傅振伦：《燕下都发掘品的初步整理与研究》，《考古通讯》1955年第4期，第18—26页。

②河北省文物研究所：《燕下都》，文物出版社，1996年。

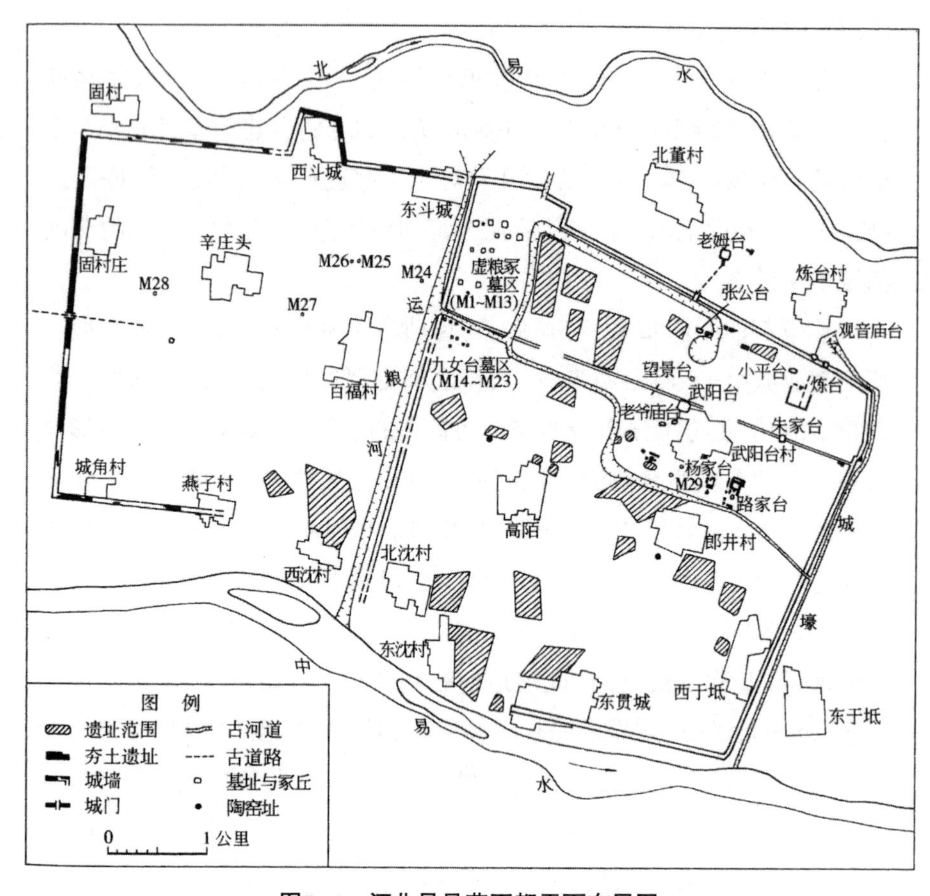

图5-6　河北易县燕下都平面布局图

（采自张长寿、殷玮璋主编，中国社会科学院考古研究所编著：《中国考古学·两周卷》，第243页）

兵器，在许多铜戈上多铸有“郾王×作”的铭文，说明宫殿区内的手工业作坊应是王室直接控制的军事手工业作坊。其他大部分手工业作坊分布在宫殿区南部水道以南区域。

居民区则规划在远离宫殿区的西南部和东南部，靠近南城墙的位置。

在东城的西北隅，有南部的九女台墓区和北部的虚粮冢墓区，墓区东侧紧临宫殿区，应属燕的公墓区。

（三）燕下都礼制文化研究

1. 燕下都的规划理念

燕下都的布局更有似于《管子》所讲的建都理念。《管子·乘马》载："凡立国都，非于大山之下，必于广川之上，高毋近旱而水用足，下毋近水而沟防省，因天材，就地利，故城郭不必中规矩，道路不必中准绳。"论述了建立国都和进行城市规划时，必须充分考虑自然地理条件。燕下都位于太行山东麓，其西、北和西南部山峦环抱，东南面向华北平原，确是一形胜之地。燕下都又处于二易水之间，城的防护、用水等都得益于易水。正可谓"因天材，就地利"之势。

东城内两条易水水道将其分为不同区，即北部的宫殿区，西北隅的公墓区，中部的手工业作坊区，南部的居民区。这样，宫殿区、军事手工业作坊区、非军事手工业作坊区、王室公墓区等，就形成了既相互独立又有联系的统一格局。

北部4处大型宫殿应是大朝所在，处于建中立极的位置，体现了王权的至高无上。在其两侧又对称分布着宫殿建筑组群，应是官署。

东城中部发现手工业作坊遗址、铸钱作坊遗址，"工贾近市"，故市场也应在此区域。而且此城不仅发现燕币，还发现众多他国货币，说明燕下都的商品货币经济很繁荣。但是，市场设在宫殿区之前，不似《考工记》所记"面朝后市"之制。

居民区靠近南城墙，估计南城墙也应辟有南门，也适合"不仕与耕者近门"之制。

2. 燕下都西城属性

西城内遗址比较少，只在东南部西沈村发现2处居住遗址，中部辛庄头发现8座墓葬，相比东城分布密集的各类遗址，显得比较空旷。报告认为"西城可能是为了加强东城的安全而建立的具有防御性质的附郭"。根据战国时期的各国激战形势，将其定为屯兵、练兵之处可能更为合适。作为国都，应"作内政而寓军令焉。……卒伍政定于里，军旅政定于郊，内教既成，令不得迁徙。”[①]东城密集分布有宫殿、官署、手工业、市场等，无法屯兵和操练，南、北郊受易水所限，也无法屯兵，只有将军旅屯于西城是可能的。在西城中部辛庄头已发掘30号大墓[②]，此墓设南、北两条墓道，墓室内为一椁一棺，椁室北侧设有外藏椁。此墓虽然被盗严重，但仍出土了大批陶礼器、编钟、编磬及贵重的金饰件等。陶礼器有鼎、簋、豆、壶、盘、匜、鉴等，用鼎规格应是七鼎六簋，相当于卿大夫一级。另有编镈9件，钮钟19件，甬钟13件，编磬5组42件。出土82件金饰件，大部分正面浮雕为牛、马、羊、鹿、熊、骆驼及怪兽等图案，显然是北部戎狄文化的风格。其中有数件背面刻有“两”“朱”记重铭文，“两”“朱”是秦的计重单位，这些金饰有可能是战利品。此墓还出有北方风格的金柄铁剑及其他兵器。从这些现象来看，此墓墓主有可能是一位地位较高的燕国军事将领。由此也可证明西城应是专门屯兵和军旅操练之处。

3. 燕下都的宫殿建制

宫殿区内的武阳台、望景台、张公台及北垣外的老姆台，均是人工夯筑而成的高台建筑，以显示王权至高无上的权威性。如武阳台基址呈方形，东西约140米，南北约110米，高出地表约11米，分上下两层。下层高约8.6米，上层向内收4—12米，高约2.4米。在台基周围还残存有战国时期的饕餮纹半瓦当及瓦片等（图5-7），台基中央还发现陶水管道。据此推测，台基底层四周应筑成廊庑式建筑，上层内收的平台四周也应筑有四向的房屋建筑，顶部应是大殿建筑，这样形成了不同单元连在一起、上下错落的大型楼阁式宫殿建筑。这是燕下都最大的一座宫殿基址，应是大朝宫殿所在之处。在其周围还分布有多处建筑基址，应是大朝下属的各种官署建筑。武阳台之北有一座引入易水而修成的大型水

①《管子·小匡》，许嘉璐：《诸子集成》（上册），第85页。
②河北省文物研究所：《燕下都》，第684—731页。

图5-7　武阳台出土饕餮纹半瓦当拓本
（采自河北省文物研究所：《燕下都》，第29页）

池，附近应是苑囿区，望景台、张公台正位于水池之南、北处，推测是燕王及其后宫休闲游玩之处，同时也体现出“前朝后寝”之制。城外的老姆台应是燕王的离宫别馆。

4. 燕下都的商品货币经济

燕下都是战国时期燕国的政治文化中心，也是经济中心。燕国以燕下都为中心，又有蓟、涿、襄平等商业都会，形成了燕国国内商业经济发展体系。此外，燕与北方各民族及齐、鲁、赵、魏、韩等重要商业城市应都有贸易联系，这些均是当时名冠海内之名都①。在燕下都采集和发掘的各国货币数以万计，有燕国货币3万余枚，赵国货币1千余枚，魏国货币100余枚，韩国货币60余枚，另外还有两周时期货币等等②。

燕国主要流通刀币，也有布币和圜钱（图5-8）。

尖首刀　又称锐锋刀，即刀首部锐尖。这种刀币不铸地名，一般只铸符号。据不完全统计，约有70多种，可分记事、天象、五行、象形、族称、吉语等几类。从出土范围看，主要是河北的承德、张家口一线以南，石家庄以北，尤以北京、易县一带居多，正是燕国的中心地区。尖首刀大约开始流通于春秋晚期。

“明”刀　“明”刀是燕国货币中最多的一种，正面写一“明”字。

①《盐铁论》载：“燕之涿、蓟，赵之邯郸，魏之温、轵，韩之荥阳，齐之临淄，楚之宛、陈，郑之阳翟，三川之二周，富冠海内，皆为天下名都。”

②河北省文物研究所：《燕下都》，第861—864页。

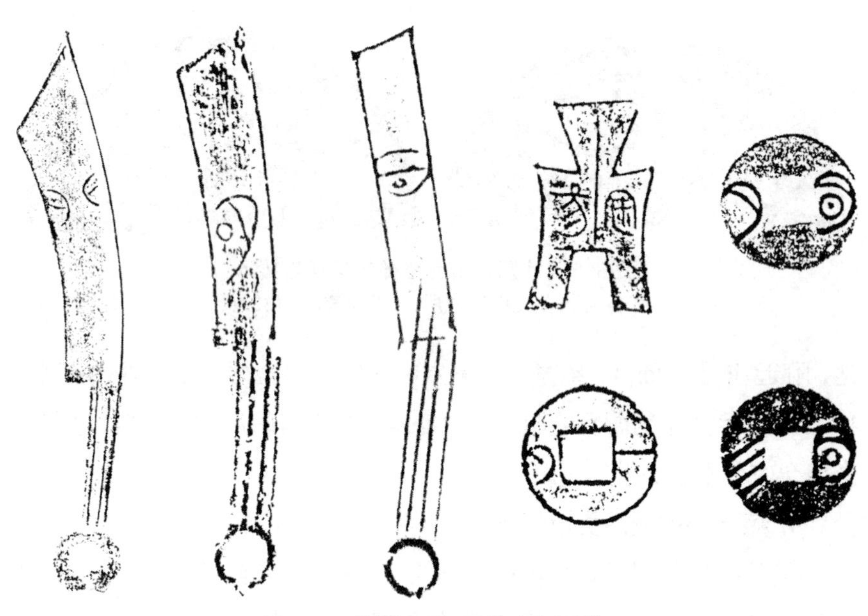

图5-8　燕国刀币、平首布与圜钱

（采自国家文物局《中国古钱谱》编撰组：《中国古钱谱》，第85、91、96、73、121页）

形体上与尖首刀有些相似，只是首部平齐，背有弧背和磬折背两种。明刀也有背文，有些和尖首刀文字类似，如记数、干支等，多见的则是“左”“右”与数字的合文，如右一、右三、左一、左三等。

“明”刀也有早晚之别。“明”字呈长形的可能时代更早，因这种刀币多出土于燕国的早期地域内，且背文多与尖首刀相同，大概流行于战国早期。“明”字呈圆形的，背文多是“左”“右”与数目字的合文，其时代可能晚。这种刀币出土范围较大，在辽宁、吉林也有出土，这一地域原先是东胡族聚居的地方，至燕昭王时，秦开“袭破东胡，却地千余里”[①]，燕国才开始有效地控制这一地区。所以，这种明刀大概流通于燕昭王之后的战国中晚期。

圜钱　形体为方孔无廓钱。面文有三种：“明四”“明化”“一化”。

---

①《汉书·匈奴列传》，中华书局，1962年，第3748页。

多发现于河北的滦平、内蒙古的赤峰及辽宁等地。时代为战国晚期。

小方足布　与三晋各国小方足布的形态相同，难以区分。所铸地名属于燕国的有“襄平”（今辽宁辽阳）、“恭昌”（今河北永清）、“阴平”（可能在辽阳之南）、“安阳”等。“安阳”布的二字与魏、赵的“安阳”布书写不同，在易县燕下都出土此种“安阳”布及陶范，证明燕“安阳”布铸于燕下都。还有“右明新冶”四字的布币，从书写格式看，也应是燕国的布币。燕国布币大概流通于战国晚期。

5. 燕下都公墓区建制

东城西北隅的九女台墓地、虚梁冢墓地，应是战国时期燕国的公墓区。九女台墓区共有10座墓，均有高大封土，分为南、北两排。北排5座，西面3座为一组，东面2座为一组，均东西并列。南排4座，分东、西两组，每组各2座，也东西并列。另有1座位于墓区西南角。已发掘16号墓[①]，设南、北两条墓道，墓室四壁夯筑，并经火烧，形成坚硬的烧土壁。北墓道东侧设有车马坑。该墓早年被盗，破坏比较严重，随葬品仅残留陶器、石器、蚌器、骨器等。出土有成套的陶礼器，有鼎、豆、簋、盨、方壶、罍、盘、匜、鉴等，另有35件陶编钟和15件实用编磬。鼎可分为2镬鼎、9列鼎，簋分2式，I式8件，II式4件。此墓应是用九鼎八簋之制，为东周时期国君级别所用鼎簋制度[②]。该墓的时代推测为战国早期。

虚梁冢墓区共有13座墓，均有高大封土，分为四排，南部三排各3座，东西并列，最北一排4座，东西分为2组，也东西并列。已发掘的8号墓[③]，设有南、北两条墓道，墓坑内置二椁二棺，北墓道有一杂殉坑。北墓道东侧有车马坑。该墓被盗严重，从残留的零碎器件判断，应属战国晚期。

---

①河北省文物局文物工作队：《河北易县燕下都第十六号墓发掘》，《考古学报》1965年第2期，第79—102页。

②俞伟超：《周代用鼎制度研究》，《先秦两汉考古学论集》，文物出版社，1985年，第62—114页。

③河北省文物研究所：《燕下都》，第662—683页。

根据已发掘的九女台16号墓和虚梁冢8号墓的规格及所用陶礼器的等级看，显然比西城的30号墓等级要高，且紧临宫殿区，由此推测，这两处有可能是燕国国君墓地。从排列形式看，均是3座一组或2座一组东西并列，此应是燕王之墓，其侧为王后、夫人之墓。战国时期各国王陵多是此种排列形式。如河北平山中山王𫲨墓出土的兆域图所示，在一个大陵台上并列五座大墓，中山王𫲨墓居中，王后和夫人墓居于两侧（图5-9）。由此推测，九女台和虚梁冢墓地，每一组应包括某代燕王墓和王后墓。从时代看，九女台16号墓为战国早期，虚梁冢8号墓为战国晚期。燕国第二次迁至燕下都是在春秋晚期的燕文公时期，至战国末燕王喜二十八年被秦占领，作为燕国都城历时300余年。从燕文公至战国末，历代燕王死后必然葬于燕下都，因此推测，九女台和虚梁冢墓地为燕王的公墓地。

四、晋都新田的礼制文化

《史记·晋世家》载，周成王封其弟“叔虞于唐，唐在河、汾之东，方百里”，“唐叔子燮，是为晋侯”；晋昭侯元年（前745），“翼，晋君都邑也”；晋献公八年（前669），“始都绛”。《左传·成公六年》载，晋景公十五年（前585），“晋迁于新田”。直至公元前376年韩赵魏三家分晋，晋一直以新田为都，历200余年。另有文献记载，西周时期的晋成侯曾迁都曲沃，晋穆侯迁都绛①。关于唐叔虞至晋献公时期，晋国是否迁都及都城的具体位置，学术界分歧较大，目前还没有一致性的意见。只有晋都新田已为考古证实，即今山西省侯马市晋国遗址②（图5-10）。

---

①《毛诗·唐谱》，阮元：《十三经注疏》，第360页。

②畅文斋：《侯马地区古城址的新发现》，《文物参考资料》1958年第12期，第32—33页；山西省文物管理委员会：《山西省文管会侯马工作站工作的总收获（1956年冬至1959年初）》，《考古》1959年第5期，第222—228页；侯马市考古发掘委员会：《侯马牛村古城南东周遗址发掘简报》，《考古》1962年第2期，第55—62页；山西省考古研究所侯马工作站编：《晋都新田》，山西人民出版社，1996年。

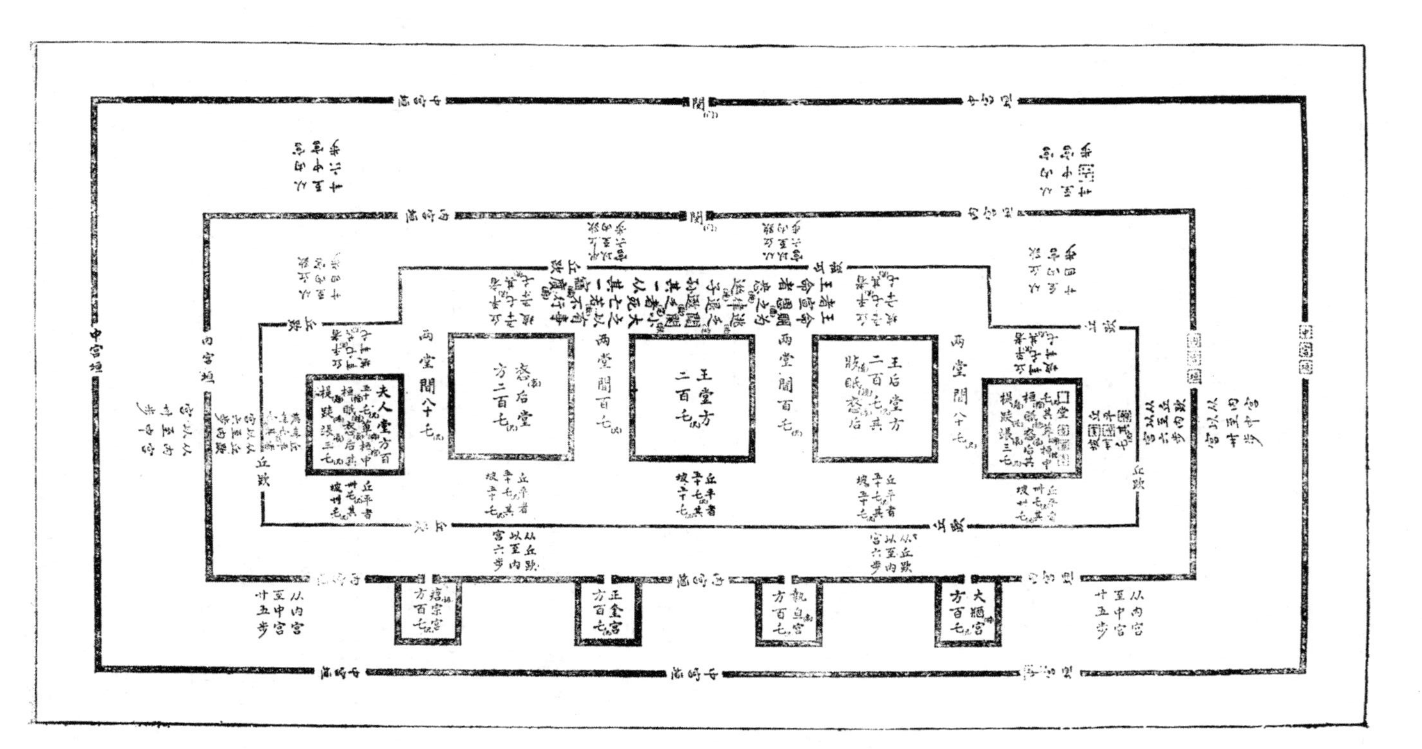

图5-9　平山中山王墓兆域图铜版释本

（采自河北省文物研究所：《𰯼墓——战国中山国国王之墓》，文物出版社，1996年，第106页）

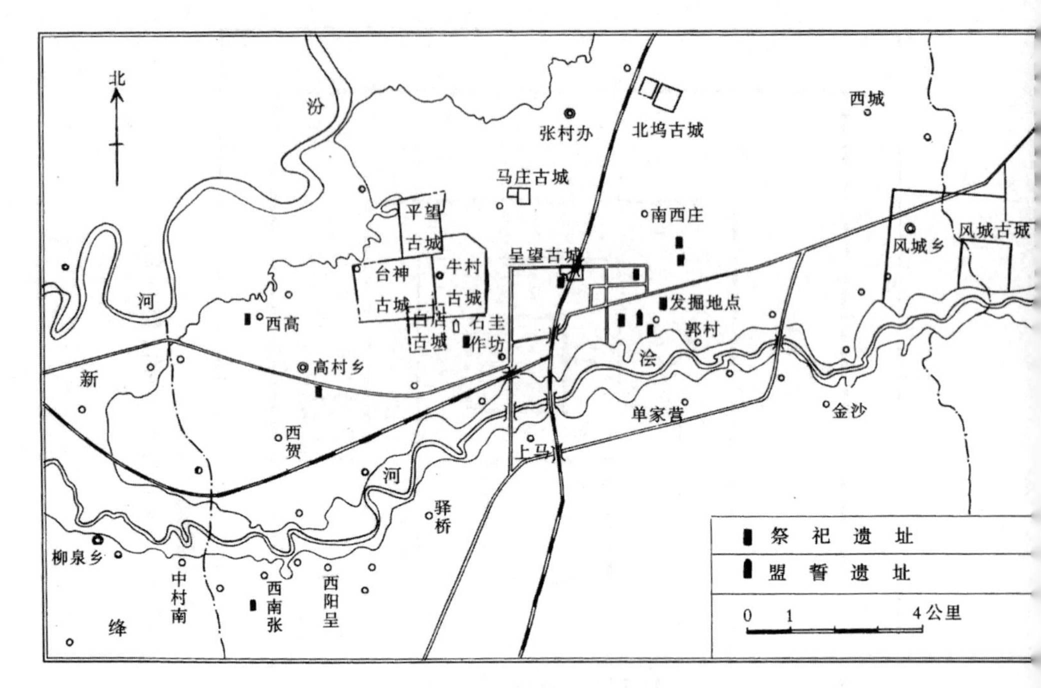

图5-10　侯马晋都新田故城

（采自山西省考古研究所、山西省考古学会编：《三晋考古》第三辑，山西人民出版社，第128页）

（一）晋都新田故城的考古发现与布局

晋都新田遗址位于侯马市西北汾、浍两河之交地带。该遗址发现于1952年，1955年山西省考古研究所对此遗址进行了调查，发现遗址内东周时期文化遗存丰富，范围较广，初步推断可能是晋国晚期都城新田遗址①。1956年，由国家文物局组织的文物普查队再次对侯马遗址进行考古调查，进一步确认该遗址是晋国非常重要的城市②。同年，中国科学院考古研究所专门派员进行了考察，山西省文物管理委员会设立了侯马文物工作站，对该遗址进行了勘探和发掘，先后发现牛村古城、平望

①杨富斗：《侯马考古工作概况》，山西省考古研究所编《晋文化研究座谈会纪要》，1985年，第5—10页。

②顾铁符：《晋南——文物的宝库》，《文物参考资料》1956年第10期，第22—24页。

古城、台神古城、铸铜作坊、制骨作坊及多处祭祀遗址和墓葬等。20世纪60年代初，国家文物局组织全国十余个文物考古单位的考古人员对侯马遗址进行了大规模发掘。此后，对侯马遗址的考古工作一直持续不断，先后发现多处东周城址、祭祀遗址、各类手工业作坊遗址及墓地等，进一步证实此遗址是晋国都城新田[①]。

侯马遗址一带已发现7座城址，白店、牛村、台神、平望4城集中在一起。白店古城叠压在牛村古城和台神古城之下，年代相对较早，城址呈长方形，南北1000余米，东西略窄。由于只进行了钻探调查，其详情还有待于今后的考古工作。牛村、台神、平望古城呈“品”字形相连。在这3座古城东和东北数公里处还有呈望、马庄、北坞3座古城。

牛村古城呈南北长方形，东西宽约1100—1400米，南北长约1340—1740米。在东城墙偏南部发现一处城门址，南城墙发现东、西两处城门址，城门为一门二道。南、东、北城墙外发现城壕。城内中部偏北还有一座内城，南北长约665米，东西长约530米。内城中有一座高大的夯土台，呈正方形，高出地面约6.5米，边长52.5米，上下分为三级，台基残留大批瓦砾堆积。此台基应是主体宫殿基址。在台基周围还分布多处较小的台基。

平望古城位于牛村古城的西北部，呈南北长方形，东西宽约600米，南北长约1200米，其东南角伸入牛村古城的西北角内。南城墙、西城墙各发现一处城门址，南墙的门道通往牛村古城内。城墙外有城壕。城内中部有一座高大的夯土台基，总高8.5米。台基分三级，第一级台基呈方形，长宽各75米，南部边沿正中有向南凸出的长方形夯土台，宽约30米，中部向南又有路土，宽约6米；第二级高出地面约4米，南部边沿正中成坡状；第三级位于第二级的北半部，南北长35米，东西宽45米[②]（图5-11）。此应是主体宫殿。在此大型台基周围分布有多处基址，东

---

①山西省考古研究所侯马工作站：《晋都新田》。

②畅文斋：《侯马地区古城址的新发现》。

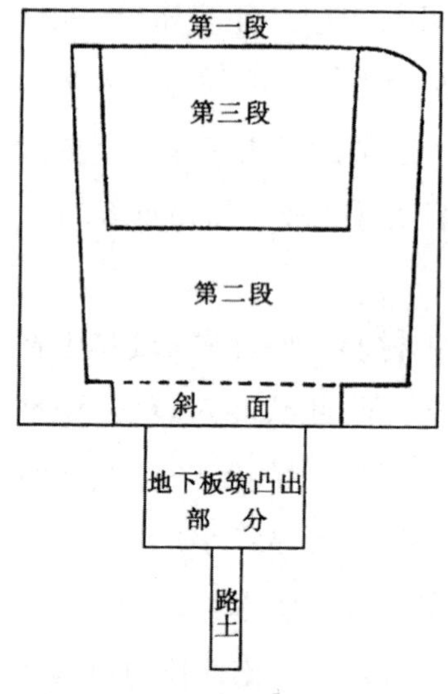

图5-11 山西侯马晋都平望古城内宫殿台基示意图

（采自畅文斋:《侯马地区古城址的新发现》，第32页）

部基址比较密集，规模较大，应是主体宫殿的附属宫殿区。西北部基址规模较小，但分布密集，应是一般居住区。西南部有三排南北排列的东西向基址，出土有陶范、坩埚等残片，应是作坊区。

台神古城位于牛村古城西部，与牛村古城并列，呈东西长方形，东西长约1660米，南北宽约1250米。东墙即牛村古城的西城墙，北墙的东段即平望古城的南城墙。西城墙发现有两处城门址，南城墙发现有一处城门址，东城墙、北城墙也应分别有门与牛村、平望古城相通。北城墙西部有一处长120米、宽5—6米的夯土，向北逾北城墙直抵汾河谷地。这一带有3座大型夯土台基东西并列，中间台基大，两侧台基小，间距40米。中间台基为圆角长方形，南北约90—100米，东西约80米，高于地表约7米，分为三级。两侧台基呈横长方形，东西30米，南北20米，高于地表3米，分两级。据此推测，贯穿北城墙西部的夯土部分也应是城门址，可通向城外的3座台基处。城内中部有5处夯土遗迹，呈南北一线分布。

（二）新田故城的祭祀性遗迹

在新田故城发现众多祭祀性遗迹，主要分布于故城的东南部、南部、西南部和西部四个区域。

在牛村古城址南约250米发现一处祭祀建筑遗址，由主体建筑和环绕于东、北、西三面的垣墙基址组成。基址东西长39米，南北宽38米，总面积为1482平方米。基址南部发现祭祀坑59座，均属建筑基址使用时期的遗迹[1]。

东南部发现多处祭祀性遗址，其中秦村的盟誓遗址就在这个区域的中心部位[2]。盟誓遗址发现400余个“坎”，多是长方形竖穴土坑，已经发掘326个。其中“牲坎”260个，每个坑底有兽骨1具，共出土羊骨177具，牛骨36具，马骨19具，鸡骨1具。出土盟书的有39个坑，其中30个坑埋羊，2个坑埋牛，1个坑埋马，6个坑中无牲。绝大部分坑的北壁底部还有一小龛，放一件或数件称为“币”的祭玉，有璧、璜、瑗、玦、珑、璋、圭和残玉片。书写盟书的玉石片绝大多数呈圭形，用朱书书写盟辞，置于牲体之上（图5-12）。

在盟誓遗址的东部、北部和西部还发现了多处祭祀遗址。东部的省建一公司机运站已发掘244座祭祀坑，坑内牺牲有马、羊、牛，一般是一坑一个牲体，另有玉璧、玉璜、碎玉片等[3]。在位于盟誓遗址东北1.2公里的省地质水文二队的祭祀遗址内，发掘祭祀坑400座，牺牲为羊、牛、狗等，另有玉玦、玉片、石圭、石璋、石简、石片等[4]。在盟誓遗址北部的呈王路还发现了大面积的建筑群址，其中13号建筑基址四周有围墙，形成方形院落，南部辟一门，院落内有平面呈“品”字形的建筑基址（图5-13）。建筑群址内发现祭祀坑130座，发掘了62座，牺牲为马、牛、羊、狗等[5]。在盟誓遗址西部的煤炭制品厂发现祭祀坑156座，发掘了57座，牺牲以羊为多，还有牛、马等，另有玉璧、玉环、玉圭、玉璋、玉戈、

---

①山西省考古研究所侯马工作站：《山西侯马牛村古城晋国祭祀建筑遗址》，《考古》1988年第10期，第894—909页。

②山西省文物工作委员会：《侯马盟书》，文物出版社，1976年。

③山西省考古研究所：《2000年侯马省建一公司机运站祭祀遗址发掘报告》，山西省考古研究所、山西省考古学会：《三晋考古》第三辑，第128—155页。

④山西省考古研究所侯马工作站：《侯马晋国祭祀遗址发掘报告》，《晋都新田》，第258—310页。

⑤山西省考古研究所侯马工作站：《侯马呈王路建筑群遗址发掘简报》，《考古》1987年第12期，第1071—1085页。

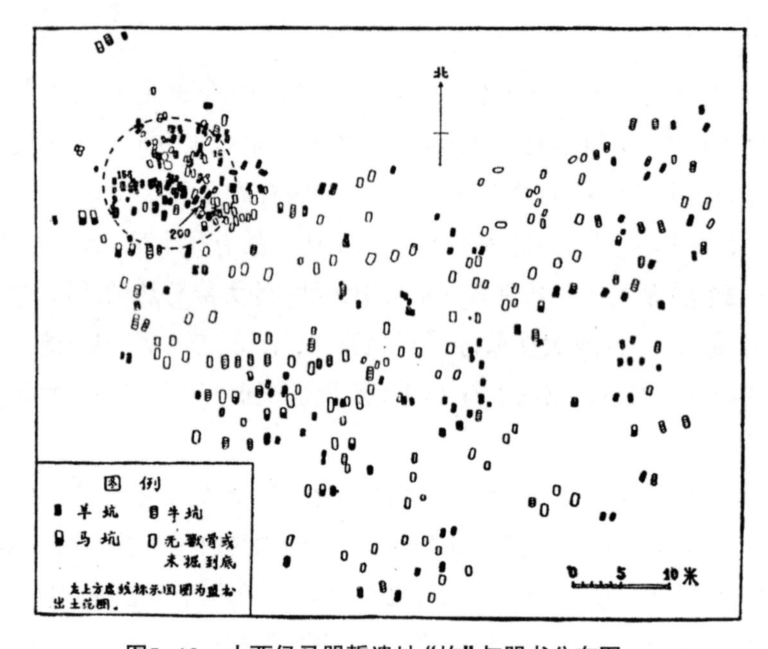

图5-12　山西侯马盟誓遗址“坎”与盟书分布图

（采自北京大学历史系考古教研室商周组：《商周考古》，第246页）

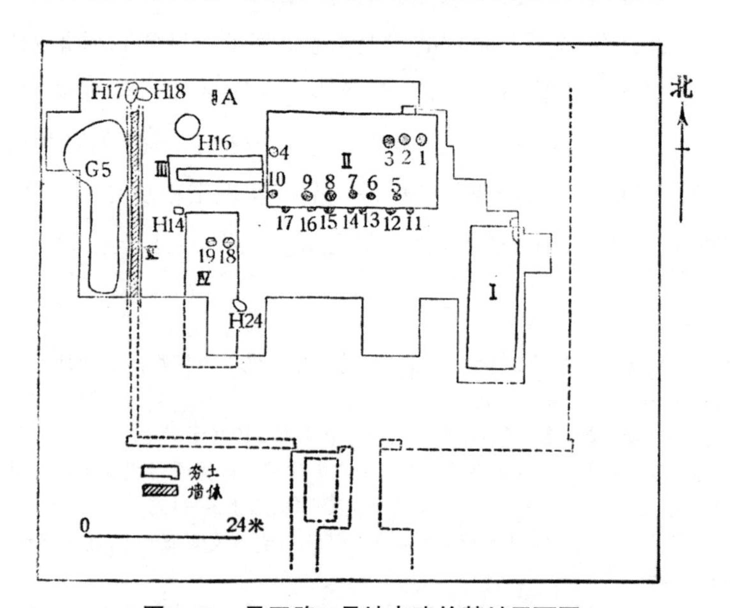

图5-13　呈王路13号地点建筑基址平面图

（采自山西省考古研究所侯马工作站：《侯马呈王路建筑群遗址发掘简报》，第1073页）

玉刀及残玉片等[1]。

在新田故城西南的西南张一带有3处集中的祭祀区，已发现祭祀坑2000余座，祭祀坑均呈南北长方形，东西成排，坑内牺牲有羊、马、牛，一坑一个牲体，也有玉璧、玉璜、玉环、玉动物、碎玉片等[2]。

在台神古城西1000米处的西高村一带发现西高祭祀遗址，遗址东西长约400米，南北宽约300米，面积约12万平方米。已清理祭祀坑733座[3]。祭祀坑大多成片密集分布，每片排列都有一定规律，东西成排，南北成行。坑内牺牲以羊最多，马次之，牛再次之，每坑一个牺牲，有的是活埋，有的是杀死后埋入。另有玉璧、玉环、玉龙、玉人、碎玉片以及铜、骨、蚌器等。

手工业遗址主要分布在牛村古城的南部、东南部和东部。南部发现有铸铜、制骨、石圭作坊遗址，铸铜遗址比较大，面积在7000平方米左右，出土大量铜礼器、乐器、兵器、车马器、工具及空首布等陶范[4]。东南部发现有制陶、制骨作坊遗址。东部发现有制陶、石圭作坊遗址。

（三）呈王、马庄、北坞古城的考古发现与布局

呈王古城位于牛村古城东1.5公里处。面积比较小，面积约9万平方米。古城中部有一道东西向隔墙，将此城分为南、北二城，北城近中部有两座夯土建筑遗存，呈南北分布。呈王古城的时代有大约在公元前500—前400年。

马庄古城位于平望古城东北1.3公里处，由东、西两城组成，两城

①山西省考古研究所侯马工作站：《晋都新田》。

②山西省考古研究所侯马工作站：《侯马西南张祭祀遗址调查试掘简报》，山西省考古研究所编：《三晋考古》第一辑，山西人民出版社，1994年，第208—212页。

③山西省考古研究所侯马工作站：《山西侯马西高东周祭祀遗址》，《文物》2003年第8期，第18—36页。

④山西省考古研究所：《侯马铸铜遗址》（全二册），文物出版社，1993年。

北墙处于同一直线，两城之间共用一墙。西城较小，东西60米，南北259米，城内东北隅有高于地面6米的夯土台基。东城略大，东西265米，南北350米，在东墙、南墙及西墙南部各发现一处门址，推测东西城之间也应有门相通。

北坞古城位于新田古城东北4公里处，由东西并列的两城组成，两城之间以8米的通道相隔。西城平面近方形，东西372米，南北382米，西墙中部发现1处门址。城内发现建筑基址12处，大部分位于中部和东南部。东城平面呈长方形，东西493米，南北570米，南墙发现城门址3处，东墙1处。东城内发现夯土基址23处，大部分分布于中部和南部一带。位于城中部的25号基址，四周由围墙围成一个方形院落，东西56米，南北52米，南墙中部设门。主体建筑位于院落中央，由三座呈“品”字形相连的基址组成，东西49.6米，南北30.8米。北部外侧还有一小院落与基址相连（图5–14）。北坞古城的时代推测为春秋中晚期。

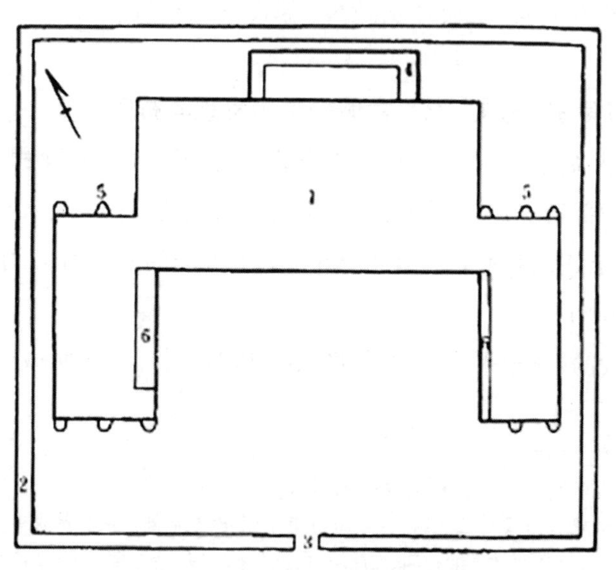

图5–14　北坞东城25号遗址平面图

（采自山西省考古研究所：《三晋考古》第一辑，第166页）

呈王、马庄、北坞三座古城的规模都比较小，其始建年代略晚于新田古城，废弃时间约稍晚于三家分晋（前403），当在晋国亡国（前376）前后。三座古城可能属于晋国卿大夫的城邑[①]。

（四）新田故城的礼制文化研究

1. 晋国都邑的等级制度

从新田故城的布局看，宫城居中，内筑高大的宫殿，是整个都城的制高点，从建筑形式上显示了国君的至高地位。在新田故城东北部建有呈王、马庄、北坞三座形制相似的小城。新田故城的城建布局，可以体现当时都邑的礼制规划。文献记载，周代各级贵族都邑的大小是分等级的，形成了一套都邑等级制。根据《周礼·春官·典命》记载，各级诸侯国之国都大小分为：上公城方九里，宫方九百步；侯伯城方七里，宫方七百步；子男城方五里，宫方五百步。如以此为节，则天子之城应方十二里，与《考工记》所记有别。戴震《考工记图》云“天子之城方九里，以等差，公盖七里，侯伯五里，子男三里”。不但诸侯的都城分等级，而且卿大夫的城邑也分等级。如春秋时郑国祭仲曰：“都城过百雉，国之害也。先王之制，大都不过参国之一，中五之一，小九之一。”[②]《逸周书·作雒》也载：“大县立城，方王城三之一；小县立城，方王城九之一。”尽管各文献记载的等级序列不尽相同，但周代存在一套都城等级制应是可信的。不然，为什么《春秋》经传中多记载一些卿大夫的城邑越制而引起非议？如郑国的共叔段居京“不合法度，非先王之制”[③]，引来杀身之祸；鲁国的三桓都邑过制，而发生了“堕三都”[④]之

---

①田建文：《“新田模式”——侯马晋国都城遗址研究》，山西省考古学会、山西省考古研究所编：《山西省考古学会论文集（二）》，山西人民出版社，1994年，第126—143页。

②《左传·隐公元年》，阮元：《十三经注疏》，第1716页。

③《左传·隐公元年》杜氏注，阮元：《十三经注疏》，第1716页。

④《左传·定公十二年》，阮元：《十三经注疏》，第2149页。

事。由此可以看出，牛村、平望、台神三座相连的晋侯宫城规模庞大，而东北部的三座城规模明显小得很多，应是晋国诸卿之城，此体现了晋国都邑的等级制度。

2. 新田宫城建制

牛村、平望、台神三城相连，并且有些城墙共用，说明三城是同时存续的。牛村、平望古城内有高大的夯土台基，周围还有小型附属台基，应是晋侯宫殿及官署所在之宫城。台神古城内比较空旷，没有高大的夯土台基，中部5处夯土遗迹，呈南北排列，说明此城不会是国君所居之城，更有可能是军旅屯居和操练之地。

城门多是每边一门或二门，不同于周天子都城的“旁三门”之制。而且是“一门二道”，也不同于周天子都城的“一门三道”之制，这说明作为晋侯的都城并不能僭越周天子王城之制。

牛村古城内还筑有内宫城，区分了国君所居与官署所居。

牛村、平望古城内的高大夯土台基，均分为上下三层，应是多层的台榭建筑，显示了国君的至高地位。

台神古城之北的三座台基，有学者推测可能与祭祀汾神台骀有关[①]。《尔雅·释天》云：“祭川曰浮沉。”即将祭品放入河中祭祀河神，或在河边瘞埋祭品祭祀河神的仪式。但此三座台基周围并没有发现祭祀遗迹，且台基分别为三层、二层，应是高层的台榭式建筑，与牛村、平望古城内的三层台榭建筑相似，因此三座台榭建筑不可能是为河神而建。由此可以推测，此处可能是晋侯的苑囿之地。

3. 晋国的盟誓礼仪

新田故城发现的祭祀遗址非常多，均分布在宫城南部的东、西两侧，与夏商时期祭祀遗址分布宫城之中甚至宫庙之中的格局形成鲜明的对照，显示了神权地位的下降。

---

①田建文：《“新田模式”——侯马晋国都城遗址研究》。

如果说夏商西周时期，笃信天命，听命于天，而至春秋时期，人们开始认识到神是依人行事，神听命于人。《左传·桓公六年》讲述了随侯与其臣季梁的对话，反映了当时人们对祀神的看法："（随）公曰：'吾牲牷肥腯，粢盛丰备，何则不信？'（季梁）对曰：'夫民，神之主也，是以圣王先成民而后致力于神。……今民各有心，而鬼神乏主，君虽独丰，其何福之有？君姑修政而亲兄弟之国，庶免于难。'随侯惧而修政。"季梁认为，亲民、修政比祀神更为重要。《左传·庄公三十二年》载，春秋时期的虢君欲祀神以求赐土田，其臣太史嚚曰："虢其亡乎？吾闻之：国将兴，听于民；将亡，听于神。神，聪明正直而壹者也，依人而行。"太史嚚提出神依人行事、神听命于人的观点，不能不说是思想认识的一大进步。

当然，春秋时期也不是完全放弃对神的崇拜，神权毕竟对巩固政权还是有用的，尤其在意识形态领域起到重要的辅助作用。因此，新田故城周围分布有大量的祭祀遗址。

盟誓是春秋时期很盛行的一种礼仪活动，往往是为了某些重要事件举行集会，制定公约，并对天盟誓。《周礼·司盟》"掌盟载之法"郑玄注曰："载，盟辞也，盟者书其辞于策，杀牲取血，坎其牲，加书其上而埋之，为之载书。"《礼记·曲礼下》："约信曰誓，莅牲曰盟。"孔颖达疏："莅，临也。临牲者，盟所用也。盟者，杀牲歃血誓于神也。若约束而临牲，则用盟礼。……盟之为法，先凿地为方坎，杀牲于坎上。割牲左耳，盛以珠盘，又取血，盛以玉敦，用血为盟，书成乃歃血而读书。"在侯马盟誓遗址考古发现的挖坎、置牲、盟书其上的程序，与文献记载的盟誓之礼基本相符。

经研究，侯马盟书的内容主要有三类：（1）宗盟类，参加盟誓的人都是同姓同宗，为之"宗盟"，强调每个与盟的人都要诚心"事宗祀"和"守清庙"，要效忠盟主，遵从主盟人的盟誓，要诛讨已被驱逐在外的敌对势力并不准其重返晋地；（2）委质类，参盟者自愿把自己抵押于新主君，必须与旧主君断绝关系；（3）纳室类，参加盟誓后，不能纳室，即不能把别人的室夺取过来，以扩充自己的土地、财产和奴隶。另外还有一些诅咒类和卜筮类的内容（图5–15）。研究者认为，主盟人是晋卿赵孟，即赵鞅，又名赵简子[①]。

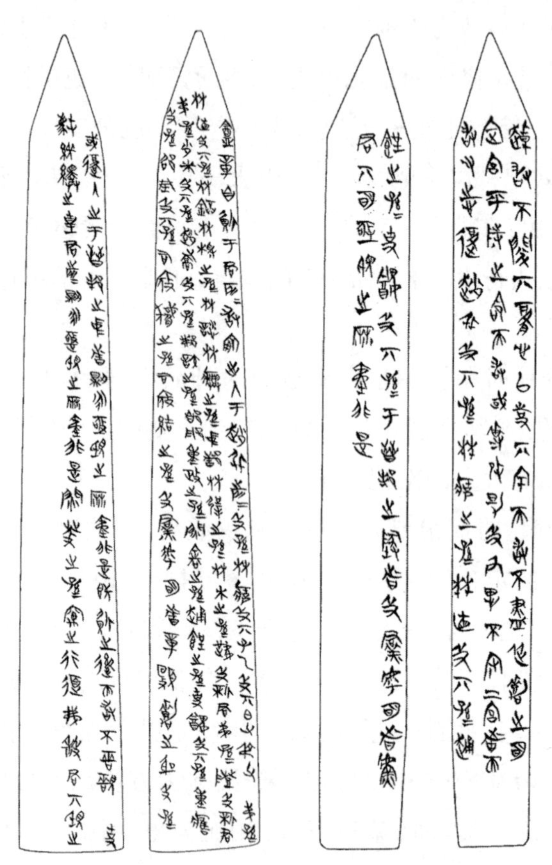

图5–15　山西侯马盟誓遗址出土盟书

（采自山西省文物工作委员会：《侯马盟书》，第35、37页）

4. 新田都城的庙、社建制

据《春秋》经传记载，盟誓地点并不固定，但多在宗庙或神社进

①山西省文物工作委员会：《侯马盟书》。

行。有学者根据侯马盟书中有“盟于公宫”，“以事其宗”，“不守二宫”等内容，认为二宫即指亲庙和祖庙，侯马盟誓遗址可能是晋宗庙所在之处[①]。在盟誓遗址正北不远的呈王路一带发现建筑群址，并有大量祭祀坑，其中13号建筑址呈“品”字形布局，故此处可能是晋都新田的宗庙区，处于“左祖”的位置。

在新田故城西南的西南张发现较为集中的三个祭祀区，祭祀坑多成片密集分布，说明进行过多次祭祀。根据其所处的位置，此遗址可能是社祀遗址[②]。其与东部的宗庙遗址正呈“左祖右社”之布局。

5. 祭祀台骀神之仪

台神古城以西的西高祭祀遗址位于汾河南岸台地上，这里还有两个村子分别叫西台神村、东台神村。台神在《左传》有记载，晋公有疾，子产说是台骀神作怪，应祭祀台骀神[③]。台骀神即汾河之神，汾河南岸的西高祭祀遗址可能与祭祀汾河之神台骀有联系。

6. 晋国卿大夫城邑建制

呈王、马庄、北坞三座古城的规模较小，布局相似，均是由大小两城并列相连组成。学者研究认为，此三座古城可能属于晋国卿大夫的城邑[④]，此见解可从。大小两城相连的布局，可能与晋国的军事制度有关。晋文公时设三军，三军将领均是由晋国之卿担任，由他们掌管晋国的军政大事[⑤]。此后各卿之间争权夺利，相互战争，最后韩、赵、魏三家联手消灭执政的智氏，实现了“三家分晋”局面。由此可见，各卿大夫均有一定的军事实力。那么，呈王、马庄、北坞三座古城均由大小两城组

①山西省考古研究所侯马工作站：《侯马呈王路建筑群遗址发掘简报》；田建文：《“新田模式”——侯马晋国都城遗址研究》。

②山西省考古研究所侯马工作站：《晋都新田》第四章第二节附“侯马东周社祀遗址的探讨”，第57—64页。

③《左传·昭公元年》，阮元：《十三经注疏》，第2024页。

④田建文：《“新田模式”——侯马晋国都城遗址研究》。

⑤《史记·晋世家》，第1664页。

成，就有可能一城为卿大夫所居宫城，一城为军旅屯居和操练之城，正如《管子·修权》所云："地之守在城，城之守在兵。"

北坞古城东城内发现"品"字形建筑基址，此有可能是居于此城的某卿大夫的宗庙遗址。在周原的云塘、齐镇均发现呈"品"字形建筑基址，推测为宗庙遗址[①]。《春秋穀梁传·僖公十五年》记"夷伯之庙"云："夷伯，鲁大夫也，因此以见天子至于士皆有庙。"由此推测，北坞古城发现的"品"字形建筑基址可能是卿大夫的宗庙所在。

7. 晋国的商品货币经济

山西侯马牛村古城多次出土一种尖肩尖足空首布，还发现了铸造此种空首布的作坊遗址，出土了一批尖足空首布陶范，有的陶范中还有空首布钱[②]。另外，在山西寿阳、寿阴、翼城、芮城、闻喜等地也出土过此种布币，这些地方原属晋国地域。河南汲县（今卫辉）山彪镇一号墓出有600余枚此类空首布[③]，汲县属晋国魏氏的封地。从尖肩尖足空首布出土的范围看，多在晋的疆域之内，尤其是晋国都城所在的晋南侯马一带较集中。

这种尖肩尖足空首布有铭文的不多，迄今所见铭文有记数、记事和地名几类，所记地名有"吕""共""邯郸"等。侯马牛村古城出土2枚有五个字的尖肩尖足空首布，后三字为"共黄釿"，前两字模糊不清，有学者认为是"辛晋"二字，即"新晋"，也即"新田"，是晋景公十五年（前585）迁的新都，又谓之"降"或"新降"。而出土这枚货币的牛村古城正是晋国的新都"新田"。还有一枚"幺金"铭文的尖肩尖足空首布，其形体、重量较上一枚小、轻（图5-16）。

此种空首布按大小重量大体也可分三种：大型的长13.7—14.5厘

①徐良高、王巍：《陕西扶风云塘西周建筑基址的初步认识》；刘瑞：《陕西云塘、齐镇发现的周代建筑基址研究》。

②山西省考古研究所：《侯马铸铜遗址》。

③郭宝钧：《山彪镇与琉璃阁》，科学出版社，1959年。

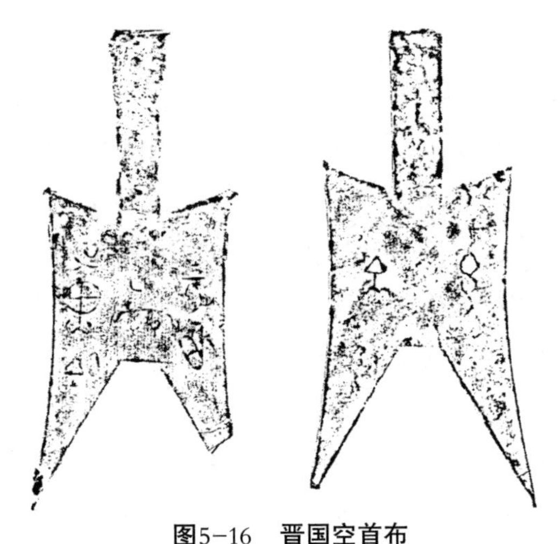

图5-16　晋国空首布

（采自国家文物局《中国古钱谱》编撰组：《中国古钱谱》，第32页）

米，重35.3—37克；中型的约长12.5厘米，约重30.7克；小型的如“幺金”长11.7厘米，重25.3克。山彪镇出土的空首布长也是11.7厘米左右，重量却只有14.7克，大概是一种冥币。

侯马牛村古城所出的尖肩尖足空首布多是中型，有的出于春秋晚期的地层中，应流通于此时。出土小型布的山彪镇一号墓是三家分晋之前的魏襄子墓，属春秋末期或战国早期。大型布的时代还不明确，一般认为时代略早。

三家分晋之后，魏、赵、韩均铸有自己的货币，从布币的形态看，均作平首布，空首布很难见到，一般都铸有地名，时代均属战国时期。

五、赵都邯郸的礼制文化

公元前403年，周威烈王正式封韩、赵、魏三家为诸侯，晋一国分裂为三国，史称“三家分晋”。据《史记·赵世家》记载，赵国最初定都晋阳（今山西太原西南），后迁中牟（今河南汤阴），自赵敬侯元年（前386）徙都邯郸，直至赵亡，再未迁都。

（一）赵都邯郸的考古发现与布局

赵国都城邯郸遗址位于今邯郸西南一带，此地域有沁河、渚河，两河由西向东流，河道南北两侧是丘陵，故城坐落在丘陵东端、河流冲击扇区域[①]（图5–17）。故城分两部分，西南部是保存较好的小城，当地称之为“赵王城”，应是国君所居的宫城。“赵王城”又分为东、西、北相接的三城，如同晋国都城新田一样，也呈“品”字形布局。西城近正方形，每边长1400米左右，四面城墙各有2处城门址。城内有多处高台建筑基址，其中，城中部南北纵列的三座基址尤为高大，南部今称“龙台”的1号台基最大，底部东西宽约264米，南北长约296米，高16米左右。四面呈阶梯状，由下而上，有五层到八层不等。顶部比较平整，南北长132米，东西宽102米。此应是一座由上下数层组成的高台建筑。1号台基以北的2号和3号台基规模略小，2号台基南距1号“龙台”215米，台基呈方形，底部东西宽58米，南北长61米，高约6米。台基东西两侧发现两列南北向石柱础，两列间距2.3米，当是整个建筑东西两侧的长廊遗迹。3号台基在2号北228米，台基也为方形，东西宽66米，南北长68米，高约5米。4号台基在3号西偏北，近北墙西门，台基东西长54米，南北宽47.2米，高约6米。台基附近发现甘丹、明刀、白人等刀币。5号台基在2号东部，近方形，东西长55.5米，南北宽50米，高约6米。在西城内还有多处地下夯土遗址。

东城与西城并列，中间共用同一城墙，呈南北长方形，南北长约1400米，东西宽约935米。在城中部略偏西处有南北相对的两座方形台基，南部的俗称“南将台”，底部东西长114米，南北宽113米，高约8米，四面呈阶梯状。北部的俗称“北将台”，台基东西长121米，南北宽120米，高约9米，四面呈阶梯状，顶部较平，发现有柱础石及建筑用瓦（图5–18）。两台之间还有一大型建筑遗址，台基周围还有小的台基。

---

①河北省文物管理处、邯郸市文物保管所：《赵都邯郸故城调查报告》，《考古学集刊》第四集，中国社会科学出版社，1984年，第162—195页；乔登云、乐庆森：《赵都邯郸故城考古发现与研究》，《邯郸学院学报》2005年第1期，第26—36页。

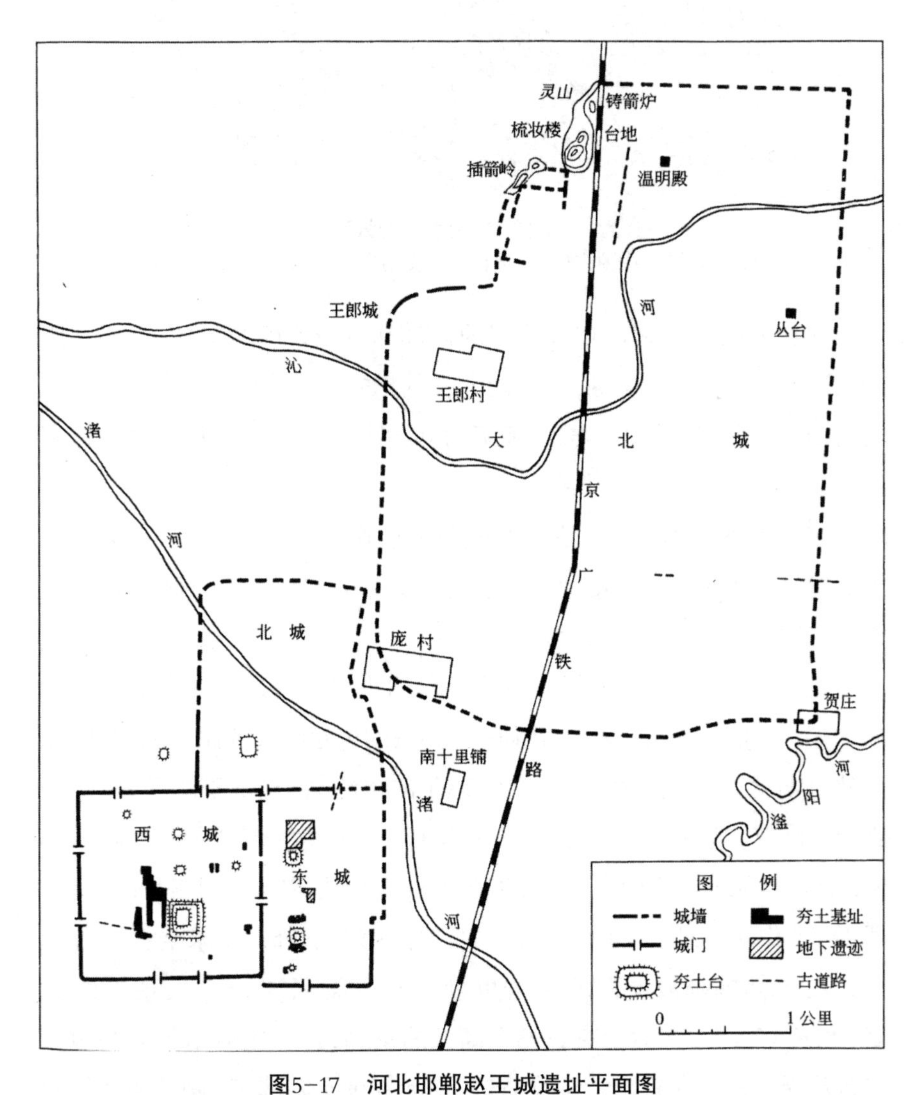

图5-17　河北邯郸赵王城遗址平面图

（采自张长寿、殷玮璋主编，中国社会科学院考古研究所编著：《中国考古学·两周卷》，第239页）

图5-18 赵都邯郸遗址出土云纹圆瓦当
（采自申云艳：《中国古代瓦当研究》，文物出版社，2006年，第54页）

北城的南城墙利用东城北墙的全部和西城北墙的东段，呈不规则南北长方形，东西宽约1326米，南北长约1557米。北城的西南部有一座较大的夯土台基，平面为方形，底部东西宽约111米，南北长约135米，高约6米。

赵王城的三座小城，建筑时间虽有早晚，但根据三城构筑关系及出土遗物，相距不会太大，应是赵敬侯元年（前386）徙都于此而逐步筑成的宫城。

在宫城的东北部发现一座长方形的大城，应是郭城，东西宽约3000米，南北长约4800米①。经研究，郭城的始建年代要比赵王城早，在春秋时期就有一定规模，是晋大夫赵午的封邑，赵迁都于此后，对此城进行了修筑，成为郭城②。郭城东北部有一座高大台基“丛台”，高达26米，应是赵国早期宫殿所在。郭城内发现有冶铁、铸铜、制陶及骨器、石器手工业作坊遗址。由于郭城在今邯郸市区内，其布局尚未全部探清。

在赵都邯郸故城西北10公里处是赵王陵墓区③。共发现五组大墓，均筑有陵台，陵台上有1—3个高大的陵墓封土，陵台东部有神道，陵台及周边多发现有地面建筑遗迹，陵台周围有陪葬墓。陵台四周筑起

①乔登云、乐庆森：《赵都邯郸故城考古发现与研究》。
②杨宽：《中国古代都城制度史》，上海人民出版社，2006年，第80页。
③河北省文管处、邯郸地区文保所、邯郸市文保所：《河北邯郸赵王陵》，《考古》1982年6期，第597—605、564页。

陵墙，形成一个独立的兆域。

（二）赵都邯郸礼制文化研究

1. 邯郸故城的礼制规划

邯郸故城的布局，在许多方面都体现出了新的礼制规划，最突出的是从建筑格局上突出了宫城的重要位置。春秋晚期，邯郸即是晋大夫赵午的封邑。邯郸故城郭城的始建年代要比赵王城（即宫城）早，说明春秋晚期的邯郸只有一个城（即郭城）。赵敬侯迁都邯郸之后，为了适应政权的需要，便在大城西南部新筑宫城，而原来的大城则成了郭城。通过这种扩建，使原来的封邑成为国都，既划清了国君与国民的分野，又突出了国君所居宫城的重要地位，与战国时期国家集权政体相适应。

赵王城呈“品”字形，应是仿照晋都新田宫城的建制。

2. 赵王城的宫殿建制

赵王城西宫城布局比较规整，四面城墙各辟2门，有别于周王城的旁三门之制。城内最为高大突出的“龙台”以及2号台基、3号台基应是宫殿建筑基址，位置处于西宫城的南北向中轴线上，是赵都邯郸的“大朝”正殿所在，体现了国家政权“建中立极”的设计理念。这三座大殿前后坐落在中轴线上，有可能就是按礼制所建的“三朝”。如果说商周时期的“朝”是指宫庙建筑前的庭院，群臣在庭院中进行朝拜，那么到了东周时期，各国宫城内的“朝”已成为高大的宫殿建筑，群臣朝拜仪式是在宫殿中进行。《史记·赵世家》多记赵国在宫中举行“大朝”之礼仪。赵武灵王元年（前325），“梁襄王与太子嗣、韩宣王与太子仓来朝信宫”；赵武灵王十九年（前307），“春正月，大朝信宫，召肥义与议天下，五日而毕”；赵武灵王二十七年（前299），“五月戊申，大朝于东宫，传国，立王子何以为王。王庙见礼毕，出临朝，大夫悉为臣”；赵惠文王四年（前295），“朝群臣，安阳君亦来朝，主父令王听朝，而自从旁观窥群臣宗室之礼”。对东周时期出现的这种“大朝”之礼，杨宽指出：“到战国时代，由于社会经济的变革，中央集权的政治体制的确立，朝廷的重要性开始超过宗庙，许多政治上的大典逐渐移到朝廷上举行，并开始出现对国君‘大朝’的礼制。”[①]赵王宫城“三朝”大殿的突出位置，从建筑形式上印证了杨先生的观点。

东宫城也以中轴线布局，“南将台”“北将台”及两者之间的大型建筑基址，形成东宫城的中轴线，根据其布局，此也有可能是东宫城的“三朝”大殿。据《史记·赵世家》记，赵武灵王二十七年“大朝于东宫”，此“东宫”可能指的就是东宫城。在三座大型建筑基址周围还有小的建筑基址，可能是附属官署所在。

北宫城内只发现一座大型夯土台基，位于城的南部位置，其他区域没有发现大型台基，显得比较空旷。此有似于晋新田的台神古城，北宫城的功能有可能也是军旅屯居和操练，以护卫南部赵王所居的宫城。

3. 赵国的商品货币经济

战国时期，各国都城不仅是政治中心，而且是经济中心，赵都邯郸也是当时的经济大都会。邯郸郭城内分布许多手工业作坊遗址，尤其是冶铁遗址规模较大，发现的冶铁炉残存底部烧土面直径2—3米，周围有大量炼渣和烧土的堆积，最厚达3米左右，说明这是一处规模较大的冶铁作坊遗址。《史记·货殖列传》记载了邯郸人郭纵以冶铁为业，财富与“王者”相等。西汉初年“用铁冶富”的临邛卓氏，其祖先正是赵人。《战国策》中“家累千金”的大商人吕不韦，是在赵都邯郸经商时开始登上仕途，并实现了他盈利“无数”的欲望。由于手工业的发展，商业的繁荣，邯郸成为当时“富冠海内”的经济大都会。

手工业的发展，商业的繁荣，促使货币进一步发展。赵国的金属货币主要是在邯郸、晋阳、蔺、离石等经济都会铸造的，流行四种平首布，其中有三种是赵国特有的，另外还流行小刀币和圜钱（图5–19）。

---

①杨宽：《中国古代都城制度史》，第189页。

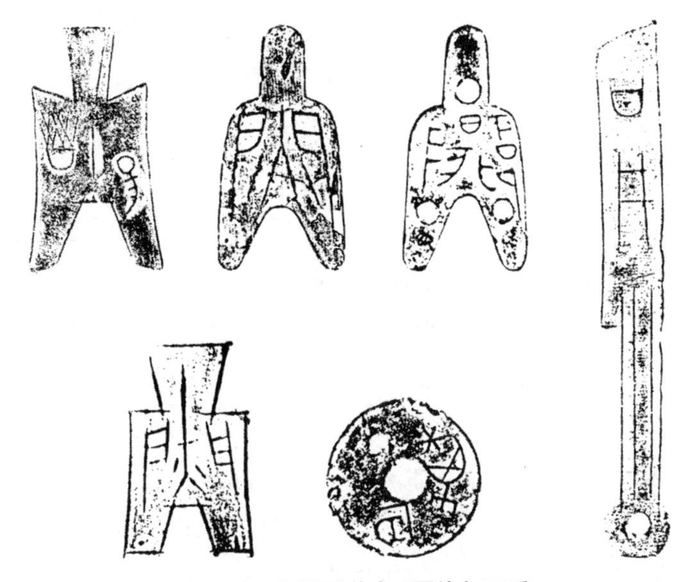

图5-19 赵国平首布、圜钱与刀币

（采自国家文物局《中国古钱谱》编撰组:《中国古钱谱》,第34、77、80、65、117、109页）

尖足布 形体为平首、尖肩或平肩、平裆、尖足。从形体看是由晋的空首、尖肩、尖足布发展而来,也是赵国特有的货币形态。此布为二等制,分大小两种,大者多只铸地名,小者多在地名后加“半”字,所见地名有四十余个,均为赵国之地。如“晋阳”(今山西太原)、“晋阳半”;“蔺”(今山西离石西)、“蔺半”;“大阴”(今山西霍县)、“大阴半”;“榆即”(今山西榆次北)、“榆即半”;“文阳”(今山西文水)、“文阳半”;“兹氏”(今山西汾阳东南)、“兹氏半”;“于”(今山西阳曲东北)、“于半”等。

圆足布 形体为圆首、圆肩、圆足。此种布币较少,正面多铸地名,有的背面有数目字。所见地名有:“蔺”“晋阳”“兹氏”“大阴”及“离石”(今山西离石)等,均属赵国地。铸有前两种地名的是典型的圆足布,铸有后三种地名的货币,其首、肩、足部不像前两种那样弧圆,表现出由赵国尖足布演化而来的痕迹。此种布币分大小两种,也是二等制,大者约长7.4厘米,重9.6—10.2克;小者约长5.1厘米,重6.4—7克。

三孔布　和圆足布的形态一样，只是在首、足部各有一个圆孔。此种布币出土较少，多传世品。正面铸地名，背面铸有重量。分大小两种，大者背面铸“一两”，实重15—17克，约长7.2厘米；小者背面铸“十二朱”，实重7.2—8克，长约5.2厘米。此布也是二等制，即一两和半两之制。所见地名有十七八个，多属赵地。如“上邙阳”（今河北宁晋东北）、“下邙阳”、“北九门”（河北藁城西北）、“上尃”（今河北深州东）、“下尃”、“南行唐”（今河北行唐）、“枲”（即代，今河北蔚县东）、“妬邑”（今河北获鹿）、“安阳”（赵国有两个安阳，东安阳在今河北蔚县东北，西安阳在今内蒙古包头）、“上艾”（今山西平定东南）等。

小方足布　即几个国家都流通的平首方足布，其中属于赵国的地名有二十七八个。如“蔺”“大阴”“安阳”“榆即”“兹氏”等。在包头曾出有“安阳”布石范，证实“安阳”布也铸于赵的西安阳[①]。

直刀币　赵国流行的刀币形体窄直，方首。有大小两种，大的长14—15厘米，重10克左右；小的长11—12厘米，重7克左右。大概与布币一样，也是二等制。刀币的铭文有“王”“蔺”“成”“成白”“白人”（即柏人，今河北临城境）、“甘丹”（即邯郸）、“圁阳”（此地先属魏，后属赵）等，有的在后面还加“化”字。一般认为，赵国的直刀币是受燕国刀币的影响而出现的，时代属于战国晚期。

圜钱　形体为圆孔，有的有廓。所铸地名有“离石”和“蔺”两种。时代大概也属战国晚期。

4. 赵王陵的建制

赵王陵的布局与形制反映了战国时期陵墓制度的巨大变化。商周时期实行聚族而葬，称之为“族坟墓”，并且墓上没有封土。因为商周时期注重庙祭，不重视墓祭，所以商周时期的墓葬“不封不树”[②]，“皆

①李逸友：《包头市窝尔吐壕发现安阳布范》，《文物》1959年4期。

②《易·系辞下》：“古之葬者，厚衣之以薪，葬之中野，不封不树。”见阮元：《十三经注疏》，第87页。

无丘垅”[①]，没有坟丘。至东周时期，维护周天子统治秩序的宗法制度和礼乐制度遭到破坏，庙祭也开始松弛，一些贵族不到受宗法控制的宗庙中祭祀，而是到自己的祖坟上祭祖。于是，用以表示尊贵、地位和权力的坟丘随之出现了。从考古发现看，春秋时期开始出现坟丘，战国时期已比较普遍，尤其是各国国君的坟墓不仅筑起高大坟丘，而且多数王陵还筑有宏大的独立陵园，以进一步突出国君的地位和权势。对墓葬的称谓也有变化，春秋以前称墓葬为墓，战国时开始称丘墓、坟墓、冢墓、陵墓，均有地面突起、高大之意[②]。各国国君的坟墓之所以称为陵，就是因为所筑封土十分高大，简直像座山陵。《史记·赵世家》载：“（赵肃侯）十五年，起寿陵。”这是文献记载中最早称“陵”的战国国君墓。从赵王陵的格局看，已改变了商周时期的族葬制，成为以一位国君墓为主的独立陵园。在邯郸故城西北发现了五处赵王陵园，每处陵台上的两个或三个封土，并非都是赵王墓，而是其中只有一座是王墓，其余应是王后或夫人的陪葬墓。如赵王陵3号陵陵台上呈“品”字形排列的三个封土堆，只有前面最大的一座应是赵王墓，其后两侧的应是王后和夫人的墓（图5-20）。战国时期各国独立王陵的出现，从埋葬形式上进一步凸显王权的至高地位，也为秦汉王朝陵寝制度的形成奠定了基础。

六、郑韩故城的礼制文化

《史记·郑世家》载：“郑桓公友者，周厉王少子而宣王庶弟也。宣王立二十二年，友初封于郑。”《索隐》注：“郑，县名，属京兆。秦武公十一年‘初县杜、郑’是也。”周宣王初封其弟友于郑，其地在汉京兆尹之郑县

① 《汉书·楚元王传》：“殷汤无葬处，文、武、周公葬于毕……皆无丘垅之处。”班固：《汉书》，第1952页。

② 杨宽：《中国古代陵寝制度史研究》，上海人民出版社，2003年，第13页。

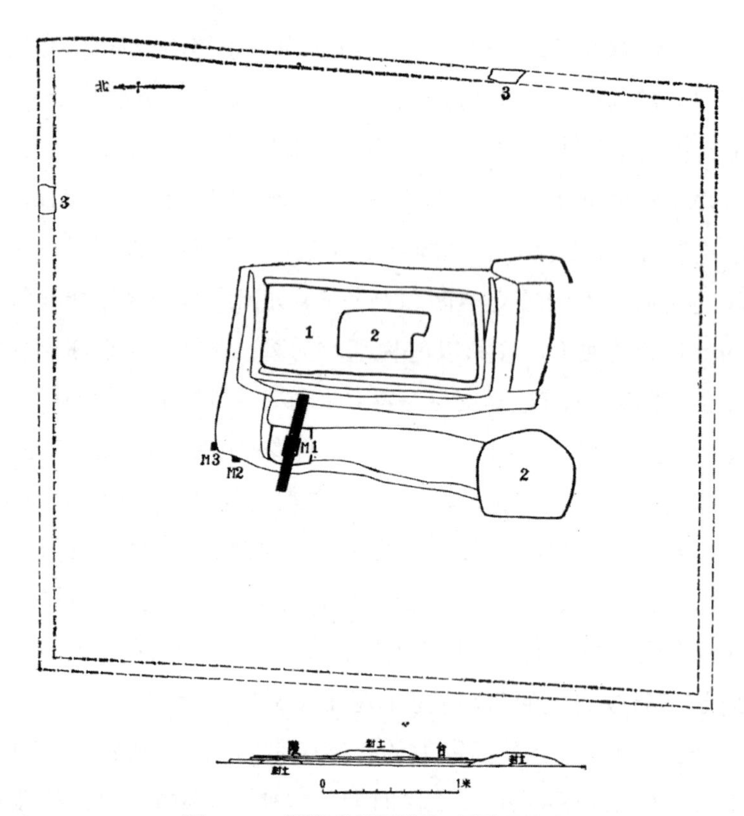

图5-20　邯郸“赵王陵”3号陵平面图

（采自河北省文管处、邯郸地区文保所、邯郸市文保所:《河北邯郸赵王陵》，第559页）

（今陕西华州）。西周末年，桓公徙洛水以东地区。春秋初，郑武公随平王东迁，兼并郐、东虢，并徙都新郑（今河南新郑）。战国初期，韩哀侯灭郑（前375），韩遂从阳翟（今河南禹州）迁都于郑都[①]。因此新郑城邑先后作为郑、韩两国都城，故现在通称为郑韩故城。郑韩故城西南依洧水（今名双洎河），东南临黄水，位于二水交接的三角地带[②]（图5-21）。

①《史记·韩世家》，第1868页。

②河南省博物馆新郑工作站、新郑县文化馆:《河南新郑郑韩故城的钻探和试掘》，《文物资料丛刊(3)》，文物出版社，1980年，第56—66页；马俊才:《郑、韩两都平面布局初论》，《中国历史地理论丛》1999年第2期，第115—129页。

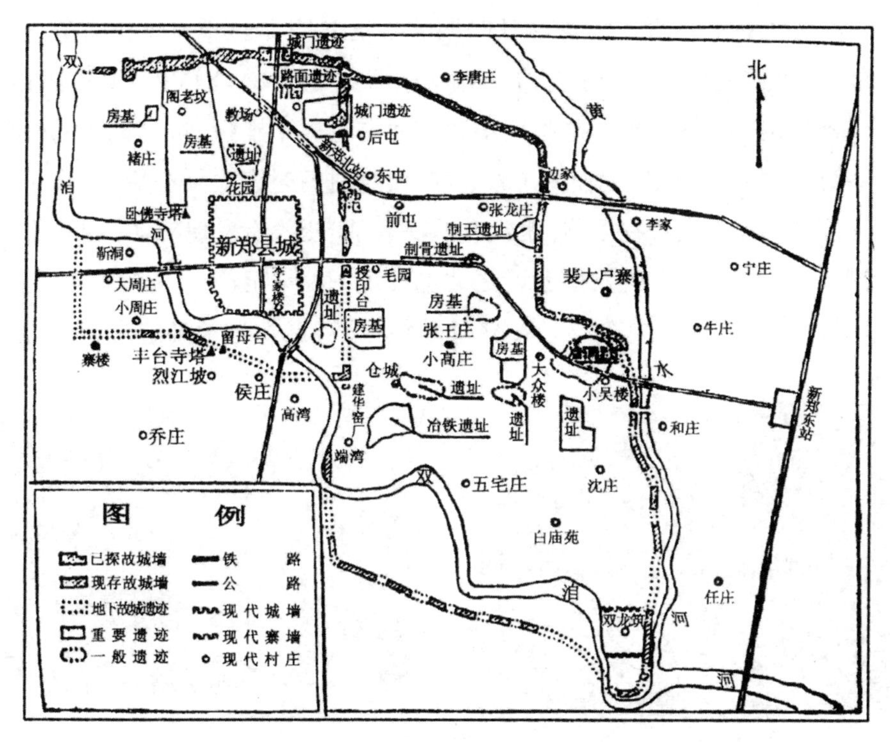

图5-21 河南新郑郑韩故城平面图

（采自杨宽：《中国古代都城制度史研究》，第67页）

（一）郑都故城的考古发现与布局

故城由东西相连接的大、小两城组成。西部小城为宫城，近方形，南北长约2.8公里，东西长约2.4公里。东部大城应是郭城，呈不规则的长方形，南北长约4.4公里，东西长约2.8公里。西城内北部偏西有一高大台基，俗称“梳妆台”，东西宽约80米，南北长约135米，高约8米，台基上发现陶水井和地下陶排水管道，此应是郑国宫殿基址。1923年，在西城的南部发现李家楼郑公大墓，曾出土青铜器100余件，精美的莲鹤方壶即出于此墓[1]，此地还有同时期的铜器墓。

---

①河南博物院、台北“国立”历史博物馆编：《新郑郑公大墓青铜器》，大象出版社，2001年。

东城内仓城北部发现春秋时期的祭祀遗址[①]。该遗址四周有夯土围墙，在围墙内已清理了礼器坑6座，乐器坑11座，马坑45座，共出土礼乐器348件（图5–22）。这些坑多数按照一定规律排列，坑之间也有一些打破关系，说明这里使用了较长时间，曾进行过多次祭祀活动。由于在围墙内没有发现柱子洞，也没有发现墙基，更没有发现墓葬，因此推测是社祀遗址。在此祭祀遗址之北也发现一处祭祀遗址，有多座建筑基址与祭祀坑，坑内有马、牛、猪等动物骨骼。此遗址被推定为春秋时

1.铜礼器坑

2.铜礼器坑

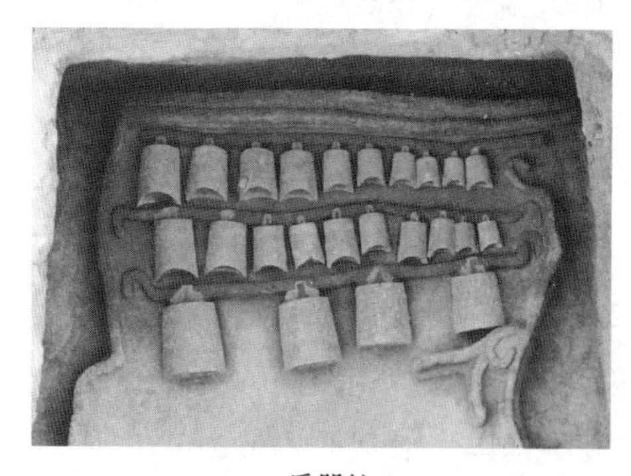

3.乐器坑

4.马坑

图5–22　祭祀坑

（采自河南省文物考古研究所：《新郑郑国祭祀遗址》，彩版五、六、一二、一四）

①河南省文物考古研究所编著：《新郑郑国祭祀遗址》，大象出版社，2006年。

期郑国的宗庙遗址①。

在东城南部后端湾一带发现春秋时期的郑国贵族墓地，总面积约25万平方米，有大片密集分布的墓葬，已钻探发现800余座，大中型车马坑17座。2001年发掘的1号车马坑，长10.4米，宽8.4米，深5米，坑内出土实用车辆22辆，马40余匹。车马坑周围有多座特大型墓葬，应是郑伯之墓，此大型车马坑应是某代郑伯墓的陪葬坑②。2003年，在1号车马坑之西35米处发掘了一座南北向“中”字形双墓道大墓，总长45米，墓室为竖穴土坑，葬具为多层棺椁，因多次被盗，出土随葬品较少，但在南北墓道中随葬了40多辆马车，以此规模，墓主有可能是春秋时期的某位郑公③。东城内的市热电厂、河李村、白庙范村、张龙庄村、大吴楼村等地均发现有郑国的中小贵族墓④。

（二）郑都故城礼制文化研究

1. 郑都规划理念

对于郑都是否分为东、西二城，学界有不同看法。《左传·隐公九年》载，郑庄公使其弟公叔段居京，郑大夫祭仲曰：“都城过百雉，国之害也。先王之制，大都不过三国之一，中五之一，小九之一。今京不度，非制也。”杜预注：“方丈曰堵，三堵曰雉。一雉之墙，长三丈，高一丈。侯伯之城，方五里，径三百雉，故其大都不得过百雉。”有学者据此记载，认为西城的大小正合于史书所记春秋早期郑城“径三百雉”的规

①河南省文物考古研究所新郑工作站：《新郑郑韩故城遗址》，中国考古学会编：《中国考古学年鉴1992》，文物出版社，1994年，第242页。

②马俊才、衡云花：《郑国君王的车马奇观》，《文物天地》2002年第2期，第4—7页。

③马俊才：《近年来郑韩故城重要考古发现》，楚文化研究会编：《楚文化研究论集》第六集，湖北教育出版社，2004年，第669—674页。

④河南省文物考古研究所编：《郑韩故城兴弘花园与热电厂墓地》，文物出版社，2007年；河南省文物研究所新郑工作站：《新郑县河李村东周墓葬发掘简报》，《中原文物》1987年第4期，第56—61页。

制，郑人迁都于此，最初只营建西城，内有宫城，外为郭城。其东城当为后期所筑，属拓展外郭城性质[①]。但据考古勘察，西城内的宫城是韩灭郑后新建的，是韩的宫城，并不是郑的宫城[②]。“通过对东城东墙的解剖看，墙基下部为春秋夯层，为圆形圆底夯，上层为战国层，为圆形平底夯。隔墙墙基亦为圆形圆底夯，应始筑于春秋早期，春秋晚期或战国早期再次修筑。”[③]这说明郑建都于此时就筑成东、西两城，西为宫城，东为郭城。东周时期各国都城均由宫城和郭城组成，这是各国都城最普遍的规划理念。

2. 郑都的庙祭与社祀建制

杨宽先生认为郑故城的方向是坐西向东的[④]，依此观点，西城应是郑之宫城，其东为正前方，那么在东郭城中部偏南发现的春秋郑国社祀遗址，正处于“右社”的位置。在此社祀遗址北部发现的建筑基址被推定为郑国宗庙的遗址，正处于“左祖”的位置。如此看来，春秋时期郑国都城大概是按“左祖右社”的礼制思想规划设计的。

3. 春秋郑国族坟墓葬制

《周礼·春官》记载，周代实行族坟墓葬制，有两种：一种叫“公墓”，是王室、国君等贵族的墓地，由冢人掌管；另一种叫“邦墓”，是国民的墓地，由墓大夫掌管。

《周礼·春官·冢人》载：“冢人掌公墓之地，辨其兆域而为之图，先王之葬居中，以昭穆为左右。凡诸侯居左右以前，卿大夫士居后，各以其族。……凡有功者居前，以爵等为丘封之度，与其树数。”此公墓预先有一定的规划，确定墓地范围，并制成兆域图，按宗法等级关系排定墓位。《周礼·春官·墓大夫》载：“墓大夫掌凡邦墓之地域，为之图，令

---

①曲英杰：《古代城市》，文物出版社，2003年，第92页。

②马俊才：《郑、韩两都平面布局初论》。

③徐龙国：《郑国、韩国都城》，刘庆柱：《中国古代都城考古发现与研究》（上），第172页。

④杨宽：《中国古代都城制度史》，第68页。

国民族葬，而掌其禁令，正其位，掌其度数，使皆有私地域。”邦墓也预先制定兆域图，划分出国民族葬的区域，并且也按昭穆制度进行族葬。

郑都宫城内的李家楼墓地和郭城内的后端湾墓地均有郑公之墓，又有大中型贵族墓，此应是郑的“公墓”区。而郭城内其他中小型墓地则应是“邦墓”区。这些均是按周礼族坟墓制度埋葬的。而且春秋时期的郑墓均没有封土，还保留着周时期墓葬“不封不树”“皆无丘垅”“墓而不坟”[①]的旧有传统。

（三）韩国郑都故城的考古发现与布局

据文献记载，韩国最初定都平阳（今山西临汾），后迁阳翟。公元前375年，韩灭郑，遂迁都于郑的都城郑。

韩国在郑都故城的基础上进行了改建[②]。在西城北部正中阁老坟一带发现韩国新建的宫城，以及东西两侧的城墙和壕沟，东、西墙基北端接近西城的北城墙，南墙基还没探明，经勘察，此宫城东西宽约600米，南北长也在1000米以上。宫城北墙、西墙中部各发现一处缺口，可能是宫门址。宫城中部偏北发现一座大型宫殿建筑台基，南北长114米，东西宽97米，基址上发现多处柱础石和大量的筒瓦、板瓦堆积。在宫城西北的阁老坟村北部发现一间地下室，南北长8.9米，东西宽2.9米，室内东南角自上而下有一阶梯式南北通道，共13级，室内夯土墙底部嵌有背面带凹槽的方砖，方砖正面有米字格纹和几何图案。底部西边为地坪，东边有南北成行的五眼旱井，用陶制井圈逐层叠筑而成。井圈直径一般为0.76米至0.98米，井深为1.76米至2.46米，均在地下水位以上。在旱井的填土中，发现大量猪、牛、羊、鸡的骨骼及少量陶器和陶片，有的陶器上刻有“吏”“私官”“左□”“□夫”等字样，此室可能是一个地下冷

①《礼记·檀弓上》：孔子曰：“吾闻之，古也墓而不坟。今丘也，东西南北之人也，不可以弗识也。于是封之，崇四尺。”见阮元：《十三经注疏》，第1275页。

②马俊才：《郑、韩两都平面布局初论》。

藏室。在宫城之南偏东处探出一个长方形院落，东西长约500米，南北宽约320米，已发现北门和西门遗迹。院落内中部偏北有一处大型夯土建筑基址，基址中央发现白色花岗岩巨型碑一幢，呈圭状，有穿，通高3.25米，宽0.45米，厚0.25米。在西城的偏东处发现了3处战国晚期的夯土建筑台基。在郑宫殿基址"梳妆台"之上还发现了铸铜作坊遗迹，出土有铸造青铜礼器的陶范，此应是韩国宫廷铸铜作坊。

东城发现诸多手工业遗迹，多分布在东城的中部地带。在大吴楼一带发现铸铜遗址，遗址内发现有窑炉、鼓风管、铜渣等，还有铸造生产工具和日用器的陶范，上多有"工""公"等陶文，表明此遗址是官营手工业作坊。在此遗址周围还分布有铸铁、制骨、制玉作坊遗址①。在白庙范村附近发现冶铜遗址，出土大量兵器，上多刻有"郑令""司寇""工师""冶尹"等督造者的官名、工名，此兵器作坊应是官营手工业②。在仓城村、小高庄村、大吴楼村一带均发现铸铁遗址，清理出熔铁炉、烘范窑，出土铁质生产工具、兵器等及陶范③。在大吴庄北部、东北城墙内发现制陶遗址，遗址内出土的陶器上有"左城""郑城右司工""新郑"等字样④。在小高庄西部和大吴楼北部有铸钱遗址，遗址内发现有"公""涅金"锐角布钱范，"旆比当釿""四比当釿"方足布钱范，"离石""蔺"圆首圆足布钱范，以及圜钱范⑤（图5-23）。另外还发

①河南省文物考古研究所：《河南新郑新发现的战国钱范》，《华夏考古》1994年第4期，第14—20页。

②郝本性：《新郑"郑韩故城"发现一批战国铜兵器》，《文物》1972年第10期，第32—40页。

③刘东亚：《河南新郑仓城发现战国铸铁器泥范》，《考古》1962年第3期，第165—166页。

④河南省文物考古研究所：《河南新郑郑韩故城制陶作坊遗迹发掘简报》，《华夏考古》1991年第3期，第33—54、32页；河南省文物考古研究所新郑工作站：《郑韩故城发现战国时期大型制陶作坊遗址》，《中原文物》2003年第1期，第4—8页。

⑤河南省文物考古研究所：《河南新郑新发现的战国钱范》；河南省文物研究所：《河南新郑发现"枎戔当忻"陶范》，《中国钱币》1991年第2期，第53—55、63页。

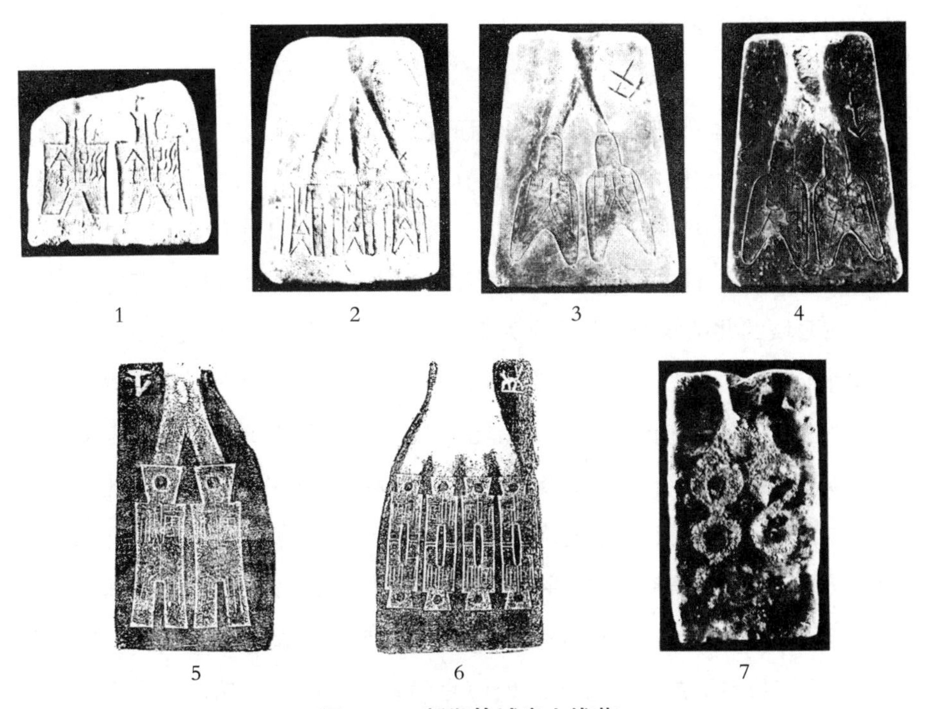

图5-23　新郑故城出土钱范

1.“涅金”锐角布钱范　2.“公”锐角布钱范　3.“蔺”布钱范　4.“离石”布钱范　5.“旆比当釿”布钱范　6.“四比当釿”布钱范　7.圜钱背范

（1、2、3、4、7 采自河南省文物考古研究所：《河南新郑发现的战国钱范》，第16页；5、6. 采自河南省文物研究所：《河南新郑发现“枎戋当忻”陶范》，第54、55页）

现制骨、制玉遗址等。在城外也发现有制陶遗址。

在郑韩故城西部的胡庄、许岗、暴庄、柳庄、王行庄、苗庄等地发现了多处战国时期的大型墓葬。许岗墓地位于故城西南10公里处，发现4座东西排列的南北向“中”字形大墓，最大的南北长168米，最小的也有117米。在4座大墓的北部发现4座车马坑。此应是韩国高级贵族或韩王的墓地[①]。胡庄墓地位于故城西墙之西1.5公里处，在此范围内发现多处韩王陵墓地、中小贵族墓地及平民墓地，已发掘春秋中小型墓35座，战

①河南省文物研究所新郑工作站、新郑县文物保管所：《新郑县辛店许岗东周墓调查简报》，《中原文物》1987年第4期，第62—68页。

国中小型墓276座，韩王陵一处2陵[①]。

（四）韩国郑都故城礼制文化研究

1. 韩国都城新的礼制规划布局

郑都原来方向是坐西向东的[②]，西城是宫城，其东为正前方，东门之外左边是庙，右边是社，正是“左祖右社”的建制。韩灭郑并在此建都后，在西城的北部筑有小城，成为新的宫城，从而改变了城的方向，变成了坐北向南[③]。如此，韩将郑都西部的城改成了郭城，东城成为附郭，形成一宫城二郭城的布局。宫城北部正中的大型建筑基址，应是韩王的大朝宫殿基址，正处于建中立极的位置，凸显韩国政权之威势。在此宫殿基址西部的地下室中出土的陶器上刻有“吏”“私官”“左□”“□夫”等字样，表明这是韩王室的冷藏室，也证明位于正中的大型建筑基址正是韩王的宫室所在。在紧临宫城东部的三处建筑基址应是韩王的附属官署。“梳妆台”之上的铸铜遗址应是为韩王室铸造礼器的王室作坊。东郭城内密集分布的手工业作坊，大多属官营手工业，可见韩国对手工业的管控。东郭北部比较空旷，可能是屯兵和军旅操练之地[④]。

2. 韩都城的庙祭与社祀建制

在韩宫城之左前方的庭院内发现的圭形石碑，被认为是太庙之碑，此处应是韩的宗庙，此庭院正处于“左祖”的位置。按礼制规划，在韩宫城之右前方也应有“右社”，以符合“左祖右社”建制。当然，此社祀遗址还有待今后的考古工作。总之，韩都已改变了郑都的方向及

---

①河南省文物考古研究所：《河南新郑胡庄韩王陵考古发现概述》，《华夏考古》2009年第3期，第14—18页。

②杨宽：《中国古代都城制度史》，第68页。

③孙英民：《郑韩故城在中国古城中的地位及保护规划》，台北“国立”历史博物馆编：《海峡两岸春秋郑公大墓青铜器学术研讨会论文集》，台北“国立”历史博物馆，2001年，第33—40页。

④马俊才：《郑、韩两都平面布局初论》。

庙、社建制。

3. 韩国的商品货币经济

韩国的商品货币经济是非常发达的，以郑为中心，又有平阳、扬、阳翟、荥阳、阳城、屯留、长子等经济都会。平阳、扬可“西贾秦翟，北贾种代”[①]，是与秦、戎翟及赵国北部地区进行贸易的经济都会。韩之旧都阳翟也是著名的经济都会，吕不韦曾是“家累千金”的“阳翟大贾”。韩国的冶铁业及铁兵器是非常著名的，素有“强楚劲韩”之称。韩国的“墨阳”之剑与楚之“棠溪”、吴之“莫邪”并称。荥阳、阳城是韩国重要的冶铁业都会，考古已发现阳城有较大规模的冶铁手工业作坊及铁制品[②]。直至汉代，阳城仍设有“铁官”。从韩都的考古发现看，东郭城有诸多手工业遗址，还有多处铸钱遗址，已成为专门的手工业、商业之城，韩之郑都确实是政治、经济、文化大都会。

除都城之外，平阳、屯留、长子也是韩国货币的重要铸造地点。韩国流通两种平首布，其中一种锐角布应是韩国特有的，另一种小方足布是在其他国家也流通的（图5-24）。

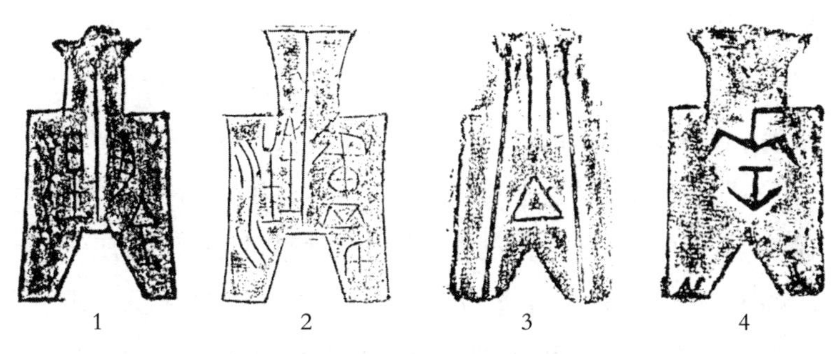

1　　2　　3　　4

图5-24　韩国锐角平首布币

1.“涅金”布币　2.“卢氏涅金”布币　3.“公”布币　4.“垂”布币

（采自国家文物局《中国古钱谱》编撰组：《中国古钱谱》，第75、76页）

---

①《史记·货殖列传》，第3263页。

②河南省文物研究所、中国历史博物馆考古部：《登封王城岗与阳城》，第256—336页。

锐角布　形体为平首，首两侧各凸出一锐角，平肩，方足，有大小两种，大的平裆，小的裆呈等腰三角形。大者长5—5.2厘米，重9.7克左右；小者长3.2—3.3厘米，重5.3克左右。应属二等制。大币的面文有“涅金”“卢氏涅金”“俞涅金”三种，小币有“垂”“公”两种。

小方足布　此布所铸地名属于韩的有十七八个，如“宜阳”（今河南宜阳）、“宅阳”（今河南荥阳）、“屯留”（今山西屯留）、“阳城”（今河南登封）、“长子”（今山西长子）、“卢氏”（今河南陕州）等。

这种小方足布在韩、赵、魏、燕及两周都流行，铸地广，数量多，大概是为了各国之间便于交换而铸造的，这也反映了战国后期货币趋向统一的趋势。新郑故城所出“离石”“蔺”圆首圆足布钱范，应是赵国流行的货币形态。“旆比当釿”“四比当釿”方足布钱范，应是楚国流行的货币形态。韩国铸造别国的货币，反映了当时各国之间繁荣的商品货币关系。

4. 韩陵墓建制

韩国国君墓迁移至郑韩故城之外的西南郊一带，并且与战国时期其他各国国君墓一样，实行以国君为首的独立陵园制。已经发掘的胡庄韩王陵中，中心位置是陵台，陵台上有两座东西并列的“中”字形大墓，墓上封土也呈“中”字形，封土上及封土侧有建筑遗存，在陵台外围有相互平行、间距约20米的三条环沟。M2出土器物上有“王后”“王后宫”“太后”等刻铭。据此推断，这是一处战国晚期的韩王与王后的独立陵园[①]（图5-25）。据考古勘察，在这一地域的暴庄、柳庄、王行庄、苗庄的韩国王陵区，均呈独立的陵园形式。战国时期中原诸国出现这种以国君墓为首的独立陵园，表明了在此时的埋葬意识中，血缘的重要性被冲淡，而要加强体现集权制下君王的权势和地位。

---

①河南省文物考古研究所：《河南新郑胡庄韩王陵考古发现概述》。

图5-25　胡庄韩王陵封土

（采自河南省文物考古研究所:《河南新郑胡庄韩王陵考古发现概述》,彩版一一）

七、魏国都城的礼制文化

《史记·魏世家》记载,晋献公十六年(前661)封毕万为大夫,治于魏(今山西芮城)。毕万之后世从其国名为魏氏。重耳立为晋文公,以毕万子魏武子跟从重耳出亡有功,令武子袭魏氏之后为大夫,仍治于魏。魏武子生悼子,魏悼子徙治霍(今山西霍州)。悼子之子魏绛为晋悼公之卿,于晋悼公十一年(前562)徙治安邑(今山西夏县)。至魏惠王九年(前362)迁都大梁(今河南开封),直至魏王假三年(前225),“秦灌大梁,虏王假,遂灭魏以为郡县”。

(一)魏都安邑故城

魏都安邑故城位于山西夏县西北约7公里的禹王村,此处发现“禹

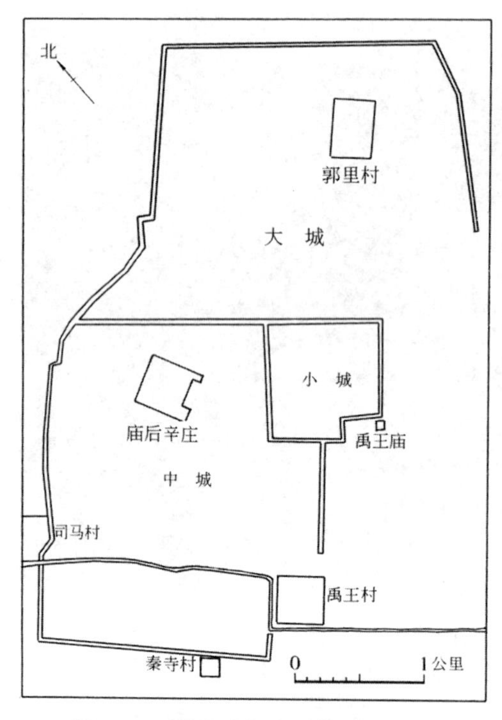

图5-26　夏县魏都安邑故城平面图
（采自刘庆柱:《中国古代都城考古发现与研究》[上]，第183页）

王城”遗址，即魏都安邑故城[①]（图5-26）。

据勘察，安邑故城分为大城、中城和小城三部分，整体布局上三城是组合在一起的，小城位于大城中部，中城在大城西南部，与大城和小城相连。大城平面近梯形，北窄南宽，北墙长2100米，西墙长4980米，南墙和东墙还没完全探出，南墙残存约3565米，东墙残存约1530米。位于大城中部的小城平面近方形，四面城墙长度分别为东墙495米、西墙930米、南墙990米、北墙855米。小城东南角外有一夯土台基，台基东西宽65米，南北长70米，高9米，上部建有后世禹王庙，下部夯土中包含有东周陶片。中城的西墙和南墙利用了大城的部分西墙和部分南墙，从小城南墙正中向南延伸至大城南墙是东墙，沿小城北墙向西至大城西墙筑北墙，在北墙夯土内发现少量战国瓦片。调查者陶正刚、叶学明两位先生根据三城的文化堆积，认为大城与小城为东周时期，即魏都安邑，中城为秦汉时期的河东郡治。1985年，在中城庙后辛庄北约400米，发现一处战国中晚期的铸铁及铸钱作坊遗址，面积约

①陶正刚、叶学明：《古魏城和禹王古城调查简报》，《文物》1962年第Z1期，第59—64页；中国科学院考古研究所山西工作队：《山西夏县禹王城调查》，《考古》1963年第9期，第474—479页。

600平方米，出土有铁渣、货币范及锛、锄等农具范等①。既然中城北墙夯土内有战国瓦片，城内又发现战国时期铸铁作坊和铸钱作坊，因此推测中城应属战国时期。

安邑三城的构筑形式与布局有似于晋都新田和赵都邯郸，均是由多座城组成。按此布局，三城应是统一构筑、互有关联的整体，小城应是宫城，大城应属郭城，中城应为附郭。现在大城之内东北部有个村庄叫“郭里村”，所谓“郭里”即郭城之内的意思，应是自古相传的地名，由此也可旁证大城为郭城。这种宫城居中，郭城在外的布局，也属于传统的都城建制。魏国的货币中有“安邑二釿”“安邑一釿”“安邑半釿”等流通货币。在中城内出土钱范，表明此附郭内设有官府手工业的各类作坊。古代建都必建有宗庙和社稷。小城东南角的台基为东周时期建筑，其位置在宫城南之左侧，有可能是“左祖”遗址，如能确定，西侧必然应有“右社”遗址。

总之，仅从目前掌握的安邑故城考古资料看，大体表现出传统都城建制。当然，关于三城的时代及布局等，还有待今后的考古工作印证。魏治安邑200余年，现城内文化堆积厚达2米，地下遗址、遗迹、遗物等应当是很丰富的，期望今后考古工作能将安邑故城文化内涵研究清楚。

（二）魏都大梁故城

从魏惠王九年迁都，至魏亡（前225），大梁作为魏都历时137年，是战国时期政治、经济、文化的大都会。

魏大梁故城城址位于今开封城区，由于历史上多次遭受黄河溃堤冲击和淤埋，城址埋藏地下较深，给考古工作带来一定困难，至今魏大

---

①张童心、黄永久：《夏县禹王城庙后辛庄战国手工业作坊遗址调查简报》，《文物季刊》1993年第2期，第11—16页。

梁故城的形制和布局并不十分清楚。但从文献的零星记载看，魏大梁故城也是遵循传统都城建制。

《竹书纪年》载：魏惠王“三十一年三月，为大沟于北郛，以行圃田之水”[①]。《说文》：“郛，郭也。”《左传·隐公五年》载：“郑人以王师会之，伐宋，入其郛，以报东门之役。”杜预注：“郛，郭也。”[②]这说明魏惠王修大沟于“北郛”，此“北郛”即大梁之北郭城。《史记·魏公子列传》载：“魏有隐士曰侯嬴，年七十，家贫，为大梁夷门监者。……太史公曰：‘吾过大梁之墟，求问其所谓夷门。夷门者，城之东门也。’”夷门即大梁郭城之东门。大梁既然有郭城，肯定也有宫城，也遵循“筑城以卫君，造郭以守民”的古代都城建制。《史记·魏世家》载：“梁惠王曰：‘寡人不佞，兵三折于外，太子虏，上将死，国以空虚，以羞先君宗庙社稷，寡人甚丑之。’”《史记·魏公子列传》记载，秦伐魏，魏王召在赵国的魏公子回国抗秦，公子不欲回，使臣劝其曰：“使秦破大梁而夷先王之宗庙，公子当何面目立天下乎？”以此判断，大梁肯定也是“左祖右社”之建制。从这些文献记载看，魏都大梁的构筑也应遵循古代都城传统之建制。

研究者根据文献记载，结合考古勘察的成果及历史地理的实际情况，复原了大梁城的平面布局图。大梁城由郭城和宫城组成，宫城在郭城内的东南部高地处。郭城呈梯形，东西约6公里，南北4—6公里。宫城呈近正方形，边长约3公里，宫城内有多处台基，应是宫殿基址。郭城西北部应属手工业区[③]（图5–27）。

文献记载，魏都大梁也是商业贸易之都会。大梁“地四平，诸侯四通辐凑，无名山大川之限。从郑至梁二百余里，车驰人走，不待力而

①范祥雍编：《古本竹书纪年辑校订补》，上海人民出版社，1957年，第65页。

②《春秋左传集解》，上海人民出版社，1977年，第35页。

③葛奇峰：《战国魏大梁城平面布局新探》，《郑州航空工业管理学院学报》（社会科学版），2012年4期，第29—33页。

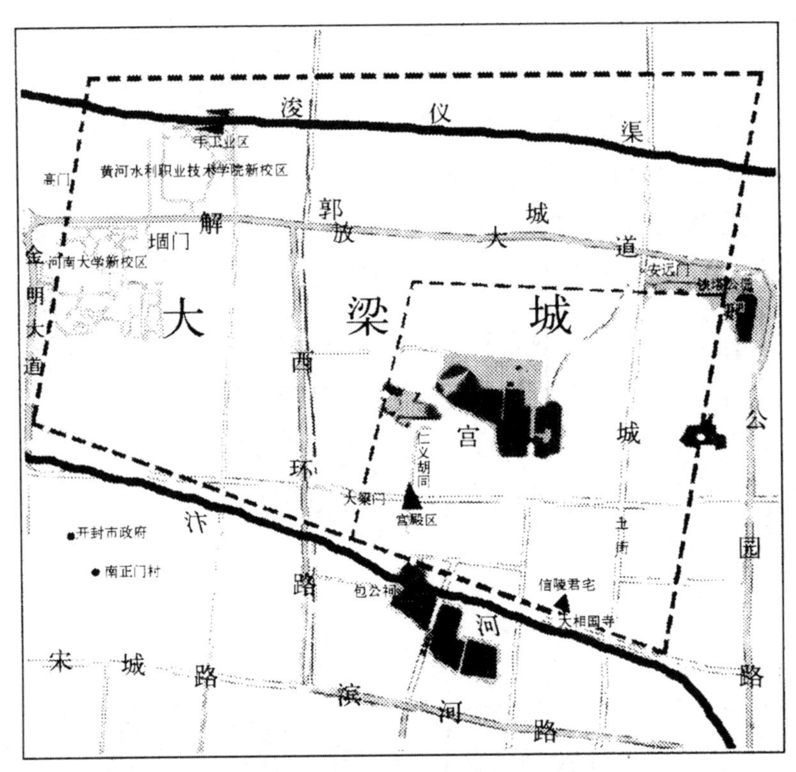

图5-27　大梁城平面布局示意图

（采自葛奇峰：《战国魏大梁城平面布局新探》，第33页）

至”[①]。这样好的地理条件，促进了手工业和商业的发展。大梁有重要的冶铁业，如西汉时在宛地经营冶铁业而成为巨富的孔氏，其祖先就原是以“铁冶为业”[②]的梁人。魏惠王的相国白圭，有一套贸易致富的理论，“乐观时变”，采用“人弃我取，人取我与”的办法从事商业贸易。他认为，当五谷成熟时，要贱取谷物等农产品，而抛售丝、漆等手工业产品；当蚕茧成熟时，又要贱收帛、絮等手工业品，而抛售谷物。通过这种囤积居奇、掌握时机的方法牟取巨额利润，白圭成为巨富，受到当时商

①《史记·张仪列传》，第2285页。

②《史记·货殖列传》，第3278页。

人的崇拜，称“天下言治生者祖白圭”①。魏以大梁为中心，又有安邑、温、轵等都会，温、轵可“西贾上党，北贾赵、中山”②，形成了魏国的商品流通网。商业的发展，必然要求有与之适应的大量货币的流通，故魏国也铸有多种货币，以适应商业的发展。

魏国流通的平首布有三种形体，有两种是魏国特有的，小方足布则是其他国家也流通的。另外，魏国也有圜钱（图5-28）。

图5-28　魏国平首布币、圜钱

1.“梁充釿五十当寽”布币　2.“梁正币百当寽”布币　3.“梁半币二百当寽”布币　4.“安邑二釿”布币　5.“安邑一釿”布币　6.“安邑半釿”布币　7.“安阳”布币　8.“垣”钱

（采自国家文物局《中国古钱谱》编撰组：《中国古钱谱》，第48、50、51、52、72、115页）

圆肩桥裆布　形体为平首，圆肩，桥裆，方足。面文所铸地名均魏地。如“安邑”，即魏国的早期都城；“梁”，魏惠王九年自安邑迁都

---

①《史记·货殖列传》，第3259页。

②《史记·货殖列传》，第3263页。

的大梁。还有“山阳”（今河南修武西北一带）、“共”（今河南辉县）、“虞”（今山西平陆）等。

平肩桥裆布　形体为平首，平肩，桥裆，方足，与上一枚相似，只是肩部略异。所铸地名也多魏地。如“阴晋”，原为魏地。《史记·秦本纪》载：秦惠文王“五年，阴晋人犀首为大良造。六年，魏纳阴晋，更名宁秦”。所以“阴晋”布的下限只能是秦惠文王六年（前332）。其地在今陕西华阴。还有“垣”（今山西垣曲）、“蒲坂”（今山西永济）、“圁阳”（今陕西神木）、“高安”（今山西夏县）等。

以上这两种货币是魏国特有的，在地名后多铸有面值。如“安邑二釿”“安邑一釿”“安邑半釿”，“圁阳二釿”“圁阳一釿”“圁阳半釿”，“阴晋一釿”，“虞一釿”“虞半釿”，等等。所以，此种魏币是“二釿”“一釿”“半釿”三等制。

“梁”字布有四种文字格式，长期以来释法不一，不得其解。现在一般释为：“梁充釿五十当寽”“梁充釿百当寽”“梁正币百当寽”“梁半币二百当寽”。实际上，此也是三等制，即“五十当寽”为“二釿”布，“百当寽”为“一釿”布，“二百当寽”为“半釿”布。

经实测，魏国三等桥裆布币的重量比大体为2∶1∶0.5，与其面值一致。

小方足布　即几个国家都流通的平首方足布。此方足布只铸地名，发现属于魏国的地名有四十余个，如“梁”（今河南开封）、“皮氏”（今山西河津）、“安阳”（今河南安阳）等。

圜钱　为无廓圆孔钱，钱文为地名，或加面值，如“共”“共屯赤金”“垣”“虞”“漆垣一釿”等。一般认为魏国圜钱流行于战国晚期。

八、楚郢都的礼制文化

《史记·楚世家》记载，西周成王时，封楚熊绎为楚子，居丹阳。公元前689年，楚文王迁都郢。公元前504年，楚昭王为避吴国之势，迁都于鄀，不久又返回郢都。公元前278年，秦将白起拔郢，楚顷襄王被迫东迁于陈（今河南淮阳）。公元前253年，楚考烈王迁都钜阳（今安徽太和东南），公元前241年，最后迁都寿春（今安徽寿县）。

对于楚的居地，清华简《楚居》则有另外的记载，比较详细地记述了从楚先祖季连到悼王、肃王时的居地都邑[①]。《楚居》所记季连时期的事迹属于神话传说，与历史文献所记楚的神话传说一样，不能完全作为信史。从鬻熊（即《楚居》中的“穴酓”）时期开始，已进入有据可考的信史时期，虽然有些居处的具体地点学界仍存争议，还难以确指，但依据较丰富的历史文献和考古资料进行考察，应当能厘清可信的线索。简文所记，季连、鬻熊至熊狂均居于京宗，至熊绎徙居夷屯，至熊渠尽居夷屯。熊渠之后直到若敖熊仪又先后迁居发渐、旁屽、乔多，若敖熊仪徙居鄀，熊仪之后蚡冒自鄀徙居焚，宵敖自焚徙居宵。“至武王酓达自宵徙居免……乃渭疆涅之波而宇人焉，抵今曰郢。”武王所居“免”开始称“免郢”，以后诸王所迁之居均称“某郢”，从武王到悼王的三百余年间，楚王迁居某“郢”的地名有十三处之多。可见，《楚居》所载楚王居处与《楚世家》所记不尽相同。《楚居》是战国时期楚人所写，应更接近于史实。

（一）楚始封建国之都夷屯

《史记·楚世家》记：“熊绎当周成王之时，举文武勤劳之后嗣，而封熊绎于楚蛮，封以子男之田，姓芈氏，居丹阳。”《楚居》中没有记载丹阳，而是说熊绎徙于夷屯。《楚世家》所说的丹阳应该是泛指，即指丹水之阳的广泛区域，夷屯则是具体地点。实际上，夷屯的方位也属

①清华大学出土文献研究与保护中心编，李学勤主编：《清华大学藏战国竹简（壹）》，中西书局，2010年。

于丹水之阳，熊绎是被周成王封回楚的老家，正式承认熊绎在这一地域的统治地位。《楚居》记载："至酓羴（绎）与屈紃（紃），思（使）若（鄀）嗌（嗌）卜遷（徙）于䢅（夷）宅（屯），为楩（楩—便）室=（室，室）既成，无以内之，乃欃（窃）若（鄀）人之犝（犝）以祭。"熊绎使鄀嗌占卜选择夷屯居住，并在夷屯先构筑便室（即宗庙）进行祭祀[①]，这说明夷屯对楚来讲是一处非常重要的地点。《左传》庄公二十八年记："凡邑，有宗庙先君之主曰都，无曰邑。"《礼记·曲礼下》载："君子将营宫室，宗庙为先，厩库为次，居室为后。"《墨子·明鬼下》载："昔者虞夏商周三代之圣王，其始建国营都日，必择国之正坛，置以为宗庙。"因熊绎被正式封为诸侯，营建国都首先要筑宗庙，这正说明夷屯是楚正式封国建都之地，是楚国的第一座都城。从熊绎使鄀嗌占卜都邑位置、宗庙建成后又窃鄀人之牛以祭来看，夷屯的具体位置应与鄀地邻近。《左传·僖公二十五年》载："秋，秦、晋伐鄀。楚斗克、屈御寇以申、息之师戍商密。秦人过析隈，入而系舆人以围商密，昏而傅焉。宵，坎血加书，伪与子仪、子边盟者。商密人惧曰：'秦取析矣，戍人反矣。'乃降秦师。秦师囚申公子仪、息公子边以归。"晋杜预注："鄀本在商密，秦、楚界上小国，其后迁于南郡鄀县。"又注："商密，鄀别邑，今南乡丹水县。"孔颖达疏："言本在商密者，据在后移都，称旧鄀以为本耳。"鄀旧都本在商密，即汉晋时期的南乡丹水县，亦即今河南淅川。熊绎所徙的夷屯近鄀，只能是邻近鄀之旧都商密，应在鄀国地域之西的丹江流域。如此可知，《楚世家》说熊绎居丹阳应是泛指，而《楚居》记熊绎徙夷屯则是实录，夷屯是楚正式封国建都之地，是楚国的第一座都城。

（二）春秋时期的郢都地望

《史记·楚世家》载："子文王熊赀立，始都郢。"唐张守节《正

---

①陈伟：《清华简〈楚居〉"楩室"故事小考》，简帛网：http://www./show-article.php?id=1398，2011年2月3日。

义》引《括地志》云："纪南故城在荆州江陵县北十五里。杜预云：国都于郢，今南郡江陵县北纪南城是也。"自此以后，传统的观点一直将楚郢都认定在江陵纪南城。但是，经过对纪南城的考古发掘，证实其时代属于战国时期，那么春秋时期的楚郢都在何处？清华简《楚居》给我们提供了重要线索。《楚居》记载，熊仪之后蚡冒自鄀徙居焚，宵敖自焚徙居宵，之后的武王、文王数迁诸"郢"，至庄敖由免郢福丘迁居鄀郢。前已述明，西周时期的鄀是丹淅之会的商密之鄀，春秋时期已迁于南郡，因此，春秋时期庄敖所迁居的"鄀郢"应在南郡。春秋早期宵敖徙居"宵"，根据湖南里耶秦简所记[①]，宵地应在湖北荆门以北、宜城之南地域，说明春秋早期楚已进入这一地区。那么，宵敖与庄敖之间的武王、文王所迁居的诸"郢"也应在宜城平原或邻近区域。

春秋时期的诸"郢"应在宜城平原一带，还可从春秋时期吴伐楚入郢的战争来分析。《左传·定公四年》载："冬，蔡侯、吴子、唐侯伐楚，舍舟于淮汭，自豫章与楚夹汉。左司马戌谓子常曰：'子沿汉而与之上下，我悉方城外以毁其舟……必大败之。'"结果还是楚大败，吴五战而攻入郢都，"楚子涉睢济江，入于云中"，后又逃到郧、随。此后楚国凭借秦国援助击退吴兵，昭王才返回郢都。后二年，吴再次攻楚，《左传·定公六年》载："四月己丑，吴太子终累败楚舟师，获番子臣、小惟子及大夫七人。楚国大惕，惧亡。……于是乎迁郢于鄀。"《左传》明确记载，吴军攻楚并不是由长江而上，而是由淮河西进，再由淮河上游往南攻楚之郢都[②]。假如此时期的郢都在江陵纪南城，有些事件就不好理解。如吴军第一次攻入郢都，昭王向西逃至"睢"，即今当阳、枝江的沮漳河一带，这可以理解。后又"涉睢济江，入于云中"，"云中"即云梦

①湖南省文物考古研究所、湘西土家族苗族自治州文物处、龙山县文物管理所：《湖南龙山里耶战国——秦代古城一号井发掘简报》，《文物》2003年1期，第4—35页。

②石泉：《从春秋吴师入郢之役看古代荆楚地理》，《古代荆楚地理新探》，武汉大学出版社，1988年，第355—416页。

泽，在纪南城之东，昭王为何先逃至纪南城之西的“睢”，又向东偷越吴占领区而逃到云梦泽呢？这是不好解释的。当然，如果将此时的郢都定在沮漳河流域，也还说得过去，但是，这与吴军再次攻楚，昭王“迁郢于鄀”不能相符。因吴军是由淮河上游向南进攻楚的，假如此时的都城在江陵纪南城或在沮漳河流域，楚惧怕吴再次攻郢都，昭王怎么会迎着吴进军之锋而逃至鄀呢[①]，这不是自取灭亡之举吗？由《左传》所记述的这两次楚吴战争来看，春秋时期的郢都肯定不会在江陵纪南城或沮漳河流域。若将春秋时期的楚郢都确定在宜城平原，《左传》所记载的昭王时期楚吴两次战争则可得到合理的解释。昭王十年（前506），吴军由淮河上游第一次攻入郢都，昭王由宜城郢都向南逃至沮漳河一带，季家湖古城正在此地，并且此城有可能是景之定之封邑[②]，景之定是楚平王之子，与楚昭王是兄弟，昭王正是奔其兄弟景之定而来。后又转经云梦至郧和随，郧、随都是楚之同盟国，郧、随果然救了昭王之性命。昭王十二年（前504），吴再次攻楚，楚昭王去郢，北徙于鄀，此鄀应是商密之鄀。清华简《楚居》中，熊仪所徙商密之“鄀”单称“鄀”，庄敖迁居南郡之“鄀”称为“鄀郢”，以示区别。以此来看，《左传》所记昭王“迁郢于鄀”必是商密之“鄀”，因上一次吴攻入郢都，是得到秦国援助才击败吴军，解救了楚国之困，商密之鄀近秦，大概昭王还是想借秦军之力以御吴军，所以才北迁商密之鄀以近秦。

---

①对于楚昭王迁都南郡之鄀的观点，童书业先生曾提出质疑，徐少华先生对此作过较详细的论证。参见童书业：《春秋左传研究》第一卷“春秋楚‘鄀都’”条，上海人民出版社，1980年，第234—236页；徐少华：《古鄀国、鄀县及楚鄀都地望辨析》，武汉大学历史地理研究所编：《石泉先生九十诞辰纪念文集》，湖北人民出版社，2007年，第276—289页。

②当阳季家湖古城出土有“竞之定”编钟及钟架构件，此古城有可能是“竞之定”封邑。李学勤先生考证，“竞之定”即“景之定”，也即“景平王之定”，与楚昭王是兄弟，均是楚平王之子。李学勤：《论“景之定”及有关史事》，《文物》2008年第2期第56—58页。

春秋时期的诸“郢”在宜城平原，也可用考古资料来印证。目前在宜城平原一带已发现多处春秋时期的楚文化遗址，有些遗址面积比较大，堆积比较厚，内涵比较丰富，从所处地理位置及地貌形势来看，其中的一些大遗址有可能就是楚武王、文王时期所居的诸“郢”。如宜城楚皇城以西12公里处的郭家岗遗址[①]，遗址面积达120万平方米，处于四周低洼的高台地上。在郭家岗遗址西北数千米的朱市曾发现“蔡大膳夫”簠和鼎[②]，在朱市西约4千米的南漳与宜城交界的安乐堰还出土了“蔡侯朱之缶”青铜器[③]。徐少华先生根据《左传》等文献记载，认为楚文王伐蔡时，“虏蔡哀侯以归，哀侯留九岁，死于楚”[④]。“蔡大膳夫”簠和鼎“亦可能是楚文王虏蔡哀侯以归时随蔡哀侯一并带入楚地的器物”。又认为，“‘蔡侯朱’，当即《春秋》昭公二十一年所载‘冬，蔡侯朱出奔楚’者”，“蔡侯朱未能复国，其后可能客死于楚”，且“蔡哀侯、蔡侯朱均先后客居于楚，他们的居地，当在楚郢都或其附近不远。”[⑤]湖北省考古研究所在安乐堰东侧进行考古调查，发现春秋时期的杨家台遗址[⑥]，遗址处于高台地上，四周由环壕环绕，环壕南侧、东侧发现有进入遗址的阶梯状遗迹，环壕与遗址南侧、东侧的古河道相通。据曾经调查、发掘过这一带遗址的王然先生、徐少华先生介绍，从杨家台遗址到楚皇城一带有好几处这样大的遗址，所以我们推测《楚居》所载的楚武王、文王所居的诸“郢”有可能就在这一带。《楚居》载：“至武王酓

①武汉大学历史系考古教研室、湖北省宜城市博物馆：《湖北宜城郭家岗遗址发掘》，《考古学报》1997年第4期，第515—551页。

②襄樊市博物馆：《湖北宜城出土蔡国青铜器》，《考古》1989年第11期，第1041—1044页。

③仲卿：《湖北襄阳专区发现的两件铜器》，《文物》1962年第11期，第64页。

④《史记·管蔡世家》，第1566页。

⑤徐少华：《从南漳宜城出土的几批蔡器谈春秋楚郢都地望》，楚文化研究会编：《楚文化研究论集》第六集，第157—167页。

⑥湖北省文物考古研究所、宜城市博物馆、南漳县博物馆：《蛮河流域楚文化遗址调查简报》，《江汉考古》2017年第4期，第3—8页。

达自宵徙居免，焉始□□□□□福。众不容于免，乃渭疆涅之波而宇人焉，抵今曰郢。”整理者云：“渭，读为溃，毁坏。《国语·周语上》：‘川壅而溃，伤人必多。’疆涅，最初可能是泽名，经武王时治理而成居人之地，遂为地名。疆郢是免郢扩建的一部分，浑言之，疆郢、免郢无别，析言之，二者有先后大小之别。‘涅’字见于《玉篇·水部》：‘涅，泥也，淀也。’波，读为陂。《诗·泽陂》毛传：‘陂，泽障也。’宇人，使人居住，《诗·绵》传：‘宇，居也。’”依此看来，“疆涅”原是水泽较多之地，武王筑“泽障”而居住，“抵今曰郢”。又《左传·襄公十四年》杜预注“必城郢”云：“楚徙都郢，未有城郭。”从杨家台、郭家岗等大遗址所处时代、地理位置、地貌形势以及附近出土蔡侯王室重器来看，这些大遗址有可能就是楚武王、文王时期所居的诸“郢”所在。

《楚居》还记载了春秋晚期三代楚王曾居于秦溪之章华台：“至灵王自为郢徙居秦溪之上，以为处于章华之台。景平王即位，犹居秦溪之上。至昭王自秦溪之上徙居美郢，美郢徙居鄂郢，鄂郢徙袭为郢。阖庐入郢，焉复徙居秦溪之上，秦溪之上复徙袭美郢。”据此记载，楚灵王所建章华之台是在秦溪，秦溪与章华台同处一地。灵王之后的平王、昭王也曾居于秦溪，也就是说三代楚王都曾居于秦溪，可见秦溪之重要。秦溪在何处？《楚居》整理者云：“秦溪即乾溪，《左传》昭公六年：‘令尹子荡帅师伐吴，师于豫章，而次于乾谿。吴人败其师于房钟。’同书昭公十二年：‘楚子狩于州来，次于颍尾。使荡侯、潘子、司马督、嚣尹午、陵尹喜帅师围徐以惧吴。楚子次于乾谿，以为之援。’杜预注：‘在谯国城父县南。’即今安徽亳州市东南七十里，与城父村近。”现在的问题是“秦溪”是否即“乾溪”？《左传·昭公六年》杜预注乾溪“在谯国城父县南”，而《左传·昭公七年》杜预注章华台则是“台今在华容城内”。可见，同是杜预之注，但并没有将秦溪的章华台与乾溪归属一地，而是相距甚远的南北两地，由此可以确认，秦溪不会是乾溪。龙湾章华台遗址的发现印证了杜预注是正确的，那么，秦溪也肯定是在龙湾一带，而不会在今安徽的亳州。其实，楚灵王时期曾筑多处台观。《晏子春秋·内篇谏下》记载："昔者楚灵王作顷宫，三年未息也；又为章华之台，五年又不息也；乾溪之役，八年，百姓之力不足而自息也。灵王死于乾溪，而民不与君归。"《公羊传·昭公十三年》载："灵王无道，作乾谿之台，三年不成。"楚灵王时在各地筑有顷宫、章华之台和乾溪之台。按杜预注，章华之台"在华容城内"，即今湖北潜江龙湾，而乾溪之台"在谯国城父县南"，即今安徽亳州。可见，章华之台与乾溪之台本就不是一回事，秦溪也绝对不会是乾溪，秦溪肯定是在章华台所在的今龙湾一带。龙湾遗址规模大，范围广，周围发现多处春秋时期的遗址，又有庞大的章华台建筑群，春秋晚期的三代楚王均居于此地，因此推测，龙湾一带有可能也是楚国春秋晚期的一个政治中心①。

（三）战国时期郢都纪南城

长期以来对江陵纪南城做了大量的考古工作，主要发现的是战国时期的遗迹和遗物，而春秋时期的很少。现在基本可以确定，纪南城是战国时期的郢都②（图5–29）。

纪南城的整体形状与曲阜鲁故城相似，大小两城相套。外大城是郭城，东西长4.5公里，南北宽3.5公里。郭城四面城垣各设两座城门，其中南、东、北三面在古河道通过的城垣处各筑一座水门。郭城外有护城河。城内有四条古河道，在现今新桥河、朱河、龙桥河的位置各有一条，小城东边南北向有一条。

内小城是宫城，居郭城中部略偏东，现只探出东城垣750米，北城垣690米。在小城内已探明数十个大型宫殿台基，成组排列，分布似有一定规律。已发掘一座大型宫殿基址，墙基东西长63米，南北宽14米，四

①湖北省潜江博物馆、湖北省荆州博物馆：《潜江龙湾：1987~2001年龙湾遗址发掘报告》，文物出版社，2005年。

②湖北省博物馆：《楚都纪南城的勘查与发掘》，《考古学报》1982年第3、4期。

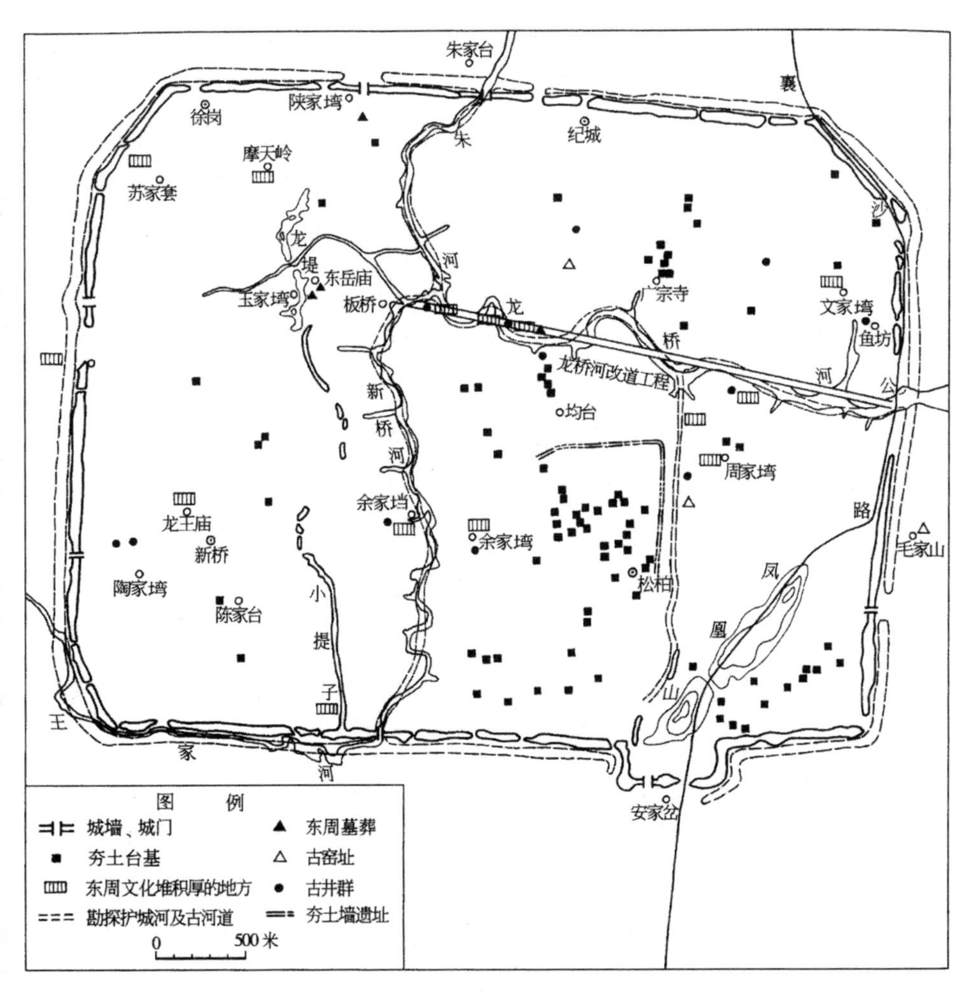

图5–29　湖北江陵楚郢都纪南城平面图

（采自湖北省博物馆:《楚都纪南城的勘查与发掘》[上]，第331页）

周布有廊柱及散水。

在郭城的东北部发现较多制陶、制瓦作坊遗址。郭城的西南部发现铸铜作坊遗址。西北部发现有春秋时期的小型墓葬。

城南有许多夯土台基，可能属祭祀遗址。在纪南城的东、北、西三面分布有众多楚墓地，西北部八岭山至纪山一带可能是王陵区。

（四）楚郢都的礼制文化研究

1. 郭城"一门三道"建制

《考工记》记载，周天子的王城城门是一门三道之制，郑玄注云："国中，城内也，经纬为涂也，经纬之涂皆容方九轨。"贾公彦疏云："南北之道为经，东西之道为纬，王城面有三门，门有三涂，男子由右，女子由左，车从中央。"一门三涂，三门九涂，每涂可并行三辆车，三涂可并行九辆车，这样才形成城内"九经九纬，经涂九轨"之布局。考古发现的东周列国都城，只有楚郢都纪南城是按一门三道之制而建的。纪南城的西墙北门，中央门道较宽，当时车辙宽1.8米左右，完全可以并行三辆车，只是两旁门道略窄，不能并行三辆车，有别于王城的规划礼制（图5-30）。经发掘，南垣西门是一座水门，筑于古河道的入城处，在河道内竖立四排木桩，将河道分成三条水道，道宽3.3—3.4米，上部应有城门楼之类的建筑，成为一门三道的水上城门（图5-31）。一门三道之制，从设计上取左右对称，使行者升降有上下之别，实际上也是以此突出帝王之地位。所以此制度成为后来都城建制之通制。

2. 宫城"三门三朝"建制

从文献记载考证，楚的宫城也是"三门三朝"建制。《韩非子·外储说右上》载："荆庄王有茅门之法曰：'群臣大夫诸公子入朝，马蹄践霤者，廷理斩其辀，戮其御。'"《太平御览·刑部》又称之为"弟门"："韩子曰，楚国法，太子不得乘车至弟门。"在先秦，"茅""弟"通用假借，"弟门"也即诸侯三门中的"雉门"。许慎《说文·隹部》："鴺，古文雉，从弟。"段玉裁注："弟声。"由此可证，楚之"茅门"即"弟门"，也即"雉门"。既然有中之雉门（茅门），必然也有内之路门和外之库门。《左传·宣公十四年》记楚庄王闻宋杀楚使，"投袂而起，屦及于窒皇，剑及于寝门之外"。寝门即路寝之门，亦即路门。《说苑·奉使》载，楚昭王十年，伍子胥引吴师攻入郢都，"子胥亲射宫门"。此宫门应是楚宫城的外门，也即库门。由此可证，楚宫城也是三门之制。楚宫城有

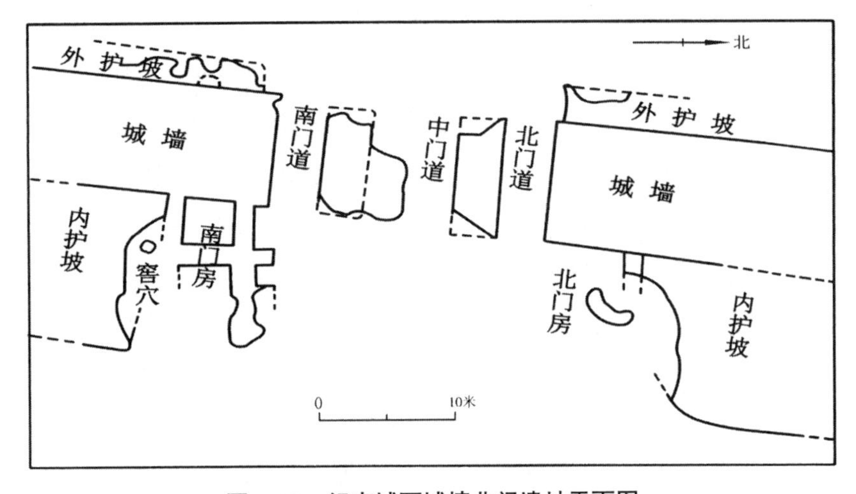

图5-30　纪南城西城墙北门遗址平面图

（采自刘庆柱：《中国古代都城考古发现与研究》[上]，第215页）

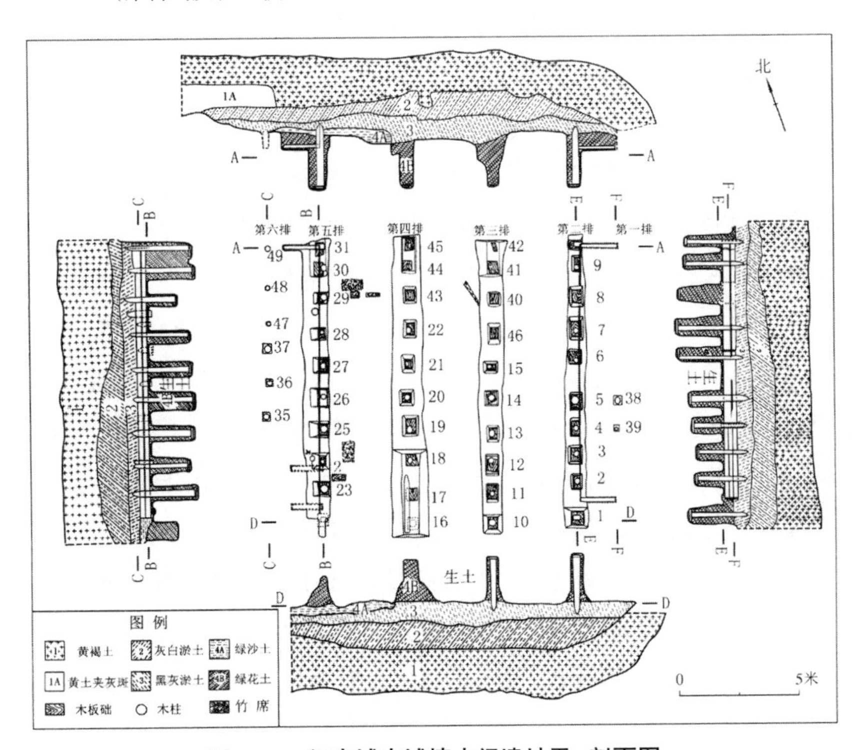

图5-31　纪南城南城墙水门遗址平、剖面图

（采自刘庆柱：《中国古代都城考古发现与研究》[上]，第216页）

三门，也应有三朝。《礼记·曲礼》孔颖达疏云：“凡天子三朝，其一在路门内，谓之燕朝……其二是路门外之朝，谓之治朝……其三是皋门之内，库门之外，谓之外朝……则天子、诸侯皆三朝也。”关于三朝的用途，任启运《朝庙宫室考》云：“内朝，路寝也，又谓燕朝，宗人嘉事行于此；治朝，日听政事所在；外朝，则有大政询万民之朝也。”楚茅门之法规定，“群臣大夫诸公子入朝”不能践霤，此朝在茅门（雉门）之内，应是治朝，是楚之群臣、大夫、诸公子入朝听政之所。茅门之外、宫门之内楚也称之为“廷”，所设官吏称“廷理”，经学家已考证“廷”即“朝”，所以，茅门之外、宫门之内应是外朝。《吕氏春秋·行论》在记述《左传·宣公十四年》所记楚庄王闻宋杀楚使的故事时，将“窒皇”改作“庭”，杨伯峻《春秋左传注》则注释为路寝前之庭①，郑玄注曰“燕朝，朝于路寝之庭”②。由此可证，楚宫之“窒皇”即燕朝。楚宫城正好是三门三朝之制。

3. 郢都祖庙和社稷建制

据文献记载，楚郢都内也设有祖庙和社稷。《左传·襄公十三年》载，楚共王临终前告大夫曰：“所以从先君于祢庙者，请为‘灵’若‘厉’，大夫择焉。”《左传·昭公元年》载，楚公子围聘于郑，“围布几筵，告于庄、共之庙而来”。又《左传·昭公十三年》载，楚共王为立嫡子主社稷，“乃埋璧于太室之庭”。杜预注：“太室，祖庙。”《韩非子·外储说右上》载：“荆庄王有茅门之法曰：‘群臣大夫诸公子入朝，马蹄践霤者，廷理斩其辀，戮其御。’于是，太子入朝，马蹄践霤，廷理斩其辀，戮其御。太子怒，入为王泣曰：‘为我诛戮廷理。’王曰：‘法者，所以敬宗庙，尊社稷。故能立法从令，尊敬社稷者，社稷之臣也，焉可诛也！’”既然楚国所设“茅门之法”涉及“敬宗庙尊社稷”，那么在茅门（即雉门）左右有可能为“左祖右社”建制。另外，纪南城附近贵族墓出土的

①杨伯峻：《春秋左传注》，中华书局，2018年，第647页。

②《周礼·太仆》郑玄注，阮元：《十三经注疏》，第852页。

竹简中，有相当多祭祖、祭社的记录。经研究发现，楚国祭祖祭社的方式、职掌祭祀的官吏以及祭名等多与周礼同[①]。既然如此，其祖庙和社稷的建筑格局也应遵循周制。

4. 楚国的商品货币经济

郢都内还设有进行贸易的市。《史记·循吏列传》载，楚庄王改革币制，造成市乱，“孙叔敖出一言，郢市复”。当时还有“蒲胥之市”[②]，昭王时有“刀俎之肆”“屠羊之肆”[③]等。有关市的位置，有学者认为，纪南城宫城北有许多手工业作坊遗址，郢都之市应在此附近，符合“面朝后市”之制。

楚国的货币有黄金币、铜布币和铜贝币（图5-32）。

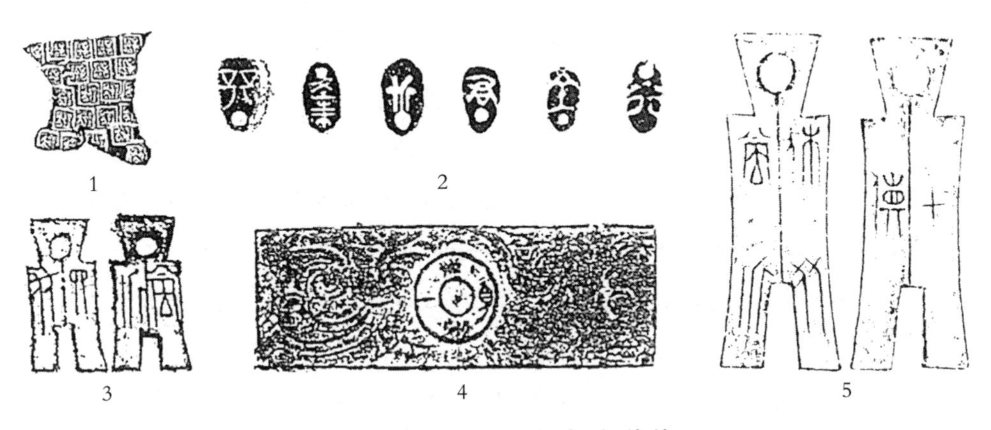

图5-32　楚国金币、贝币、布币、钱牌

1.“郢爰”金币　2.铜贝币　3.“四比当釿”布币　4.“良金一朱”钱牌　5.“旆比当釿”布币

（1、2、3、4.采自袁行霈、严文明、张传玺等主编：《中华文明史》第一卷，北京大学出版社，2006年，第291页；5.采自国家文物局《中国古钱谱》编撰组：《中国古钱谱》，第82页）

①彭浩：《包山二号楚墓卜筮和祭祷竹简的初步研究》，湖北省荆沙铁路考古队编：《包山楚墓》（上）附录二三，文物出版社，1991年，第555—563页。

②《左传·宣公十四年》，阮元：《十三经注疏》，第1886页。

③〔汉〕韩婴：《韩诗外传》卷八，〔明〕程荣纂辑：《汉魏丛书》，吉林大学出版社，1992年，第57页。

金币 《国策·楚策一》和《管子》的《地数》《揆度》《轻重》等篇记载，楚国的汝、汉流域多出黄金，这种自然条件使楚国多金币。楚国的金币多圆形饼金和龟版形版金，还有少数瓦状的版金。饼金多切割成半圆形或三角形碎块，版金有的切割成小方块。

版金上多有戳印，目前发现有“郢爰”“陈爰”“鄟爰”“鬲爰”“卢金”。前一字是地名，“郢”是东周时期楚国的都城，“郢爰”应是楚都郢时所铸行。“陈”则是公元前278年秦拔郢后所迁之都，“陈爰”应是楚都陈时所铸行。其他几个地名的地望还不清楚。

版金的大小、重量及戳印数不甚一致。龟版形金正面戳印有15—22个不等，每块重量在251—280克，平均重量相当于楚的一斤。瓦形金的戳印数及重量相差悬殊，如江苏盱眙出的三块，大的长宽为12厘米×8厘米，重610克，戳印“郢爰”60个；中等的长宽10.4厘米×7.9厘米，重466.3克，戳印46个；小的长宽5.5厘米×4.9厘米，重124.8克，戳印11个。楚国的金币是一种称量货币，楚墓中经常出一种小天平，应是称黄金用的。

在河南扶沟、襄城和江苏盱眙等地，与楚国金币同出的还有马蹄金①。这表明，马蹄金也有可能在战国时期就出现了。

铜贝币 是楚国最常用的货币，流通量极大。目前发现铜贝币上的文字有十几种，有些还不认识，或释法不一；有的虽释出来了，但又不明其意。自宋代以来，因其文字不可识，习称为蚁鼻钱，后又习称为鬼脸钱，其实这种铜币是仿自海贝。

布币 楚国布币形态与中原小方足布有些相似，首部有一圆孔。分大小两种，均有币文。大型面文为“旆比当釿”，意即大币当一釿；背文为“十货”，意即一个大币当十个贝币。小型面文为“四比”，背文为“当釿”，

①河南省博物馆、扶沟县文化馆：《河南扶沟古城村出土的楚金银币》，《文物》1980年第10期，第61—66页；郭建邦：《河南襄城出土一批古代金币》，《文物》1986年第10期，第87—90页；姚迁：《江苏盱眙南窑庄楚汉文物窖藏》，《文物》1982年第11期，第5—12页。

意即小币四个当一釿。经实测，大型币重约31—37克，小型重约7.5克，铜贝重约2.5—3.5克，其重量之比约为1∶4∶10，与自铭之比大体一致。楚国的布币流传量很少，多出土于长江下游的安徽及江浙一带，这些地区多是战国中晚期归入楚国的，所以楚国的布币当属于战国中晚期。

在湖北的大冶、阳新、蕲春还出土过长方形铜牌[①]，中部铸出凸起的圆币形，有“良金四朱”“良金二朱”“良金一朱”三种面文。“良金”又有释为“视金”者，即视同或比照黄金之意[②]。此也应是楚国的一种货币。

5. 纪南城周边的“族坟墓”建制

周代实行宗法制，通过血缘的亲疏远近及分封制度形成以周天子为主导的统治体系，成为维护等级制度及社会秩序的重要组成部分。在宗法制下，人们聚族而居，死后合族而葬，由此形成了族葬墓地，即“族坟墓”。

《周礼·地官·大司徒》载：“以本俗六安万民……二曰族坟墓。”郑玄注：“族，犹类也。同宗者，生相近，死相迫。”据《周礼》记载，周代族葬墓地分为两种，一种叫“公墓”，一种叫“邦墓”。《周礼·春官·冢人》载：“冢人掌公墓之地，辨其兆域而为之图，先王之葬居中，以昭穆为左右。凡诸侯居左右以前，卿大夫士居后，各以其族。……以爵等为丘封之度，与其树数。”郑玄注：“图，谓画其地形及丘垄所处而藏之。先王造茔者，昭居左，穆居右，夹处东西。子孙各就其所出王，以尊卑处其前后，而亦并昭穆。”以此来看，“公墓”是以周王室、诸侯为主的高级贵族墓地，隶属于王室、诸侯同宗的卿大夫和士也按照尊卑并以昭穆之序葬入各自“公墓”。公墓地由冢人掌管：事先确定墓地范围

---

①大冶县博物馆：《大冶县出土战国窖藏青铜器》，《江汉考古》1989年第3期，第18—21页；汪宗耀、张寿来：《湖北蕲春县出土一批战国青铜器》，《文物》1990年第1期，第93—94页；费世华：《湖北阳新出土良金铜钱牌》，《中国钱币》1990年第3期，第35页。

②黄锡全：《楚铜钱牌“见金”应读“视金”》，《中国钱币》1999年2期，第6—7页。

进行规划，制成兆域位置图，死者按照宗法关系安排墓位。

《周礼·春官·墓大夫》载："墓大夫掌凡邦墓之地域，为之图，令国民族葬，而掌其禁令，正其位，掌其度数，使皆有私地域。"郑玄注："凡邦中之墓地，万民所葬地。族葬，各从其亲。……古者万民墓地同处，分其地使皆有区域，得以族葬后相容。"贾公彦疏："经云族葬，则据五服之内亲者共为一所而葬，异族即别茔。""邦墓"是万民墓地，由墓大夫掌管：也要规划制定兆域图，根据宗法关系，五服之内的亲者同处一块墓地埋葬，五服之外者另处别茔。

《周礼》《仪礼》是战国时期成书的，所记族葬习俗基本是当时的实际。从目前的考古发现看，各地基本上均实行同族而葬的形式。东周时期，周王朝用以维系社会秩序的宗法制度逐渐松弛，等级制在动荡变革之中，从属于宗法制的族葬制也发生变化，虽遵循族葬制，但各诸侯国又有各自的独特性。楚国的族葬制既有与中原诸国相同的葬制，又表现出独特的族葬风俗。

纪南城为战国时期楚都城，其周边墓葬更能体现楚墓族葬制的特点。在纪南城周围数十公里的范围内，已发现数处集中的墓地。纪南城正西约4公里处，为八岭山墓区，此墓区分布有平头冢、冯家冢等大型陵墓，还有马山一带的中小型墓；纪南城西北约25公里处，为双冢、川店墓区，熊家冢楚墓在该区西北部；纪南城北11—16公里处，为纪山墓区，此墓区中部有大薛家洼大型陵墓及多处大土冢，在其周围还有藤店、望山、沙冢、郭家岗、尖山、冯家岗等20余处楚墓地，最北部还有包山古墓群，纪山一带构成了庞大的族葬墓群；纪南城东约0.5公里至10公里处发现雨台山墓区、九店墓区，主要是中小型墓；纪南城东约24公里处，为观音垱墓区，已发掘的天星观楚墓属于该墓区；纪南城南约2公里到3公里处，为拍马山墓区[①]。从纪南城周边楚墓的分布情况看，

①江陵县文物工作组：《湖北江陵楚冢调查》，《考古学集刊》第4集，第196—207页。

西部与北部实际是连成一片的高丘陵地带，主要是以大中型墓为主，可谓“公墓”区；东部与南部多是地势较低的河湖间岗地，主要分布小型墓，可谓“邦墓”区。从已发掘的墓葬时代看，西北部的公墓区多属战国中期，东、南部的邦墓区也多为战国时期，少数可早到春秋晚期（图5-33）。

（1）纪南城西北部“公墓”区

纪南城西北的公墓区又分为数处楚王陵与多处贵族墓地。楚王陵有熊家冢、冯家冢、平头冢、大薛家洼冢等，各处楚王陵之间都相距甚远，熊家冢位于纪南城西北约26公里处，冯家冢、平头冢位于纪南城西约7公里处，大薛家洼冢位于纪南城北约10公里处。每处楚王陵均为面积较宽阔的独立陵区，均有相似的陵园布局。各王陵之间还难以看出《周礼》所记“公墓”有序的排列关系。

熊家冢墓地 位于纪南城西北约26公里处的熊家冢墓地，由主墓、陪葬墓、殉葬墓、车马坑、祭祀坑与附属建筑等组成[①]。墓地中两座大型墓冢南北排列，南为主墓，北为陪葬墓，经勘查，两墓均设有东墓道，墓坑呈“甲”字形。在两墓西侧发现排列有序的车马坑共40余座，其中大车马坑靠近两冢，南北长132.6米，东西宽11—12米，坑内车辆分两排放置，排列有序，已发掘北半部，发现车43辆，马164匹，有一车六马驾、一车四马驾、一车两马驾等车型。在主冢的南侧发现4列24排计92座殉葬墓，排列整齐，间距相等，方向一致。已发掘南殉葬墓36座，其中35座是殉人，1座殉狗。距楚王冢越近的殉人墓出土玉器越多，说明地位也越高。陪葬墓北侧发现12排计46座殉葬墓，正是主墓殉葬墓的一半。坑位排列整齐，也是呈4列排列，墓葬规格也是近陪葬墓者高。在主墓

---

①荆州博物馆：《湖北荆州熊家冢墓地2006～2007年发掘简报》，《文物》2009年第4期，第4—25页；荆州博物馆：《湖北荆州熊家冢墓地2008年发掘简报》，《文物》2011年第2期，第4—19页；贾汉清：《熊家冢墓地》，荆州博物馆编著：《荆州重要考古发现》，文物出版社，2009年，第143—152页。

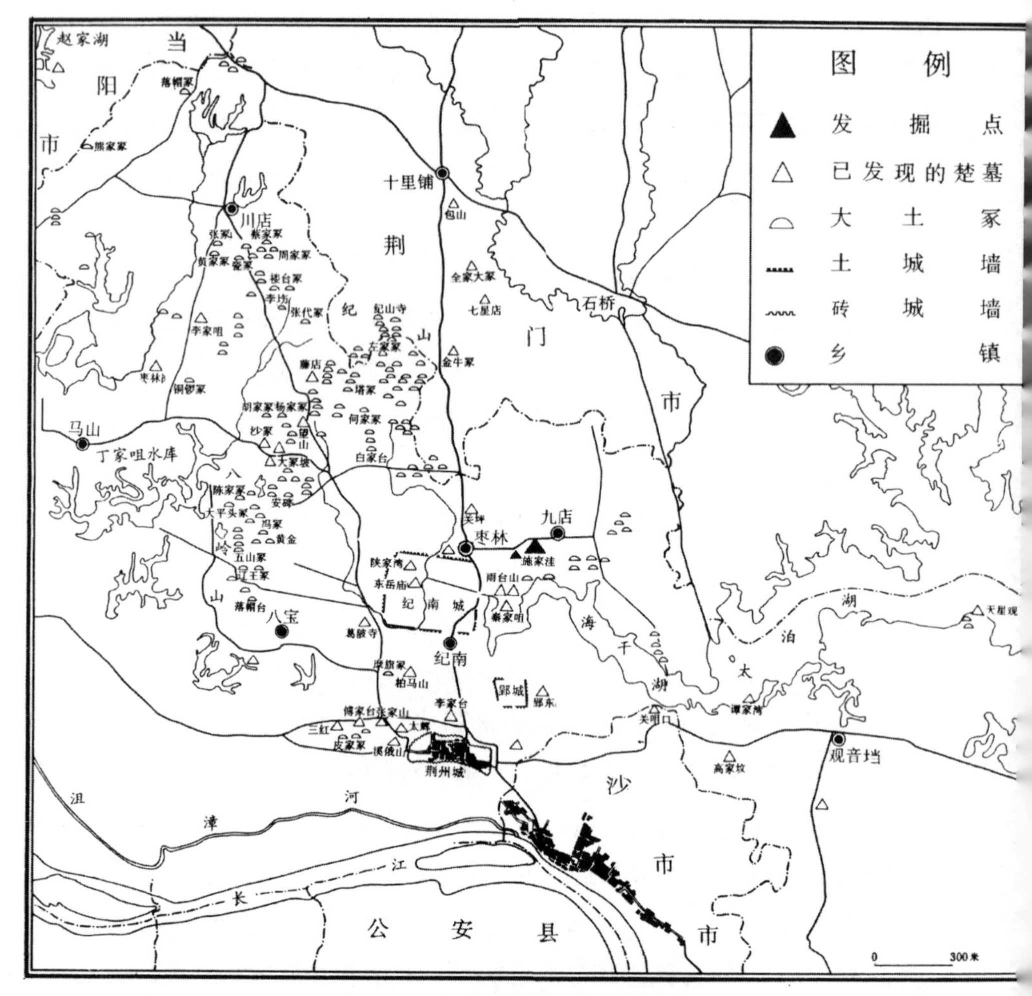

图5-33　纪南城周边东周墓葬分布图

（采自湖北省文物考古研究所编著：《江陵九店东周墓》，科学出版社，1995年，第2页）

侧还发现许多祭祀坑。已发现的祭祀坑主要分布在主墓南边、主墓与陪葬墓之间、主墓与车马坑之间以及车马坑北边。主墓南边的祭祀坑大体可分为5排，主墓与陪葬墓之间的祭祀坑可分为3排，主墓与车马坑之间的祭祀坑以及车马坑北边的祭祀坑则零星分布。发现的祭祀坑有100余座，多为圆形，少量为方形。在某些祭祀坑上或附近发现有柱洞遗存，可能是墓地的附属建筑，分布规律不明。已发掘5座祭祀坑，其中在2座方形祭祀坑底部各出土1件玉璧，在1座刀把形祭祀坑中出土1件玉璧、2件玉珩，在2座圆形祭祀坑中的1座内发现少量木质器物。在熊家冢陵墓周围0.5公里内没有发现墓冢或墓群[①]，说明熊家冢是一座独立的陵园。关于熊家冢陵墓的墓主，学界一般认为是楚王陵墓，南部主墓为楚王冢，北部陪葬墓为王后墓。学者对陪葬墓北侧一个殉葬墓中出土的铜鼎、铜壶进行了形态分析，认为其时代应属战国早期[②]。如依此推测，熊家冢墓地有可能是楚惠王与王后的陵园（图5–34、图5–35、图5–36）。

冯家冢墓地　位于纪南城西约7公里处的冯家冢墓地，平面布局与熊家冢墓地相似[③]。墓地中一大一小两墓冢南北排列，主冢位于南侧。两冢西侧发现有2座大型车马坑，大车马坑长约156米，宽约12—24米。主墓南侧发现东西4列、南北6排共24座殉葬墓，陪葬墓北侧发现东西4列、南北6排共24座殉葬墓，北殉葬墓北边探明有东西7列、南北10余排共70余座殉葬墓，坑位排列有序、规模相当、方向一致、间距相当，与熊家冢墓地的殉葬墓布局极为相似，应是遵循相同的丧葬礼制。已发掘北侧殉葬墓7座，墓内殉人为单棺葬，随葬有陶礼器、铜镜、玉石佩饰等。祭祀坑排列呈现出一定的规律性，其中JSK1—JSK3与JSK9分布于南冢西侧，大致呈南北向排列；JSK4—JSK8分布于北殉葬墓区与冯家冢二号墓封土之间，呈东西向“一”字形排列。祭祀坑均为竖井式土坑，大部分坑内填土中均包含1—2块较大的砂岩石，少量填土中夹杂陶器残片等，发掘的9座祭祀坑中仅JSK3和JSK6以玉器为祭品，其余7

①陈跃均、张世松：《熊家冢墓地调查收获》，楚文化研究会编：《楚文化研究论集》第八集，大象出版社，2009年，第332—342页。

②蒋鲁敬：《熊家冢楚王陵北殉M1出土的铜礼器》，楚文化研究会编：《楚文化研究论集》第十三集，上海古籍出版社，2018年，第127—137页。

③荆州博物馆：《湖北荆州八岭山冯家冢墓地考古勘探简报》，《文物》2015年第2期，第4—8页。

图5-34　熊家冢全景图

（采自荆州博物馆：《湖北荆州熊家冢墓地2006～2007年发掘简报》，第5页）

图5-35　熊家冢殉葬墓坑位图

（采自荆州博物馆：《湖北荆州熊家冢墓地2006～2007年发掘简报》，第5页）

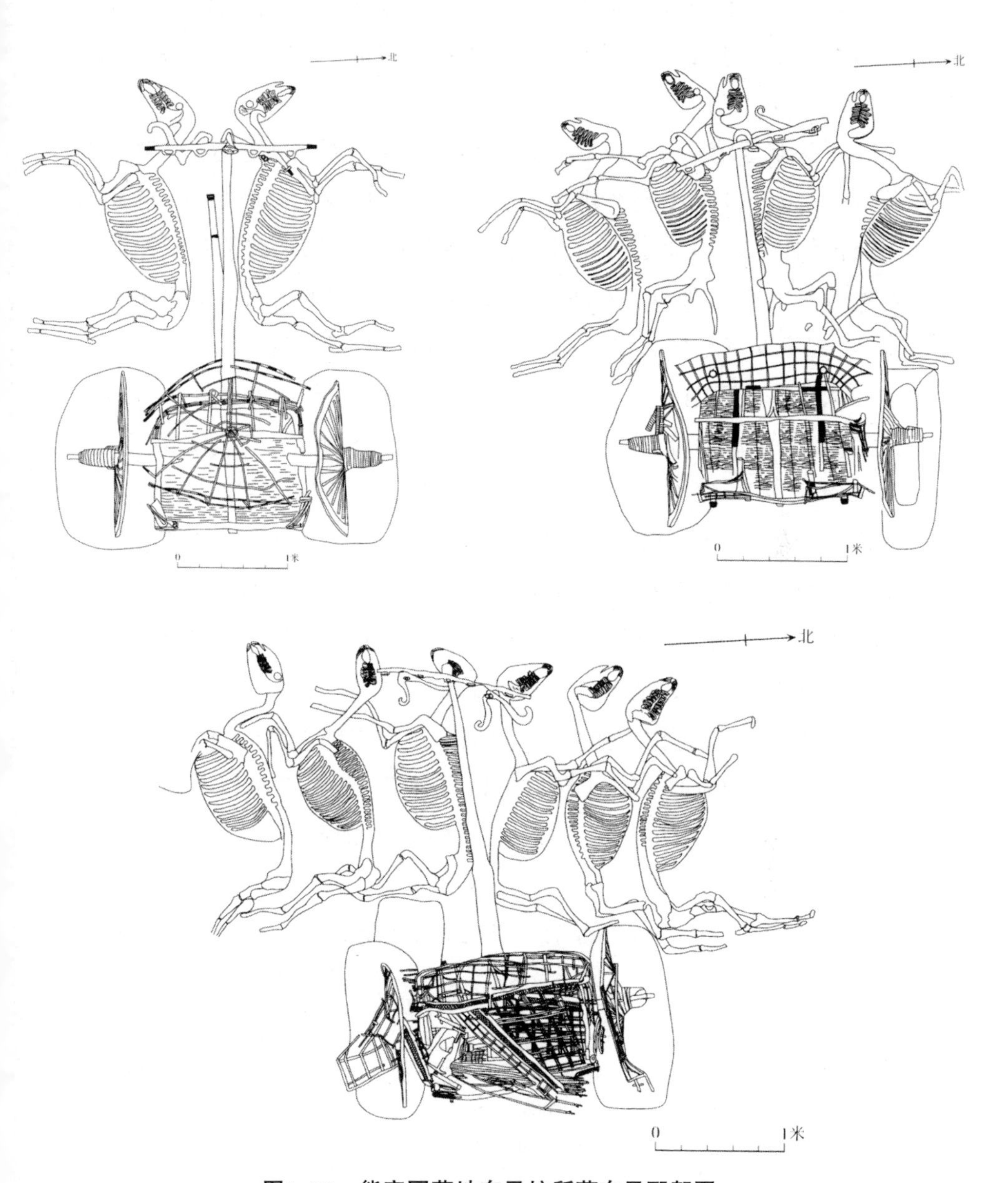

图5-36　熊家冢墓地车马坑所葬车马配驾图

（采自荆州博物馆:《湖北荆州熊家冢墓地2008年发掘简报》，第13、15页）

座中是否用易腐的有机物作为祭品，还有待进一步的考古工作[①]。推测冯家冢墓地为战国早期晚段至战国中期早段的一代楚王与王后陵墓[②]（图5–37）。

平头冢墓地　距冯家冢墓地北约1.4公里处是平头冢墓地，墓地中部也是一大一小两墓南北排列，两墓西侧发现2座大型车马坑，较大的一座长约138米，宽10.5—14米。还发现有50余座祭祀坑及陵园外围建筑痕迹[③]。但该墓地没有发现殉葬墓。此似乎表明平头冢墓地比熊家冢墓地、冯家冢墓地的时代要晚一些，应属战国中期偏晚。

大薛家洼墓地　位于纪南城北约13公里处的纪山大薛家洼墓地为人工修筑，由矩形台、台阶、祭坛、两大主墓及殉葬墓、车马坑组成。两主墓南北并列，现存较大覆斗形封土，墓坑为"甲"字形竖穴土坑墓，墓道位于东侧。主墓西侧有大型车马坑，呈南北长方形。在北墓北部，整齐排列40座殉葬墓，南北成行，东西成排，共10排4行，间距基本相等，大小、方向基本一致[④]。大薛家洼墓地的布局基本与熊家冢相似，应是一处战国时期的楚王与王后的陵园（图5–38）。

可以看出，战国时期的楚王陵虽都集中在纪南城的西北地区，但各王陵间相距甚远，在各王陵区域内只有王与王后两墓以及附属的殉葬墓、车马坑、祭祀坑和陵墓建筑，此种陵墓布局已同中原战国王陵一

---

①荆州博物馆：《湖北荆州八岭山冯家冢楚墓祭祀坑2013年发掘简报》，《文物》2015年第2期，第28—32页。

②荆州博物馆：《湖北荆州八岭山冯家冢墓地勘探简报》；荆州博物馆：《湖北荆州八岭山冯家冢楚墓2011～2012年发掘简报》，《文物》2015年第2期，第9—27页；赵晓斌：《荆州市八岭山冯家冢战国墓地》，中国考古学会编：《中国考古学年鉴2016》，中国社会科学出版社，2017年，第334—335页。

③刘德银、杨开勇：《荆州八岭山平头冢东周墓地》，中国考古学会编：《中国考古学年鉴2012》，文物出版社，2013年，第320—321页。

④荆门市博物馆：《纪山楚冢调查》，《江汉考古》1992年第1期，第19—27页；湖北省文物考古研究所：《2013年湖北省文物考古研究所考古工作主要收获》，《江汉考古》2014年第1期，第7—20页。

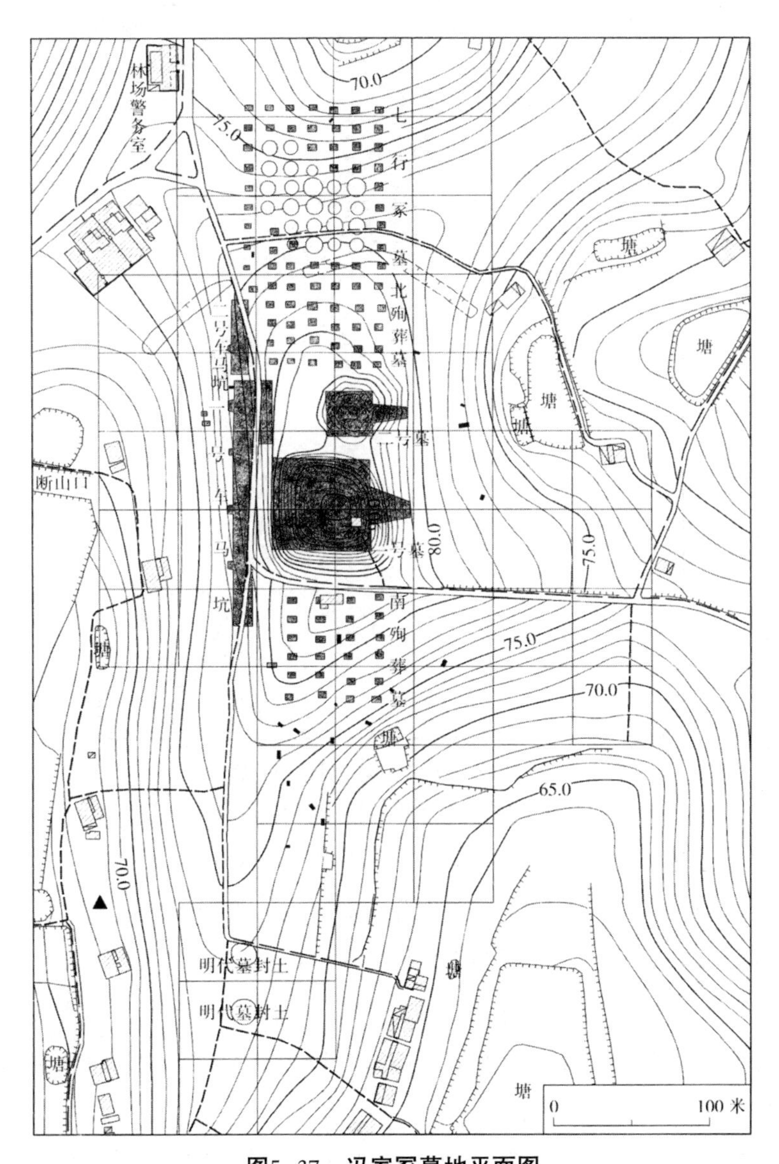

图5-37　冯家冢墓地平面图

（采自荆州博物馆：《湖北荆州八岭山冯家冢墓地勘探简报》，第6页）

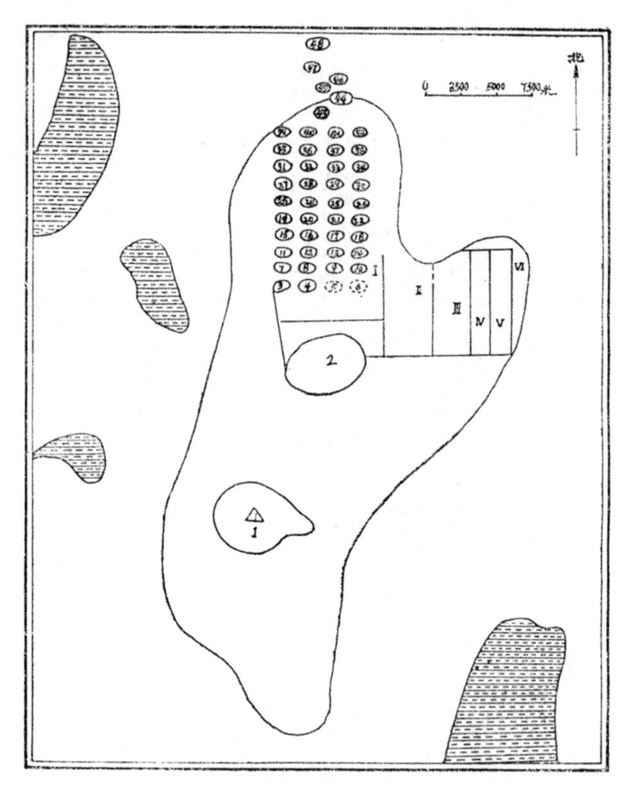

图5-38　大薛家洼墓地平面图

（采自荆门市博物馆：《纪山楚冢调查》，第22页）

样，形成了独立陵园制，以体现君王生前的权势和地位。

望山墓地　在楚王陵墓周边分布有属于王族的族葬墓地。望山M1所出简文记录了墓主邵固祭祀的先王有“柬大王”“圣王”“邵王”（即楚简王、声王和悼王），祭祀的先君有“东宅公”“王孙喿”。墓主邵固以悼为氏，应为悼王之后，望山墓地应是战国中期楚悼王之后支系的族葬墓地[①]。

包山墓地　根据包山M2所出遣策有关于下葬年代的明确记载：“大司马邵骮（即卓滑）救郙之岁，亯月丁亥之日，左尹（葬）。”据研

①湖北省文物考古研究所：《江陵望山沙冢楚墓》，文物出版社，1996年。

究，下葬的年代应为公元前316年（楚历六月二十五日），即战国中期楚怀王时期，竹简所记墓主是楚国左尹邵佗[①]，也以悼为氏，应是悼王之后的另一支族。包山墓地位于包山岗地之上，现存五个土冢，由南至北排列于岗脊中部的南北中轴线上，各墓除了M6为南北向之外，其他四座一律向东。M1、M2的封土堆紧邻，为一组；M4、M5位置相近，为一组。M1、M2位置南北并列，M4、M5亦如此（图5-39）。M2、M4出土大量兵器，而M1、M5则无兵器出土。据人骨鉴定，M2、M4为男性，M1、M5为女性[②]。因此M1、M2以及M4、M5都应该是夫妻异穴合葬。只是M1、M2中，女性墓在南，而M4、M5中，女性墓在北边。研究者认为，M2与M4是父子关系，其墓位呈“以昭穆为左右”[③]的关系。由于此墓地只有这两组墓，是否存在“左昭右穆”的辈分排列关系，还有待今后其他考古墓例来印证。

由上述望山墓地、包山墓地明确是楚王族支系的族葬墓地推测，纪南城西北部为战国时期以楚王陵为首的楚王族不同支系的“公墓”区。

天星观墓地　此墓地较为特殊。M1、M2两座高等级墓葬[④]远离楚王族“公墓”区，而位于纪南城东约24公里的长湖南岸岗地上。墓地由东向西排列着M1、M2（已淹于湖）及878、879、880、876号大土冢，形状如山，故此地附近的村子原名“五山大队”（图5-40）。已发掘的M1、M2均为大型竖穴土坑木椁墓，M1椁内分为七室，M2椁内分为五室。M1由于早期被盗，标示等级的随葬铜礼器所剩无几，M2出土铜器387

①湖北省荆沙铁路考古队：《包山楚墓》（上），第1—2页。

②湖北省荆沙铁路考古队：《包山楚墓》（上），第339—340页。

③胡雅丽：《包山二号楚墓所见葬制葬俗考》，湖北省荆沙铁路考古队：《包山楚墓》（上）附录一四，第466—476页。

④湖北省荆州地区博物馆：《江陵天星观1号楚墓》，《考古学报》1982年1期，第71—116页；湖北省荆州博物馆编著：《荆州天星观二号楚墓》，文物出版社，2003年。

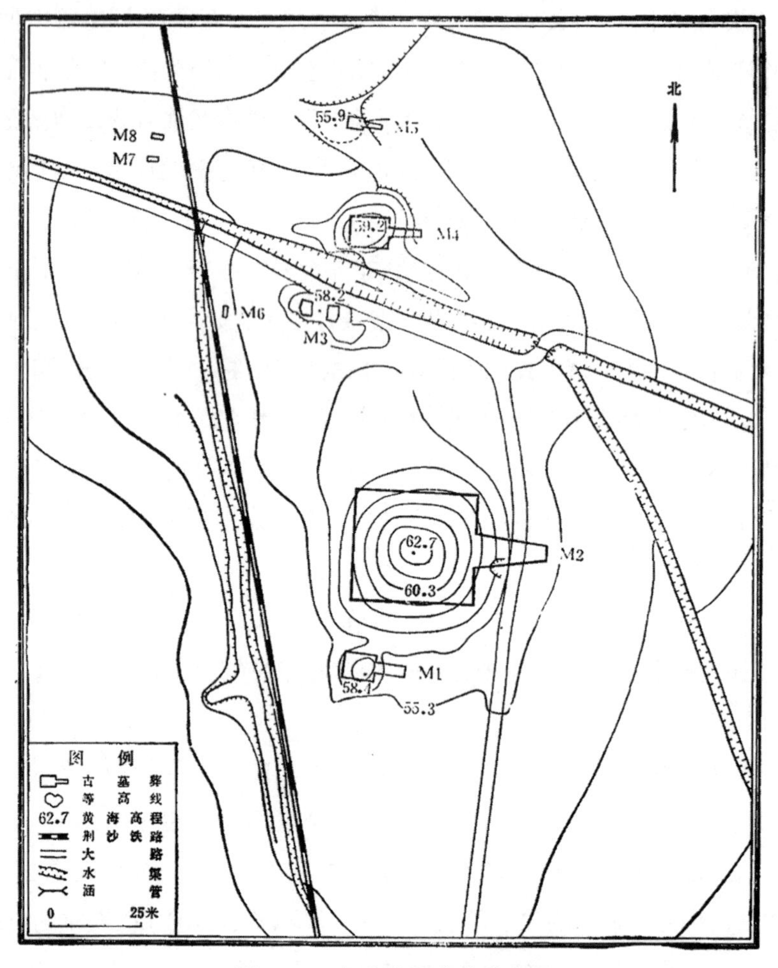

图5–39　包山墓地墓葬分布图

（采自湖北省荆沙铁路考古队：《包山楚墓》[上]，第3页）

件，其中代表等级的升鼎出土5件。据M1所出竹简所记，墓主为“邸阳君番勅”，为楚之封君。又记有“秦客公孙鞅问王于菽郢之岁”一语，公孙鞅即商鞅，公元前361年入秦，卒于公元前338年，该墓的年代无疑就在这一时期，属于楚宣王或楚威王之时①。《左传·文公元年》载，潘氏

①湖北省荆州地区博物馆：《江陵天星观1号楚墓》。

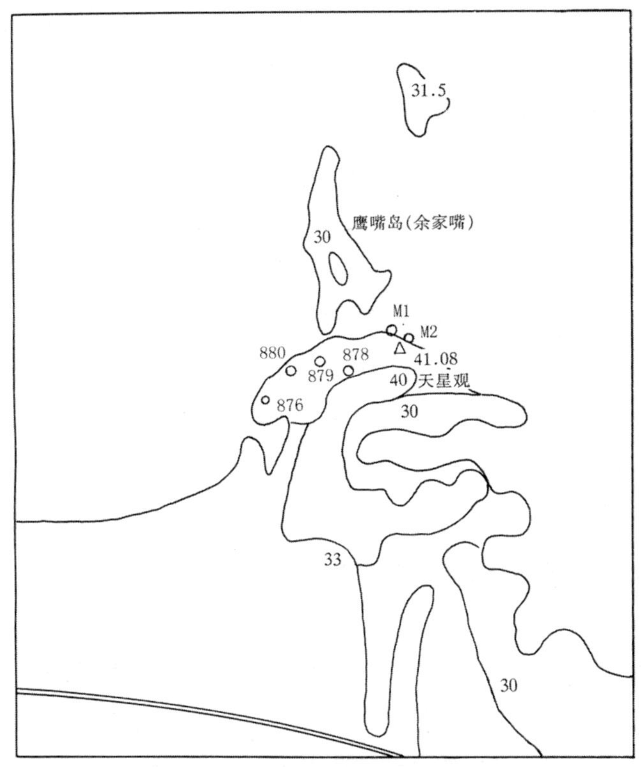

图5-40　天星观墓地地形示意图

（采自湖北省荆州博物馆：《荆州天星观二号楚墓》，第3页）

先祖潘崇为楚太子商臣之傅，楚成王末年，成王诸子争位，太子商臣听信潘崇之言，以宫兵围其父成王，成王被迫自缢，太子商臣自立为穆王。“穆王立，以其为太子之室与潘崇，使为大师，且掌环列之尹。”即穆王任命潘崇为大师，执掌守卫宫廷之职。穆王时，潘崇曾率兵伐麇，庄王初年，潘崇还率兵伐群舒①。可见潘氏也是楚国大族，天星观墓地应是战国时期潘氏族的“族坟墓”，M1墓主“邸阳君番勅”为楚之封君，M1、M2为夫妻并列葬。

从墓葬规模及墓主职位看，天星观M1、M2均高于望山M1和包山

①《春秋左传集解》，第421、422、476、495页。

M2，为何同属战国中期的天星观墓地要远离纪南城西北的“公墓”区，而选择在纪南城之东24公里远的低洼地带呢？这大概是受“族坟墓”制度所限。“族坟墓”是以族系、宗统而葬，纪南城西北部为楚王族不同支系的“公墓”区，而“邸阳君番勅”虽是封君，但其先祖潘崇只是楚王重臣，并不属于楚之族系，更不属于楚王族宗统，所以“邸阳君番勅”的墓地不能进入楚王族“公墓”区，而要另辟自己的“族坟墓”。由此也可印证“族坟墓”郑玄注：“族，犹类也。同宗者，生相近，死相迫。”这应是“族坟墓”的特质所在，“邸阳君番勅”不是楚族同宗，所以要另辟墓地。

（2）纪南城东部、南部“邦墓”区

在这一区域河湖间的多处岗地上发现有大小不等的墓地，以小型墓为主。已发掘墓葬最多、最集中的是纪南城东部雨台山、九店两处墓地。

雨台山墓地　此墓地的东、西两面紧临长湖，南面距长湖也只有约1.5公里，是一处三面环水的岗地，已发掘的558座墓葬分别由西向东分布在四道岗地上，形成四处集中的墓葬区[①]。各墓区的墓葬比较密集，排列有序，没发现有打破关系。头向以南向居多，其他朝向较少。墓地中部有少数几座有墓道的较大墓，周围均是小型墓。除四墓区北部较远的M555有封土之外，四墓区内的墓葬均没见封土。多见两墓并列葬，应属夫妻关系。墓内用棺椁的情况：一椁重棺墓2座（M354、M555），一椁两并棺墓2座，一椁一棺墓248座，单棺墓264座，无椁无棺墓14座，还有28座葬具不明墓。墓葬时代从春秋中期至战国晚期，具体可分为六期，春秋时期的墓葬数量较少，主要是战国早中期的墓。

从雨台山墓地墓葬排列有序，不存在打破关系看，此墓地应是预先规划好的。从墓的规模看，少数几座较大墓在墓地中部，众多小型

①湖北省荆州地区博物馆：《江陵雨台山楚墓》，文物出版社，1984年。

墓分列其周围。从数量看，小型墓居绝大多数。雨台山四处墓区的这些特点，可以印证“邦墓”郑玄注：“凡邦中之墓地，万民所葬地。族葬，各从其亲。……古者万民墓地同处，分其地使皆有区域，得以族葬后相容。”由此推测，雨台山这四处分布有序的小型墓地应属于“邦墓”地（图5-41）。

九店墓地　此墓地南距雨台山墓地约1.5公里，共发掘597座东周墓葬，分布在由东北向西南三处岗地上，形成Ⅰ、Ⅱ、Ⅲ三个集中埋葬的墓区①。考古报告根据各墓区的地形、地貌及墓葬的排列规律、疏密程度、方向等诸多因素，将各区墓又分为若干组。Ⅰ区分为七组，Ⅱ区分为九组，Ⅲ区发掘墓葬少，仅一组。由此判断，这三个墓区均是同族而葬的墓区，各区又根据同宗的亲疏关系分为数个紧密相邻墓地，这就是“分其地使各有区域，得以族葬”的邦墓地。九店墓地的时代从春秋晚期至战国晚期，分为四期七段，春秋晚期的只有3座，其余均属战国时期，以战国中期最多（图5-42）。

雨台山墓地和九店墓地表现出了楚国战国时期“邦墓”的特点，由此推测，纪南城东部、南部聚族而葬的小型墓地应均属“邦墓”地。

6. 两周时期“族坟墓”制度发展变化之大势

从楚国墓地的布局看，基本是遵循“族坟墓”的族葬制，但战国时期的楚王陵有了较大变化，已经形成独立陵园制，这一变化与中原各国王陵是同步的。

从考古发现来看，西周时期这种“族坟墓”制度是普遍存在的，尤其是各诸侯国国君墓地也基本遵循“族坟墓”制度。如宝鸡強国墓地是強氏宗族的墓地，墓葬可分为七个等级②，其中強伯墓的墓主是強氏宗族的嫡长，又是強国的国君，其墓规模最大。另外几代国君墓的葬制

---

①湖北省文物考古研究所编著：《江陵九店东周墓》，科学出版社，1995年。

②卢连成、胡智生：《宝鸡強国墓地》，文物出版社，1988年。

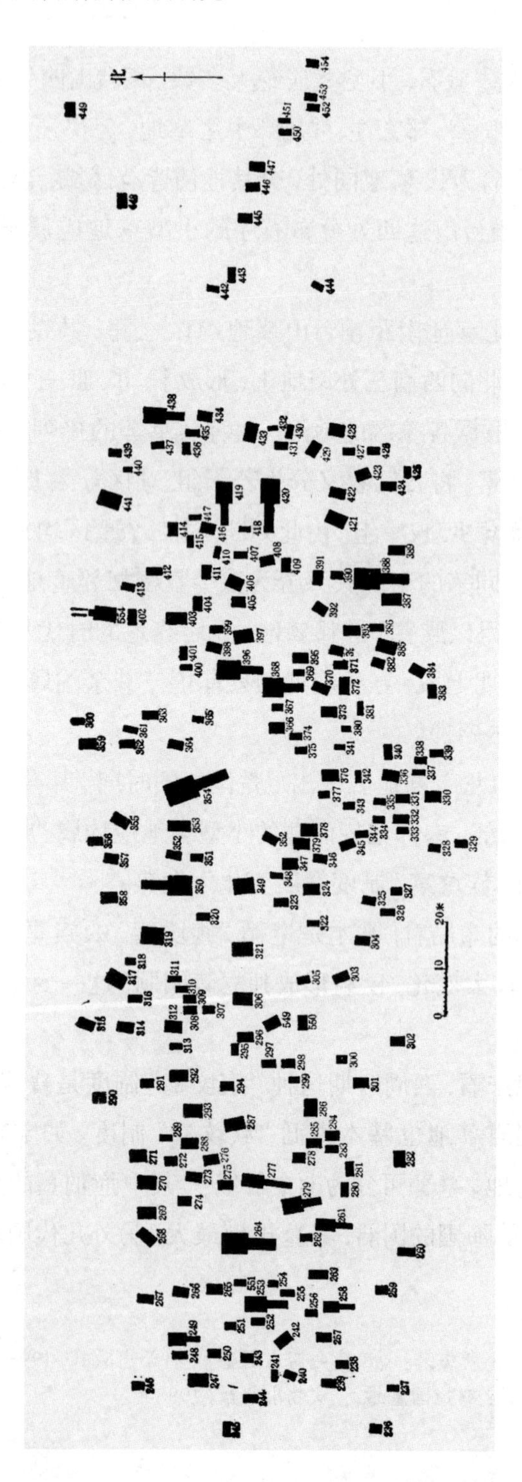

图5-41 雨台山第三岗地墓葬分布平面图

（采自湖北省荆州地区博物馆：《江陵雨台山楚墓》，第4页）

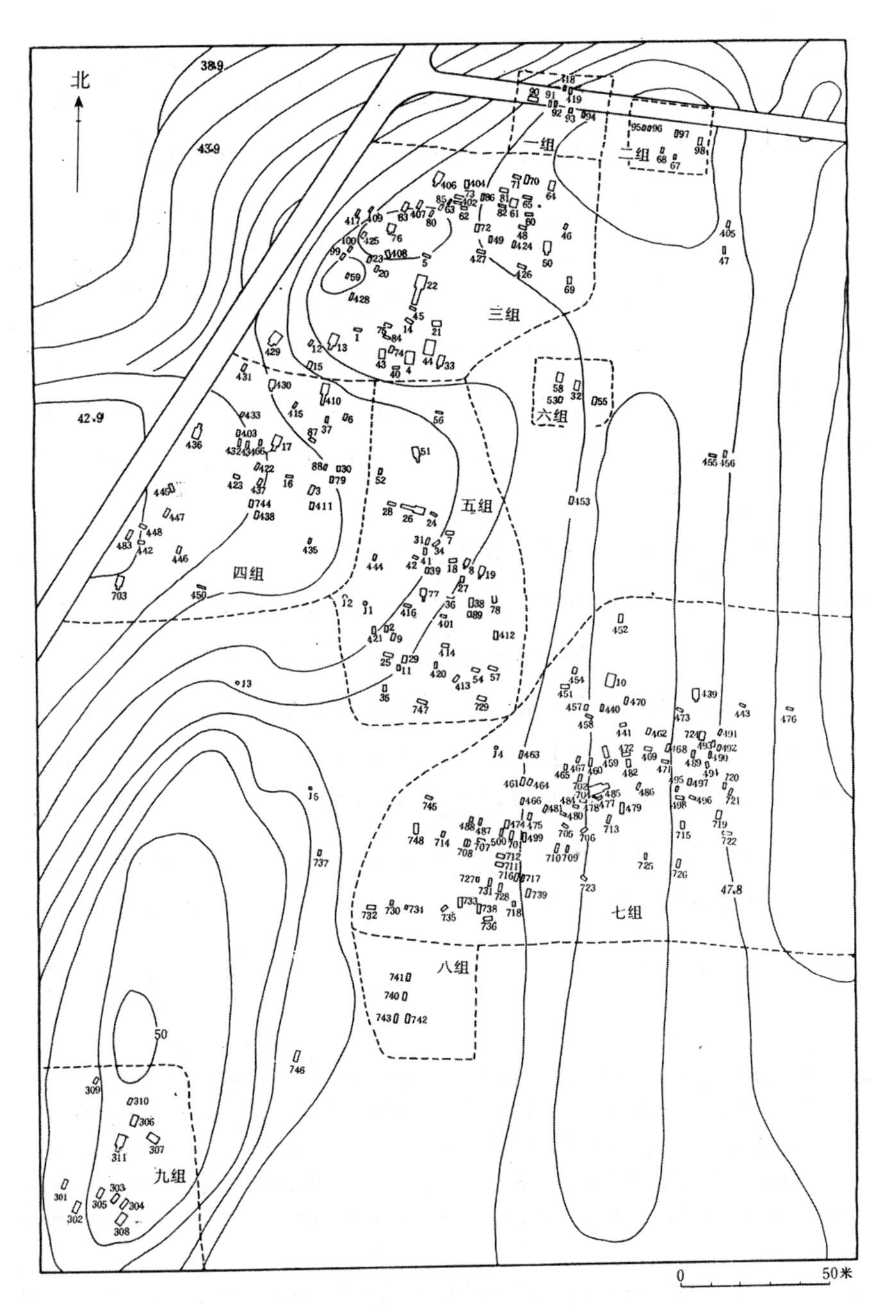

图5-42　九店Ⅱ区墓坑位、分组平面图

（采自湖北省文物考古研究所:《江陵九店东周墓》，第9页）

也基本与強伯墓相同，只是略有差异。其他几类墓的规模则依墓主身份等级的降低而逐次减小，这些墓的主人应当是強氏宗族中的下等贵族，有的则是強氏宗室的支庶，最低的可能是宗人或自由民。这是一处典型的依血缘关系聚族而葬的強氏"公墓"。类似的"族坟墓"，还见于北京琉璃河燕国墓地、河南辛村卫侯墓地、河南平顶山应侯墓地、河南三门峡虢国墓地、湖北随州叶家山曾侯墓地等①。但也有例外，如山西曲沃晋侯墓地，时代属于西周中期至春秋早期，埋葬情况有所不同。此墓地是九位晋侯及其夫人并穴合葬的墓地②，很明显是专门为晋国国君而设的兆域，这种为国君墓单独规划的兆域形式，实开东周各国王陵之先河。

春秋战国时期，阶级关系重新组合，等级关系受到冲击，出现了所谓礼崩乐坏的局面，墓地的变化反映得更明显。各国国君的坟墓不仅筑起了突显墓主尊贵、地位和权力的高大坟丘，而且多数王陵还独自筑有宏大的陵园，以进一步突出国君的地位。如河北中山王𰯼墓出土的兆域图所示，在一个大陵台上并列五座大墓，中山王𰯼墓居中，王后和夫人墓居于两侧。墓的封土上建有三层台榭，称之为堂。整个陵墓四周又有两道城垣围绕，形成了一个十分壮观的独立陵园③。河北邯郸的赵王陵、河南辉县固围村魏王陵、河南新郑胡庄韩王陵、陕西咸阳毕陌秦陵

---

①北京市文物研究所：《琉璃河西周燕国墓地》；郭宝钧著，中国科学院考古研究所编：《浚县辛村》，科学出版社，1964年；河南省文物研究所、平顶山市文物管理委员会：《平顶山应国墓地九十五号墓的发掘》，《华夏考古》1992年3期，第92—103页；河南省文物考古研究所、三门峡市文物工作队：《三门峡虢国墓》（第一卷），文物出版社，1999年；方勤：《曾国历史与文化：从"左右文武"到"左右楚王"》，上海古籍出版社，2019年。

②北京大学考古文博学院、山西省考古研究所：《天马——曲村遗址北赵晋侯墓地第六次发掘》，《文物》2001年8期，第4—21、55页。

③河北省文物研究所：《𰯼墓——战国中山国国王之墓》。

等[①]，与中山王陵的规划形式基本类似。战国时期中原诸国出现的这种以国君墓为首的独立陵园，表明在此时的埋葬意识中，血缘的重要性被冲淡，而要加强体现集权制下君王的权势和地位。

战国时期的楚王陵虽都集中在纪南城的西北地区，但各王陵间相距甚远，在各王陵区域内只有王与王后两墓以及附属的殉葬墓、车马坑、祭祀坑和陵墓建筑，此种陵墓布局已同中原战国王陵一样，形成了独立陵园制，以体现君王生前的权势和地位。

7. "族坟墓"实行"昭穆"制存疑

周代是靠宗法制度来维护统治的，为了强调宗法关系，特别重视庙祭，而"昭穆制"则是周代宗庙祭祀的重要规则。《周礼·春官·小宗伯》云："辨庙祧之昭穆。"郑玄注："祧，迁主所藏之庙。自始祖之后，父曰昭，子曰穆。"《礼记·王制》云："天子七庙，三昭三穆，与太祖之庙而七；诸侯五庙，二昭二穆，与太祖之庙而五；大夫三庙，一昭一穆，与太祖之庙而三；士一庙。"庙的排列是太祖庙居中，后辈子孙庙依昭穆分列左右，以使宗庙祭祀井然有序，不失其伦。《国语·楚语下》记楚大夫观射父对楚昭王曰："是使制神之处位次主，而为之牲器时服，而后使先圣之后之有光烈，而能知山川之号、高祖之主、宗庙之事、昭穆之世、齐敬之勤、礼节之宜、威仪之则、容貌之崇、忠信之质、禋絜之服，而敬恭明神者，以为之祝。"这说明，楚国宗庙祭祀也遵循"昭穆"制。

据《周礼·春官·冢人》记载，"族坟墓"中的墓位也是按"昭穆"排列。但前述楚国的各类墓地中，并没有能够确定是实行"昭穆"葬制的墓地，如淅川下寺、和尚岭、徐家岭墓地各墓主的族属、身份等级、时

①河北省文管处、邯郸地区文管所、邯郸市文管所：《河北邯郸赵王陵》；中国科学院考古研究所编著：《辉县发掘报告》，科学出版社，1956年；河南省文物考古研究所：《河南新郑胡庄韩王陵考古发现概述》；陕西省考古研究院、咸阳市文物考古研究所、周陵文物管理所：《咸阳"周王陵"考古调查、勘探简报》，《考古与文物》2011年第1期，第3—10页。

代早晚等都较明确，其墓位均是按时代早晚顺序依次埋葬的，并没有形成“左昭右穆”的排列。

考察中原地区两周时期的墓葬，虽遵循族葬制，但也没有发现“先王造茔者，昭居左，穆居右，夹处东西”的实例。如山西曲沃晋侯墓地，九代晋侯墓由北而南分为3排，北排4组，中间一排2组，南排3组，每组为一代晋侯及其夫人墓[①]。李伯谦先生详细研究了每组墓所应对的晋侯，确认了八代晋侯应是父子关系（李老师发文之后又发现中排东部还有一组M114与M113），其时代是从穆王到春秋初年。时代最早的是北排最东1组，按早晚顺序由东而西排列，又转至中排1组，再转至南排3组由东而西排列，最晚的1组又转至北排的最西部。李老师认为，“晋国公墓区并未实行昭穆制度”[②]。最后发掘的中排东部的M114、M113，报告根据随葬器物判断这两座墓时代较早，属西周早中期之际，与北排东部的M9、M13最接近[③]。即便如此，此墓地也难以形成“昭居左，穆居右，夹处东西”之排列，因每组墓的方向均是南北向，无论如何也成不了“东左西右”的“昭穆”排列。战国时期各国国君陵墓都是一位国君与其夫人的“独立陵园”，均不是昭穆葬制。朱凤瀚先生研究了昭穆制的形成过程，指出成书于战国早中期的《左传》《国语》中所见“昭穆”，主要是指称同宗的男性成员间的“辈分”。文中还分析了大批两周墓地，均未发现按昭穆排列的实例，认为昭穆制“应该是在战国中晚期后及汉代时，儒家缘于强化礼治、伦理观念与维系社会政治秩序及宗法等级秩序之理念，而对‘昭穆’一词含义做的引申与演绎”[④]。

---

①北京大学考古文博学院、山西省考古研究所：《天马——曲村遗址北赵晋侯墓地第六次发掘》。

②李伯谦：《从晋侯墓地看西周公墓墓地制度的几个问题》，《考古》1997年第11期，第51—60页。

③北京大学考古文博学院、山西省考古研究所：《天马-曲村遗址北赵晋侯墓地第六次发掘》。

④朱凤瀚：《论所谓昭穆制》，《中国社会科学》2022年第1期，第158—185页。

综上所述，两周时期的“昭穆制”，可能只是宗庙祭祀时神主排列次序，至于墓葬是否按“昭穆”排列，是值得怀疑的。

总的来看，楚国都城集中反映了楚文化之精华，与中原列国都城相比有其独特性。从先秦礼制角度考察，楚郢都又是最能体现都城建制之礼的典型都城之一。

九、小结

东周各国都城的规划与夏商周三代有较大变化，体现出了国家政权性质的变革。

（1）东周列国都城虽各式各样，但均是由宫城和郭城组成，“筑城以卫君，造郭以守民”成为东周列国都城之统制，建造宫城的第一要事是守卫国君，与夏商周三代建国营都首先置宗庙、立社坛不同。

（2）宫城内均筑起高台建筑，是“大朝”政殿所在，此是集权制的产物。“大朝”政殿是国家议政之所，在“大朝”政殿中由大臣议政，最后由国君裁决，形成了一种新的集权政体。为了维护这种集权政体便制定了“大朝”礼仪，如各诸侯国的朝觐、聘问、赐命等，而且这些重要礼仪均是在“大朝”宫殿中进行。“由于社会经济的变革，中央集权的政治体制的确立，朝廷的重要性开始超过宗庙，许多政治上的大典逐渐移到朝廷上举行，开始出现对国君‘大朝’的礼制。”①

（3）东周时期各国宫城内的祭祀遗迹已很少见，社祀、宗庙等祭祀性、礼制性建筑仍然存在，但已不在宫城之内，而是移至宫城之外。此正反映了集权制政权权威的上升，神权则处于辅佐的地位。如果说，夏商西周时期，神权高于一切，国家政权完全在神权的护佑之下，处于初

---

①杨宽：《中国古代都城制度史》，第189页。

级国家阶段，那么至东周时期，各诸侯大国已步入成熟的国家阶段，集权的政治体制逐渐确立。

（4）东周时期的手工业更加专门化，同时促进了商品交换，商业也从手工业中独立出来，形成了单独的行业。各国都城均设有专门的商业区“市”，促进了货币经济的繁荣，各国均铸有大量货币，中国古代商品货币经济进入第一个高峰期。由于城内商品贸易之“市”的产生，从而使商周以来的“都”“邑”也开始称为“城市”。

（5）春秋战国时期，阶级关系重新组合，等级关系受到冲击，出现了所谓礼崩乐坏的局面，墓地的变化反映得更明显。各国国君的坟墓不仅筑起了突显墓主地位和权力的高大坟丘，而且多数王陵还独自筑有宏大的陵园。这种“独立陵园制”冲破了先前族葬制的血缘纽带，体现了王权的尊贵和地位的崇高。

第六章　秦都雍城与咸阳的礼制文化

《史记·秦本纪》记载，秦立国于西部，曾多次迁都。周孝王时，非子居犬丘（今甘肃天水一带）。公元前776年，秦襄公护周平王东迁有功，被封为诸侯，居汧（今陕西陇县一带）。春秋初期，秦文公居于汧渭之会（今陕西宝鸡一带），宁公迁于平阳（今陕西岐山西）。秦德公元年（前677），迁都雍（今陕西凤翔南）。战国前期，秦灵公时有迁都泾阳（今陕西泾阳）之说。秦献公二年（前383），迁都栎阳（今陕西阎良武屯）。到秦孝公十二年（前350），最终迁都咸阳（图6-1）。雍城和咸阳是秦国建都时间最长、占有重要历史地位的两座都城，并且都做过较多考古工作①。

一、秦都雍城的礼制文化

（一）秦都雍城的考古发现与布局

《史记·秦本纪》载："德公元年，初居雍城大郑宫。"张守节《正

①陕西省雍城考古队：《秦都雍城钻探试掘简报》，《考古与文物》1985年第2期，第7—21页；韩伟、焦南峰：《秦都雍城考古发掘研究综述》，《考古与文物》1988年第5、6期合刊，第111—127页；陈国英：《秦都咸阳考古工作三十年》，《考古与文物》1988年第5、6期合刊，第127—133页；陕西省考古研究院秦汉考古研究部：《陕西秦汉考古五十年综述》，《考古与文物》2008年第6期，第96—160页。

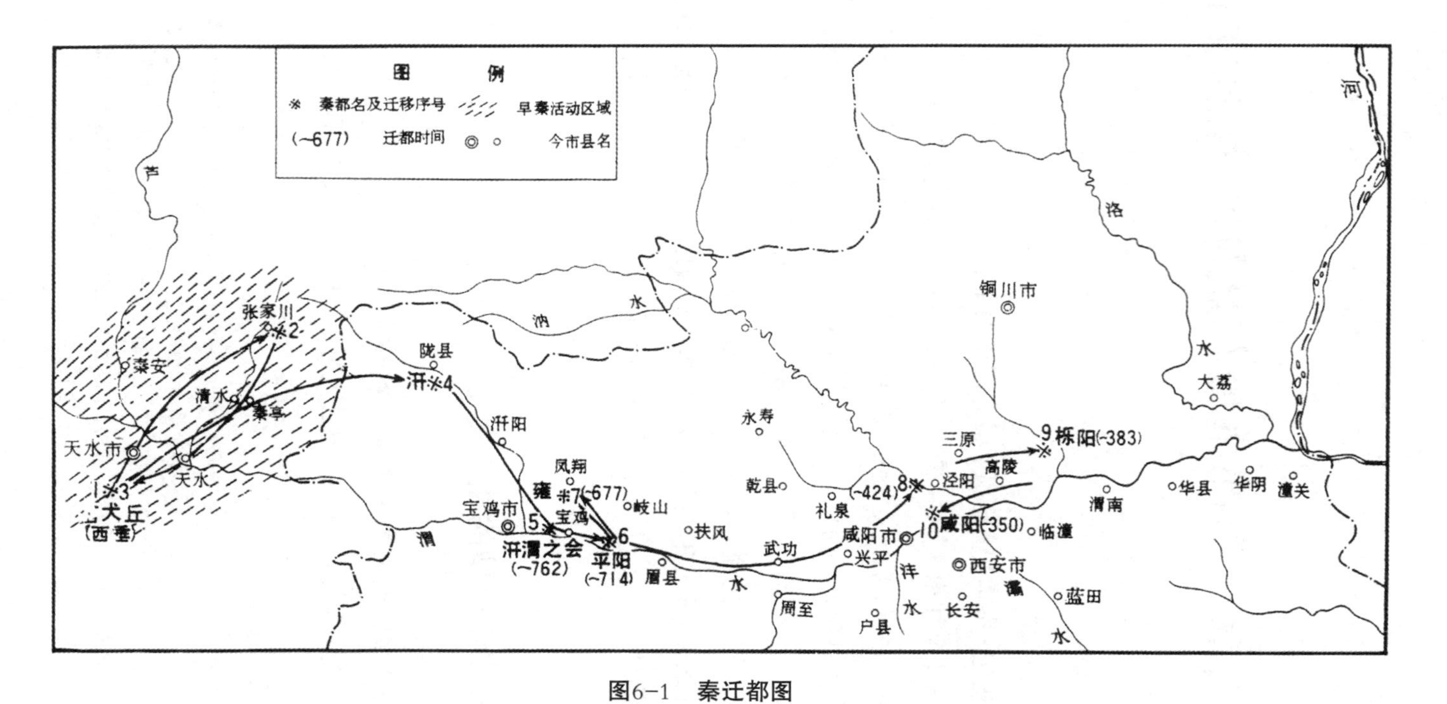

图6-1　秦迁都图

（采自王学理、梁云：《秦文化》，文物出版社，2001年，第115页）

义》引《括地志》云:“岐州雍县南七里故雍城，秦德公大郑宫也。”经考古勘察得知，雍城遗址位于今陕西凤翔南，雍水之北。雍城遗址平面呈不规则的方形，东西长约3300米，南北长约3200米。城内发现南北向与东西向的大道各4条，相互纵横交错成“井”字形(图6-2)。

城内已发现多处宫殿基址。马家庄3号宫殿遗址位于马家庄村西，大致处于城内中央位置。3号建筑遗址布局比较规整，四周有围墙，围墙内由南而北分成五进院落、五座门庭(图6-3)。第一进院落内无建筑遗迹，南门正前方有一“屏”，“屏”南发现大量圭状石片。第二进院落中部偏北两侧各有一座建筑遗址。第三进院落中心有一个大的夯土基址。第四进院落只有小规模的夯土痕迹。最后第五进院落面积最大，三个建筑基址呈品字形排列。遗址的时代为春秋至战国时期。根据此建筑布局，推测这是一处朝寝建筑[①]。在城东南部的瓦窑头也发现了大型宫室基址，基址残长168米，由外至里分为五门、五院，有屏、门房、厢房、前殿、大殿、寝殿、回廊、偏厢房、阶、碑、阙等建筑单元。建筑格局与马家庄3号宫殿遗址相似，但结构更加复杂，年代也早于马家庄3号遗址[②](图6-4)。

马家庄1、2号建筑遗址位于马家庄村北，西距3号宫殿区约500米。1号和2号建筑遗址东西毗邻，两者相距15米。其中1号建筑是一处由三座房屋组成的封闭式院落(图6-5)。门居正南，由门道和东、西塾组成。院内的三座房基中，一座居北部正中，坐北朝南，由前堂、后寝、东西夹室构成。另两座分居左右，东西相对，也是由前堂、后寝、左右夹室构成。中间是庭院，庭院中有祭祀坑181个，所埋牺牲有牛、马、羊和人，坑与坑之间存在打破关系，应是进行多次祭祀的结果。

①陕西省雍城考古队:《秦都雍城钻探试掘简报》;韩伟:《秦公朝寝钻探图考释》，《考古与文物》1985年第2期，第53—57页。

②田亚岐:《秦雍城城址东区2012年考古调查》，国家文物局主编:《2012年中国重要考古发现》，文物出版社，2013年，第88—92页。

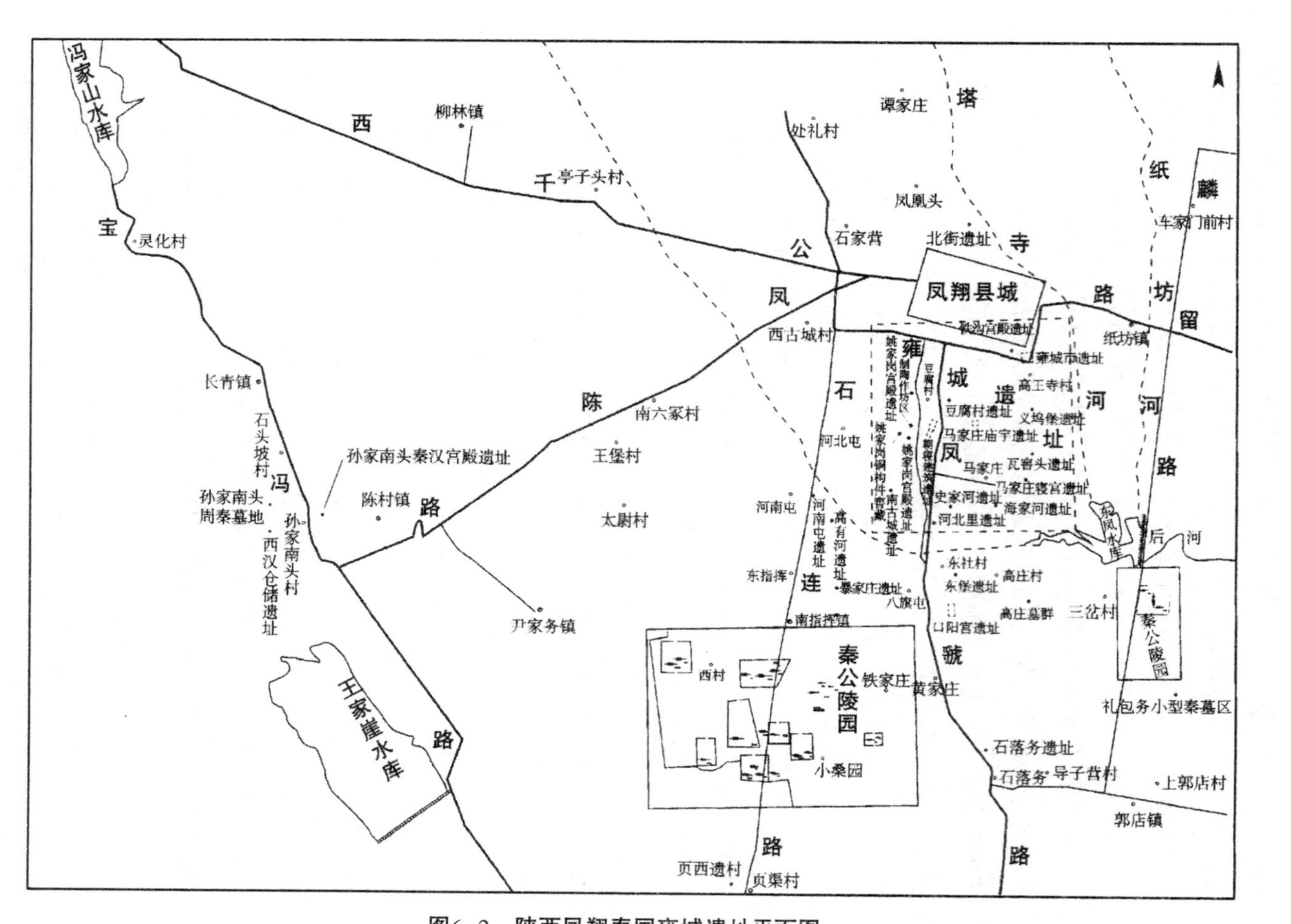

图6-2　陕西凤翔秦国雍城遗址平面图

（采自陕西省考古研究院秦汉考古研究部，《陕西秦汉考古五十年综述》，第97页）

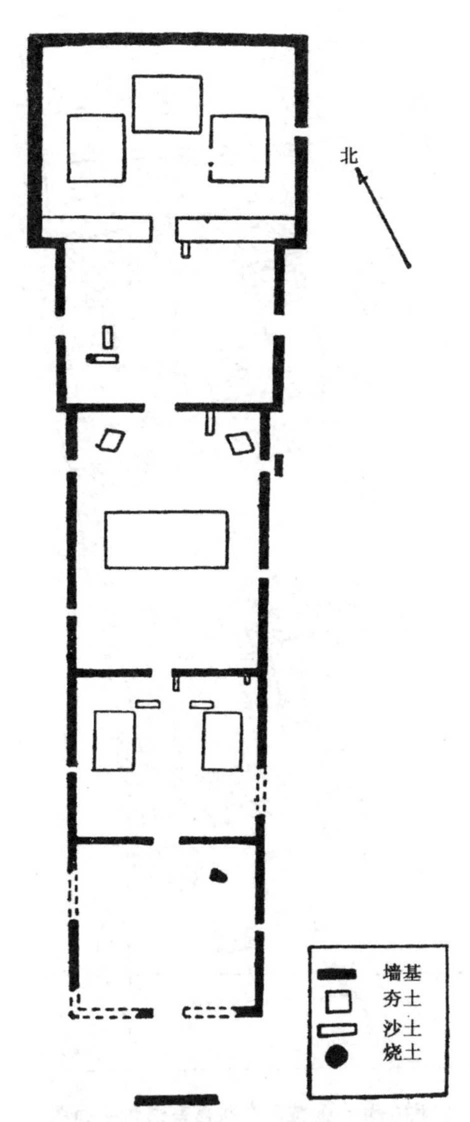

图6-3　雍城马家庄3号宫殿遗址平面图
（采自韩伟:《秦公朝寝钻探图考释》，第15页）

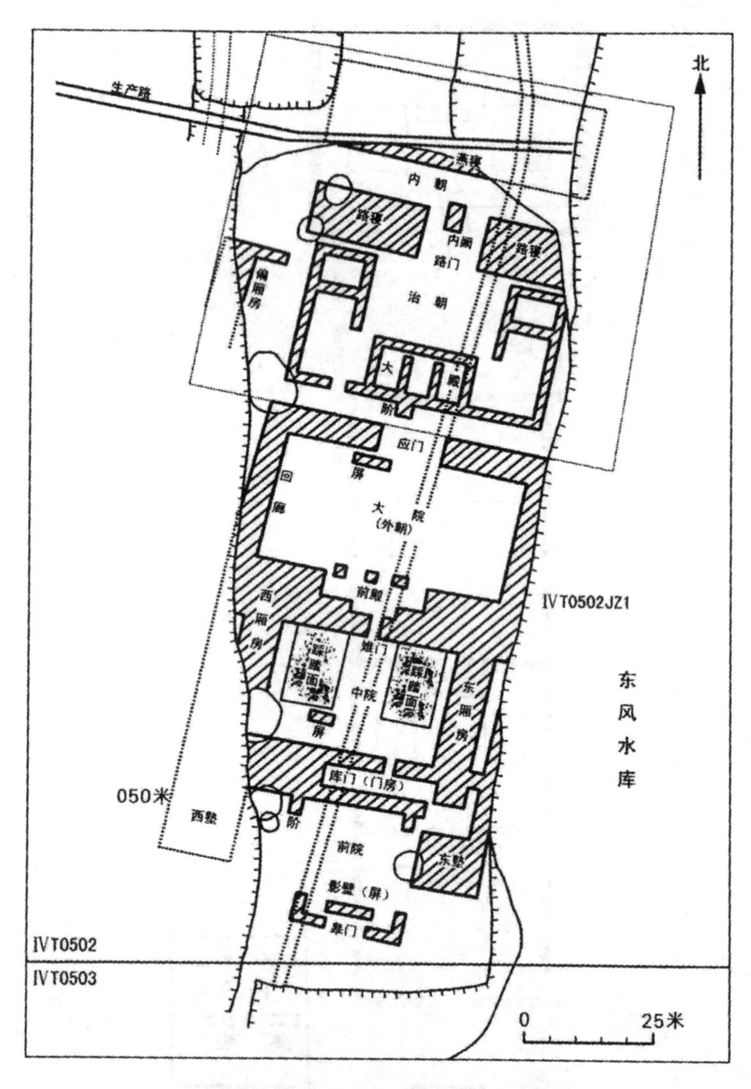

图6-4　雍城瓦窑头宫室遗址平面图

（采自国家文物局:《2012年中国重要考古发现》，第91页）

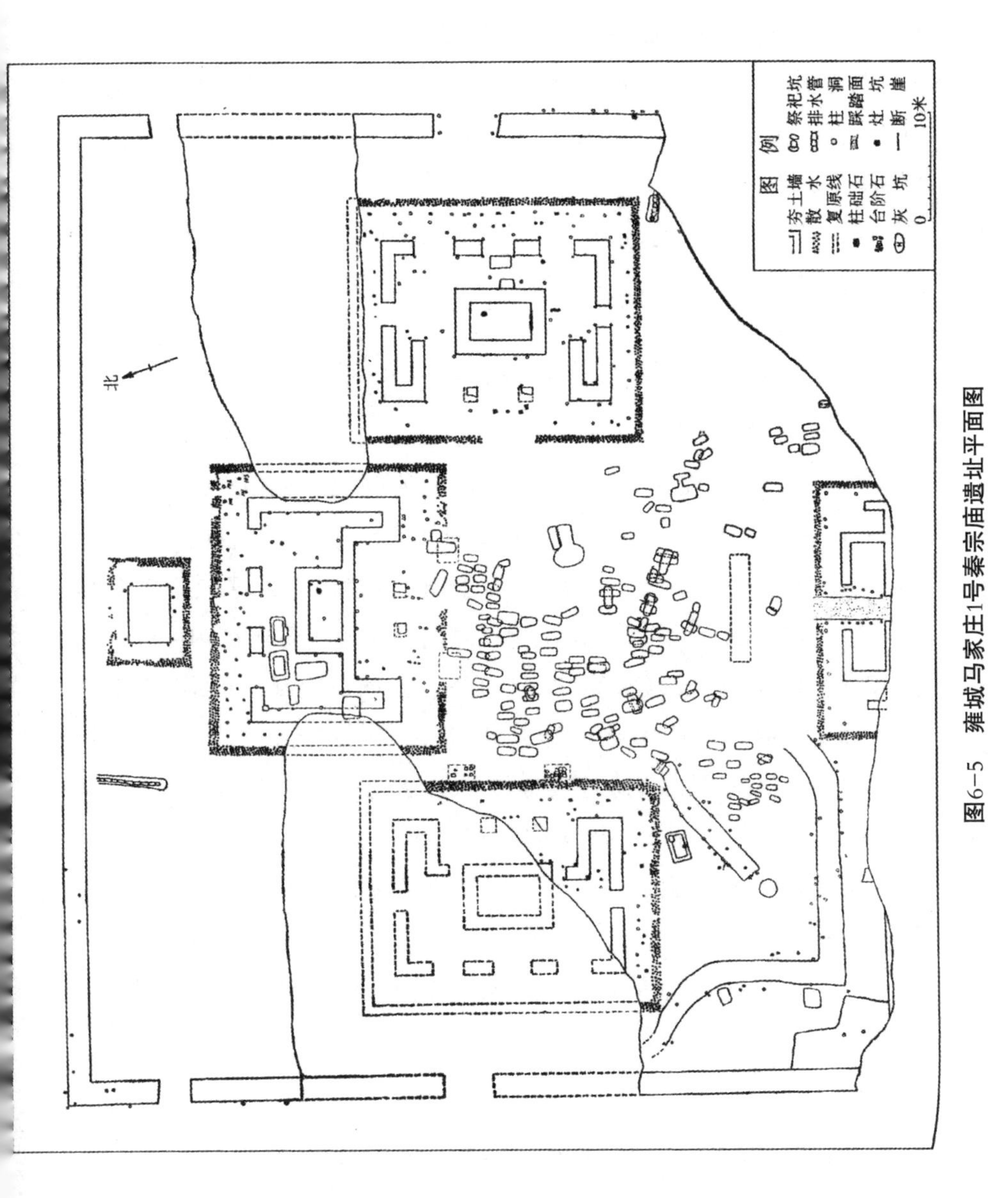

图6-5　雍城马家庄1号秦宗庙遗址平面图

（采自陕西省考古研究院秦汉考古研究部：《陕西秦汉考古五十年综述》，第99页）

遗址的时代为春秋中期至战国初期。根据建筑布局及祭祀坑的情形推断，此遗址应是一处宗庙建筑，北部正中的建筑为祖庙，东部为昭庙，西部为穆庙[①]。2号建筑遗址仅存部分门塾、隔墙、围墙等。从残存遗迹看，至少是由两个院落组成的封闭式建筑群，应与1号建筑群有联系。

马家庄4号建筑遗址位于马家庄村东，西距1、2号遗址约600米。遗址破坏较严重，残存有夯土墙基、散水石、祭祀坑等，面积约2万平方米。

在马家庄遗址之西600米处是姚家岗宫殿区[②]。1973—1974年对遗址进行了试掘，发现一处大型夯土宫殿基址，基址边缘用石子铺设规整的散水面（图6-6）。在上部覆盖的倒塌堆积中，发现有素面半瓦当、三角纹板瓦、绳纹与宽带纹相间的筒瓦及“饕餮纹”贴面砖等，还出有大部完好的玉石器物，有玉璜、玉璧、玉玦、石圭等。在此宫殿基址侧发现三处窖藏，出土春秋时期的大型铜质建筑构件64件。在宫殿基址北侧，发现大型的方形窖穴，四周设回廊，西回廊正中有一条通道。遗址堆积中有瓦及玉璧、玉玦等，其特征与南部宫殿基址所出同类物相似。该遗址被推测是藏冰的冰窖，即《诗·豳风·七月》称为“凌阴”的冰室，故又称凌阴遗址[③]（图6-7）。根据宫殿基址和凌阴遗址出土的遗物多属春秋时期的情况，二者应是同一时期的建筑。

1982—1983年，在城址西南部的南古城一带发现一处建筑遗址，

---

①韩伟：《马家庄秦宗庙建筑制度研究》，《文物》1985年第2期，第30—38页。

②凤翔县文化馆、陕西省文管会：《凤翔先秦宫殿试掘及其铜质建筑构件》，《考古》1976年第2期，第121—128页。

③陕西省雍城考古队：《陕西省凤翔春秋秦国凌阴遗址发掘简报》，《文物》1978年第3期，第43—47页。

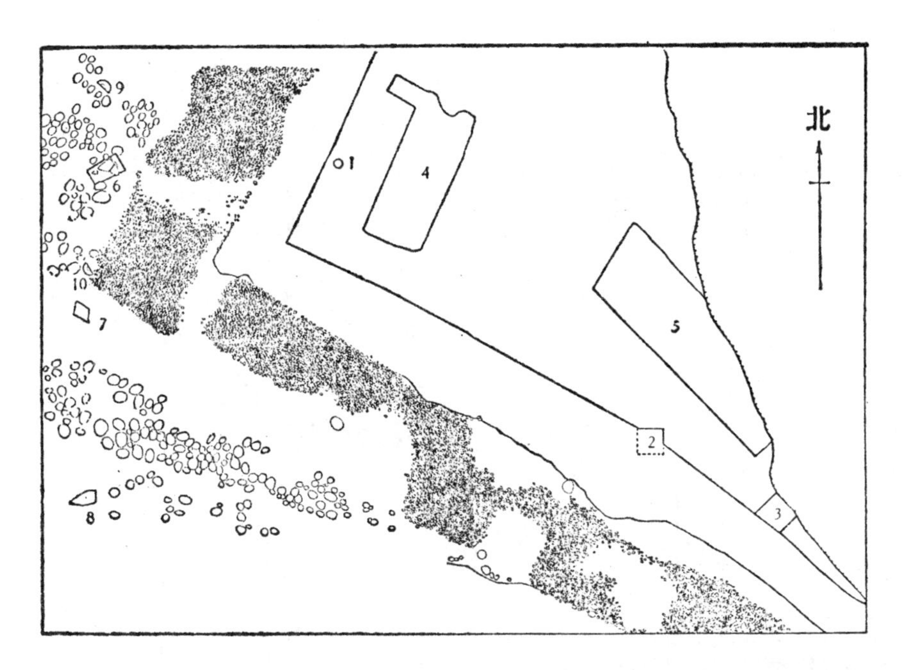

图6-6　姚家岗宫殿基址散水及所出玉器图

（采自凤翔县文化馆、陕西省文管会：《凤翔先秦宫殿试掘及其铜质建筑构件》，第122页）

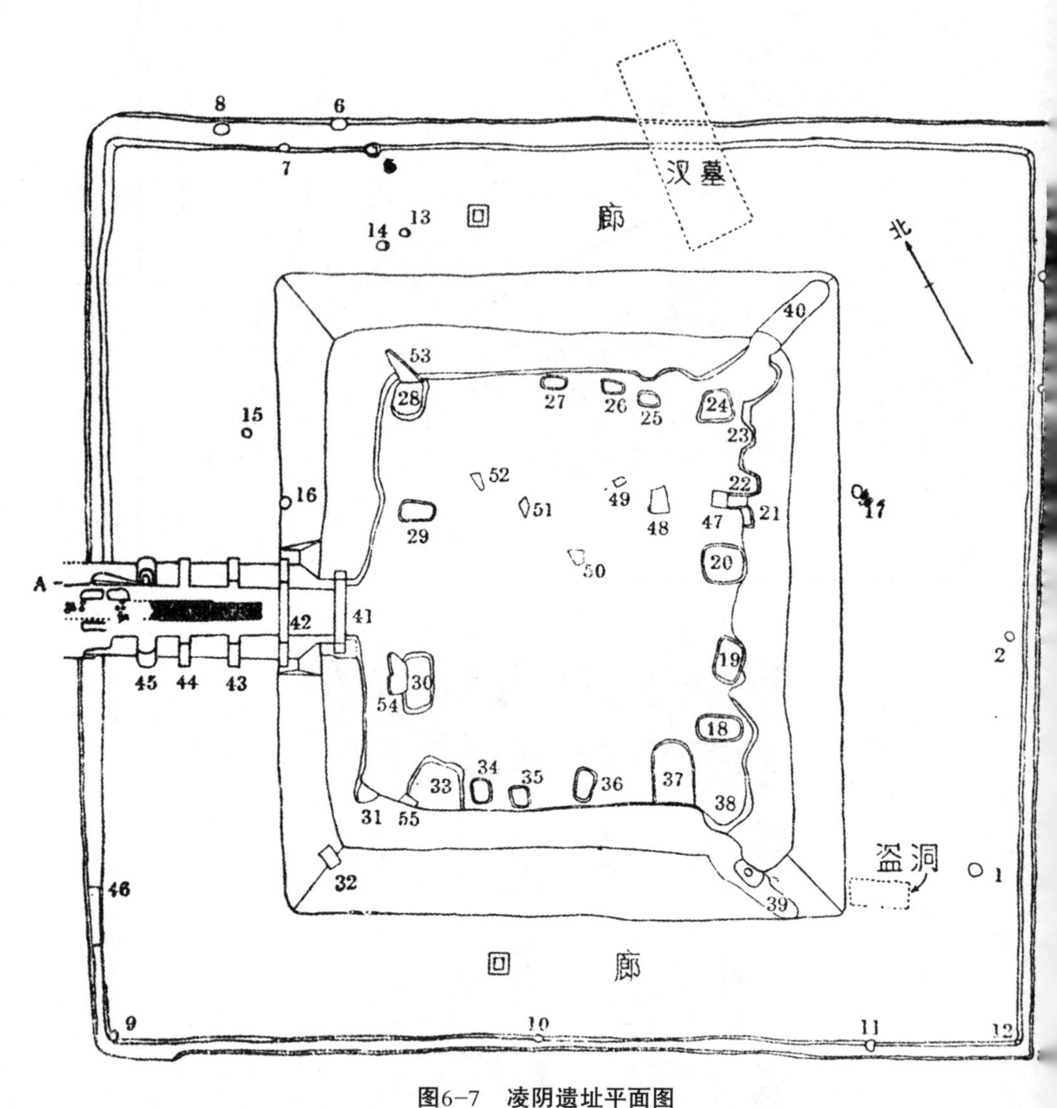

图6-7　凌阴遗址平面图

（采自陕西省雍城考古队：《陕西凤翔春秋秦国凌阴遗址发掘简报》，第44页）

遗址内曾出有“棫阳”“棫”“年宫”字瓦当[①]（图6-8）。《汉书·文帝纪》载：文帝后元“二年夏，行幸雍棫阳宫”。颜师古注引张晏曰：“秦昭王所作也。”清顾栋高《春秋大事表》：“始皇九年上宿雍，橐泉、蕲年、棫阳诸宫俱在故雍都。”既然在南古城一带出土“棫阳”“棫”字瓦当，推测秦棫阳宫应在此处。年宫未见史书记载，可能是在这一带的另一处秦汉时期的宫殿。

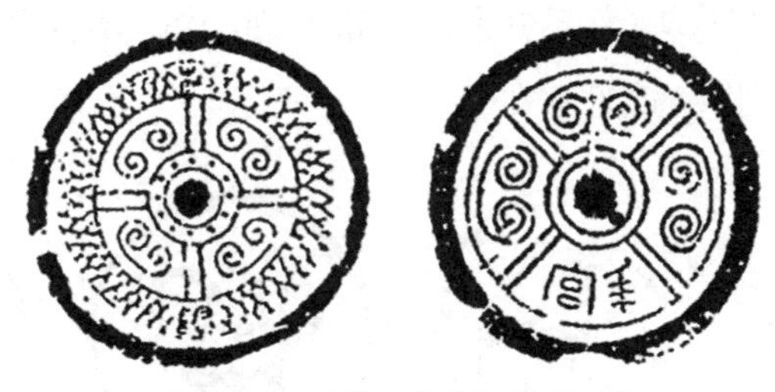

图6-8　“棫阳”“年宫”瓦当

（采自王学理主编：《秦物质文化通览》上册，科学出版社，2015年，第180、181页）

凤尾村建筑遗址位于城北部，面积约4万平方米。遗址破坏严重，布局不清。

马家庄宫殿区之北发现“市”的遗址，近方形，四周有围墙，东西长180米，南北宽160米。四周围墙中部各开一门，已发掘的西门宽21米，长14米，建筑平面呈“凹”字形，进门入口处有大型空心砖作为踏步，根据柱洞分布，推测门上应有四面坡式的屋顶。围墙内的空场约3万平方米，出土秦半两货币等，此应是进行贸易的“列肆”所在。这是目前发现的先秦最完整的“市”的结构[②]。

在城内外还发现多处铸铜、冶铁、制陶等手工业作坊遗址。2005—2006年，在雍城西北部豆腐村一带发现一处大型制陶作坊遗址，东西

①陕西省雍城考古队：《秦都雍城钻探试掘简报》；马振智、焦南峰：《蕲年、棫阳、年宫考》，《考古与文物》丛刊1983年第3号《陕西省考古学会第一届年会论文集》，第168—171页。

②杨宽：《中国古代都城制度史研究》，第77—78页。

宽150米，南北长220米，面积3.3万平方米。在遗址的东侧和南侧发现夯土墙遗迹，判断可能与雍城的西墙和北墙连接，形成一个独立的作坊区。区内发现有陶窑、采土坑、储泥坑、陶水管道、水井等，出土遗物有方砖、墙壁砖、板瓦、筒瓦、瓦当、陶鸽、陶俑及制陶工具等。出土的圆瓦当独具特色，有鹿纹、獾纹、虎纹、蟾蜍纹、夔凤等纹饰，以鹿纹瓦当出土最多，也出有花瓣纹瓦当①（图6-9）。另外，在城北部高王寺一带发现冶铜作坊遗址，城南部史家河一带发现冶铜、冶铁作坊遗址，城外还发现各类手工作坊遗址多处。

图6-9　秦雍城遗址出土瓦当
（采自申云艳：《中国古代瓦当研究》，第13、14、15、16页）

2016—2017年，在雍城遗址西北15公里处的血池村发现秦汉时期的大型祭祀遗址②。已发掘祭祀台、祭祀坑及附属建筑等各类遗迹250余处，祭祀台由坛、壝、场构成“坛场”（图6-10）。已勘察出祭祀坑570余处，发掘祭祀坑198座，多有打破关系，说明曾在这里进行长期的祭

①陕西省考古研究院、宝鸡市考古研究所、凤翔县博物馆编著：《秦雍城豆腐村战国制陶作坊遗址》，科学出版社，2013年。

②陕西省考古研究院、中国国家博物馆、宝鸡市考古研究所等：《陕西凤翔雍山血池秦汉祭祀遗址考古调查与发掘简报》，《考古与文物》2020年第6期，第3—49页。

图6-10　血池遗址

（采自陕西省考古研究院、中国国家博物馆、宝鸡市考古研究所等：《陕西凤翔雍山血池秦汉祭祀遗址考古调查与发掘简报》，第7页）

祀活动。已发现有车马坑、牲肉埋葬坑、玉器坑等，玉器有玉人、玉璜、玉琮、玉璋、玉璧等祭祀玉礼器（图6-11、6-12）。

雍城西南郊的三峙原一带是秦公墓区，墓区东西长7公里，南北宽3公里[①]（图6-13）。墓区的南、西、北三面有壕沟环绕，称为外隍；里面的墓葬成组分布，每组墓外有壕沟环绕，称为中隍；中隍内设双墓道的"中"字形主墓，并有壕沟环绕，称为内隍。一些大墓上部发现有建筑遗迹，但没有封土。陵区内已探出墓葬、车马坑等44座，其中双墓道的大墓20座，单墓道的大墓3座，双墓道的大墓应是秦公及秦公夫人墓。发掘者根据墓葬分布情况，将其划分为13座"陵园"。其中秦公一号墓已经发掘，这是一座设有双墓道的大型竖穴木椁墓，全长300米，墓室长59.4米，宽38.45米，墓室中部是由方木构成的大型椁室。墓内发现人牲20具，

①陕西省雍城考古队：《凤翔秦公陵园第二次钻探简报》，《文物》1987年5期，第55—65页。

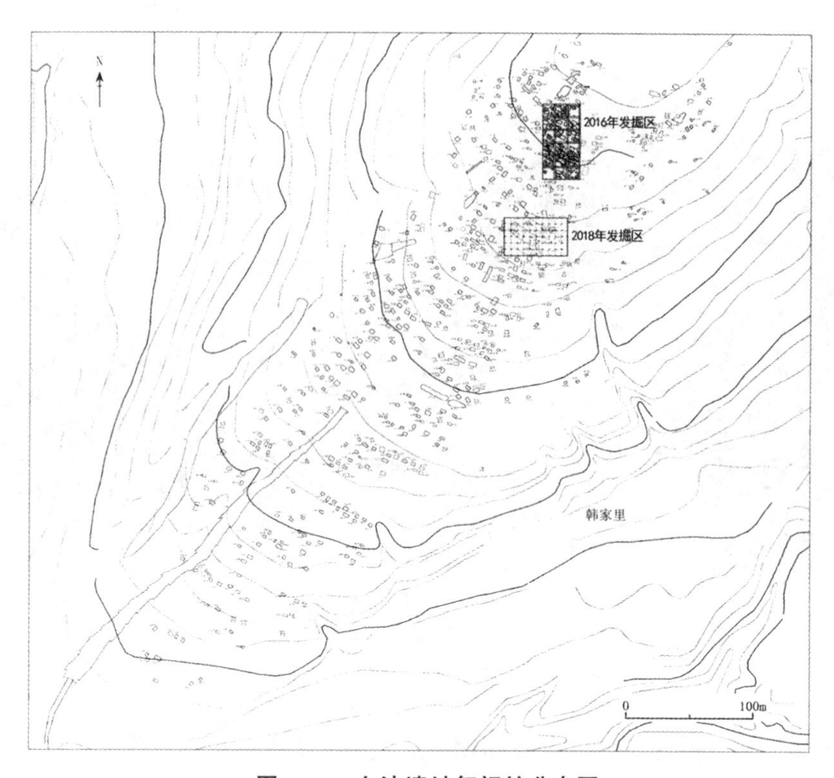

图6-11　血池遗址祭祀坑分布图

（采自陕西省考古研究院、中国国家博物馆、宝鸡市考古研究所等：《陕西凤翔雍山血池秦汉祭祀遗址考古调查与发掘简报》，第9页）

图6-12　血池遗址出土祭祀用玉

（采自陕西省考古研究院、中国国家博物馆、宝鸡市考古研究所等：《陕西凤翔雍山血池秦汉祭祀遗址考古调查与发掘简报》）

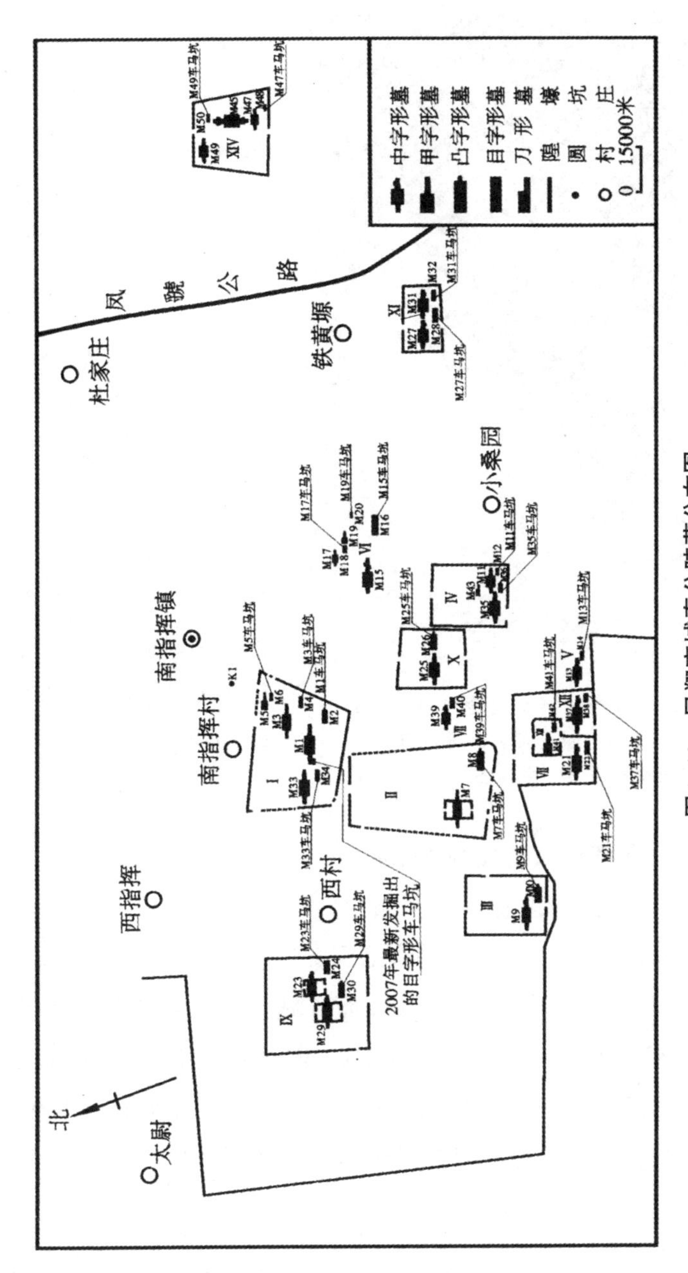

图6-13　凤翔雍城秦公陵墓分布图

（采自陕西省考古研究院秦汉考古研究部：《陕西秦汉考古五十年综述》，第108页）

图6-14 凤翔雍城秦公陵1号秦公墓
（采自陕西省考古研究院秦汉考古研究部：《陕西秦汉考古五十年综述》，第109页）

是被肢解后置于墓坑的夯打填土中，这些应是举行祭典仪式时所用人牲。另发现人殉166具，一具一棺，有序排列于墓室底部及四周，此应是墓主的姬妾、近臣等（图6-14）。该墓出土的石磬上刻有“天子匽喜，龚超是嗣，高阳有灵，四方以鼏”16字铭文。王辉认为，“龚超是嗣”的“龚”即“共”，“超”与“桓”通，应当指秦共公和秦桓公，他们的嗣君，即是秦穆公的四世孙秦景公。据推测，墓主有可能是秦国国君秦景公（前537年卒）[①]。

（二）秦都雍城的礼制文化研究

1. 雍城的设计理念

秦都雍城的布局特点与关东诸国都城有所不同，具有独特性。关东诸国都城均是由宫城与郭城组成，而雍城只有一个城圈，应似郭城。考古发现的各个宫殿区分布在城内的中、东、西、北部，没有发现集中统一的宫城，也没有体现权威的高台建筑。文献记载，雍城有许多宫寝。《史记·秦本纪》载：“德公元年初居雍城大郑宫。”《秦始皇本纪》还记载，

①王辉：《论秦景公》，《史学月刊》1989年第3期，第19—25、12页；王辉、焦南峰、马振智：《秦公大墓石磬残铭考释》，《“中央研究院”历史语言研究所集刊》第67本第2分册，1996年，第263—310页。

宣公居阳宫，康公、共公居雍高寝，桓公居雍太寝，景公居雍高寝，躁公居受寝。此后，秦孝公在雍建橐泉宫，秦昭襄王建棫阳宫。秦始皇时，雍城内还有蕲年宫。根据对雍城的考古勘察推知，这样多的宫寝大概是分布在雍城内的各处，没有专门的宫城。这说明，春秋时期的秦雍城还没有像关东诸国那种“筑城以卫君，造郭以守民”的规划形式，还没有国君“据中而居”“居高临下”、王宫“建中立极”的设计理念。

2. 雍城的宫、庙建制

当然，雍城的一些宫庙建制大概也参照了关东传统的礼制规划。如马家庄3号建筑遗址分成五进院落、五座门庭的布局，正是朝宫建筑中“五门三朝”的布局，由南而北依次是皋门、库门、雉门、应门、路门，三朝即指第三、四、五进院落。根据其规模和布局，此宫殿可能是雍都中主要的朝宫之一。秦的朝宫做成“五门三朝”之制，应是诸侯僭越了周天子之礼。距马家庄3号宫寝较远的城东南角瓦窑头发现的宫寝遗址，也是“五门三朝”之制，被推测可能是“德公元年初居雍城大郑宫”所在[①]。此宫殿的建筑格局也是遵照礼制规划，但城内布局又反映出雍城的分散宫寝建制，印证了文献记载的雍城内有分散的多处宫寝。

马家庄1号建筑遗址被推测为秦的宗庙。有学者认为，此遗址是诸侯的三庙制，北部居中为祖庙，左侧为昭庙，右侧为穆庙，呈“左昭右穆”之制[②]。也有认为是五庙制[③]。无论是三庙制还是五庙制，从该遗址的规划布局看，仍然是秦沿用周传统的集中庙制。因雍都是秦的祖庙所在，直到战国时期，秦的一些重要的礼仪活动还是要到雍的祖庙中进行。按照传统礼制，表示成年的“冠礼”必须在祖庙中进行，秦始皇的“冠礼”正是在雍的祖庙中进行的。据《史记·秦始皇本纪》记载，秦始

①田亚岐：《秦雍城城址东区2012年考古调查》；王学理：《秦物质文化通览》上册，第159页。

②韩伟：《马家庄秦宗庙建筑制度研究》。

③王学理：《咸阳帝都记》，三秦出版社，1999年，第207页，注66。

皇九年（前238），秦王政年22岁，要举行“冠礼”，四月住宿到雍的蕲年宫，己酉这天在祖庙中“王冠，带剑”。当然，马家庄1号遗址被推定是春秋中晚期的宗庙遗址，那么战国时期的秦祖庙可能就在其附近，在1号遗址之东，分布有多处建筑基址及祭祀遗迹，不排除会有战国时期的秦祖庙遗址。

3. 雍城的陵墓建制

雍城的秦公陵还是遵循着传统的“族坟墓”制度，较集中地族葬在一起，形成一个大的“公墓”区，但又有些新的特点。（1）每一个秦王都有独立的陵园，并都设有隍壕，这是商周时期不见的。（2）各座王陵都是坐西向东，这大概也是沿袭古代礼制。《尔雅·释宫》云：“西南隅谓之奥。”疏云：“西南隅最为深隐，故谓之奥，而祭祀及尊者常处焉。”汉王充《论衡·四讳篇》：“夫西方，长老之地，尊者之位也。尊长在西，卑幼在东。”凤翔秦陵园的中小型墓均处在主墓的东部偏北处，也坐西向东，看来这是秦人的传统。（3）以右为上。各陵园中的主墓均在南部，夫人墓等陪葬墓在东北部，因坐西向东，所以都以右为上。（4）墓上没有封土，但有建筑，应是享堂。文献记载商周时期不“墓祭”，而注重“庙祭”。雍城秦公陵墓上享堂的出现，应当与墓祭有关，说明秦都雍时期，不仅遵循商周传统的庙祭之礼，也实行墓祭之礼仪。而秦于春秋时期所实行的既“庙祭”又“墓祭”的制度，对秦汉时期祭祖制度产生了重要影响。（5）秦公陵还实行殉葬制度。商代是殉葬制最盛行的时期，至春秋时期，中原姬姓各国已少见殉葬实例，但在秦国却大为盛行。雍城秦公一号大墓是最典型的一座，墓内填土中发现被肢解的人牲20具，墓室内发现人殉166具，是目前发现东周时期殉人墓中最多的一座。据《史记·秦本纪》记载，秦武公死时从死者66人，秦穆公死时从死者177人，从考古发现及文献记载都可以看出秦国的殉人规模是相当大的。《秦本纪》还记载，秦献公时“止从死”，即秦国于公元前384年才通过立法的形式禁止殉葬。

4. 秦襄公创立祭天礼制

秦襄公时创立了秦独特的祭天礼制。《史记·封禅书》载：“秦襄公攻戎救周，始列为诸侯。秦襄公既侯，居西垂，自以为主少昊之神，作西畤，祠白帝，其牲用骝驹黄牛羝羊各一。”在甘肃礼县县城西侧的山顶上发现一处西汉时期的祭祀遗址，祭坛上分布有许多祭祀坑，出土玉璧、玉圭、玉人等祭玉及牛、犬等祭牲骨骼，此遗址被推测为西汉时期的西畤遗址[①]（图6-15）。西汉是因袭秦的西畤进行祭祀的，因此这个遗址很可能也是秦的西畤所在。秦时在雍都立有“四畤”以祭上帝，故称“雍四畤”[②]，分别是：秦文公立鄜畤，祭白帝；秦宣公立密畤，祭青帝；秦灵公立吴阳上畤和吴阳下畤，分别祭黄帝和炎帝。秦立四畤祭祀白、青、黄、炎四帝，是后来的郊祀五帝的滥觞。宝鸡市陈仓区下站遗址出土陶片上有“密”字陶文，被认定为秦宣公四年（前672）所立的密畤，后沿用到西汉晚期[③]。宝鸡市陈仓区吴山遗址属战国至

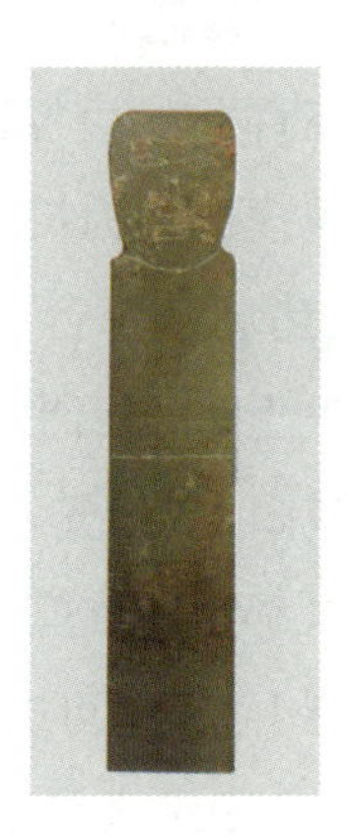

图6-15　礼县鸾亭山遗址祭祀坑中的祭玉
（采自早期秦文化联合考古队：《2004年甘肃礼县鸾亭山遗址发掘主要收获》，彩版一、四）

①早期秦文化联合考古队：《2004年甘肃礼县鸾亭山遗址发掘主要收获》，《中国历史文物》2005年第5期，第4—14页。

②《史记·封禅书》，第1378页。

③游富祥、张敏：《受命于天，既寿永昌，五畤祭天，帝国崛起——寻找汉雍五畤之“秦宣公密畤”》，《艺术品鉴》2021年第4期，第138—145页。

西汉时期，被认定为吴阳下畤[1]。血池遗址出土的汉代陶瓮、陶盆上多刻有“上畤”“下畤”“下祠”等字样，说明此畤可能原是“上畤”或“下畤”，也有可能是刘邦所立的北畤。汉高祖刘邦在继承秦畤的基础上增设的北畤祭祀黑帝，从而形成了雍五畤祭祀五帝系统，开启了五帝祭祀之先河。

二、秦都咸阳的礼制文化

（一）秦都咸阳的考古发现与布局

秦孝公十二年迁都咸阳，直至秦二世秦亡，均以此为都，历时长达143年。《史记·秦本纪》载：孝公“十二年，作为咸阳，筑冀阙，秦徙都之”。《史记·商君列传》载：商鞅“作为筑冀阙宫廷于咸阳，秦自雍徙都之。……大筑冀阙，营如鲁卫矣”。看来，咸阳最初是按鲁、卫都城营建的。秦惠文王时，“取岐雍巨材，新作宫室。南临渭，北逾泾，至于离宫三百”[2]。后经武王、昭襄王、孝文王、庄襄王四代的发展，秦都咸阳的规模已大为扩充。秦始皇统一六国前后，“徙天下豪富于咸阳十二万户。诸庙及章台、上林皆在渭南。秦每破诸侯，写放其宫室，作之咸阳北阪上，南临渭，自雍门以东至泾、渭，殿屋复道周阁相属”。“始皇以为咸阳人多，先王之宫廷小，吾闻周文王都丰，武王都镐，丰镐之间，帝王之都也。乃营作朝宫渭南上林园中，先作前殿阿房，东西五百步，南北五十丈，上可以坐万人，下可以建五丈旗。周驰为阁道，自殿下直抵南山。表南山之巅以为阙。为复道，自阿房渡渭，属之咸阳，以象天极阁道绝汉抵营室也。”[3]此外，还在咸阳城内扩建咸阳宫，兴建兰池宫等。在渭南还有章台宫、兴乐宫、信宫等。从上述文献记载看，秦孝公时，最初

---

①中国国家博物馆、陕西省考古研究院、宝鸡市考古研究所等：《陕西省宝鸡市陈仓区吴山祭祀遗址2016—2018年考古调查与发掘简报》，《中国国家博物馆馆刊》2022年第7期，第6—45页。

②陈直校证：《三辅黄图校证·三辅黄图序》，陕西人民出版社，1980年，第4页。

③《史记·秦始皇本纪》，第239、256页。

建都咸阳于渭河之北，秦始皇为了统一六国，更有效地控制关东地区，而且从渭河南岸取道关东更为便利，于是加速向渭河南岸扩建。这样，就由渭北的“小咸阳”扩大成为横跨渭河南北的“大咸阳”。

渭北咸阳故城遗址位于今咸阳市东10公里处。南靠渭水，因渭水不断北移，遗址的南部已被冲掉。目前只发现渭北的宫城城垣，还没有发现郭城。从遗址的分布情况看，可分成宫殿区、手工业区、居民区等几部分[①]（图6-16）。

故城遗址的北半部中心位置是宫殿区。宫殿区内的建筑遗址最多，分布最密集，规模也最大。在其周围有东西长900余米、南北长570余米的夯筑垣墙，此应是咸阳宫所在（图6-17）。在宫城内外已探明大小夯土建筑基址20余处，其中有8处在宫城内。对宫城内的1、2、3号宫殿基址已进行发掘[②]。1号基址东西长60米，南北宽45米，高出地面6米。通过对遗迹现象进行复原得知，这是一座建在高大的夯土台基上的上下错落的大型台榭建筑，下层有回廊环绕，中层有不同层次的宫室，顶部是大型的主体建筑[③]（图6-18）。这一组建筑群将用途不同的各个单元紧凑地结合在一起，成为一个整体的多层建筑，构成了秦宫建筑的独特风格。与1号宫殿基址东面隔沟相望的是另一座高台建筑基址，其规模及建筑格局与1号宫殿相似，根据沟的东西断面上的建筑痕迹和陶水管道显示，这两座高台基址之间可能有长廊或复道相通，构成一组东西对称的建筑整体。位于1号宫殿基址西北90余米处是2号宫殿基址，是一座设有地下室、四周有回廊的高台建筑，与1号宫殿建筑有走廊相连。在1号宫殿基址西南100余米处是3号宫殿基址，两者间也有走廊相连。3号宫殿基址是一座带有长廊的殿堂，在廊道两壁上有彩绘壁画，

①陕西省考古研究所编著：《秦都咸阳考古报告》，科学出版社，2004年。

②秦都咸阳考古工作站：《秦都咸阳第一号宫殿建筑遗址简报》，《文物》1976年第11期，第12—24页、41页；秦都咸阳考古工作站：《秦咸阳宫第二号建筑遗址发掘简报》，《考古与文物》1986年第4期，第9—19页；咸阳市文管会、咸阳市博物馆、咸阳地区文管会：《秦都咸阳第三号宫殿建筑遗址发掘简报》，《考古与文物》1980年第12期，第34—42页。

③王学理：《秦物质文化通览》上册，第199—201页。

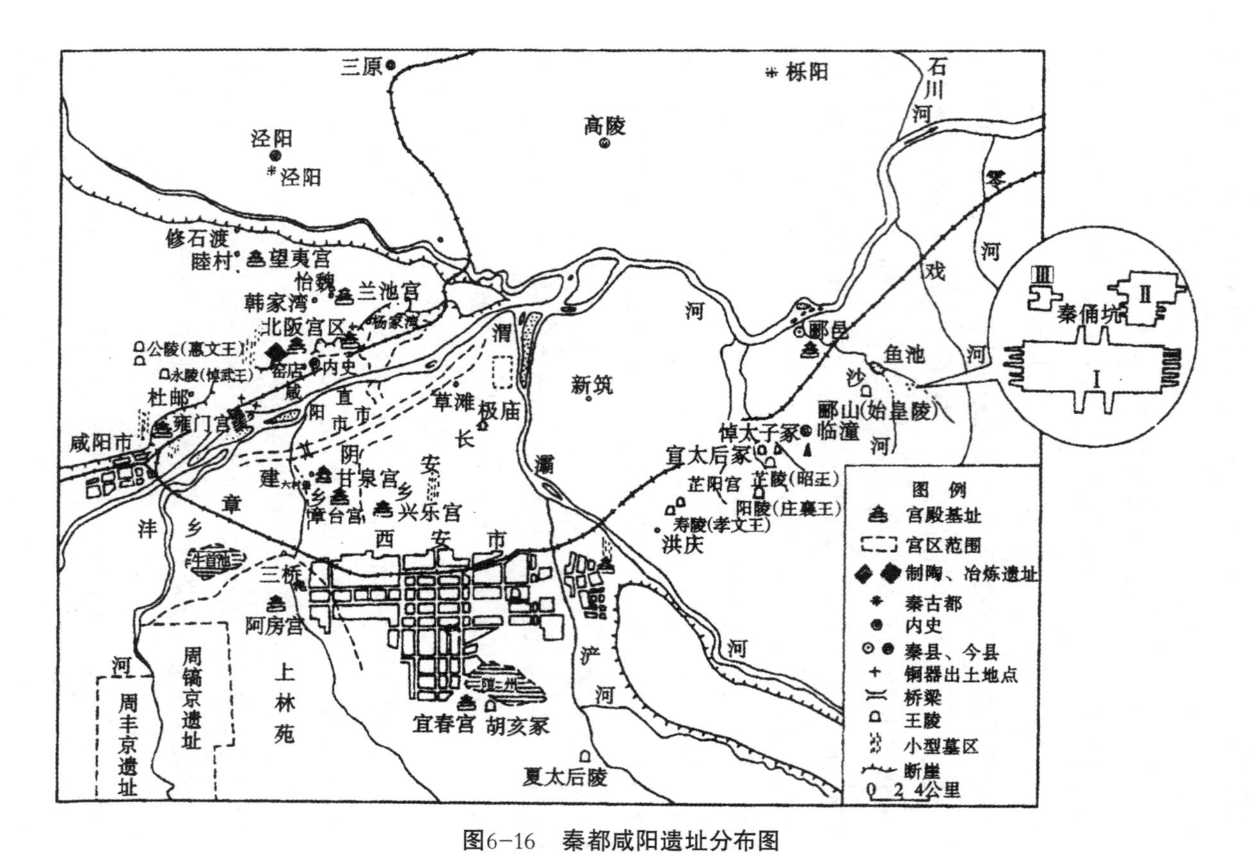

图6-16　秦都咸阳遗址分布图

（采自陕西省考古研究院秦汉考古研究部：《陕西秦汉考古五十年综述》，第106页）

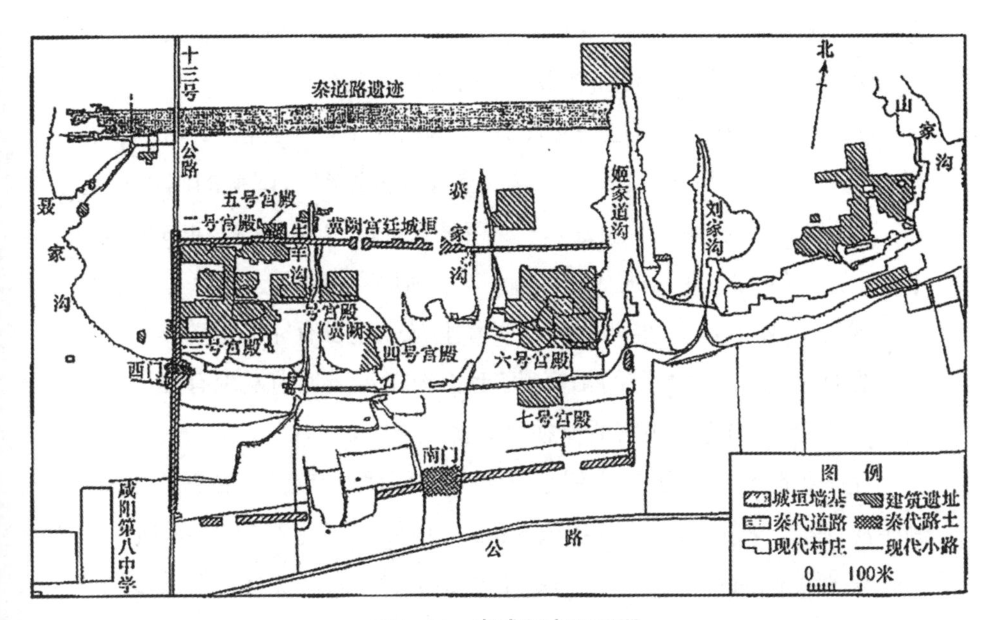

图6-17　**秦咸阳宫平面图**

（采自王学理：《秦物质文化通览》上册，第200页）

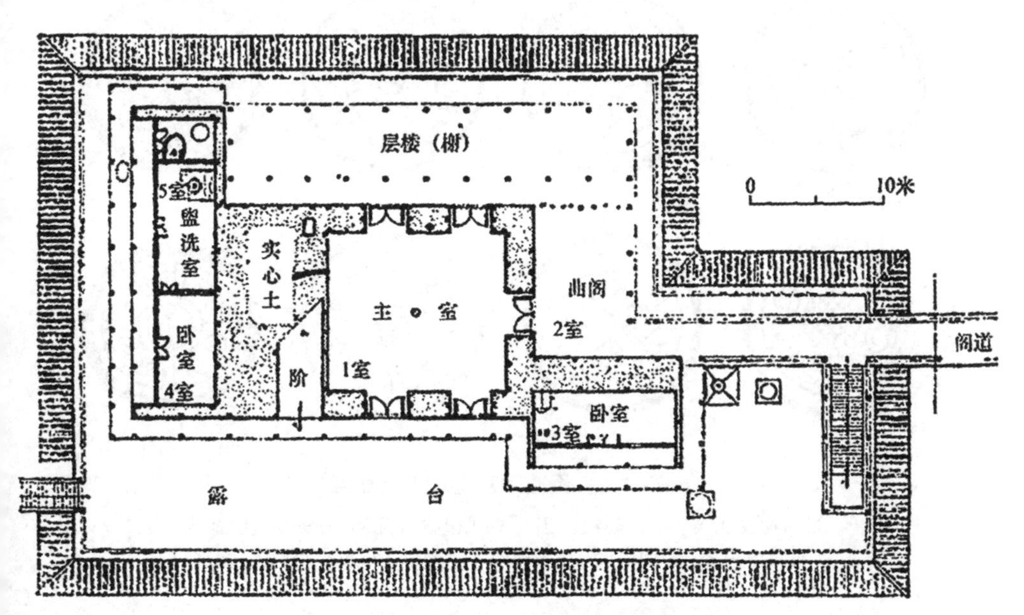

图6-18　**秦咸阳宫1号宫殿基址顶层平面图**

（采自王学理：《秦物质文化通览》上册，第201页）

为车马仪仗图案、植物纹饰和几何形图案。这三座宫殿基址虽各自独立，但它们之间以走廊相连，构成了一组宏伟壮观的建筑群。

文献记载，在渭南有上林苑，在上林苑内建有章台宫、兴乐宫、信宫、甘泉宫（又称南宫）、阿房宫等。经过考古勘察与试掘的阿房宫遗址，东西长1270米，南北宽426米，现存最大高度12米，面积约55万平方米。台基上东、北、西三面有夯土墙，应是阿房宫的宫墙。在台基上面没有发现房屋建筑遗迹，推测阿房宫实际上是一座没有完成的建筑①。

在咸阳宫东、西两侧的柏家嘴、毛王沟建筑遗址内发现有燕国、齐国、楚国瓦当，当为六国宫殿所在之处。

手工业遗址主要分布在故城的西部和西南部，有冶铜、铸铁、制陶、制砖瓦、制骨等遗址。出土陶器上多戳印市府和民营生产的文字印记。

秦都咸阳遗址出土有动物纹、植物纹瓦当，但以云纹瓦当最多（图6−19）。

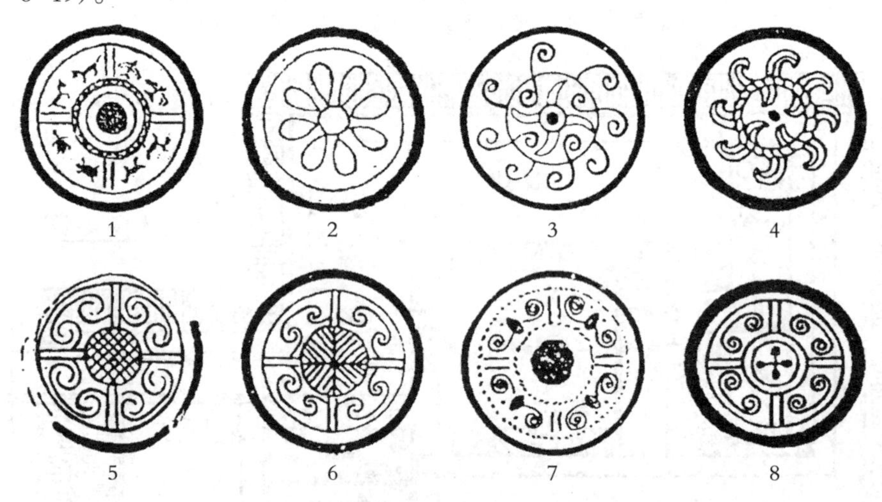

图6−19　秦咸阳宫遗址出土瓦当

1.动物纹瓦当　2.花瓣纹瓦当　3、4.植物纹瓦当　5—8.云纹瓦当
（采自申云艳：《中国古代瓦当研究》，第16、17、20、23、24、25页）

①中国社会科学院考古研究所、西安市文物保护所、阿房宫考古工作队：《阿房宫前殿遗址的考古勘探与发掘》，《考古学报》2005年第2期，第207—238页。

秦定都咸阳时期的秦王陵墓区有三处，即毕陌陵区、芷阳陵区和骊山陵区。毕陌陵区是秦惠文王、武王的陵墓区，位于咸阳西北的咸阳塬上。考古发现两处陵园，位于周陵镇的一处由内、外两重垣墙及附设的内、外两重围沟组成，是一座规整的南北长方形陵园（图6-20）。外垣墙四面各辟一门，内垣墙南、北各一门，东、西各二门。陵园中坐落两座南北并列的四墓道大墓，均有覆斗形封土，四墓道分别对应内垣墙各门。在封土侧及内外墙间发现地面建筑遗址5处、外藏坑27座及小型墓葬168座[①]。另一处位于此陵园西南4800米的严家沟，其陵园形制及布局与周陵镇陵园大体相似。此两座陵园被推测为秦惠文王的“公陵”（即严家沟陵园）和武王的“永陵”（即周陵镇陵园）[②]。

《史记·秦始皇本纪》载，昭襄王和庄襄王均葬在“芷阳”陵区，又称“秦东陵”，位于临潼骊山西麓。根据墓葬的分布情况，此陵区分为四处陵园，一号至三号陵园相邻，只以兆沟相隔，可能属于一个陵区。四号陵园独处于一号陵园之南，应属于另外一个陵区。有三座四墓道大墓坐落于一号和四号陵园中。一号陵园的两座大墓南北并列，墓上有高大的封土，东墓道（主墓道）东侧各有一个陪葬坑，封土侧发现地面建筑、陪葬墓等，陵园外以壕沟围绕。四号陵园四周也以“隍壕”围绕，除有一座四墓道大墓外，还有两座单墓道大墓，另有数座小型陪葬墓[③]。一号陵园已被证实是昭襄王的陵园[④]，二号、三号和四号陵园的归属还有待确定（图6-21）。

---

①陕西省考古研究院、咸阳市文物考古研究所、周陵文物管理所：《咸阳“周王陵”考古调查、勘探简报》。

②刘卫鹏、岳起：《咸阳塬上“秦陵”的发现和确认》，《文物》2008年第4期，第62—72页。

③张海云：《芷阳遗址调查简报》，《文博》1985年第3期，第5—13页；陕西省考古研究所、临潼县文管会：《秦东陵第一号陵园勘查记》，《考古与文物》1987年第4期，第19—29页；陕西省考古研究所、临潼县文物管理委员会：《秦东陵第二号陵园调查钻探简报》，《考古与文物》1990年第4期，第22—31页；陕西省考古研究所秦陵工作站：《秦东陵第四号陵园调查钻探简报》，《考古与文物》1993年第3期，第48—52页。

④王辉、尹夏清、王宏：《八年相邦薛君、丞相殳漆豆考》，《考古与文物》2011年第2期，第63—66页。

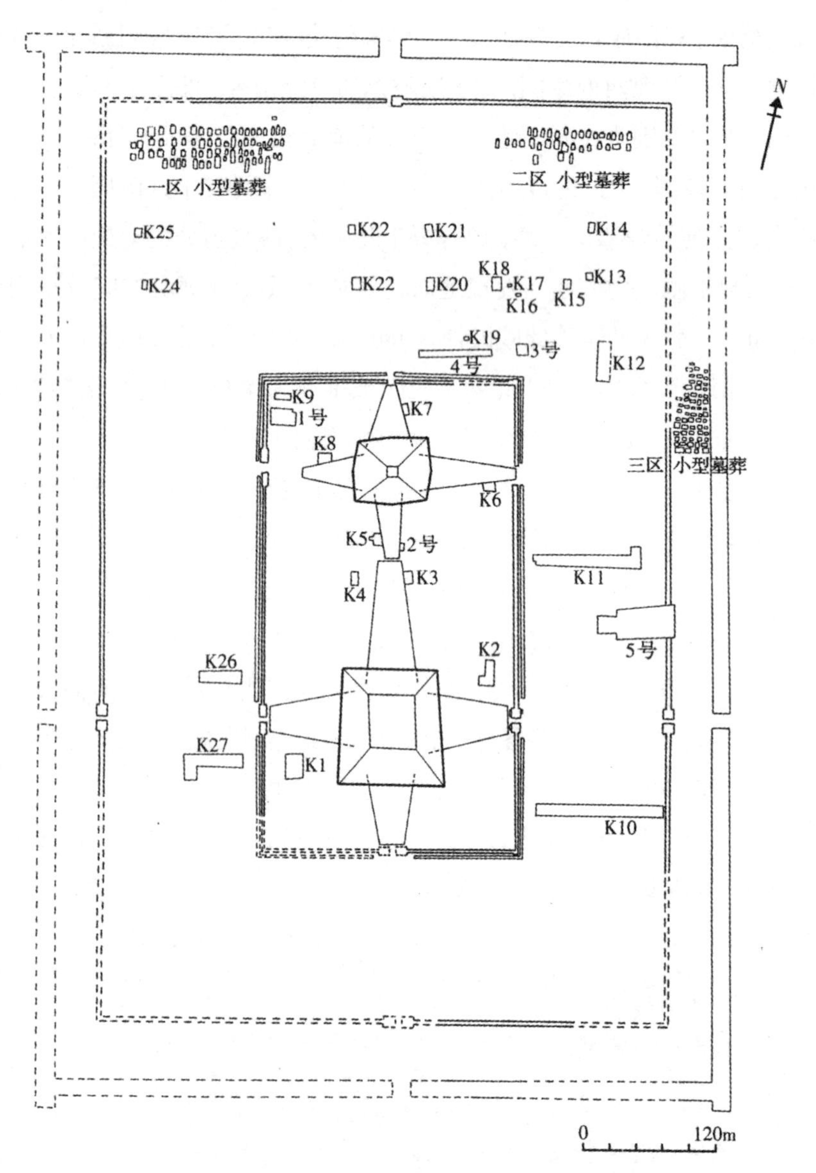

图6-20　咸阳“毕陌”陵区秦武王“永陵”平面图

（采自陕西省考古研究院、咸阳市文物考古研究所、周陵文物管理所：《咸阳“周王陵”考古调查、勘探简报》，第5页）

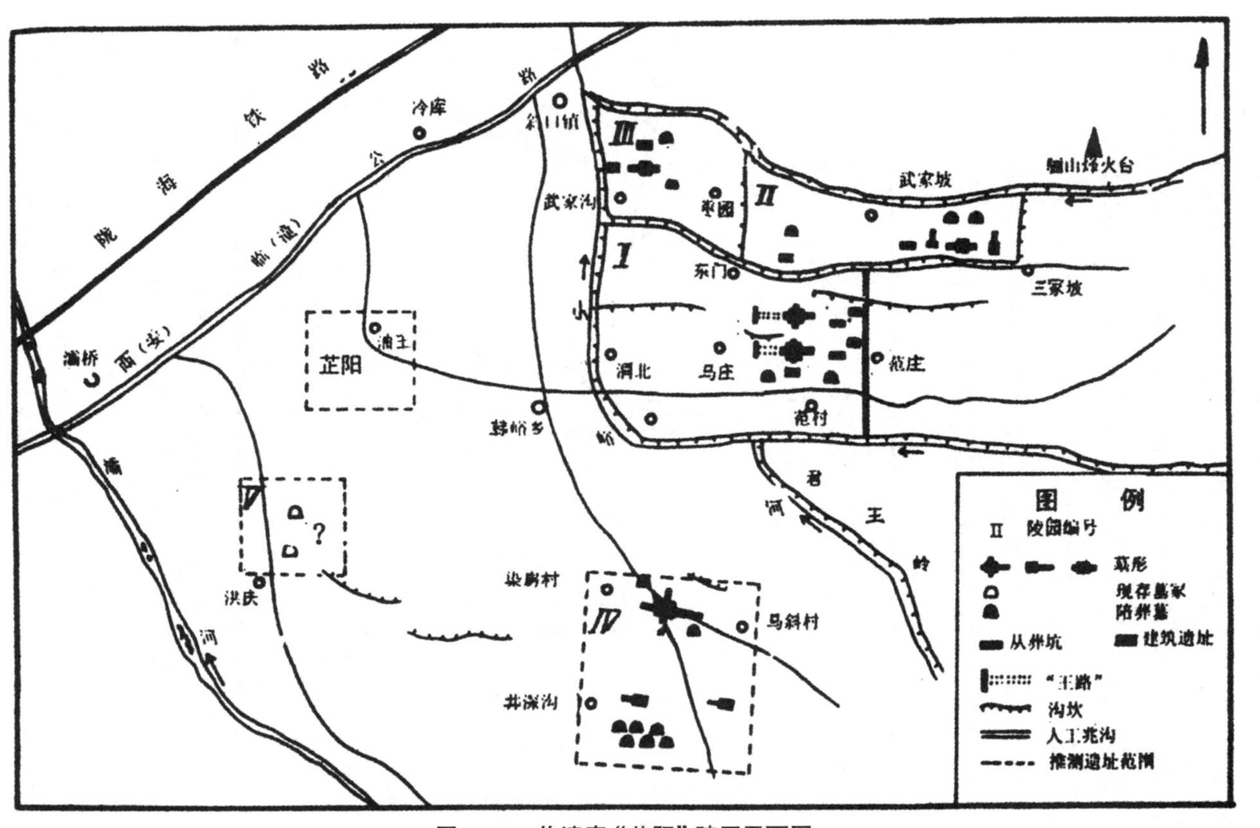

图6-21　临潼秦“芷阳”陵区平面图

（采自赵化成：《秦东陵刍议》，《考古与文物》2000年第3期，第57页）

秦始皇的骊山陵园位于临潼骊山北麓[①]（图6-22）。整个陵园有两重城垣环绕，秦始皇墓上有覆斗形的封土，至今仍高达47米。内外城四面均设城门，外城东西门和南北门的连线正好相交于封土顶点中心。封土北侧发现大面积的建筑基址，其范围从陵丘北部的西边缘直到内城北墙，整个建筑遗址的东、西、北三侧各有一道夯土墙，在内城的西北部形成一个独立的南北向长方形建筑群。最南部的夯土基址规模巨大，似是一个相对独立的大单元，应是整个建筑群的核心部分"寝殿"

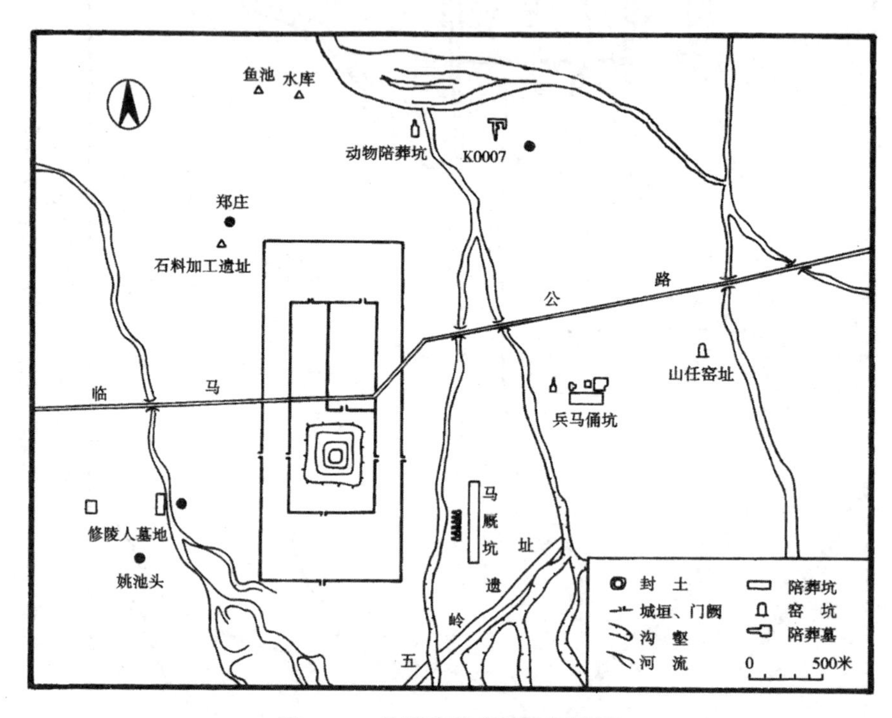

图6-22　临潼秦始皇陵园平面图

（采自陕西省考古研究院秦汉考古研究部：《陕西秦汉考古五十年综述》，第110页）

---

①陕西省考古研究院：《2010年度秦始皇帝陵园礼制建筑遗址考古勘探简报》，《考古与文物》2011年第2期，第14—30页；秦始皇帝陵博物院：《秦始皇帝陵内城陵寝建筑勘探简报》，《秦陵秦俑研究动态》2012年第2期，第1—26页；赵康民：《秦始皇陵北二、三、四号建筑遗迹》，《文物》1979年第12期，第13—16页。

主体之所在。该组建筑以北的基址，又分为九组东西对称的建筑群（图6–23）。封土的东北部又筑一座小城，内有陪葬墓，均无封土。

在内外城之间还有供奉祭品的“骊山食官”遗址、管理陵园的园寺吏舍遗址等。在陵园东侧有陪葬的王室诸公子、公主墓以及马厩坑、兵马俑坑等。

（二）秦都咸阳的礼制文化研究

1. 咸阳都城的设计理念

秦都咸阳的规划布局既继承了雍都的特点，又有新的变化。咸阳城初建时“营如鲁卫”，是仿关东诸国的都城建制。秦都咸阳的郭城虽还没有发现，但集中的宫城（即咸阳宫）已经发现，正处于整个都城遗址北部正中的最高处，呈“建中立极”之势。1号宫殿基址又处于宫城中部，其高台建筑形式，更显示出皇权居高临下之威严。《三辅黄图》载：“始皇穷极奢侈，筑咸阳宫，因北陵营殿，端门四达，以则紫宫，象帝居。渭水贯都，以象天汉。”[①]秦始皇筑咸阳宫以示天帝所居“紫宫”，渭水又比作“天汉”，宫城“端门四达”，应是方形宫城四面各有门通向各方。秦始皇在渭南为自己建生祠“以象天极”，建阿房宫也“以象天极”，都反映了秦始皇的天地相通、天人合一的都城规划理念。实际上，秦始皇称帝就是继承了周天子“王权神授”“天人合一”的思想观念。秦王（秦始皇）统一六国后，便令属下为自己议立新的名号，称：“今名号不更，无以称成功，传后世。其议帝号。”丞相绾等曰：“古有天皇，有地皇，有泰皇，泰皇最贵。臣等昧死上尊号，王为‘泰皇’。命曰‘制’，令为‘诏’，天子自称曰‘朕’。”王（始皇）曰：“去‘泰’，著‘皇’，采上古‘帝’位号，号曰‘皇帝’。”[②]其自诩为上天之子即“天子”，以“三皇”之一“皇帝”自称，向天立宫称“紫宫”。秦始皇所创立的“皇帝”之名、

---

①陈直：《三辅黄图校证》，第6页。

②《史记·秦始皇本纪》，第236页。

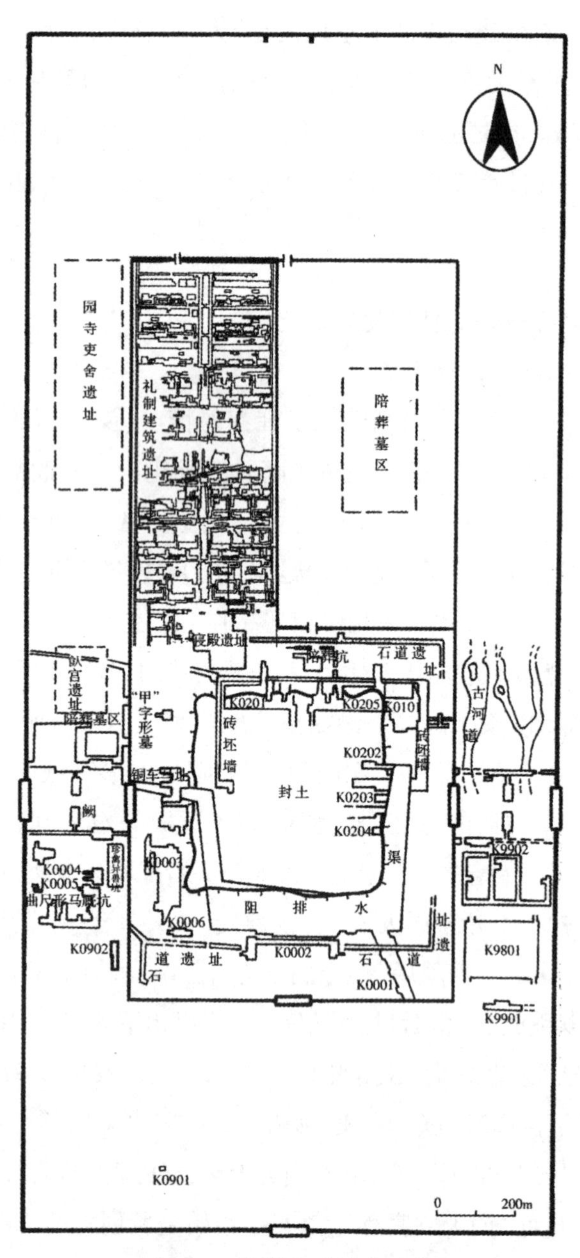

图6-23　秦始皇陵陵寝平面图

（采自陕西省考古研究院：《2010年度秦始皇帝陵园礼制建筑遗址考古勘探简报》，第15页）

“紫宫”之称，遂为后世历代王朝所沿用。

2. 咸阳的祭天礼制

秦迁都咸阳后的祭天之制，既继承雍都之制，又有所创新。对于雍四畤的祭祀照常进行，秦始皇时也依旧，只是“上不亲往。诸此祠皆太祝常主，以岁时奉祠之”。秦始皇除派太祝祭祀雍四畤外，还祭天“拜于咸阳之旁”[①]。秦始皇于咸阳之郊行祭天之礼，开启了以后历代于都城南郊祭天之先河。

3. 咸阳的宗庙、社稷建制

文献记载，秦统一后，也立有社稷。《史记·李斯列传》云：李斯向秦二世表功说“立社稷，修宗庙，以明主之贤”。《三辅黄图》云：“汉初除秦社稷，立汉社稷。”有可能秦社稷就在汉社稷处（西汉时期的社稷遗址已于汉长安城南郊发现）。

《史记·秦始皇本纪》载：秦“先王庙或在西雍，或在咸阳”。既然说“先王庙或在西雍，或在咸阳”，则说明都城咸阳也有集中的先王宗庙。至战国后期，秦国传统的宗庙制度发生了变化：一是将庙建在渭南，离开了咸阳的宗庙区；二是秦王均各自单独立庙，摆脱了传统的集中庙制。《史记·秦始皇本纪》载：“诸庙及章台、上林皆在渭南。”《史记·樗里子传》云：“樗里子疾室在于昭王庙西渭南阴乡樗里。”既然文献记载秦始皇二十六年（前221）时渭南就有“诸庙”，那肯定不是一处庙，又记载昭王庙已在渭南，起码表明从昭王以后各王的庙均在渭南。秦始皇也在渭南为自己建有生祠：“（二十七年）作信宫渭南，已更命信宫为极庙，象天极。自极庙道通骊山……”[②]秦始皇的庙制也有大的变化。雍都与咸阳的宗庙都是集中庙制，至渭南建“诸庙”，则成了各王独立庙制。秦始皇于二十七年（前220）建“信宫”，第二年遂改名“太极庙，象天极”，这预示着秦始皇独尊的集中庙制开始发展，最后实现这一庙制的是秦二

①《史记·封禅书》，第1377页。

②《史记·秦始皇本纪》，第241页。

世。《史记·秦始皇本纪》载："（二世元年）二世下诏，增始皇寝庙牺牲及山川百祀之礼。令群臣议尊始皇庙。群臣皆顿首言曰：'古者天子七庙，诸侯五，大夫三，虽万世世不轶毁。今始皇为极庙，四海之内皆献贡职，增牺牲，礼咸备，毋以加。先王庙或在西雍，或在咸阳。天子仪当独奉酌祠始皇庙。自襄公已下轶毁。所置凡七庙。群臣以礼进祠，以尊始皇庙为帝者祖庙。'"由此可见，这是拟建成秦始皇独尊的集中庙制，尊秦始皇为太祖，以后的二世、三世、四世……的六世神主依次按昭穆班辈排于太祖始皇庙之左右，并按昭穆制度行神主迁祧之制。这与秦始皇自尊为"始皇帝，后世以计数，二世、三世至于万世，传之无穷"[①]的意愿是一致的。只是秦祚短暂，均没有实现而已。

4. 秦咸阳"市亭"建制

秦咸阳手工业遗址主要分布在宫城的西部和西南部。西部的聂家沟发现冶铸和制陶遗址。胡家沟附近发现29座陶窑，出土大批砖、瓦、空心砖等建筑材料，砖瓦上多戳印"古""周"等字样，故推测此遗址是专供宫廷用砖瓦建筑材料的官营手工业作坊遗址[②]。在长陵车站附近集中发现81口水井，以三五成群分布，此应是手工业作坊生产所用水井，遗址出土多是盆、罐、瓮、鬲等生活日用陶器，相当多的陶器上有"咸□里□""咸亭□□□□"陶文戳印，此应是制陶作坊遗址。

在秦都咸阳遗址内，曾出土相当多"咸亭"戳记陶文，如"咸亭沙寿□器""咸亭阳安骍器""咸亭□里綦器"等，还有戳记"咸市"的陶文[③]。"咸亭"与"咸市"意义相同，即咸阳市亭之意。《周礼·地官·司徒下》："凡市入，则胥执鞭度守门。市之群吏平肆、展成奠贾，上旌于思次以令市。市师莅焉，而听大治、大讼。胥师、贾师莅于介次，而

①《史记·秦始皇本纪》，第236页。

②陈国英：《秦都咸阳考古工作三十年》。

③陕西省社会科学院考古研究所渭水队：《秦都咸阳故城遗址的调查和试掘》，《考古》1962年第6期，第289页；王学理：《秦物质文化通览》下册，第705—706页。

听小治、小讼。”郑玄注：“上旌者，以为众望也，见旌则知当市也。”《史记集解》引薛综云：“旗亭，市楼也，立旗于上，故取名焉。”这说明，当时的“市亭”设有各类官吏进行管理，并且“市亭”上立有旗帜。《周礼·地官·司市》：“大市，日昃而市，百族为主；朝市，朝时而市，商贾为主；夕市，夕时而市，贩夫贩妇为主。”当时是否这样正规，不得而知，但用“市亭”升旗表示开市则是可能的。咸阳遗址出土众多“咸市”“咸亭”陶文，说明秦都城咸阳设有许多“市亭”，这些“市亭”是“咸阳市府所辖某某私人陶业制品的标志”①。

5. 秦的商品货币经济

秦国先后的都城雍、栎阳、咸阳均是商业都会。雍，“隙陇蜀之货物而多贾”；“栎邑北却戎翟，东通三晋，亦多大贾”；咸阳则是“四方辐凑并至而会”②。李斯在《谏逐客书》中列举了各地传至秦的宝物，有“昆山之玉”“随和之宝”“明月之珠”“太阿之剑”“纤离之马”“翠凤之旗”“灵鼍之鼓”“夜光之璧”“犀象之器”等③，可见秦与各地的工商业有着密切的联系。秦统一后，“徙天下豪富于咸阳十二万户”④，咸阳成为拥有百万人口的经济大都会。

（1）战国时期秦货币

《史记·秦始皇本纪》载，秦国于惠文王二年（前336）“初行钱”，周天子因此还向秦“贺行钱”。据此，过去多认为秦的金属铸币铸行时间比较晚，比三晋要晚二百多年。但在东周时期各国政治经济交往频繁的情况下，秦国能否晚到此时才铸行货币，还需要进一步研究。

现知秦国的货币主要是圜钱，面值单位用衡制中的“两”“铢”制（1两=4锱=24铢）。按面文可分为一两钱和半两钱两种（图6–24）。

---

①俞伟超：《秦汉的“亭”、“市”陶文》，《先秦两汉考古学论集》，第132—145页。

②《史记·货殖列传》，第3261页。

③《史记·李斯列传》，第2543页。

④《史记·秦始皇本纪》，第239页。

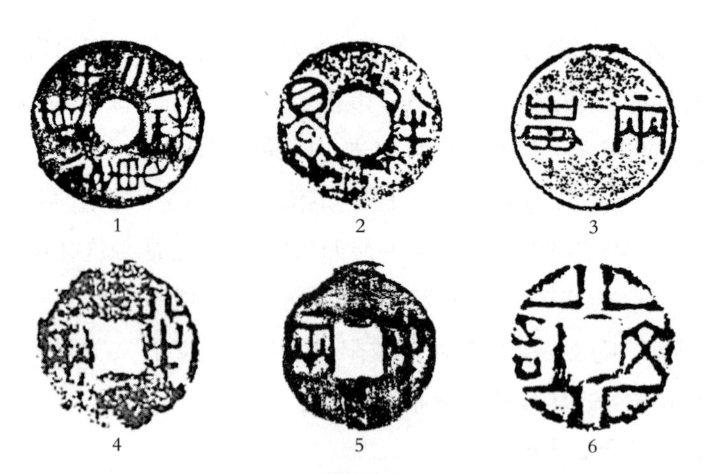

图6-24　战国时期秦货币

1.传世“铢重一两十二”一两钱　2.传世“半睘”半两钱　3.巴县冬笋坝出土“两甾”钱　4.巴县冬笋坝出土半两钱　5.青川出土半两钱　6.“文信”钱

（采自国家文物局《中国古钱谱》编撰组：《中国古钱谱》，第117、118、119页）

一两钱　此钱多是传世品，圆孔无廓，面文为“铢重一两十二”（或十三、十四）。古钱币学者认为是秦国的一两钱，但也有认为不是钱币，而是砝码，或是酒令钱。

半两钱　传世的圆孔无廓“半睘（圜）”钱和方孔无廓“重十二朱”钱，均属半两钱。还有一种方孔有廓的“两甾（锱）”钱，也为半两钱，除传世者外，曾在四川巴县（今属重庆）冬笋坝巴蜀文化的船棺墓中出土①，并且与半两钱同出，可肯定是秦钱。

考古发现比较多的是“半两”钱。早在20世纪60年代发掘的巴县战国时期船棺墓中，与“两甾”钱同出的就有“半两”钱。70年代末，又在四川青川战国五十号墓中出土了六枚“半两”钱②，同出的一件木牍记载：“二年十一月己酉朔日，王命丞相戊、内史匽，□□更修为田律。”

①前西南博物院、四川省文物管理委员会：《四川巴县冬笋坝战国和汉墓清理简报》，《考古》1958年1期，第11—32页。

②四川省博物馆、青川县文化馆：《青川县出土秦更修田律木牍——四川青川县战国墓发掘简报》，《文物》1982年1期，第1—21页。

据文献记载，秦国在武王二年（前309）“初置丞相”，当时甘茂为左丞相。此木牍记载的应是武王命丞相甘茂修田律。武王仅在位四年，之前是其父秦惠文王，在位二十七年。由此可以推断，秦惠文王二年“初行钱”，有可能就是“半两”钱。实际上，在四川的昭化、绵竹、绵阳、荥经、郫都和陕西的咸阳、大荔、耀州等战国墓中也出有“半两”钱。过去一直认为，秦始皇统一六国后才开始铸行“重如其文”的半两钱，这一观点可以纠正了。

还有一种“文信”方孔钱，有四曲文，一般认为是吕不韦在其封地洛阳所铸。秦庄襄王时封吕不韦为文信侯，封地在洛阳。秦始皇十年（前237），出文信侯就国河南。1955年，在洛阳王城遗址内发现了“文信”钱石范[①]，说明“文信”钱确是在洛阳所铸。

秦代统一六国后，秦始皇废除六国旧币，推行秦国的“半两”钱，基本上改变了各地区货币纷杂的局面，完成了中国古代货币的第一次大统一。

（2）秦代货币流通

秦始皇统一六国后，开始进行货币的统一。《汉书·食货志》载：“秦兼天下，币为二等：黄金以镒名，上币；铜钱质如周钱，文曰‘半两’，重如其文。而珠、玉、龟、贝、银、锡之属为器饰宝藏，不为币。”据文献记载和考古资料，秦代统一货币可归纳为以下几个方面：

第一，货币种类统一。六国原有币制一律废除，规定全国货币为二等，黄金为上币，铜钱为下币。

第二，货币形态统一。铜钱均作圆形方孔，过去的布币、刀币及圆孔圜钱一律不用。

第三，货币面文统一。铜钱币文均铸“半两”，并规定“重如其文”。

第四，货币名称统一。称铜圆形方孔钱为“钱”，其他各种名号一律不用。

---

①左丘：《略谈“四曲文钱”》，《考古》1959年12期，第674—675页。

第五，铸钱权的统一。官府统一铸造钱币，不许民间私铸。云梦秦简记载了“盗铸钱”的案件，并搜出盗铸钱用的钱范[①]，这说明秦统一币制，不但统一钱币的模式，也统一了铸造权。

第六，全国货币立法统一。钱币的形制、重量和铸造的统一，必须有法律的保护，这就是秦代关于钱币立法的统一。云梦秦简中的《金布律》即秦代的钱币立法，涉及范围很广，如铸造、收藏、流通、核算等等都有明文规定。

总之，秦为了统一货币采取了许多有效的措施。

目前考古发现的秦代半两钱，还是大小、轻重不一。以此来看，秦代的半两钱并没有达到“重如其文”的标准（图6-25）。

图6-25　秦始皇陵出土半两钱

（采自王学理：《秦物质文化通览》上册，第268页）

6. 秦始皇陵建制

从陵墓建制看，咸阳毕陌陵区、临潼东陵区与凤翔秦公陵区相比，又有以下几方面的变化：(1) 每一位秦王的陵园面积扩大，如秦东陵一号陵园的面积就扩大到东西长4公里，南北宽2公里的范围，比实行族葬制的凤翔秦公陵区大出好几倍，已是以一位秦王为主的独立陵园。(2) 毕陌陵区与东陵区的墓上都出现了高大的封土。(3) 封土上没有享堂，而是把这种建筑移至陵园内的平地上，这种建筑的性质应属陵园内的寝殿，或叫陵寝，是一种新的制度。蔡邕《独断》载：“古不墓祭，至秦始皇出寝，起之于墓侧，汉因而不改，故今陵上称寝殿，有起居衣冠

①睡虎地秦墓竹简整理小组编：《睡虎地秦墓竹简》，文物出版社，1978年。

象生之备，皆古寝之意也。”陵寝用作灵魂起居饮食之所，每日有人如同对待活的君主一样在陵寝中侍候。过去一直认为陵园内起寝之制始于秦始皇，现在看来，大概在秦惠文王、武王的毕陌陵区就出现了。

了解了凤翔秦公陵、咸阳毕陌陵区、临潼秦东陵区的发展过程，就明白了秦始皇陵的设计特点和理念，它不仅继承了前代陵园制度的特点，又进一步将其完善了。其重要的新特点有以下几方面：(1) 陵园不是挖隍壕，而是用夯土筑起内外两层城墙，此应是吸收了关东等国陵园的构筑特点。(2) 过去多认为秦始皇陵是坐北向南或坐南向北，经多年的考古勘察，看来是坐西向东的，这也是继承了前代的制度。(3) 秦始皇陵丘上无建筑，而在陵丘北侧建有寝殿，这印证了蔡邕《独断》中的记载是正确的，只不过陵侧建寝殿早在毕陌陵区和东陵区就开始了。(4) 毕陌陵区和东陵区的陵园内秦王墓与王后墓为并列葬，墓上均有高大的封土。而秦始皇陵园内只有一个高大的陵丘，没有王后陵、夫人陵，可谓一墓独尊。内城东北角小城内探出的多座陪葬墓应是王后、妻妾墓，正符合秦以右为上的传统，只是这些墓不起坟丘，以突出秦始皇至高无上的地位。西北部小城的九组对称建筑可能是模拟内宫之“后寝”，是后宫“有子者”诸妃嫔居住之所，与东小城埋葬的“非有子者”从死诸妃嫔相对应①。这样，无论是生是死，后宫妃嫔都一起陪伴陵寝中的秦始皇神主。(5) 秦始皇陵园内还仿照生前建有各种园寺吏舍、食官等，以定时进行祭祀等。(6) 秦始皇建生祠时，还修筑了一条“自极庙道通骊山”的道路，这也意味着将庙祭与陵寝的祭祀给协调统一起来。

秦陵陵寝的出现应源自虞祭之礼。按周代的丧葬礼制，人死后的祭祀主要在殡宫和宗庙中举行。据《仪礼》中的《士丧礼》《既夕礼》《士虞礼》等记载，周代在整个丧葬过程中要对死者要举行10余种不同名目的祭奠。没有埋葬之前，在殡宫和祖庙进行始死奠、小敛奠、大

①《史记·秦始皇本纪》：“二世曰：‘先帝后宫非有子者出焉不宜，皆令从死。’死者甚众。”

敛奠、朝夕奠、朔月奠、荐新奠、朝祖奠、祖奠、大遣奠等祭奠。埋葬之后，丧主返哭祖庙，又返哭殡宫，在殡宫进行虞祭之礼。《仪礼·士虞礼》贾公彦疏："郑玄《目录》云：虞，安也。士既葬父母，迎精而反，日中祭之于殡宫以安之。"又《礼记·丧服小记》郑注云："虞于寝，祔于祖庙。"当时人普遍认为，"形魄具而魂气附焉则生，形魄存而魂气离焉则死"[①]，人死后魂魄分离，死者体魄已埋入墓内，为避免灵魂到处游荡成为野鬼，故"孝子恐魂灵无依，急迎神归"[②]。又认为灵魂是依附在死者的衣服之上，称之为"魂衣"，送葬时，由魂车载着死者的魂衣与柩车一起至墓地，待下葬毕，柩车已空，便将魂衣载于柩车运回殡宫进行虞祭之礼，即所谓"迎精而反，将以设于寝庙"[③]。《既夕礼》载，葬后"反哭"宗庙、"遂适殡宫"，此"殡宫"即"宫寝"，胡培翚《仪礼正义·既夕礼》云："经云'遂适殡宫'，则反哭于祖庙后，即至寝，明矣。"在宫寝中进行虞祭之礼以安其神。虞祭之后，为死者设主牌，以后进行卒哭祭、小祥祭、大祥祭、禫祭等祭奠仪式都是在放置死者魂衣的宫寝中进行，至禫祭除服后，神主将移至祖庙以便未来进行庙祭，但死者的魂衣仍保留在寝宫中以享祭祀。这是周代对死者的祭祀礼仪。

东周时期由于墓祭的出现，使虞祭之礼逐渐由宫寝移至陵墓举行，从而出现了陵寝。东汉蔡邕最早指出了陵寝的起源，其《独断》云："宗庙之制，古学以为人君之居，前有朝，后有寝，终则前制庙以象朝，后制寝以象寝。庙以藏主，列昭穆；寝有衣冠、几杖、象生之具，总谓之宫。……古不墓祭，至秦始皇出寝，起之于墓侧，汉因而不改，故今陵上称寝殿，有起居衣冠象生之备，皆古寝之意也。"此是讲，陵寝是由宫寝而来，陵寝内也放置死者灵魂所凭依的衣冠，其用途也是为了安魂。由此可以看出，陵寝的正式出现应源于虞祭之礼，是仿照虞祭中安魂的

①〔清〕胡培翚：《仪礼正义·士丧礼疏》，江苏古籍出版社，1993年7月，第1644页。
②胡培翚：《仪礼正义·既夕礼》，第1905页。
③胡培翚：《仪礼正义·既夕礼》，第1954页。

宫寝而建的。

蔡邕讲“至秦始皇出寝，起之于墓侧”，但从秦陵的考古发现看，起码早在春秋时期的凤翔秦公陵就出现了墓上建筑[①]，如依河北中山王陵出土的铜兆域图版铭文所记，此墓上建筑也可称之为“堂”[②]，杨宽先生则认为“是供奉墓主灵魂起居饮食的寝”[③]，此见解是可信的。墓上建“堂”，肯定是为地下的死者而建，地下墓室既然是安葬“体魄”之处，墓上之“堂”就应是安放“灵魂”之所。灵魂是依附在衣冠之上，所以将衣冠置于墓上“堂”内以安其魂，这样，既可使魂与魄不远离，又便于祭祀“安魂”，这大概是凤翔秦公陵上建“堂”的真正动因。文献还记载，秦都雍城内还有先王宗庙[④]，并且已经被考古发现[⑤]，这说明秦在都雍时期，不仅遵循商周的传统庙祭之礼，还实行墓上建堂的墓祭之礼。秦于春秋时期所表现的既“庙祭”又“墓祭”的制度，对秦汉时期的祭祖制度产生了重要影响。

经考古勘察与发掘的咸阳“毕陌”秦惠文王陵和武王陵[⑥]，墓上都出现了高大的覆斗形封土。《秦记》记载，秦惠文王之前的秦王葬处没有称“陵”的，至秦惠文王、武王时，其葬处开始称“陵”：“惠文王享国二十七年，葬公陵”；“悼武王享国四年，葬永陵”。“毕陌”秦惠文王陵和武王陵的发现，印证了《秦记》的记载[⑦]。封土上没有堂类建筑遗迹，但在封土侧面发现有地面建筑遗址。由于封土上没有堂，墓侧的建筑

---

①陕西省雍城考古队：《凤翔秦公陵园第二次钻探简报》。

②河北省文物研究所：《譽墓——战国中山国国王之墓》（上、下）。

③杨宽：《中国古代陵寝制度史研究》，第182—183页。

④《史记·秦始皇本纪》载：秦“先王庙或在西雍，或在咸阳”。

⑤陕西省雍城考古队：《凤翔马家庄一号建筑群遗址发掘简报》，《文物》1985年第2期，第1—29页。

⑥陕西省考古研究院、咸阳市文物考古研究所、周陵文物管理所：《咸阳“周王陵”考古调查、勘探简报》。

⑦《史记·秦始皇本纪》引《秦纪》记载，第288—289页。

中就应该有发挥“安魂”作用的建筑，也就是后来的“陵寝”。如果此推测不误的话，正式于陵侧建陵寝的制度就不是蔡邕所说的始于秦始皇时，大概从秦惠文王、武王的毕陌陵区就出现了。芷阳的秦东陵、骊山秦始皇陵都遵循陵侧建陵寝之制。

秦始皇陵园内城的建筑应仿自其生前的内宫宫寝。在秦始皇陵丘西北侧发现的大片建筑遗址，最南部是一处规模巨大的基址，北部是东西对称的九组建筑群。研究者对此建筑群的功用进行了诸多研究，提出了各种见解。（1）认为最南部规模最大的基址是“寝殿”基址，北部为“便殿”基址①。（2）认为最南部建筑为“寝”，“模拟了秦始皇帝及九嫔的生活起居类宫殿”；北部九组对称建筑为“朝”，“复制了秦帝国都城中的宗庙或朝廷办公机构”②。（3）认为南部为“正寝”，北部为“燕寝”③。或认为北部基址体现了“天子六寝”“后六寝”的“寝”制④。从整个秦始皇陵园的布局看，将内城西北部建筑群理解为模拟内宫之“寝”应该是没有问题的，因为陵园是仿都邑、宫室修筑，内城所模拟的宫城是秦始皇及皇后、妃嫔等所居之处。《史记·秦始皇本纪》载，秦始皇死后，秦二世下令“先帝后宫非有子者，出焉不宜，皆令从死，死者甚众”。陵园内城东北部小城内有可能埋的就是秦始皇后宫中“非有子者”，其位置正位于始皇陵之北部，与毕陌陵区王陵与王后陵的坐落方位一致。西部小城建筑区内曾出土四块有刻文的青石板，

---

①袁仲一：《秦始皇陵的考古发现与研究》，陕西人民出版社，2002年，第80—89页；张占民：《秦始皇陵北寝殿建筑群的发现与初步研究》，西北大学文博学院编：《考古文物研究：纪念西北大学考古专业成立四十周年文集（1956—1996）》，三秦出版社，1996年，第326—331页。

②孙伟刚：《秦始皇帝陵园2010年勘探新发现礼制建筑遗址性质》，北京大学震旦古代文明研究中心编：《古代文明研究通讯》总第49期，2011年，第35—41页。

③张卫星：《秦始皇帝陵陵寝建筑探析》，《秦始皇帝陵博物院》（总贰辑），三秦出版社，2012年，第152—171页。

④张仲立：《秦始皇陵礼制建筑群与“秦始出寝”》，《考古与文物》2011年第2期，第67—69、94页。

文字内容分别为“纳中东下卅六”“内西七”“泰左东丙三上”“泰右东十八”。有学者认为，“泰”有可能为“太官”省称；“纳”或“内”有可能为“内官”的省称[①]。这一认识颇有见地，为确定此组建筑的性质提供了重要依据。“泰官”“太官”“大官”可互为通用，西安相家巷出土秦封泥有“泰官丞印”“大官丞印”多枚[②]，秦东陵一号墓被盗出的四件漆豆足座底部分别烙印有“大官”“太官”文字[③]，西汉景帝阳陵内封土东侧外藏坑中也出土有“大官之印”“大官丞印”“太官令印”等印章和封泥[④]，说明秦、汉王朝均设有此官署。《汉书·百官公卿表》载：“少府，秦官，掌山海池泽之税，以给供养，有六丞。属官有尚书、符节、太医、太官、汤官……十二官令丞。”颜师古注：“太官主膳食。”太官是专门掌管宫廷膳食的官员。《史记·孝景本纪》载：“以大内为二千石，置左右内官，属大内。”裴骃《集解》云：“韦昭曰：‘大内，京师府藏。’”司马贞《索隐》云：“主天子之财务曰少内。少内属大内也。”《汉官仪》：“内者，署名，令一人，秩六百石，属少府”，“内者主帷帐”[⑤]。又《后汉书·百官志》载：内者令“掌宫中布张诸衣物”。由此可以看出，秦汉时期的“太官”“内官”“内者”的职责是专门掌管皇室起居生活之事。秦始皇陵园西小城内出土的刻有“纳”“内”“泰”等字样的石板，可能与这些官职有关，但西小城建筑不会是与这些官职有关的官署，只能是他们负责的皇室内宫。北部的九组对称建筑可能是模拟内宫之“后寝”，

---

①张卫星：《秦始皇帝陵陵寝建筑探析》，第168—169页。

②周晓陆、陆东之、庞睿：《秦代封泥的重大发现——梦斋藏秦封泥的初步研究》，《考古与文物》1997年第1期，第35—49页；杨广泰编：《新出封泥汇编》，西泠印社出版社，2010年，第35—36页。

③王辉、尹夏清、王宏：《八年相邦薛君、丞相殳漆豆考》。

④陕西省考古研究院：《汉阳陵帝陵东侧11～21号外藏坑发掘简报》，《考古与文物》2008年第3期，第3—32页；杨武站：《汉阳陵出土封泥考》，《考古与文物》2011年第4期，第59—66页。

⑤〔清〕孙星衍等辑，周天游点校：《汉官六种》，中华书局，1990年，第139页。

居住秦始皇后宫中“有子者”，与东小城埋葬“非有子者”相对应。如上述推测不误的话，秦始皇陵内城的设计理念则可能是：南部陵墓是秦始皇体魄所在，由东北小城“从死者”妃嫔在阴间侍奉。西部小城南端近陵丘的建筑相对独立，体量最大，又位于始皇陵丘之边缘，也即“墓侧”，应是安置秦始皇灵魂之“寝”，或谓“正寝”；其北部“后寝”所居“有子者”妃嫔，则如始皇生前一样侍奉其灵魂。如此，陵园内城正是仿生前内宫而造，依然是秦始皇及后宫妃嫔所处之地。由此可以看出，秦始皇陵内城如此之布局，是由当时丧葬礼制及“事死如事生”的观念所致。

总之，秦始皇陵的建制，奠定了中国封建帝王陵园的建筑格局，汉代的帝王陵虽有些变化，但总的设计意图及建筑布局基本上是沿袭秦制。

三、小结

秦国都城有其独特性，由雍都至咸阳的建制也有诸多变化。

（1）雍都的布局特点与关东诸国都城有所不同，有其独特性。关东诸国都城均是由宫城与郭城组成，而雍城却只有一个城圈，应似郭城，考古发现的各个宫殿区分布在城内的中、东、西、北部，没有发现集中统一的宫城，也没有体现权威的高台建筑。咸阳的规划布局既继承了雍都的特点，又有新的变化。咸阳城的初建是“营如鲁卫”，是仿关东诸国的都城建制。秦都咸阳的郭城虽还没有发现，但集中的宫城（即咸阳宫）已经发现，正处于整个都城遗址北部正中的最高处，呈“建中立极”之势。

（2）雍都的朝宫呈现五进院落、五座门庭的布局，印证了文献记载的周天子朝宫为“五门三朝”之建制。咸阳的宫城内仿东方诸国也筑起了高台建筑，成为大朝政殿所在。

(3) 秦人于雍都附近立四畤，祭祀白、青、黄、炎四帝，是后来的郊祀五帝之滥觞。秦迁都咸阳后的祭天之制，既继承雍都之制，又有所创新。对于雍四畤的祭祀照常进行，秦始皇时依旧，只是“上不亲往，诸此祠皆太祝常主，以岁时奉祠之”。秦始皇除派太祝祭祀雍四畤外，还祭天“拜于咸阳之旁”。秦始皇于咸阳之郊行祭天之礼，开启了以后历代于都城南郊祭天之先河。

(4) 雍都与咸阳的宗庙都是集中庙制，至战国后期，又在渭南建“诸庙”，形成各王独立庙制。至秦始皇称帝，在咸阳建“信宫”，遂又改名“太极庙”，朝着秦始皇帝独尊的“天子七庙”制发展，只是秦祚短暂，并没有实现而已。

(5) 东周时期，秦国还盛行用人殉葬的风俗，秦始皇陵园内城东北部小城内应是殉葬的后宫中“非有子者”。

(6) 秦始皇陵的建制，基本奠定了中国封建帝王陵园的建筑格局，汉代的帝王陵虽有些变化，但总的设计意图及建筑布局基本上是沿袭秦制。

第七章　西汉都城长安的礼制文化

对于西汉长安城古迹的记录和研究很早就开始了。东汉末年曾有一幅图称为《黄图》，专门记录汉长安城及附近的古迹，并有题记。此图已佚，梁、陈间人对图的题记做了记录，成为《三辅黄图》一书，此书亦佚，清人毕沅、孙星衍、庄逵吉有辑本。今本《三辅黄图》系唐以后人杂纂诸书而成，也可以了解汉长安城的大概情况。北魏郦道元《水经注·渭水》对汉长安城的宫殿、宗庙、陵墓以及周围水道等遗迹记载比较多。此后，北宋宋敏求的《长安志》、吕大防的《长安图记》，南宋程大昌的《雍录》，元代李好文的《长安志图》，清代毕沅的《关中胜迹图志》、王森文的《汉唐长安图》等，都对汉长安城做过考察。20世纪初，日人足立喜六的《长安史迹考》[①]，记录了他对汉长安城城垣、未央宫前殿台基和明渠等遗迹的调查情况，发表了一些草测图。对汉长安城进行有计划的系统性考古工作，则是在1956年由中国社会科学院考古研究所开始的，经过半个多世纪的考古发掘和调查，已收获大量丰富资料和研究成果，其中最为重要的研究成果汇集在中国社会科学院考古研究所编著的《中国考古学·秦汉卷》中，可借此巨著全面了解汉长安城的考古发现与研究，也可根据需要详细了解自己关注的学术研究之动态，查找资料及学术观点之来源，在很大程度上可发挥工具书的作用，

---

①［日］足立喜六著，杨炼译：《长安史迹考》，商务印书馆，1935年。

为学术再研究创造了条件，提供了一个非常便利的研究平台。

一、汉长安城的营建

最初，汉长安城的宫殿建筑是沿用秦都咸阳南郊的离宫而改建的。高祖元年（前206），项羽封刘邦为汉王，“王巴、蜀、汉中，都南郑”[1]。高祖二年（前205），刘邦夺取关中故秦之地，便“除秦社稷，更立汉社稷”。高祖五年（前202），刘邦击败项羽后正式称帝，因其属下皆关东人，便初都关东洛阳。齐人刘敬及留侯张良力劝高祖定都关中，认为“关中左崤函，右陇蜀，沃野千里，南有巴蜀之饶，北有胡苑之利，阻三面而守，独以一面东制诸侯。……此所谓金城千里，天府之国也”[2]。刘邦采纳了刘敬、张良等人的建议，定都关中。先是将秦的兴乐宫改建为长乐宫，作为皇宫。高祖八年（前199），又修建了未央宫、武库、太仓。未央宫前殿刚建成时，萧何曾说：“非壮丽无以重威，且无令后世有以加也。”[3]可见其非常威严壮观，一直是西汉大朝正殿所在。高祖六年（前201）还曾立大市。

汉惠帝元年至五年（前194—前190）分5次修筑长安城城墙。每次或征发周围600汉里内的男女民众或各地徒隶10余万人进行修筑。这期间还修立刘邦高庙，修筑了市场等[4]。

武帝时期，对长安城进行了大规模的扩建，扩大了宫殿区。在西城外修了建章宫，《三辅黄图》记建章宫“周二十余里，千门万户，东有凤阙”，“前殿下视未央”[5]。武帝晚年到昭帝初期，建章宫几乎代替了

①《史记·高祖本纪》，第365页。
②《史记·留侯世家》，第2044页。
③《史记·高祖本纪》，第386页。
④《汉书·惠帝纪》，第88—91页。
⑤《汉书·武帝纪》，第199页；陈直：《三辅黄图校证·汉官·建章宫》，第41—43页。

未央宫的地位，成为皇帝布政之所。在未央宫的北面修了桂宫、北宫，在长乐宫北面修了明光宫[①]，这些主要是皇后以下的内室居地。还扩建了上林苑，苑内建离宫70余所，台观30多处[②]。以及开凿昆明池、漕渠、明渠。在昆明池北部的东、西两侧，当时立有石刻牵牛、织女像，“以象天河”[③]。

王莽于平帝元始四年（4）在城南兴建了明堂、辟雍等。于地皇元年（20）拆用建章宫等城西的十余所离宫别馆的材料建王莽九庙[④]。这是汉长安城最后一次大规模的兴建。

二、汉长安城的考古发现与布局

汉长安城位于今西安市西北郊的渭河南岸，考古工作已勘清城墙，对部分城门、宫殿、武库、市场、手工业作坊、礼制建筑等遗址进行了发掘，对道路系统、上林苑等遗迹进行了勘察、发掘，基本搞清了汉长安城的布局与结构[⑤]（图7–1）。

长安城整体平面呈不规则方形，城墙系迁就渭河南岸泬水、皂河的形势及长乐、未央两宫位置而定，故西北部与南部城垣曲折多弯。后人以为是模仿天象的产物，北象北斗，南象南斗，呼之为“斗城”[⑥]。汉长安城每面3座城门，共有12座城门，其位置均已探出。南垣为覆盎门、安门、西安门；西垣为章城门、直城门、雍门；北垣为横门、厨城门、洛

①陈直：《三辅黄图校证·汉宫》，第45、46、66页。

②陈直：《三辅黄图校证·苑囿·汉上林苑》，第83—84页。

③陈直：《三辅黄图校证·池沼·汉昆明池》，第95页。

④《汉书·王莽传》，第4163页。

⑤刘庆柱、白云翔主编，中国社会科学院考古研究所编著：《中国考古学·秦汉卷》第五章第一节“汉长安城遗址”，中国社会科学出版社，2010年，第174—227页。后文引用考古资料均出自此书，不再一一注明。

⑥陈直：《三辅黄图校证·汉长安故城》，第19页。

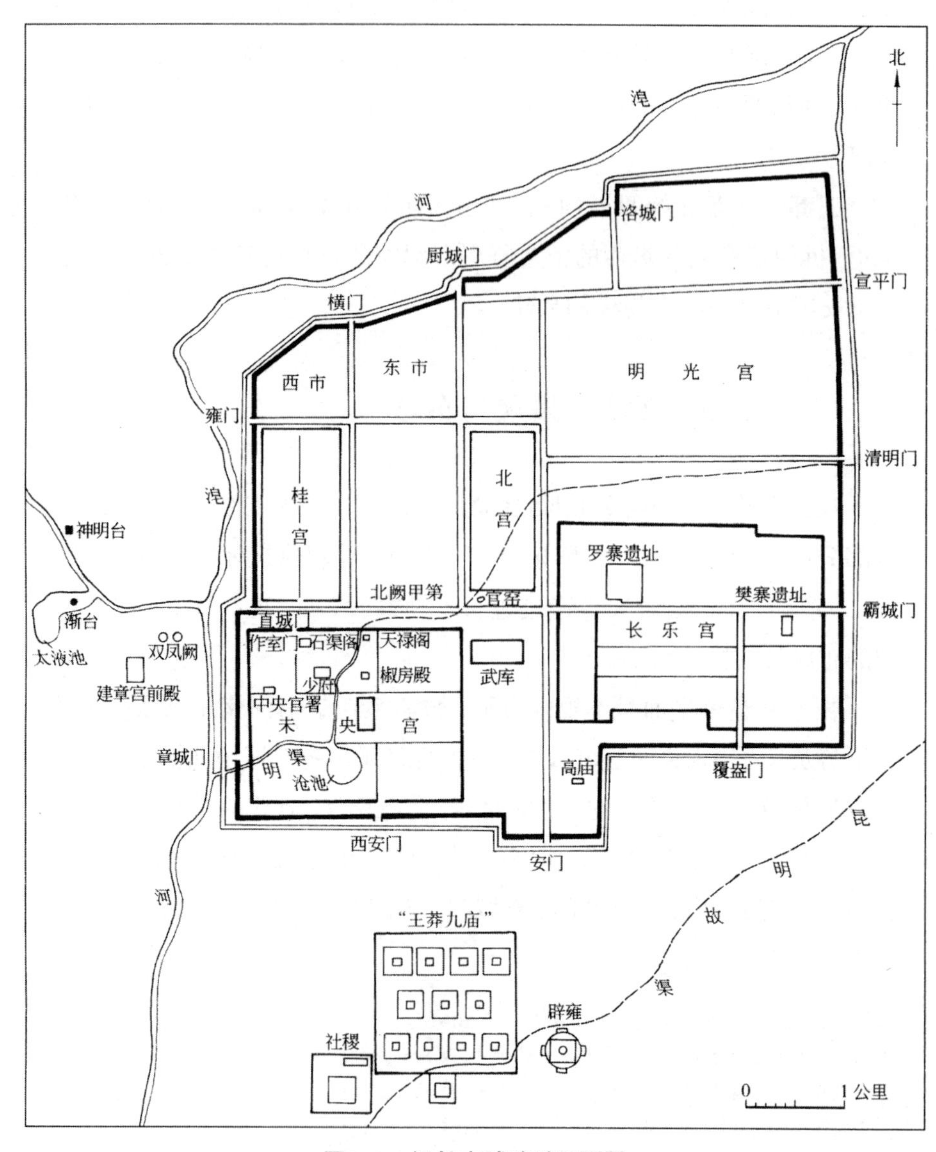

图7-1　汉长安城遗址平面图

（采自刘庆柱、白云翔主编，中国社会科学院考古研究所编著：《中国考古学·秦汉卷》，第177页）

城门；东垣为宣平门、清明门、霸城门。已对宣平门、霸城门、西安门、直城门和横门进行了发掘。从上述5座城门址来看，每座城门都由3个门道组成。

宫殿建筑遗址占据了全城的绝大部分面积。未央宫、长乐宫位于城的南部，两宫之间是武库。未央宫北部由西至东是桂宫、北阙甲第、北宫，再北部的横门内是东西九市。推测长乐宫北部是明光宫，其北部很小范围是160闾里的居民区。

未央宫　位于全城的西南角，宫城平面呈方形，边长2150—2250米，面积约5平方公里。宫城四面各辟有宫门，东、北宫门筑有高大阙楼。宫城四隅各筑有角楼。宫城内两条东西向道路将宫城分成南部、中部和北部三部分。未央宫的主体建筑——前殿基址，位于中部正中，坐北朝南，其上南北排列三座大殿，属于高台宫殿建筑。这是西汉王朝最主要的宫殿，皇帝居于此宫，是朝会、布政之地。其东西两侧还有一些宫殿建筑基址。北部为后宫和官署所在，后宫首殿——椒房殿遗址位于前殿基址正北350米处，与前殿基址成南北一线。后宫西部有少府等官署遗址，北部和西北有天禄阁、石渠阁等皇室的文化性建筑。未央宫南部西侧为皇宫池苑区，沧池、渐台即建于此。在未央宫西部发掘出的三号建筑遗址，除出土铜、铁兵器及生活用品外，更重要的是出土了总数达57000多片有字骨签。推测三号建筑属于中央官署性质。

长乐宫　位于全城的东南角，宫垣已探出，东西长约2900米，南北宽约2400米。西汉初年，这里是高祖刘邦的临时皇宫。惠帝时，吕后居此宫，从此的很长时间内，太后居东宫成为惯制。宫城中有一条横贯东西的大路，向东通至霸城门，向西与直城门大街相连接，路面分三道，中道路面较平，两侧路面略呈弧形。长乐宫内的主要宫殿建筑在东西干道南部，已勘探出东西分布的三组大型宫殿建筑群。东边最大的建筑基址东西宽116米，南北长197米，基址南部东西并列三阶，基址之上南北排列三组殿址。据推测，此组建筑基址可能属于长乐宫前殿遗址。

桂宫　桂宫位于未央宫北的西部，宫址已经探出，宫垣南北长约1800米，东西宽约880米。南、北、东各辟一门，其南门应是文献记载的龙楼门。宫中南部有一高台宫殿建筑基址，应为桂宫主殿——鸿宁殿建筑群故址。未央宫北偏东应是“北阙甲第”遗址。再往东勘探出一座长方形宫城遗址，或即北宫。明光宫的宫垣尚未探出，推测其位置当在长乐宫之北的地段上。

武库　在长乐宫与未央宫之间的武库遗址已进行勘察及重点发掘。此建筑为一座长方形大院落，东西长710米，南北宽322米。院落中部有一道南北隔墙，将大院落分为东、西两部分。隔墙南端辟门，使东西两院相通。武库东墙辟一门，南墙辟二门。东院内有4座房子建筑遗址，西院内有3座房子建筑遗址。第一、第七号建筑遗址出土大量铁兵器，通过发掘得知，房内并排筑有矮墙以置兵器。此遗址的下限是西汉晚期（图7–2）。

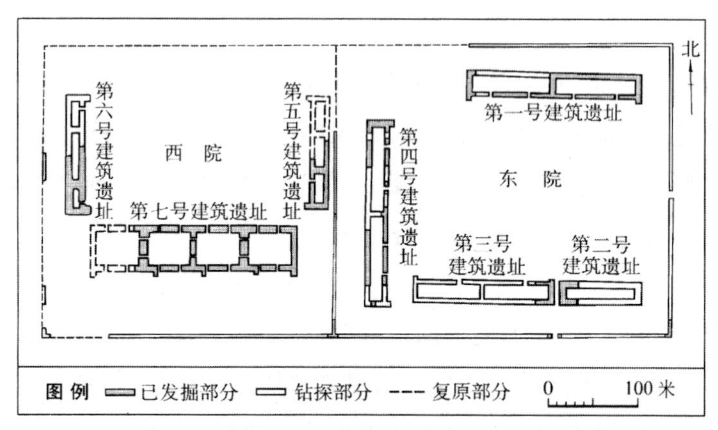

图7–2　武库遗址平面图

（采自刘庆柱、白云翔主编，中国社会科学院考古研究所编著：《中国考古学·秦汉卷》，第203页）

九市　汉长安城西北部横门大道两侧是主要的商业活动区，已在此勘察出两个筑有围墙的遗址，东部遗址范围东西长780米、南北宽650—700米，西部遗址范围东西长550米、南北宽420—480米。二市四周围墙各有2座市门。市内各有东西、南北道路2条，4条道路相交呈“井”字形[①]。此即文献所载的“东市”和“西市”。在西市遗址内已发现铸币、冶铸及陶窑等遗址[②]（图7–3）。

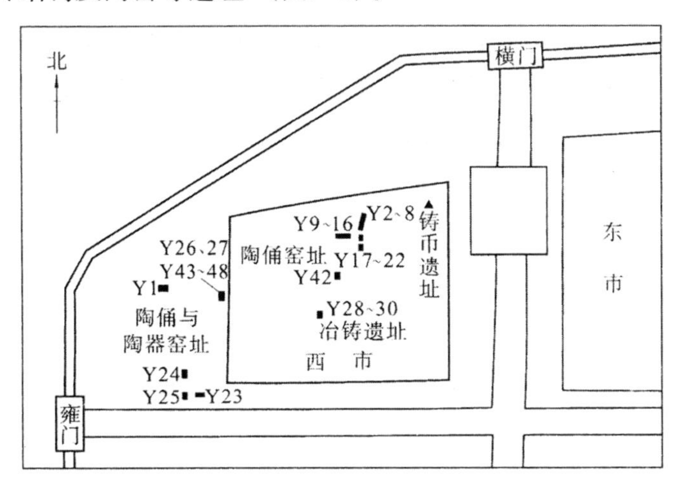

图7–3　西市及手工业作坊遗址分布示意图

（采自刘庆柱、白云翔主编，中国社会科学院考古研究所编著：《中国考古学·秦汉卷》，第206页）

一百六十闾里　今本《三辅黄图》记载：“长安闾里一百六十，室居栉比，门巷修直。有宣明、建阳、昌阴、尚冠、修城、黄棘、北焕、南平、大昌、戚里。”长安城的中部、南部几乎全是宫殿、官署和贵族官僚的“北阙甲第”，西北部是工商业区，一般居民区只能是在城东北部的一小片地方。《文选》载西晋潘岳的《西征赋》，描写了他进入宣平门

①刘庆柱：《西安市汉长安城东市和西市遗址》，中国考古学会：《中国考古学年鉴1987》，第264页。

②中国社会科学院考古研究所汉城队：《汉长安城窑址发掘报告》，《考古学报》1994年第1期，第99—129页；中国社会科学考古研究所汉城工作队：《1992年汉长安城冶铸遗址发掘简报》，《考古》1995年第9期，第792—798、807页；中国社会科学院考古研究所汉城工作队：《1996年汉长安城冶铸遗址发掘简报》，《考古》1997年第7期，第5—12页；李毓芳：《汉长安城烘范窑和铸币遗址》，中国考古学会：《中国考古学年鉴1993》，第245页。

后，“所谓尚冠修成，黄棘宣明，建阳昌阴，北焕南平，皆夷漫涤荡，亡其处而有其名”。潘岳所记长安八里名，与《三辅黄图》所记相合。由此可见，居民的闾里区确实是在宣平门内一带。

南郊礼制建筑遗址　位于长安城南郊，发现中组1号至12号遗址，西部13、14号遗址，东部大土门遗址。发掘者推定中组为王莽九庙遗址，西部分别是西汉社稷、王莽社稷遗址，东部大土门遗址为辟雍遗址[①]。

长安城西部的建章宫遗址、上林苑遗址也进行了考古勘察，发掘出上林三官之一的“锺官”铸钱遗址。

帝陵　西汉从高祖刘邦到平帝共十一位皇帝中，有九位葬于汉长安城北部的咸阳原上，呈东西一排。文帝、宣帝则葬在长安城东南。

三、汉长安城的礼制文化研究

（一）汉长安城的设计理念

长安城的布局特点多与《考工记》中的都城规划相仿，学者也多以此进行对照研究。如果认为长安城是以《考工记》为蓝本而营建，是不合适的，因为《考工记》何时成书，又何时补入《周官》，自汉代以来就存在不同的说法，但可以肯定是，在汉惠帝始除挟书律之前，汉官府没有掌握《考工记》一书[②]。但如果说汉长安城是按照“匠人营国”中东周时期都城设计理念而逐次营建是可以的，因“匠人营国”有别于夏商西周都城以神权为中心的设计理念，而是以王权为中心，是集权制政体下

---

①中国社会科学院考古研究所编著：《西汉礼制建筑遗址》，文物出版社，2003年。

②《礼记·礼器》载：“故《经礼》三百，《曲礼》三千。”郑玄注：“《经礼》，谓《周礼》也。”孔颖达疏：“周公摄政七年，制礼作乐，为设官分职之法，亦名《周官》，有六卿，每卿下各有属官六十，凡三百六十。经秦焚烧之后，至汉文帝时，求得此书，不见《冬官》一篇，乃使博士作《考工记》补之。”此说不知所据。

的产物，并且，其主要的建制在列国都城中就已形成（见第五章），汉长安城是继承了战国时期各都城的布局特点而逐步规整化、制度化，如城垣近方形、旁三门、门三道，城内主要是宫殿，祭祀性建筑均移至城外，此均是继承了东周时期集权政体下的建都模式，是以皇权为中心而营建的。

（二）汉长安城的城门建制

汉长安城每面设有三座城门，四面共十二座，这是中国古代都城建制的首例。《考工记》设计周天子的都城城门是“旁三门”，何以“旁三门”？郑玄解释为“天子十二门，通十二子”，即十二门通子丑寅卯等十二辰。商周之时，以干支来记述天地时辰之运转，另外，“天圆地方”的宇宙观念在商周时期已盛行。所以，《考工记》如此设计天子都城，大概也是为了表现周天子居九里之方城以法地，建十二之通门以法“十二子”，借此以通天地之间，更体现了周天子作为上天元子以御天下之地位。汉长安城的设计既承袭了先秦“天圆地方”的宇宙观，又在意识形态领域借用“皇权神授”的思想理念以维护其集权制的政体。

经对宣平门、霸城门、西安门、直城门和横门进行发掘可知，每座城门都有三个门道组成，通过三个门道有三条路通向城内（图7-4）。班固《西都赋》云：“建金城其万雉，呀周池而成渊，披三条之广路，立十二之通门。”张衡《西京赋》云：“徒观其城郭之制，则旁开三门，参涂夷庭，方轨十二。”所记与考古发掘所见完全相符。都城城门之所以设三门洞通三条并行路，也是为了体现皇权的威仪。中间的道路称驰道，两边的路叫旁道。《汉书·成帝纪》记载，成帝为太子时，居桂宫，“上（元帝）尝急召，太子出龙楼门，不敢绝驰道，西至直城门，得绝乃度，还入作室门。上迟之，问其故，以状对。上大说，乃著令，令太子得绝驰道云”，这说明驰道是专供皇帝行走之御路，其他任何人都不能“绝驰道”，以此彰显皇权之威仪。

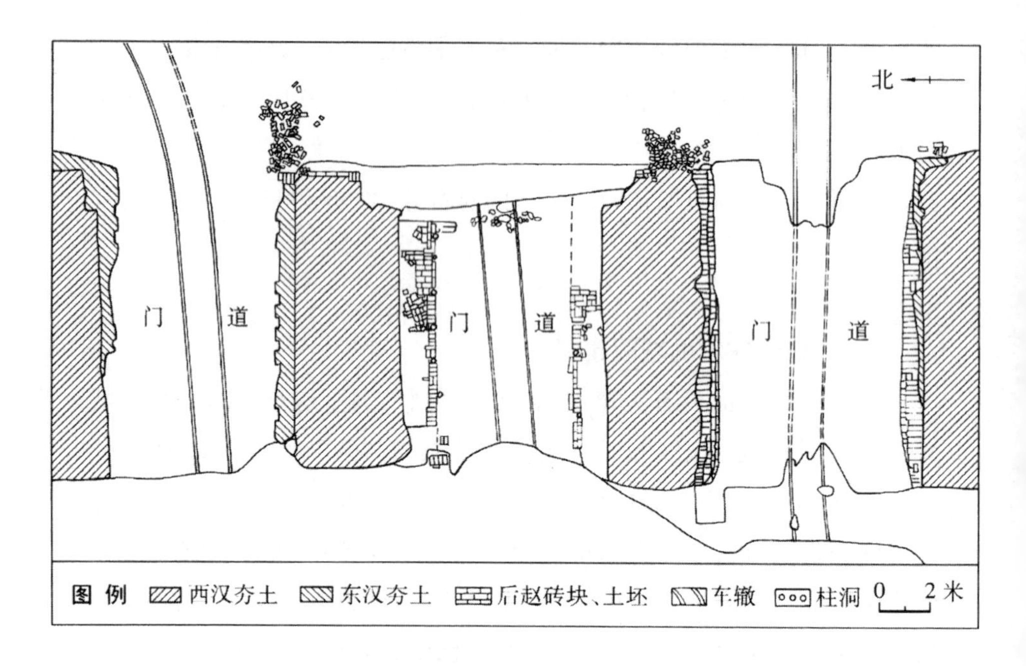

图7-4　汉长安城宣平门遗址平面图

（采自刘庆柱、白云翔主编，中国社会科学院考古研究所编著：《中国考古学·秦汉卷》，第180页）

（三）汉长安城的宫殿建制

前述商周时期建国营都，首先立宗庙和社稷，体现的是以神权为中心的设计理念。而高祖五年刘邦正式称帝，定都关中，首先营建的是皇宫长乐宫，随后营建未央宫、武库、太仓。武帝时期在城内大规模营建的也是皇室所居的皇宫，皇宫占了全城的绝大部分面积。由此可见，汉长安城的营建有别于夏商西周时以神权为中心，而是以皇权为中心。

未央宫是西汉皇帝行使国家权力的布政之宫，宫城平面呈方形，宫内有贯通宫城的南北路1条、东西路2条，这3条主干道在通往宫墙处均辟有宫门，东、西宫墙各有2门，南、北宫墙各有1门，北宫墙之西有一小门，被推测是文献所记汉成帝为太子时入未央宫的“左室门”。未央宫四角有角楼，西南角楼遗址出土了“卫”字瓦当，“卫”即“卫尉”省称，

“卫尉”的职责是保卫宫城[1]。未央宫是汉初最早营建的宫殿，当时还没有大的外围城墙，未央宫西部的上林苑、南部的礼制建筑也还没有营建，在西部、南部均没有修建重要活动场所的情况下，为何要在西、南宫墙辟“四向”之宫门？这应当与传统的建宫理念有关。《周礼·天官·宫伯》载：“掌王宫之士庶子。……授八次八舍之职事。”郑玄注：“卫王宫者，必居四角四中，于徼候便也。”此是讲，周之王宫宫垣的四角、四面均要设“次”“舍”，以便守卫者徼察、候望。未央宫四面辟门、四角设角楼正是传统王宫之建制，文献也记载未央宫是四面辟门，如《三辅黄图》载：“汉未央、长乐、甘泉宫，四面皆有公车司马门。凡言司马者，宫垣之内，兵卫所在，司马主武事，故谓宫之外门为司马门。”王莽时更名“公车司马曰王路四门”[2]。未央宫的建制是“方形宫”辟“四向门”，应是按“天圆地方”及五行观念而建。刘庆柱先生指出，“汉长安城及其皇宫未央宫平面近方形，这反映了当时的崇方思想，崇方思想在都城规划中有着源远流长的历史。……汉长安城和未央宫继承了先秦时代宫城崇方的传统做法，同时又对西汉时期各类重要皇室建筑产生了重要影响，如汉长安城南郊礼制建筑遗址中的宗庙、官稷、辟雍遗址的形制均反映了崇方思想”[3]。西汉都城、帝陵、礼制建筑等的崇方设计既承袭了先秦“天圆地方”的宇宙观，又借用了“皇权神授”的思想理念，此应是汉代崇方思想之真谛。另外，高祖刘邦对五行、五帝、五方、五色等宇宙观是非常信奉的，他在汉初就确立了祭祀五方帝神的体系。汉文帝时在长安城北部“霸渭之会”修建了“渭阳五帝庙”，形制为“同宇，帝一殿，面五门，各如其帝色”。同年，还在长安的长门附近

①中国社会科学院考古研究所编著：《汉长安城未央宫：1980～1989年考古发掘报告》，中国大百科全书出版社，1996年。

②《汉书·王莽传》，第4103页。

③刘庆柱、白云翔主编，中国社会科学院考古研究所编著：《中国考古学·秦汉卷》，第223页。

“立五帝坛，祠以五牢具”①。《三辅黄图》载未央宫建制：“苍龙、白虎、朱雀、玄武，天之四灵，以正四方，王者制宫阙殿阁取法焉。”②此虽多是后期的记载，最初的未央宫宫门也不一定按四灵命名，但在汉初五行宇宙观非常盛行的情况下，方形未央宫建“四向”之宫门“以正四方”应是可信的。考古发现的汉景帝陵“罗经石”遗址就是按“五行”思想而营建，遗址主体建筑四面的铺地砖、墙壁等，均按照东、南、西、北的方位，分别涂有青、红、白、黑四种代表性颜色，而且四灵空心砖清楚地表明了它们各自的方位③。依此观之，未央宫的方形、四向的格局也应是“五行”思想的反映（图7–5）。

汉王朝大朝正殿前殿位于未央宫中央的最高位置，各重要官署多

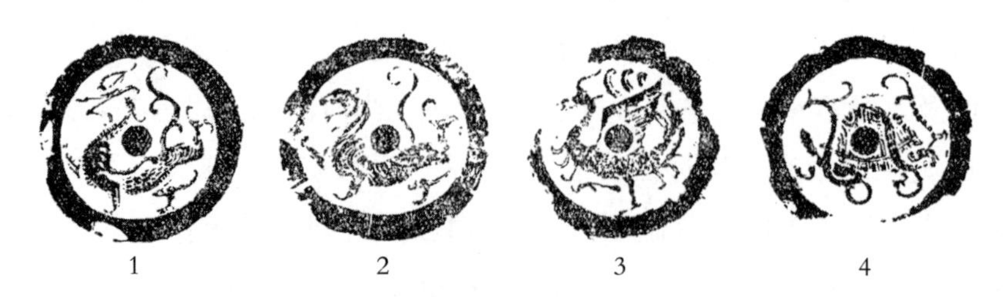

图7–5　王莽时期的四神瓦当

1.青龙　2.白虎　3.朱雀　4.玄武

（采自俞伟超：《战国秦汉考古》讲义，1973年，铅印本，第67页）

位于前殿的北部，此布局，体现了“择中”的建筑思想，强调了王权至上的中央集权体制。前殿遗址上自南向北排列着三座大型宫殿建筑遗址（图7–6），每座宫殿前部均有一处大型庭院，此是否就是按礼制建筑中的天子“三朝”而建？《汉书·五行志》载：“章城门通路寝之路。”《汉书·王莽传》载：王莽改“未央宫曰寿成室，前殿曰王路堂”。服虔注

---

①《史记·封禅书》，第1382、1383页。

②陈直：《三辅黄图校证·未央宫》，第56页。

③马永嬴、王保平：《走近汉阳陵》，文物出版社，2001年。

“王路堂”曰：“如言路寝也。”由章城门通向城内的路正是前殿南部之路，此可印证东汉服虔所说的“前殿”如“路寝”。“路寝”乃天子所居的“三朝”之一。未央宫前殿中最主要的宫殿是宣室殿。《汉书·贾谊传》载：“文帝思谊，徵之。至，入见，上方受釐，坐宣室。”苏林注云：“宣室，未央前正室也。”《汉书·刑法志》载：“时上（宣帝）常幸宣室，斋居而决事。”如淳注云：“宣室，布政教之室也。”后世将未央宫前殿中的

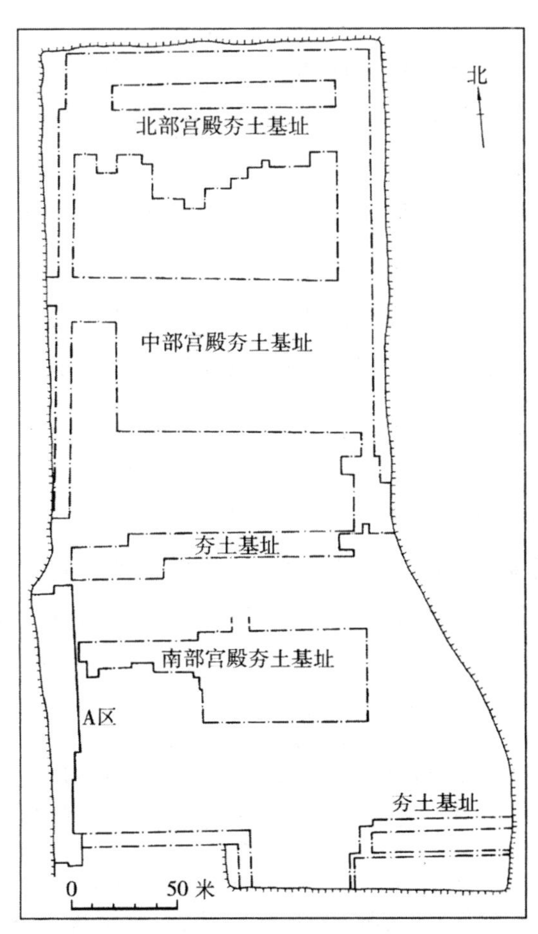

图7-6　未央宫前殿遗址勘探平面图

（采自刘庆柱、白云翔主编，中国社会科学院考古研究所编著：《中国考古学·秦汉卷》，第187页）

宣室殿比照周代的内朝。北宋张洎曰：“今（北宋）崇德殿即唐紫宸殿也，周为内朝，汉为宣室。”[①]以此推测，未央宫前殿遗址上的三座大型宫殿建筑，有可能是按天子“三朝”而建，然周之“三朝”是指宫殿前的庭院[②]，而未央宫前殿则是建起了三大宫殿，这对此后中国古代宫城中大朝政殿的建制具有深远影响，唐宋乃至元明清的宫城内均按传统礼制建有“三朝”大殿[③]。

（四）太上皇庙、原庙的营建

东汉蔡邕曰：“汉承秦灭学之后，宗庙之制，不用周礼。”[④]汉高祖刘邦定都长安后，并没有照夏商周时的建都礼制先立宗庙，而是先营建皇宫、武库和太仓。之所以先营建这三部分，应当是根据当时连年战争的需要及建国初期时局的不稳定而建。而且，高祖刘邦是“以布衣提三尺剑取天下”[⑤]，不像夏商周三代认为是其显赫的先祖保佑他们取得天下，所以夏商周建国立都先立宗庙。西汉都城长安最早立的庙是高祖刘邦在其父死后立的“太上皇庙”。

《汉书·高帝纪》载，高帝六年（前201）尊其父太公为太上皇。十年“秋七月癸卯，太上皇崩，葬万年。赦栎阳囚死罪以下。八月，令诸侯王皆立太上皇庙于国都”。按礼制，人死后要将神主置于庙中进行祭祀，既然高祖命令各诸侯王的都城都要建立太上皇庙，汉都长安也应

---

①〔宋〕李焘撰：《续资治通鉴长编》卷三十二，中华书局，2004年，第726页。

②《说文》云：“廷，朝中也。”《周礼·夏官·太仆》郑玄注：“燕朝，朝于路寝之庭。”焦循《群经宫室图》云：“凡朝皆廷也，其堂为路寝，其廷为燕朝。”

③叶梦得《石林燕语》载：“唐以宣政殿为前殿，谓之正衙，即古之内朝也。以紫宸殿为便殿，谓之上阁，即古之燕朝也。而外别有含元殿。古者天子三朝，外朝、内朝、燕朝。”见〔宋〕叶梦得撰，〔宋〕宇文绍奕考异，侯忠义点校：《石林燕语》卷二，中华书局，1984年，第19页。明代都城北京紫禁城内的皇极殿、中极殿、建极殿，也是传统的“三朝”建制，体现了“君权神授”“象天立官”的意识形态和礼制规划。

④《后汉书·祭祀下》注引袁松山书，中华书局，1965年，第3199页。

⑤《史记·高祖本纪》，第391页。

立有“太上皇庙”。《史记·高祖本纪》载，高祖刘邦死后，太子刘盈是到太上皇庙中举行的“即位礼”：“丙寅葬，己巳立太子，至太上皇庙。”《史记》是武帝时期的司马迁所著，这说明高祖刘邦是先在长安立的太上皇庙。汉惠帝即位后，尊其父刘邦为太祖，尊号为高皇帝，“令郡国诸侯各立高祖庙，以岁时祠”[①]。这样，汉长安城及各郡国内就有了太上皇庙和高庙两处汉室之庙。汉长安城内太上皇庙的位置近内史府。《史记·晁错传》记载：景帝时，“内史府居太上庙壖中，门东出，不便，错乃穿两门南出，凿庙壖垣”。《三辅黄图》也记载了太上皇庙的位置：“太上皇庙，在长安西北长安故城中，香室街南，冯翊府北。《关辅记》曰：‘在酒池北。’”据考古调查推测，太上皇庙可能在清明门内大街之南、长乐宫东北的位置[②]。

太上皇陵还设有陵庙。《汉书·韦贤传》载：“而京师自高祖下至宣帝，与太上皇、悼皇考各自居陵旁立庙，并为百七十六。又园中各有寝、便殿。日祭于寝，月祭于庙，时祭于便殿。寝，日四上食；庙，岁二十五祠；便殿，岁四祠。又月一游衣冠。”《三辅黄图》载：“太上皇有寝庙园、原庙。”《汉书·元帝纪》载：“秋七月庚子，复太上皇寝庙园、原庙。”太上皇崩于栎阳，葬于栎阳北原[③]，其“寝庙园、原庙”应该就在栎阳北原。太上皇死后同样要进行“日祭于寝，月祭于庙，时祭于便殿”的祭祀，也要举行从寝至庙的“月一游衣冠”的祭祀礼仪。因此推测，汉惠帝在为其父高祖刘邦增设陵庙（原庙）的同时，也为祖父增设了陵庙，以便在陵庙（原庙）中举行“月一游衣冠”至庙的祭祀之礼。

---

①《史记·高祖本纪》，第392页。
②姜波：《汉唐都城礼制建筑研究》，文物出版社，2003年，第25页。
③《汉书·高帝纪》颜师古注，第68页。

（五）高祖刘邦的高庙、原庙的营建

高祖刘邦的高庙是惠帝即位后建立的。汉惠帝即位后，尊其父刘邦为太祖，尊号为高皇帝，“令郡国诸侯各立高祖庙，以岁时祠”[①]。晋灼注：“《黄图》：高庙在长安城门街东。”[②]《关中记》载：“高庙在长安故城安门里大街东。”[③]刘庆柱先生根据文献记载推定：“高祖庙在武库以南，安门大街以东，安门之内，约在今东叶村一带。通过在这里勘探，于长乐宫西南部，安门大街与南城墙南折段东西居中处，发现一汉代大型夯土建筑基址，推测当为高庙遗址。”[④]“汉长安城遗址曾出土有‘高庙万世’文字瓦当，疑此为高庙遗物。”[⑤]此对高庙位置的推断是可信的。

按照传统礼制，天子、诸侯每月都要到宗庙中祭祖[⑥]，所以惠帝要每月祭于高庙，并把高祖衣冠从寝中运至高庙。当时惠帝居未央宫，为朝见居于长乐宫的太后，就在武库南的位置筑了一条连通未央宫与长乐宫的“复道”。然而讲究礼仪的叔孙通即刻进谏：“陛下何自筑复道高帝寝，衣冠月出游高庙？子孙奈何乘宗庙道以上行哉！”并建议惠帝在渭北重新立高帝原庙：“愿陛下为原庙渭北，衣冠月出游之，益广宗庙，大孝之本也。”于是，惠帝“乃诏有司立原庙”。颜师古注：“原，重也。先以有庙，今更立之，故云重也。”[⑦]之所以将原庙建于渭北，是为了近高祖陵园，这样便解决了高祖衣冠出游高庙的路

---

①《史记·高祖本纪》，第392页。

②《汉书·叔孙通传》，第2130页。

③刘庆柱辑注：《三秦记辑注·关中记辑注》，三秦出版社，2006年，第97页。

④刘庆柱：《汉长安城的考古发现及相关问题研究——纪念汉长安城考古工作四十年》，《考古》1996年第10期，第1—14页。

⑤刘庆柱：《三秦记辑注·关中记辑注》，第98页。

⑥《礼记·祭法》：“王立七庙，一坛，一墠，曰考庙，曰王考庙，曰皇考庙，曰显考庙，曰祖考庙，皆月祭之。诸侯立五庙……皆月祭之。”

⑦《汉书·叔孙通传》，第2130页。

线在复道之下的问题。此放高祖衣冠的“寝”在何处？注释家各有所指：服虔认为在“高庙中”；如淳认为是“宫中之寝”；晋灼认为“寝在桂宫北”；颜师古则认为：“诸家之说皆未允也。谓从高帝陵寝出衣冠，游于高庙，每月一为之，汉制则然。”[①]现在看来，颜师古的解释是对的，因为高祖长陵旁已建有专门放衣冠的寝殿，高祖下葬后，衣冠肯定是放置在陵寝中的。在渭北高帝陵附近重建高帝原庙，从而解决了“月一游衣冠”的诸多问题，由此也确立了西汉一代陵旁立庙的制度。据文献记载和学者研究，惠帝庙应在长陵旁的高帝原庙之西、安陵附近[②]，文帝的“顾成庙”、景帝的“德阳宫”、武帝的“龙渊庙”、昭帝的“徘徊庙”、宣帝的“乐游庙”、元帝的“长寿庙”、成帝的“阳池庙”均是建在各自陵墓附近[③]。这样，西汉皇室祭祖便形成了“日祭于寝，月祭于庙，时祭于便殿”，又“月一游衣冠”至庙的礼仪制度。

刘邦既尊为太祖，成为开国安邦的至尊之祖，高庙则成为国之大事均要祭告的神圣之处。首先，按礼制在高庙举行祫祭之礼[④]。《汉旧仪》载：“宗庙三年大祫祭，子孙诸帝以昭穆坐于高庙，诸堕庙神皆合食，设左右坐。”西汉皇室按礼制每三年举行的祫祭，都要将诸帝神主集中于高庙以昭穆顺序进行合祭。新君即位，要到高庙举行“即位礼”。文帝、景帝皆即位于高庙，拜谒高祖[⑤]。由此，西汉王朝新君即位要于高庙行“即位礼”成为定制，以表明新皇帝地位的合法性。

---

①《汉书·叔孙通传》颜师古注，第2130页。

②焦南峰、马永嬴：《西汉宗庙刍议》，《考古与文物》1999年第6期，第50—58页。

③杨宽：《中国古代陵寝制度史研究》附表一，第219—237页。

④《礼记·曾子问》：“祫祭于祖，则迎四庙之主。”孔颖达疏：“祫，合祭祖。大祖三年一祫。”

⑤《史记·孝文本纪》，第418、436页。

（六）“王莽九庙”建制

1958—1959年，在汉长安城城南发掘了大型建筑遗址，遗址位于汉长安城安门与西安门南出1000米外的平行线内，共有12座建筑遗址。第1号至11号建筑分三排平列，北排、南排各4座，方位南北相对；中间3座，交错于北排、南排之间。在11座遗址的四周，还围绕有大围墙，四面围墙上共辟14座门阙。在南边大围墙外正中，还有一座建筑遗址，其中心建筑台基比北部11座约大一倍。每座建筑的布局相同，外围筑有方形围墙，每边正中各辟一门，四角有曲尺形建筑，中部是“四向五室”的主体建筑。这处建筑群多出土王莽时代的遗迹和遗物，如第12号建筑石柱础上有朱书“始建国”题记，第3号建筑础石上阴刻王莽时期改名“节砀”的地名题记，第2号建筑地基内的土坯上有压印的“货布”钱文，在围墙四门处分别出土苍龙、白虎、朱雀、玄武“四神”的图像瓦当，以及建筑内多出土“货泉”“大泉五十”等王莽时期的铜钱等。报告判断，“这组建筑遗址确系王莽即位时修建。建成后不久，便全部遭到毁灭性的焚毁，以后再没有利用”[①]。由于第2号建筑地基内的土坯上有压印的“货布”钱文，此应是当时制作该组建筑所用土坯时压印上去的。“货布”是王莽天凤元年（14）铸行的货币，至地皇元年“罢大小钱，更行货布”[②]，此后“货布”行至地皇四年（23），王莽新朝就灭亡了，这是判断此组建筑遗址之年代最为确切的证据。《汉书·王莽传》记载王莽于地皇元年开始“起九庙”，至地皇三年“构成，纳神主”，从此建筑遗址群所处位置及建筑年代看，均与《王莽传》记载相符。报告判断此组建筑群是在王莽即位时修建，建成后不久便遭焚毁的见解是正确的。

①中国社会科学院考古研究所：《西汉礼制建筑遗址》。

②《汉书·王莽传》，第4163页。

对此组建筑群的性质，学术界有不同的认识。王恩田先生对该遗址的“基址数目、排列组合关系、建筑规模、年代、地理方位等”进行分析，认为“中组建筑群不可能是‘王莽九庙’，只能是王莽为汉室所建的‘祧庙’”。并认为是分两次建成的，“第一次所建的是南数1—3排共八座。这是王莽篡汉前所建‘祧庙’。……也就是说王莽于平帝元始四年所建祧庙是平帝曾祖以上远祖的庙。平帝曾祖是宣帝，自汉高至汉宣共八帝，知王莽所建‘祧庙’包括八庙，与中组建筑群南数1—3排八座基址数目相等。这是第一期工程。第二期工程是王莽上台后为宣帝以后的元、成、哀、平等四帝所增建的四庙，即中组建筑群南数最后一排四座基址。……王莽此举与对孺子婴的策命相同，都是出于以尊崇汉室为名，行安抚人心、稳定政局之实的政治目的”①。王莽称帝前后能否为汉帝建庙，这是应该考虑的。王先生说“王莽于平帝元始四年所建祧庙是平帝曾祖以上远祖的庙”，经查阅《汉书·平帝纪》，元始四年与祭祀有关的活动有3处。“四年春正月，郊祀高祖以配天，宗祀孝文以配上帝。”此应是王莽陪同平帝进行的郊祀活动。“夏，皇后见于高庙。加安汉公号曰‘宰衡’。”这是平帝在高庙中为王莽封号。同年“安汉公奏立明堂、辟雍。尊孝宣庙为中宗，孝元庙为高宗，天子世世献祭”，此只是平帝追尊宣帝为中宗、元帝为高宗，并不是为其建新庙。这些活动虽都是出于王莽的谋划，但都是以平帝的名义进行的。《汉书·王莽传》同样也记载了这几件事。可以看出，平帝元始四年王莽并没有为汉帝建庙，第二年平帝便死了。平帝死后，王莽尊孝成庙曰统宗，孝平庙曰元宗，并选两岁的子婴为皇帝，王莽自己为“摄皇帝”，改元“居摄”。王莽居摄时定过“祧庙”世系，但并不是定汉帝之“祧庙”，而是为其王氏家族定的，以便在明堂中进行祭祀。王莽曰：“予前在摄时，建郊宫，定祧庙，立社稷，神祇报况，或光自上复于下，流为

①王恩田：《“王莽九庙”再议》，《考古与文物》1992年第4期，第101页。

乌，或黄气熏烝，昭耀章明，以著黄、虞之烈焉。自黄帝至于济南伯王，而祖世氏姓有五矣。黄帝二十五子，分赐厥姓十有二氏。虞帝之先，受姓曰姚，其在陶唐曰妫，在周曰陈，在齐曰田，在济南曰王。予伏念皇初祖考黄帝，皇始祖考虞帝，以宗祀于明堂，宜序于祖宗之亲庙。其立祖庙五，亲庙四。”[①]这是王莽追溯王氏世系之来源，这一王氏世系与其后所建九庙世系是一致的，其实，这也应是王莽在为建王氏九庙作准备。王莽代汉立新成为真皇帝后，千方百计要断绝与汉王朝的关系，更不会为汉帝立庙。如王莽于始建国元年（9）曰：“今百姓咸言皇天革汉而立新，废刘而兴王。夫‘刘（劉）’之为字‘卯、金、刀’也，正月刚卯，金刀之利，皆不得行。”[②]王莽为了断绝与汉王朝的关系，将此前他自己策划铸造的错金刀币和人们经常佩戴的辟邪佩饰刚卯都一律禁止使用。王莽始建国五年（13），其姑母文母皇太后崩，虽合葬于元帝渭陵，却用“沟绝之”，以断绝与汉王朝的皇统关系，并“堕坏孝元庙，更为文母太后起庙”[③]。王莽已将元帝庙堕坏而改为文母太后庙，又岂能为元帝再建新庙？王莽地皇元年，宣帝杜陵便殿魂衣“自树立外堂上”，“莽恶之，下书曰：‘宝黄厮赤，其令郎从官皆衣绛’”。这是王莽为了断绝与汉王朝的关系而搞的一次恶作剧，表示王莽新朝的黄德之气可盖过汉王朝的赤德之气。地皇二年，“莽坏汉孝武、孝昭庙，分葬子孙其中”。同年，“莽梦长乐宫铜人五枚起立，莽恶之，念铜人铭有‘皇帝初兼天下’之文，即使尚方工镌灭所梦铜人膺文。又感汉高庙神灵，遣虎贲武士入高庙，拔剑四面提击，斧坏户牖，桃汤赭鞭鞭洒屋壁，令轻车校尉居其中，又令中军北垒居高寝”[④]。王莽这些“革汉而立新”的举动均是在称帝之后，尤其是在地皇元年至三年的建九庙期间，王莽毁

①《汉书·王莽传》，第4106页。
②《汉书·王莽传》，第4109页。
③《汉书·王莽传》，第4132页。
④《汉书·王莽传》，第4161、4166、4168页。

坏孝武庙、孝昭庙，又提击、斧坏高庙鞭洒桃汤辟邪，这种心态下王莽又岂能为汉室诸帝建庙？另外，王先生根据《水经注》记载，认为“王莽九庙的具体位置应临近灞水，在汉长安城东十三里的轵道之南”，又专门论证汉帝“祧庙即明堂”，“中组建筑群各基址的功能、位置形制与文献记载中的‘明堂’和祖庙相符。进一步证明‘明堂’即‘太庙’”。但《王莽传》记载，早在平帝元始四年，“莽奏起明堂、辟雍、灵台，为学者筑舍万区”。如果所谓汉帝“祧庙即明堂”，而王莽于地皇元年在“明堂之西”“以起九庙”的记载又如何理解？王莽九庙究竟是在汉长安城之东，还是在明堂之西，这就更不好判断了。综上所述，王恩田先生认为此组建筑群是王莽为西汉诸帝所建祖庙的观点是不可能成立的。

黄展岳、顾颉刚皆认为此组建筑是“王莽九庙”遗址，但两位先生对其神主的排列次序有不同见解。

《汉书·王莽传》记载：地皇元年，王莽见四方盗贼多，“欲视为自安能建万世之基者”，乃于“长安城南”“明堂之西”起九庙：“一曰黄帝太初祖庙，二曰帝虞始祖昭庙，三曰陈胡王统祖穆庙，四曰齐敬王世祖昭庙，五曰济北愍王王祖穆庙，凡五庙不堕云；六曰济南伯王尊祢昭庙，七曰元城孺王尊祢穆庙，八曰阳平顷王戚祢昭庙，九曰新都显王戚祢穆庙。殿皆重屋。太初祖庙东西南北各四十丈，高十七丈，余庙半之。”黄展岳先生据此记载，将南部最大建筑推定为黄帝太初祖庙，将南排4座按昭穆次序分别定为帝虞始祖昭庙、陈胡王统祖穆庙、齐敬王世祖昭庙、济北愍王王祖穆庙；将北排4座按昭穆次序分别定为济南伯王尊祢昭庙、元城孺王尊祢穆庙、阳平顷王戚祢昭庙、新都显王戚祢穆庙。又据《元后传》中王莽《自本》曰，“田和有齐国，二世称王，至王建为秦所灭”，及《王莽传》始建国元年《策》文中提到“惟王氏，虞帝之后也，出自帝喾”的记载，将中间一排的3座分别定为远祖帝喾庙、远祖田和庙、远祖田建庙[①]（图7–7）。顾颉刚先生还有另外一种推断，基本同意黄展岳先生对南部5庙和北部4庙的推断，但也有新的构思："有庙号的九个是先于新室而存在的王莽祖先，多出的三个似为新庙。这三

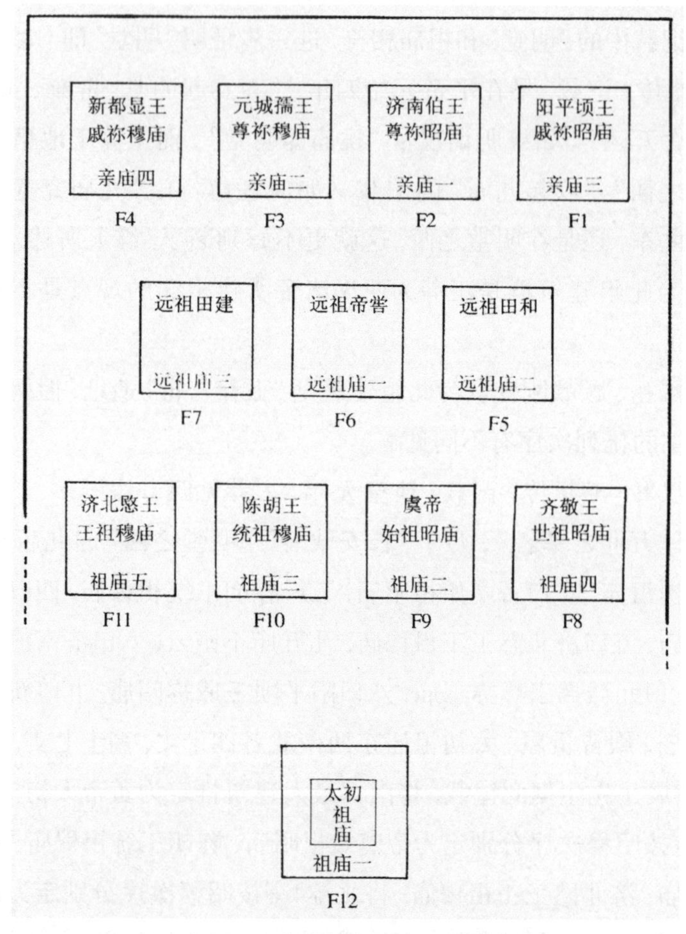

图7–7　"王莽九庙"庙号位序示意图

（采自中国社会科学院考古研究所：《西汉礼制建筑遗址》，第222页）

① 黄展岳：《关于王莽九庙的问题——汉长安城南郊一组建筑遗址的定名》，《考古》1989年第3期，第261—268页；中国社会科学院考古研究所：《西汉礼制建筑遗址》，第214—222页。

个新庙，一个是王莽自留的庙，其他两个系效法周之文世室、武世室或汉之以文帝为太宗、宣帝为中宗的办法，预留与子孙有功德而为祖、宗者。”[①]将中间一排3座认为是王莽自留庙及子孙有功德而为祖、宗者之庙（图7–8）。两位先生的观点哪一种更可信，还要从王莽所遵从的“三礼”所载宗庙制度来分析。

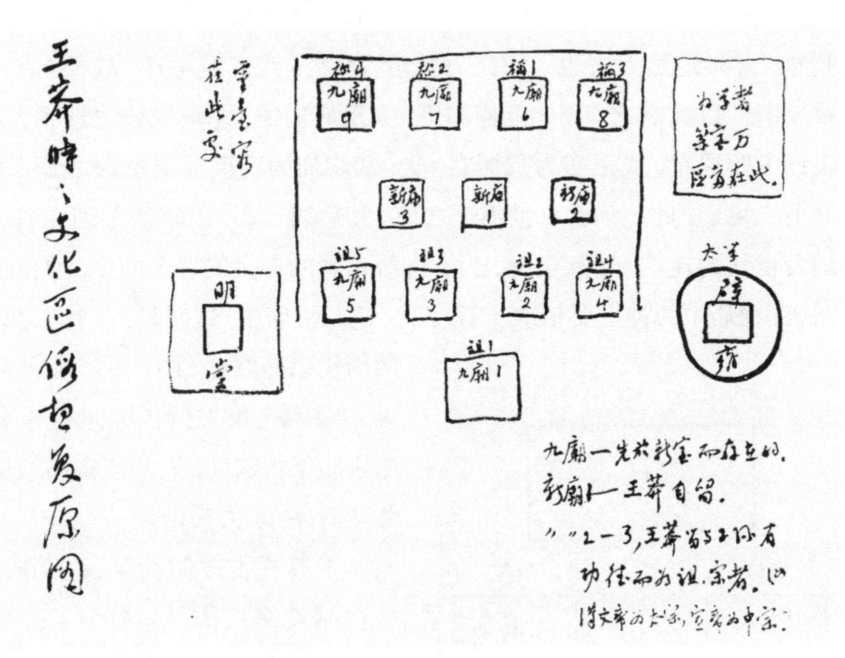

图7–8　顾颉刚先生手绘“王莽九庙”庙号位序示意图

（采自中国社会科学院考古研究所：《西汉礼制建筑遗址》，第223页）

《礼记·王制》载：“天子七庙，三昭三穆，与太祖之庙而七。”郑玄注：“此周制，七者，太祖及文王、武王之祧与亲庙四。太祖，后稷。”何谓“祧”庙？《周礼·守祧》云：“掌先王先公之庙祧，其遗衣服藏焉。”郑玄注：“迁主所藏曰祧。先公之迁主，藏于后稷之庙。先王之迁

①黄展岳：《关于王莽九庙的问题》，第266页。

主，藏于文、武之庙。”贾公彦疏：“后稷庙藏先公，不名祧者，以有太祖庙名，又文、武已名祧，故后稷不名祧也。……其立庙之法，后稷庙在中央，当昭者处东，当穆者处西，皆别为宫院者也。”《礼记·祭法》：“是故王立七庙……远庙为祧，有二祧。”郑玄注：“天子迁庙之主，以昭穆合藏于二祧之中。”孔颖达疏：“‘远庙为祧’者，远庙谓文、武之庙也。文、武庙在应迁之例，故云远庙也。特为功德而留，故谓为祧。祧之言超也，言其超然上去也。‘有二祧’者，有文、武二庙不迁，故云‘有二祧’焉。”以此观之，周之七庙制度，太祖庙居中，并藏先公之迁主，文王庙为昭居左，武王庙为穆居右，文、武之庙为后世迁主所藏之庙，故又谓二祧庙，此三庙为百世不迁之庙。其后四亲庙，以昭穆分列左右。随着世代的递增，父死子继，为了将新死者的神主安置于庙中，原位于昭庙、穆庙中的神主要依次上迁于文、武二祧庙中，这便是“三礼”记载的周代宗庙制度（图7-9）。由此可见，“昭穆”和“迁祧”是周代重要的宗庙祭祀制度，依此使宗庙祭祀井然有序，不失其伦。

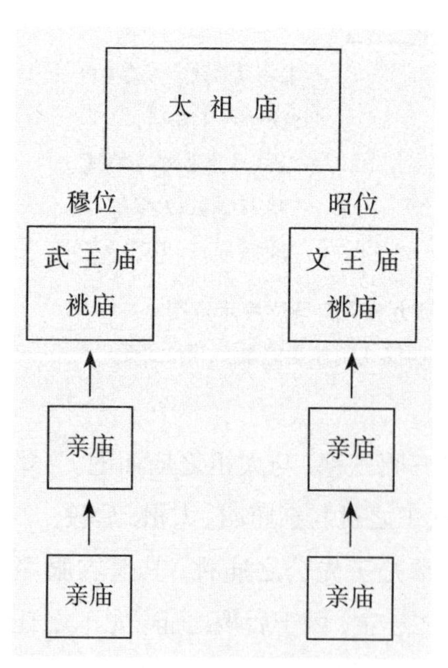

图7-9　“三礼”记载周宗庙昭穆位序及迁祧示意图

王莽托古改制而革汉立新，一切制度多从周礼。但为了标榜自己的功德超过前代帝王，也为了将自己的始祖追溯到黄帝、虞帝等远祖，故不依从周代的七庙制而扩为九庙制，这样才能安置其五祖庙和四亲庙。实际上王莽在居摄时就在明堂祭祀其五祖和四亲，前引王莽在居摄时定祧庙的文中，已将其王氏祖统厘清，往前追溯至黄帝、虞帝等先祖，“以著黄、虞之烈”，而立祖庙五；往后则“宜序于祖宗之亲庙”，而立亲庙四，以序王氏之嫡系。可以看出，王莽在称帝之前就开始祭祀九位祖先了。既然王莽于地皇元年开始专为其自定的九世祖先建庙，至地皇三年“九庙盖构成，纳神主”[①]，那么肯定是纳其九世神主入庙，这样才能称为“九庙”。依此来判断，遗址的12座庙中肯定包括王莽自定的9位神主庙。

黄展岳先生的观点是将南部5座定为五祖庙，北部4座定为四亲庙，中部3座的中心定为远祖帝喾庙，左右分列远祖田和、田建庙。如依这种定位，王莽死后其神主安放何处？尤其是王莽是按昭穆制度设立九庙的，后死者的神主要按昭穆制度安置于庙中，原位于昭庙、穆庙的神主要依次上迁于祧庙。按此制度，王莽死后的神主应按昭穆位置放置庙中，其上四亲庙神主要依次迁于祧庙。王莽是“承皇天上帝威命”而王之君，是新朝开国皇帝，开国皇帝之神主能放置在被追认为王的迁祖庙中吗？以王莽的权势，这恐怕是不可能的。再者，王莽既然以昭穆次序设计庙位，肯定要遵循迁祧之制，那么，何庙能定为祧庙以安王莽神主及后世迁祧之神主，这就更难确定了。因此，黄先生将中部一排3座推定为帝喾及田和、田建庙的观点，似乎不符合九庙要遵循“昭穆”位次和“迁祧”制度的规定。

顾颉刚先生同意黄展岳先生对南部5庙和北部4庙神主的推断，而将中部一排的3座定为三新庙，认为是王莽自留庙及后世子孙有功德而为祖、宗者之庙。这种观点既保留了王莽自定的五祖庙和四亲庙，正合称“九庙”，又考虑到王莽作为开国皇帝死后神主入庙而预留了最中心的位置，也预先安排了后世子孙左昭右穆的庙位，在实行后世死者神主迁庙时，正可效法周制文、武“二祧”之法，将左右两侧预留的祖、宗之庙作为昭穆“二祧”以实行“迁祧”之制。此正符合“三礼”记载的宗庙

①《汉书·王莽传》，第4174页。

昭穆制度和迁祧制度，也符合王莽建九庙以延续其皇统，固其“万世之基”的目的。因此，顾颉刚先生的观点应是可信的。

现在的问题是，此建筑群共12座基址，为什么王莽却称“起九庙”？二者数目明显不符，这是学术界长期以来最为不解之所在。俞伟超先生也赞同黄展岳先生将此组建筑定为王莽九庙，但也提出了疑虑：“这组巨型建筑群，按之方位和时代，当即王莽九庙。所不解的是建筑物的数目为什么超出了九庙之数。”[①]黄展岳先生“为了寻求比较合理的解释”，对宗庙制度进行了较详细的分析考察，认为“周七庙实际上可以不止七庙，鲁五庙实际上可以多至十庙，如果此论不误，王莽九庙实际上也可以多出九个了”，“依‘降杀以两’之义，王莽的祖宗庙自然要称九庙了”[②]。然而，此论并没有解除学术界的疑虑，至今仍然是难以取得共识的难解之谜。其实，王莽之所以称“起九庙”而建十二座，是因为王莽还在世，不能说为自己立庙，这是最根本的原因所在。这种生前立庙但不能称“庙”的现象，有汉以来就存在，是汉王朝的固有观念。《史记·孝景本纪》载：景帝“中四年三月，置德阳宫”。《集解》引臣瓒曰：“是景帝庙也，帝自作之，讳不言庙，故言宫。”《汉书·武帝纪》载：武帝元光三年夏“起龙渊宫”。《三辅黄图》云：“武帝庙，号龙渊宫。”《汉书·宣帝纪》载：宣帝神爵三年（前59）春“起乐游苑”。《三辅黄图》云：“宣帝庙，号乐游。”尤其是王莽为其姑母元帝皇后王政君所建的生祠只能称“长寿宫”而不能称“庙”，《汉书·元后传》载：王莽“堕坏孝元庙，更为文母太后起庙，独置孝元庙故殿以为文母篹食堂，既成，名曰长寿宫。以太后在，故未谓之庙”。据此可以推测，王莽为自己及子孙预留的三座庙就不好称“庙”，而只能说为已故的九世祖先“起九庙”了。此也可以进一步证实，顾颉刚先生将中排3座认定为王莽自留庙及预留

①俞伟超：《战国秦汉考古》。

②黄展岳：《关于王莽九庙的问题》。

与后世子孙有功德而为祖、宗者之庙的观点，正符合汉代生前建庙但不称“庙”的惯例，从而也解决了王莽建12座庙却称“起九庙”的难解之谜。

此建筑群各基址均是“四向五室”的格局，何以如此格局？黄展岳先生早在1960年发表简报中指出：“这组建筑群的平面布局、建筑形制、规模大小如出一辙，细部结构又都有一定不移的方位，可能就是汉武帝以后作为政治指导思想的阴阳五行学说在建筑上的反映。”在当时考古资料还不十分明朗的情况下，黄先生提出此观点是难能可贵的。西汉时期由于受“五行”思想的影响，一切礼制性建筑均筑成“四向五室”的布局。汉高祖刘邦建国之初就确立了祭祀五方帝神的体系。《史记·封禅书》载：“（高祖）二年，东击项籍而还入关，问：‘故秦时上帝祠何帝也？’对曰：‘四帝，有白、青、黄、赤帝之祠。’高祖曰：‘吾闻天有五帝，而有四，何也？’莫知其说。于是高祖曰：‘吾知之矣，乃待我而具五也。’乃立黑帝祠，命曰北畤。”可见高祖刘邦对五行、五帝、五方、五色等宇宙观是非常信奉的，所以在秦雍四畤的基础上确立了雍五畤，以祭祀五方帝神。汉文帝时曾将祭祀五方帝神之礼移至都城长安北部的“霸渭之会”，修建了“渭阳五帝庙”，其建筑形制为“同宇，帝一殿，面五门，各如其帝色”[①]。依此观之，其建筑也应当是一座“四向五室”的大型建筑。汉文帝建“渭阳五帝庙”的同年，还在长安的长门附近“立五帝坛，祠以五牢具”[②]。从上述事例可以看出，五行宇宙观在西汉时期是非常盛行的，高祖刘邦的高级文臣陆贾[③]，文帝的高级文臣贾谊[④]、公孙臣[⑤]等，都是西汉前期五行思想的极力倡导者，这种观念落实

①《史记·封禅书》，第1382页。

②《史记·封禅书》，第1383页。

③〔汉〕陆贾：《新语》，程荣：《汉魏丛书》，第321—329页。

④《史记·贾生列传》，第2491—2503页。

⑤《史记·孝文本纪》，第429—430页。

到这些礼制性的建筑上，便成了“四向五室”的建筑格局。东汉经学家郑玄非常清楚地解释了这种礼制性建筑的设计理念。郑玄注《周礼·冬官·考工记》“夏后氏世室”云：“堂上为五室，象五行也。”贾公彦疏云：“五室象五行者，以其宗庙制如明堂，明堂之中有五天帝、五人帝、五人神之坐，皆法五行，故知五室象五行也。”[①]《周礼·春官·大史》记：“闰月，诏王居门终月。”贾公彦疏云：“明堂、路寝及宗庙，皆有五室、十二堂、四门。十二月听朔于十二堂，闰月各于时之门。”[②]考古发掘的汉景帝阳陵的“罗经石”遗址为景帝的陵庙，呈“四向五室”结构[③]，此可证实西汉时期各类庙的形制均是“四向五室”的格局。王莽是遵从周礼的，所以其建的九庙也皆为“四向五室”格局。

（七）王莽时期的“明堂”“辟雍”建制

在“王莽九庙”之东发现大土门遗址。建筑的平面布局呈圆形，外围作圆形水沟，沟内有正方形夯土围墙，每边长235米，四角有曲尺形建筑，每边正中各辟一门，方形围墙之中，在一径62米、高1.2米的夯土台基上，有主体建筑物，主体建筑为“四向五室”建筑（图7-10）。

对于此建筑的性质，目前学术界还有诸多不同的观点，考古报告推定为辟雍遗址[④]，有学者认为此组建筑是辟雍，明堂是指西面的宗庙[⑤]，有学者认为明堂与辟雍实为同一建筑[⑥]，也有学者认为“西汉长

---

①《周礼·考工记》，阮元：《十三经注疏》，第927页。

②《周礼·大史》，阮元：《十三经注疏》，第817页。

③马永嬴、王保平：《走近汉阳陵》。

④唐金裕：《西安西郊汉代建筑遗址发掘报告》，《考古学报》1959年第2期，第45—55页；中国社会科学院考古研究所：《西汉礼制建筑遗址》，第225—232页。

⑤王恩田：《“王莽九庙”再议》，第96—106、91页。

⑥王世仁：《汉长安城南郊礼制建筑（大土门村遗址）原状的推测》，《考古》1963年第9期，第501—515页；杨鸿勋：《从遗址看西汉长安明堂（辟雍）形制》，《建筑考古学论文集》，第169—200页；刘庆柱、李毓芳：《汉长安城》，文物出版社，2003年。

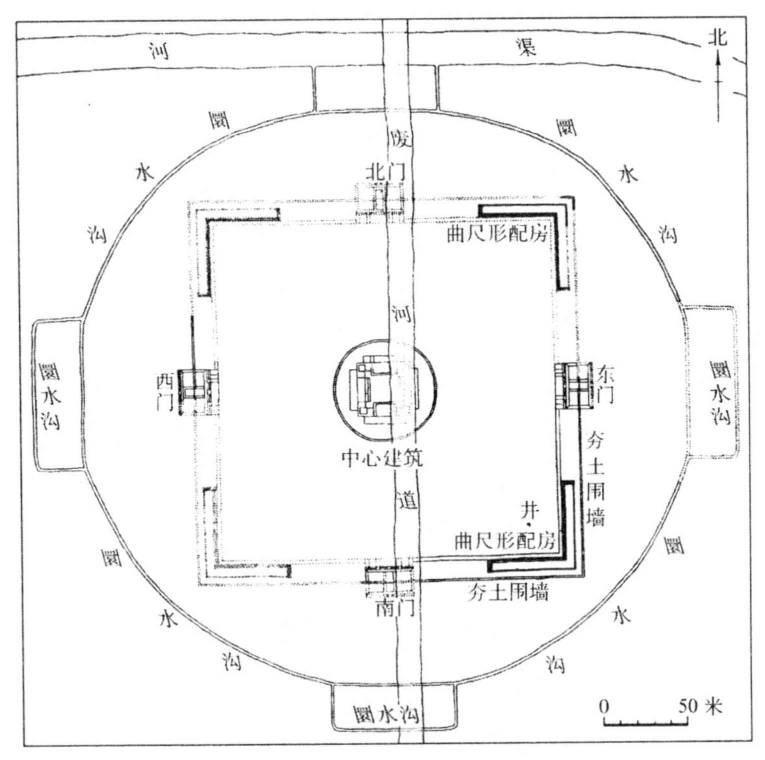

图7-10　大土门遗址平面图

（采自刘庆柱、白云翔主编，中国社会科学院考古研究所编著：《中国考古学·秦汉卷》，第216页）

安城南郊的明堂、辟雍、灵台、太学是各自分立的，所谓的‘明堂辟雍’遗址为辟雍遗址，‘王莽九庙’的12号址为明堂遗址”①。学者们多认为此组建筑为辟雍，主要是根据文献记载辟雍周边有环水。如班固《白虎通·辟雍》云：“辟者，璧也，象璧圆以法天也。雍者，雍之以水，象教化流行也。”但是，这组建筑的名称，还是以王莽时期的实际称呼可能更合适。

据《汉书》各帝纪记载，汉初诸帝没有在都城长安立明堂。武帝初年，一些儒生建议立明堂，“会窦太后好黄老言，不说儒术，其事又

①姜波：《汉唐都城礼制建筑研究》，第67页。

废”[①]。直到元封元年（前110），汉武帝封泰山，发现泰山有古时的明堂遗址，济南人公玉带又献“黄帝时明堂图”，于是于元封二年（前109）在泰山修建了明堂。至平帝元始四年，“安汉公（王莽）奏立明堂、辟雍”[②]。《汉书·王莽传上》也记载此事，元始四年，“莽奏起明堂、辟雍、灵台，为学者筑舍万区”。此是王莽奏请建立明堂、辟雍、灵台并为学者筑舍，总共四组建筑。《汉书·翟方进传》记载，王莽依《周书》作《大诰》自颂功德：“建灵台，立明堂，设辟雍，张太学，尊中宗、高宗之号。”此也是记载王莽筹建四组建筑。《汉书》各篇除了总述长安南郊有并列的四座礼制建筑外，还记录了在其建成后，一些重要的礼仪活动均在明堂中进行，但很少提及辟雍。《平帝纪》记载了明堂中的礼仪活动：元始“五年春正月，祫祭明堂。诸侯王二十八人、列侯百二十人、宗室子九百余人徵助祭。礼毕，皆益户，赐爵及金帛，增秩补吏，各有差”。《王莽传上》也记有平帝元始五年（5）“祫祭明堂”事。

《王莽传》记载的明堂之事还有：

平帝元始五年：“刘歆、陈崇等十二人皆以治明堂，宣教化，封为列侯。”

平帝元始五年：平帝崩，王莽称“摄皇帝”，“皆如天子之制。郊祀天地，宗祀明堂，共祀宗庙，享祭群神，赞曰‘假皇帝’，民臣谓之‘摄皇帝’，自称曰‘予’”。

居摄元年（6）正月，“莽祀上帝于南郊，迎春于东郊，行大射礼于明堂，养三老五更，成礼而去”。

居摄元年四月，张竦奏曰：王莽“所以藩汉国，辅汉宗也。建辟雍，立明堂，班天法，流圣化，朝群后，昭文德，宗室诸侯，咸益土地”。

居摄时，王莽“建郊宫，定祧庙，立社稷，神祇报况……以宗祀于明

①《汉书·礼乐志》，第1031页。
②《汉书·平帝纪》，第357页。

堂，宜序于祖宗之亲庙。其立祖庙五，亲庙四”。

始建国元年，“其庙当作者，以天下初定，且祫祭于明堂太庙”。

始建国二年（10）十一月，“汉高皇帝为新室宾，享食明堂”。

始建国四年（12），“莽至明堂，授诸侯茅土”。

始建国四年，王莽下书曰：“岁在寿星，填在明堂，仓龙癸酉，德在中宫。”

天凤四年（17）六月，“更授诸侯茅土于明堂”。

天凤六年（19），“初献新乐于明堂、太庙”。

地皇元年，“莽又见四方盗贼多，欲视为自安能建万世之基者，乃下书曰：‘予受命遭阳九之厄，百六之会，府帑空虚，百姓匮乏，宗庙未修，且祫祭于明堂太庙……予又卜金水之南，明堂之西，亦惟玉食。予将亲筑焉’”。

从这些记载来看，自元始四年，“莽奏起明堂、辟雍、灵台，为学者筑舍万区”之后，一些大的礼仪活动均在明堂中举行，在王莽九庙建立之前，王莽在明堂中祭祀其祖先。尤其是地皇元年，王莽选择在“明堂之西”建立九庙，从遗址的位置看，“王莽九庙”遗址之东正是大土门遗址。《王莽传》又记，地皇四年九月，“众兵发掘莽妻子父祖冢，烧其棺椁及九庙、明堂、辟雍，火照城中”。此焚毁的九庙、明堂、辟雍是并列的，应表明是分立的不同建筑。从上述的记载可以说明，大土门遗址应是王莽所立的“明堂”，王莽时期一些重要的礼仪活动均是在明堂中进行。因此，此遗址按当时的名称应称为“明堂”。

（八）西汉社稷建制

在“王莽九庙”遗址西南发现13、14号两组建筑，分南北排列①。北部13号遗址夯土台基高出周边地面5—10米，东西残长240米，南北宽

①中国社会科学院考古研究所：《西汉礼制建筑遗址》。

60—70米。台基之上发现有主体建筑（殿堂）、廊道，台基边上有附属建筑等。考古发掘表明，此建筑始建于秦代，西汉时期改建或重建，西汉末年废弃。《史记·高祖本纪》云：高祖二年“二月，令除秦社稷，更立汉社稷”。考古发掘报告据此推定，此建筑秦时应为秦社稷，西汉时期应为汉社稷。

位于13号遗址之南的14号遗址，有内外两重围墙，平面呈“回”字形，外围墙边长600米，内围墙边长273米。内外围墙四面中央各辟一门。考古发掘报告推定，14号遗址可能是王莽新增的未完成的新社稷。《汉书·平帝纪》载：元始三年（3）夏，安汉公王莽奏请“立官稷及学官”。《汉书·王莽传下》载：地皇元年，王莽建九庙时，百姓怨恨，“盗贼”四起，其政权已摇摇欲坠，王莽“欲视为自安能建万世之基者”，再次强调了建设宗庙和社稷的重要性：“又兴奉宗庙社稷之大作，民众动摇。今复一切行此令，尽二年止之，以全元元，救愚奸。”14号遗址的平面布局与王莽九庙类似，而与秦汉时期平面为长方形的社稷不同。由此推测，该遗址应是平帝元始三年王莽筹建的社稷。

秦代、西汉、新莽时期社稷的确立，也涉及都城中“左祖右社”的布局问题。如果说东周时期鲁都城、晋都新田已初步形成“左祖右社”的布局[①]，秦代、西汉都城则没有遵循这一都城规划。《史记·秦始皇本纪》载：秦“先王庙或在西雍，或在咸阳”，说明都城咸阳有集中的先王宗庙。至战国后期，秦国传统的宗庙制度发生了变化：一是将庙建在渭南，离开了咸阳的宗庙区；二是秦王均各自单独立庙，摆脱了传统的集中庙制。《史记·秦始皇本纪》载：“诸庙及章台、上林皆在渭南。”秦始皇于二十七年建“信宫”，第二年遂改名“太极庙”，以“象天极”。由此看出，渭南的秦社稷与渭北都城咸阳的宗庙不是“左祖右社”的布局，渭南的诸庙也不是“左祖右社”的格局。刘邦的高庙在汉长安城安门之

①见本书第五章第一节“鲁都城的礼制文化”、第四节“晋国都城新田的礼制文化”。

内，与西汉时期的社稷更不呈“左祖右社”之布局。只有王莽在“九庙”之西筹建社稷，大概是遵循周礼而建，呈“左祖右社”之格局。

（九）西汉长安城的郊祀礼制

汉高祖刘邦初定天下，庶事草创，一些礼仪制度多因秦之旧制，并进行改定。比如由秦的雍四畤，改成了西汉时期的雍五畤。2016—2017年发现的凤翔血池祭祀遗址，应是雍四畤之一，也可能是汉高祖刘邦在继承秦畤的基础上增设的祭祀黑帝的北畤[①]。秦汉时期置畤的设立，是受当时阴阳五行观念的影响，即金、木、水、火、土与西、东、北、南、中相对应，还与白、青、黑、赤、黄五色相对应。汉高祖所确立的五帝祭祀之礼，在中国历史上影响深远，此后的东汉、魏晋南北朝、隋、唐、五代、宋、辽、金、元历代都奉行对五帝的祭祀，直到明初朱元璋进行礼制改革，五帝才从国家大祀的对象中去掉[②]。

汉文帝将祭祀五方帝神的地点由雍五畤移至都城长安北部的“霸渭之会”，在灞渭之会建立了渭阳五帝庙，为“同宇，帝一殿，面五门，各如其帝色，祠所用及仪如雍五畤”。又在长门立五帝坛[③]。此是首次将五帝祭祀移至都城附近，以便文帝对五帝进行祭祀。

汉武帝初年，亳人谬忌（又称薄忌）奏称：“天神贵者泰一，泰一佐曰五帝。古者天子以春秋祭泰一东南郊。”[④]于是在长安东南郊立泰一坛，在五帝之上又出现了一位最尊贵的泰一神，五帝成了泰一神之佐。这应与武帝时期大一统局面的形成有关。1971年西安北郊联志村出土85件玉器，有玉人、玉璧、玉圭、玉璋、玉琮、玉琥、玉璜等[⑤]，此处所出

①陕西省考古研究院秦汉考古研究室：《2008～2017年陕西秦汉考古综述》。

②姜波：《汉唐都城礼制建筑研究》，第21页。

③《史记·封禅书》，第1382、1383页。

④《汉书·郊祀志上》，第1218页。

⑤刘云辉：《陕西出土的古代玉器——春秋战国篇》，《四川文物》2010年第5期，第1—19页。

玉人及其他玉器，与甘肃鸾亭山西汉祭祀遗址①、陕西凤翔血池祭祀遗址所出相似，其位置又在汉长安城东南4500千米处，有可能是汉武帝时所立的薄忌泰一坛所在（图7-11）。武帝还在甘泉宫立泰一坛，“令祠官宽舒等具泰一祠坛，祠坛放亳忌泰一坛，三陔。五帝坛环居其下，各如其方。黄帝西南，除八通鬼道”②。至上的天神已确定，还需要地神，汉武帝认为：“今上帝朕亲郊，而后土无祀，则礼不答也。”于是，汉武帝又立后土祠于汾阴，“后土宜于泽中圜丘为五坛”③。由此确立了对天神、地神的祭祀制度。

图7-11　联志村出土玉人、玉圭
（采自刘云辉：《陕西出土的古代玉器》，第17页）

汉成帝建始元年（前32），匡衡等人奏言：“帝王之事莫大乎承天之序，承天之序莫重于郊祀，故圣王尽心极虑以建其制。祭天于南郊，就阳之义也，瘗地于北郊，即阴之象也。”④于是将汾阴后土的祭祀徙至长安北郊，从而形成了于都城南北郊祭祀天神、地神之制。

①早期秦文化联合考古队：《2004年甘肃礼县鸾亭山遗址发掘主要收获》。
②《汉书·郊祀志下》，第1230页。
③《汉书·郊祀志下》，第1221—1222页。
④《汉书·郊祀志下》，第1253—1254页。

汉平帝元始年间，王莽对郊祀制度进行了重大改革。成帝、哀帝时期，祭祀天神、地神的建制及地点又反复多次，至王莽时最终确立南北郊祀制度。《黄图》载："元始四年，宰衡莽奏曰：'帝王之义，莫大承天；承天之序，莫重于郊祀。祭天于南，就阳位；祠地于北，主阴义。圆丘象天，方泽则地。圆方因体，南北从位。燔燎升气，瘗埋就类。……天子亲郊天地。先祖配天，先妣配地，阴阳之别。以日冬至祀天，夏至祀后土……'于是定郊祀，祀长安南北郊，罢甘泉、河东祀。"[①]由是，南郊祭天，北郊祭地，逐渐成为以后历代都城郊祀之定制。

王莽还按《周官》"兆五帝于四郊"的记载，将五帝的祭祀置于都城长安四郊：中央帝黄灵后土畤于长安城之未地兆、东方帝太昊青灵勾芒畤于东郊兆、南方炎帝赤灵祝融畤于南郊兆、西方帝少昊百灵蓐收畤于西郊兆、北方帝颛顼黑灵玄冥畤于北郊兆[②]，从而真正实现了"兆五帝于四郊"的郊祀制度。

（十）长安的东市、西市建制

经考古确认，长安的东市、西市位于长安城西北部横门内大道两侧，二市的始建年代可能有先后。《史记·汉兴以来将相名臣年表》载：高祖"六年，立大市"。《汉书·惠帝纪》载：惠帝六年（前189），"起长安西市"。研究者认为，在建西市之前，其东应有时代更早的市场，可能即汉高祖设立的"大市"，因其时尚无"西市"，故"大市"不称"东市"。"西市"建于大市之西而得名，原来的"大市"也因西市之建立，而更名为"东市"，遂有东市、西市之称[③]。《三辅黄图》载："《庙记》云：长安市有九，各方二百六十六步。六市在道西，三市在道东。凡四

①《后汉书·祭祀上》刘昭注，第3158页。

②《汉书·郊祀志下》，第1268页。

③刘庆柱、李毓芳：《汉长安城考古发现与研究》，刘庆柱：《中国古代都城考古发现与研究》（上），第293页。

里为一市。致九州之人在突门。夹横桥大道，市楼皆重屋。又曰：旗亭楼在杜门大道南。”此是说长安的“市”是方形的，每个“市”由四个“里”组成，“市”设有“市楼”，上插旗帜，称“旗亭楼”。根据考古发现，证实东、西市是夹横门大道，西市内还发现各类作坊遗址，这些作坊可能是官府手工业。传世南陵铜锺铭文记：“南陵大泉第五十八，乘舆御水铜锺，容一石，重四十四斤半，建平四年十一月长安市造。”[①]此皇室用的乘舆之器造于“长安市”，说明长安东、西市内的手工业都属官府控制。东、西市不仅有手工业区，还有商业活动区。班固《西都赋》：“九市开场，货别隧分，人不得顾，车不得旋。”张衡《西京赋》：“尔乃廓开九市，通阛带阓，旗亭五重，俯察百隧。周制大胥，今也惟尉。”[②]此勾画出汉长安“市”的形制及内容：市有围墙，市内货物分列摆放，成为列肆，又称隧，市中有旗亭，可以俯察“百隧”，而且设有官吏管理“市”。此形制与汉代画像砖上的市井图非常相似[③]（图7-12）。《三辅黄图》又记：“当市楼有令署，以察商贾货财买卖贸易之事，三辅都尉掌之。”长安九市是由三辅都尉管辖，又设专门的官吏主管市内的“商贾货财买卖贸易之事”。根据考古发现及文献记载，可以看出长安“九市”的“手工制造业同商业结合在一起，正是这时期工商业的历史特点”[④]。

（十一）西汉时期的商品货币经济

秦汉之际，发生了连年的战乱，农业、手工业都遭到严重破坏，使社会经济处于极度凋敝的困境。汉定天下后，社会秩序逐渐安定，商品经济也在恢复，但这种商品经济的发展，并没有牢固的物质基础，商品

---

①容庚编著：《秦汉金文录》二·一下，中华书局，2012年，第200页。
②〔梁〕萧统编，〔唐〕李善注：《文选》，中华书局，1977年，第23、42页。
③刘志远：《汉代市井考—说东汉市井画像砖》，《文物》1973年第3期，第52—57页。
④俞伟超：《战国秦汉考古》，第64页。

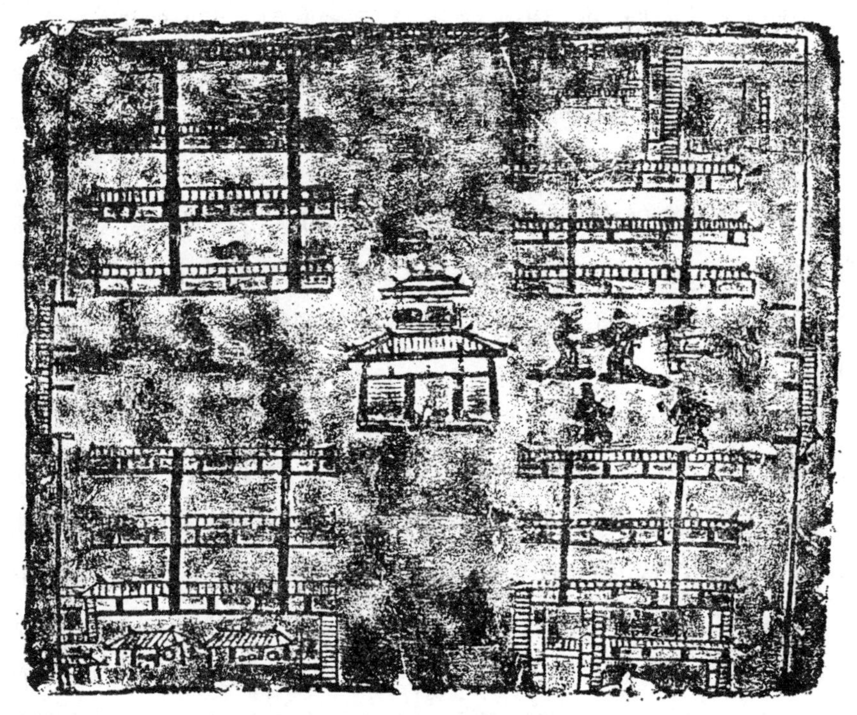

图7-12　汉画像砖市井图

（采自刘志远：《汉代市井考》，第57页）

经济的发展也是虚假的，反而还影响农业的发展，出现了舍本趋末的局面。从汉高祖刘邦到文景之时，一直存在这一严重问题，一般“用贫求富”者都认为“农不如工，工不如商，刺绣文不如倚市门”[①]。这种情况严重地影响了农业生产的发展，所以，西汉前期一直采取“重农抑商”政策。汉高祖刘邦曾下令“贾人不得衣丝乘车，重租税以困辱之”[②]，但这种政策并没有抑制商人的发展，文帝时期晁错就讲，“令法律贱商人，商人已富贵矣”[③]。

---

①《史记·货殖列传》，第3274页。

②《史记·平准书》，第1418页。

③《汉书·食货志》，第1133页。

到汉武帝时期，进一步采取了一系列抑制商人发展的措施，实行盐铁官营、均输法、平准法，还实行算缗、告缗等措施。这些措施使国家控制了盐铁的生产和许多货物的买卖，使富商大贾难以牟大利，使物价不致暴涨暴落，同时，也使一部分手工业和商业的利润归于国家，并且还起着控制诸侯和富商大贾的作用。汉武帝一方面对大商人进行限制、打击乃至剥夺的政策，另一方面又允许一部分商人主持财政，或充当盐铁官，为汉中央王朝服务，这样，汉中央政府与大商人的矛盾也有所缓和。

商业的发展促进了手工业生产的扩大，造成农民离开土地，走进手工业作坊，为商人生产商品。这样，大批农民从农村中被吸引出来。《汉书·贡禹传》记载，到汉元帝时，"民弃本逐末，耕者不能半。贫民虽赐之田，犹贱卖以贾，穷则起为盗贼。何者？末利深而惑于钱也"。而商人有了雄厚的资金，又大肆兼并土地，加速了农民的破产，把农民从土地上排挤出去，造成了西汉后期最为严重的社会问题，即土地兼并，农民破产，无业流民大量涌现。这是西汉王朝最后灭亡的最重要的原因之一。后来王莽改制，最主要的也是想解决土地兼并、流民、奴婢等问题，只是由于大土地所有者和富商大贾的强烈反对，以及王莽本人的阶级局限等原因而停止了改革，又走上了反面。

西汉前期进行了数次货币改革。《汉书·食货志》记载："汉兴，以为秦钱重难用，更令民铸荚钱。"这说明汉初流通的是荚钱，并且让百姓自由铸造，不加限制。从考古发现看，汉初的一种标有"半两"二字、个体特小、重量很轻的小钱应是榆荚钱。在山东章丘、博兴出土有荚钱石范，有的石范上刻钱模多达324枚[①]。

《汉书·高后纪》载，高后二年（前186）"行八铢钱"，应劭注曰："本秦钱，质如周钱，文曰'半两'，重如其文，即八铢也。"目前对八

①李少南：《山东博兴出土西汉"榆荚"钱石范》，《文物》1987年第7期，第93—94页。

铢钱的详细情况及形态还不清楚。1986年，徐州北洞山西汉楚王墓出土半两钱200多公斤，7万余枚，不见五铢钱[①]。此墓道的塞石上朱书有“辛酉”二字。研究者认为，墓主葬于“辛酉”年即吕后八年（前180），正是吕后行八铢钱时期。这批钱究竟是不是八铢半两，还要进一步研究。

高后六年（前182）又行“五分钱”。《汉书·高后纪》颜师古注引应劭曰：“所谓荚钱者。”可以肯定此钱很小，但究竟是什么样的钱，目前还不清楚。

文帝五年（前175）又铸四铢半两钱。《汉书·文帝纪》载：文帝五年“除盗铸钱令，更造四铢钱”。《食货志》则云：“除盗铸钱令，使民放铸。”这里讲了两个问题，一是除盗铸钱令，二是新铸四铢半两钱。看来在文帝五年前，曾有过禁民铸钱令，但具体是什么时候，文献无记载，而汉初“令民铸荚钱”，是让民众自由铸钱的，则可能在吕后二年铸八铢钱时下过“禁民铸钱令”，以维护新钱的信用。湖北荆州张家山汉墓出土了《二年律令》法律简[②]，据考，其时代正是吕后二年，其中有《钱律》《金布律》等，此证明在吕后时期制定了有关钱币的法律。为什么文帝五年又“除盗铸钱令”，允许民间铸钱？原因可能还是当时国家的经济力量不足，私铸钱很盛，国家无力控制。文献讲，有“以铸钱财过王者”，“吴、邓氏钱布天下”[③]，说明当时私铸钱很严重，汉中央已无法禁止。一直到景帝中元六年（前144）终于又“定铸钱伪黄金弃市律”[④]，下决心结束自由铸钱，实行官铸，由国家掌握铸钱权。

---

①徐州博物馆、南京大学历史系考古专业：《徐州北洞山西汉墓发掘简报》，《文物》1988年第2期，第2—18、68页。

②彭浩、陈伟、[日]工藤元男主编：《二年律令与奏谳书——张家山二四七号汉墓出土法律文献释读》，上海古籍出版社，2007年。

③《史记·平准书》，第1419页。

④《汉书·景帝纪》，第148页。

四铢半两钱流通的时间比较长，从文景帝时期到武帝元狩五年（前118）前都用四铢半两钱。四铢半两钱的特征，可以从湖北江陵凤凰山168号汉墓所出半两钱来判断[①]。此墓出土有101枚半两钱，在同一个竹笥内还有一件“称钱衡”和一件圆形砝码。称钱衡杆的正、背、侧面有墨书文字：“正为市阳户人婴家称钱衡，以钱为累，刻曰四朱，两疏第十”，“敢择轻重，衡及弗用，劾论罚，徭里家十日”，“□黄律”。根据文字内容可知，此是法定的专用于称钱的天平，即自名“称钱衡”，称的钱“曰四朱”。同出的一枚砝码重10.75克，约合十六铢，恰为法定四铢半两钱的四倍，这正适合用来称四铢钱。这枚砝码与称钱衡及101枚半两钱同放在一个竹笥内，据此可以确定，这101枚规整的半两钱应当是文帝时期合格的法定四铢半两钱（图7-13）。

图7-13　湖北江陵凤凰山汉墓出土文帝时期四铢半两钱
（采自湖北省文物考古研究所：《江陵凤凰山一六八号汉墓》，第497页）

《汉书·武帝纪》载，建元元年（前140）“行三铢钱”，用了四年又废止，建元五年（前136）“罢三铢钱，行半两钱”。此钱钱文为“三铢”，有别于半两和五铢。1973年山东临沂银雀山汉墓出土一枚三铢钱[②]（图7-14）。山东莱芜还出土一块三铢钱石范[③]。

①湖北省文物考古研究所：《江陵凤凰山一六八号汉墓》，《考古学报》1993年第4期，第455—513页。

②山东省博物馆、临沂文物组：《山东临沂西汉墓发现〈孙子兵法〉和〈孙膑兵法〉等竹简的简报》，《文物》1974年第2期，第15—26页。

③王其云：《莱芜市出土“三铢”钱范》，《中国钱币》1985年第2期，第63—64页。

图7-14　山东临沂银雀山汉墓出土“三铢钱”
（采自国家文物局《中国古钱谱》编撰组：《中国古钱谱》，第125页）

由于西汉前期允许民间自由铸钱，各诸侯王国也可以自行铸钱，特别是文帝时“除盗铸钱令”，地方私铸钱得到了法律上的承认，所以各地还出现过一些具有地方特征的货币。

西汉后期主要流通五铢钱，武帝时期铸造过三种五铢钱。武帝元狩五年“罢半两钱，行五铢钱”。此时是允许各郡国铸钱，《汉书·食货志》载：“更请诸郡国铸五铢钱，周郭其下，令不可磨取鋊焉。”故又称郡国五铢，或元狩五铢。至元鼎三年（前114），因“郡国铸钱，民多奸铸，钱多轻”，所以“令京师铸官”铸赤仄五铢。并规定“一当五，赋官用非赤仄不得行”，这就是赤仄五铢。至元鼎四年（前113），因“赤仄钱贱，民巧法用之，不便，又废。于是悉禁郡国毋铸钱，专令上林三官铸”，“令天下非三官钱不得行”，“诸郡国前所铸钱皆废销之，输入其铜三官”。从此全国铸钱统一于三官，货币到此时真正实现了统一。上林三官的锺官铸钱遗址已经在汉上林苑内发现[①]（图7-15）。

武帝之后，每年铸钱量很大，从元狩五年至平帝元始五年，共123年，铸钱280亿万[②]，平均每年铸钱2亿4400万左右。目前见到西汉后期的五铢钱范和范母有：昭帝元凤四年（前77）和元凤六年（前75）的泥范母；宣帝时期的本始、地节、元康、神爵、五凤、甘露纪年范；元帝时期的永光、建昭纪年范；成帝时期的永始纪年范。

---

①西安文物保护修复中心编著，姜宝莲、秦建明主编：《汉锺官铸钱遗址》，科学出版社，2004年。

②《汉书·食货志》，第1177页。

图7-15　汉上林苑锺官遗址出土五铢钱及陶范

（采自西安文物保护修复中心编著，姜宝莲、秦建明主编：《汉锺官铸钱遗址》，彩版一〇、三九）

黄金至迟在战国时期就可充当货币了，秦代仍以黄金为上币，至汉代还用黄金作为货币。但据《汉书》中的一些记载，汉代时黄金并不是市场上广泛流通的货币，而多是皇帝赏赐诸侯王等高级贵族，或者诸侯王向皇帝进贡酎金时使用；有时则用于数额较大的交易，或用于买爵、赎罪等。总之，汉代的黄金主要发挥贮藏职能。考古发现的西汉黄金多是圆饼状，麟趾金、马蹄金也多有发现（图7-16）。这些麟趾金、马蹄金更不会充当流通手段，只能是皇帝与高级贵族的标准样品，在交易中使用的黄金仍是金版和金饼。

图7-16　江西南昌西汉海昏侯墓出土马蹄金

（采自江西省文物考古研究所、南昌市博物馆、南昌市新建区博物馆：《南昌市西汉海昏侯墓》，《考古》2016年第7期，第60页）

（十二）王莽时期商品货币经济

王莽建立新朝，为时很短，只有14年（9—23）。据《汉书·食货志》及《汉书·王莽传》记载，王莽对货币进行了四次改革。

王莽第一次改革币制是在居摄二年（7），王莽此时称摄皇帝，立二岁的子婴为太子。《汉书·食货志》载："王莽居摄，变汉制，以周钱有子母相权，于是更造大钱、契刀、错刀，与五铢钱四品并行。"契刀、错刀均"其形如大钱，身形如刀"。契刀铸文为"契刀五百"；错刀以黄金错其文为"一刀直五千"，所见实物为"一刀平五千"，多是"一刀"错金，"平五千”不错金。大钱是圆钱，钱文为“大泉五十”。这三种钱实际是仿先秦的刀币和圆钱，与五铢钱同时流通。

第二次币制改革是始建国元年。这一年，王莽由“摄皇帝”“假皇帝”即位成“真皇帝”，认为“刘（劉）之为字，卯、金、刀也”，要废刘而兴王，“正月刚卯，金刀之利，皆不得行”。于是，在始建国元年王莽即位后，立即废契刀、错刀和五铢钱，“乃更作小钱，文曰：小泉直一”，与原来的“大泉五十”二品并行。但王莽的钱制多变，没有信用，百姓还是习惯用五铢钱，王莽则下令“诸挟五铢钱，言大钱当罢者，比非井田制，投四裔”。在王莽的重压之下，“于是农商失业，食货俱废”，“坐卖买田宅奴婢铸钱，自诸侯卿大夫至于庶民，抵罪者不可胜数”[①]。王莽为了推行新钱，又派人分别至各郡国主持铸造新币。这样将汉中央已集中的铸钱权又分散到各郡国，使得钱法大乱。这次币制改革仅开始一年，就使社会经济趋于大崩溃。而就在这种情况下，王莽又进行了一次更大规模的币制改革。

王莽于始建国二年，进行了第三次币制改革。王莽发现“大泉五十”“小泉直一”难以推行，又下书解释曰：“民以食为命，以货为资，是以八政以食为首。宝货皆重，则小用不给；皆轻，则僦载烦费。轻重大小，各有差品，则用便而民乐。”[②]王莽以此为由，推出了五物、六名、二十八品货币一齐参加市场流通[③]（图7-17）。真可谓空前绝后，是古今中外都没有过的。这二十八品货币是：

泉货六品：小泉直一、幺泉一十、幼泉二十、中泉三十、壮泉四十、大泉五十；

黄金一品：重一斤，值钱万；

银货二品：朱提银，八两为一流，值1580钱；它银一流，值1000钱；

---

①《汉书·王莽传》，第4109、4111、4112页。

②《汉书·王莽传》，第4122页。

③《汉书·食货志》，第1177—1179页。

龟宝四品：元龟值2160钱，公龟值500钱，侯龟值300钱，子龟值100钱；

贝货五品：大贝值216钱，壮贝值50钱，幺贝值30钱，小贝值10钱，贝值3钱；

布货十品：小布一百、幺布二百、幼布三百、厚布四百、差布五百、中布六百、壮布七百、第布八百、次布九百、大布黄千。

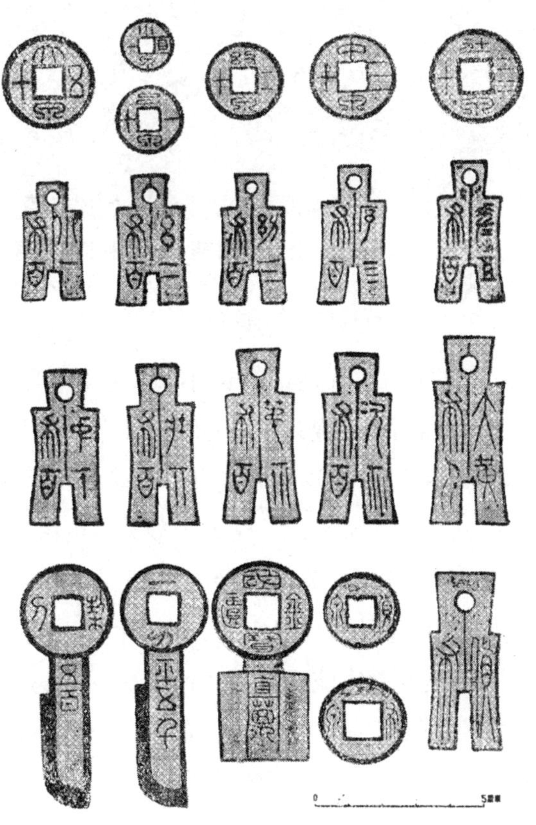

图7-17　王莽时期的金属铸币

（采自俞伟超：《战国秦汉考古》，第121页）

上林苑锺官铸钱遗址发现王莽时期多种铸钱范，有的钱范上有“锺官前官始建国”“元年三月工常造”等字样，说明王莽新朝也在上林锺官铸钱[①]（图7–18）。

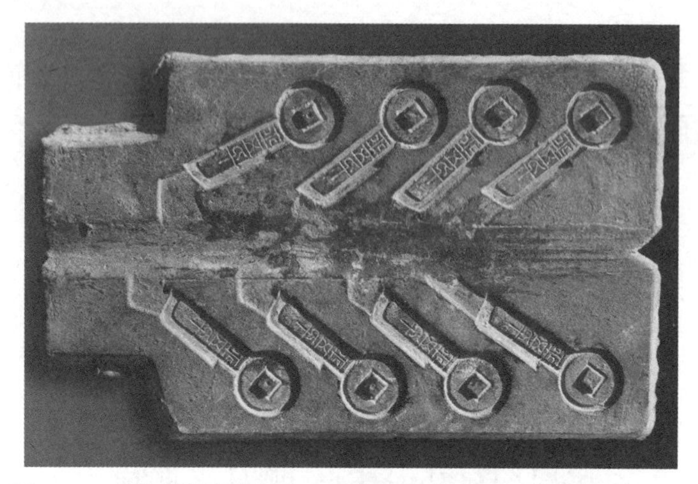

图7–18　上林苑锺官遗址出土王莽时期“一刀平五千”铜范
（采自西安文物保护修复中心编著，姜宝莲、秦建明主编：《汉锺官铸钱遗址》，彩版一九）

如此五花八门的货币，百姓记都记不清，更不愿用金银铜与不值钱的龟贝兑换。史称当时“每壹易钱，民用破业”，“百姓愦乱，其货不行，民私以五铢钱市买”[②]。在这种形势下，王莽使用严刑酷法来推行新政，规定“一家铸钱，五家坐之，没入为奴婢。吏民出入，持布钱以副符传”，不持者“厨传勿舍，关津苛留”[③]。但是，这种不符合经济规律的货币政策，即使用重刑也难以实施，因为币材太乱，品类太杂，变换频繁，交换烦琐，根本无法流通。在这种情况下，王莽不得不在这次改革的同一年“收回成命”，“罢龟、贝、布钱”，但“小泉直一”“大泉五十”二品并行，又恢复到始建国元年的币制。

---

①西安文物保护修复中心编著，姜宝莲、秦建明主编：《汉锺官铸钱遗址》。

②《汉书·食货志》，第1179、1184页。

③《汉书·王莽传》，第4122页。

王莽最后一次币制改革是天凤元年，对“金、银、龟、贝之货”重新核定价值后，再次投入市场，并铸出新的货币“货布”和“货泉”。又恐“大泉五十”久行，无法完全禁止，所以“大泉五十”还可以用，但不能值50钱，只能与“布泉”一样，值1钱，实际是将“大泉五十”贬值。到地皇元年，又罢“大泉五十”，专行“货布”“货泉”。

实际上，这时期的货币也没有稳定，此后没多久，王莽政权就垮台了。当然，王莽政权的灭亡有多种原因，但其混乱的货币政策无疑是重要的原因之一。

（十三）西汉帝陵的礼制规划

汉承秦制，在帝陵建制上体现得非常清楚。西汉从高祖刘邦到平帝，十一位皇帝中有九位葬于汉长安城北部的咸阳原上，呈东西一排。文帝、宣帝则葬在长安城东南（图7–19）。这些帝陵的布局主要有六个特点。（1）皇帝和皇后陵丘均为覆斗形，两陵相邻，多是皇帝陵居西，皇后陵居东，且多错位于帝陵之北。（2）各陵均设有陵园。通过对景帝阳陵、武帝茂陵、宣帝杜陵等陵园的考古勘查得知[①]，此三陵的皇帝陵和皇后陵均各自设有陵园，平面呈方形，四周有围墙围绕，四面中央各辟一门，陵墓坐落在陵园中央。景帝阳陵、武帝茂陵在帝、后陵园之外还发现有东西向长方形的外围墙，形成帝、后共享的外陵园，四面各辟一门（图7–20）。（3）景帝阳陵、武帝茂陵陵园内封土四周均有大量从葬坑，有学者研究认为，帝陵陵园内的从葬坑“代表或象征的是三公九卿中的九卿及其所属机构及设施”[②]。（4）在内外陵垣之间发现多处建筑

①陕西省考古研究所编：《汉阳陵》，重庆出版社，2001年；焦南峰：《试论西汉帝陵的建设理念》，《考古》2007年第11期，第78—87页；陕西省考古研究院、咸阳市文物考古研究所、茂陵博物馆：《汉武帝茂陵考古调查、勘探简报》，《考古与文物》2011年第2期，第3—13页；中国社会科学院考古研究所编著：《汉杜陵陵园遗址》，科学出版社，1993年。

②焦南峰：《汉阳陵从葬坑初探》，《文物》2006年第7期，第55页。

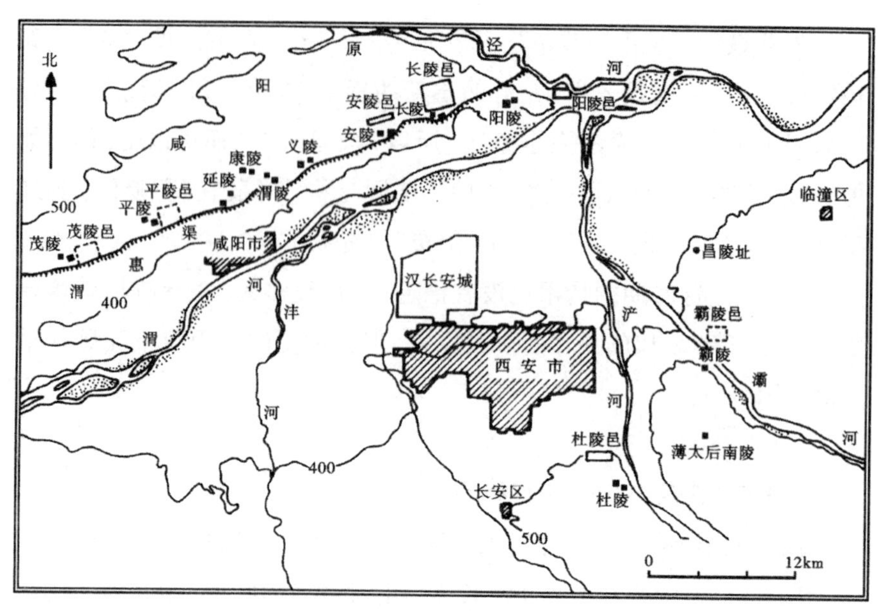

图7-19　西汉帝陵分布图

（采自陕西省考古研究院秦汉考古研究部:《陕西秦汉考古五十年综述》,第133页）

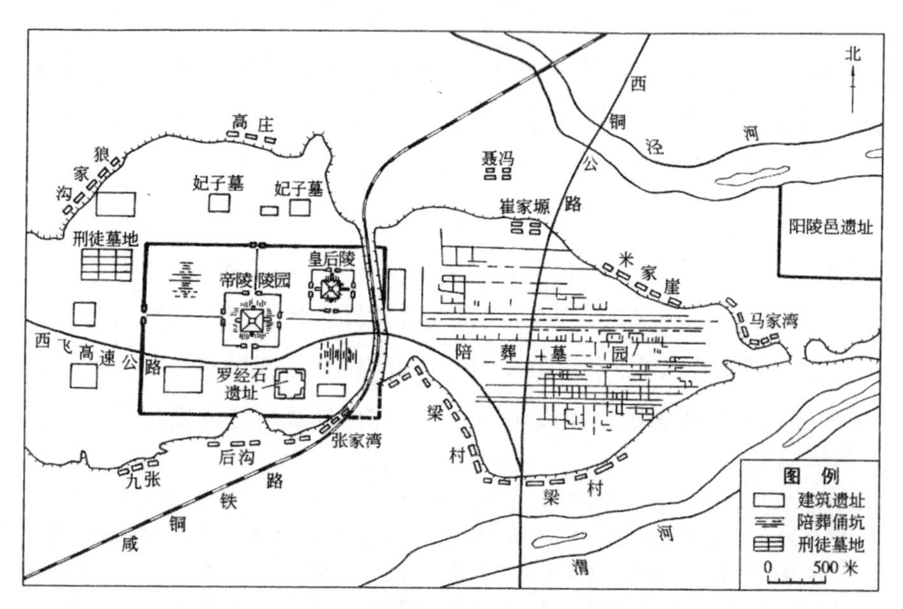

图7-20　汉景帝阳陵陵区遗迹平面分布图

（采自刘庆柱、白云翔主编,中国社会科学院考古研究所编著:《中国考古学·秦汉卷》,第313页）

遗址，这些建筑遗址中应有“陵寝”“陵庙”等建筑。(5)各帝陵园都有大量陪葬墓，一般分布在整个陵园的东部，多是开国元勋、达官显贵或皇亲国戚之墓。如高祖长陵东部有60多座坟丘，据文献记载，所葬有萧何、曹参、周勃和王陵等人；武帝茂陵有卫青、霍去病、霍光、上官桀等人陪葬。这些陪葬墓有覆斗形、锥形、山形等形式，规模都很庞大。(6)从高祖长陵到宣帝杜陵，在陵园附近都设有陵邑，主要是为了守护皇陵并供奉皇陵，另外也便于控制富豪大族。西汉初期的几个陵邑的守护者，主要是迁徙来的关东大族；西汉中期的几个陵邑，也是以二千石以上的官吏为主。但到西汉后期，汉王朝不但不能控制陵邑大族，他们反而还增加了许多麻烦。因此汉元帝时下诏罢置陵邑，以后的几个帝陵就没有再设陵邑。

可以看出，西汉帝陵的布局基本上是承袭秦始皇陵制，又进一步规范化、制度化，尤其是陵寝制度、陵庙制度，更体现了西汉帝陵祭祀制度的突出特点。对于西汉陵寝制度、陵庙制度，《汉书·韦贤传》记载颇详：“而京师自高祖下至宣帝，与太上皇、悼皇考各自居陵旁立庙，并为百七十六。又园中各有寝、便殿。日祭于寝，月祭于庙，时祭于便殿。寝，日四上食；庙，岁二十五祠；便殿，岁四祠。又月一游衣冠。”由此看出，汉代对已去世的皇帝有三处祭祀场所，将陵寝祭、陵庙祭、便殿祭三者协调统一，形成了规范的西汉帝陵祭祀制度。

蔡邕《独断》、应劭《汉官仪》、司马彪《续汉书·祭祀志》均记载，秦汉时期帝陵陵寝是放置死者衣冠之处。《汉书·平帝纪》记载，汉哀帝义陵的“寝”里发生“急变”：前一天晚上寝令已将衣冠放入匣柜中，第二天早上衣冠却突然出现在床上，认为是神灵显圣，赶紧用太牢以祭。这一故事说明陵寝中是放置死者衣冠的。实际上，帝陵陵寝是通过丧葬礼仪由宫寝转化而来。在先秦的送葬礼仪中，附有灵魂的“魂衣”由乘车、道车、稾车三魂车载着与柩车一起至墓地，待下葬后，柩车已空，于是将乘、道、稾三魂车所载魂衣再载于柩车运回城内的祖庙、殡宫以享祭祀，即《仪礼·既夕礼》所记载的葬后“反哭”宗庙、“遂适殡宫”之仪节，此“殡宫”即“宫寝”，将魂衣放置在宫寝中进行虞祭之礼。至秦汉时期，由于在墓侧建有陵寝，所以死者的衣冠不会运回城内的宫寝，而是直接放置于墓侧的陵寝中进行祭祀。这应是秦汉时期帝陵墓侧出寝之缘起。

对于汉代帝陵寝园中的“便殿”，汉晋文献有不同的记载，蔡邕《独断》、应劭《汉官仪》、司马彪《续汉书·祭祀志》均记载西汉诸陵墓侧有“寝”，或称“寝殿”，并没有提及“便殿”；司马彪《续汉书·礼仪下》记东汉皇帝大丧仪节时，“容根车游载容衣”藏于“便殿”，则没提及“寝殿”；班固《汉书·韦贤传》记西汉诸陵“园中各有寝、便殿。日祭于寝，月祭于庙，时祭于便殿”，将“寝”“便殿”并提，均为祭祀之所。注释家对“便殿”则有不同的解释，《汉书·韦贤传》如淳注曰：“《黄图》：高庙有便殿，是中央正殿也。”颜师古注曰：“如说非也。凡言便殿、便室者，皆非正大之处。寝者，陵上正殿，若平生露寝矣。便殿者，寝侧之别殿耳。”《汉书·武帝纪》载：“夏四月壬子，高园便殿火，上素服五日。”颜师古注曰：“凡言便殿、便室、便坐者，皆非正大之处，所以就便安也。园者，于陵上作之，既有正寝，以象平生正殿，又立便殿，为休息闲宴之处耳。说者不晓其意，乃解云便殿、便室皆是正名，斯大惑矣。”由于颜师古在《汉书》的几处注释中，均非常明确地解释“便殿、便室、便坐皆非正大之处”，为“寝侧之别殿”，是“休息闲宴之处”，此观点似乎已成定论，遂多为后世所认从，从而忽略了更为重要的如淳之注。如淳是曹魏时人，比唐代的颜师古更应了解汉代的制度，况且，如淳是用《黄图》来注解“便殿”是中央正殿的，是确实可靠的证据。《黄图》是专门记录汉长安及附近建筑的图，有题记，成书于东汉末曹魏初期，后遗失，有人对《黄图》的题记作了辑录，遂成今本《三辅黄图》。经研究，今本《三辅黄图》为中唐以后人所作（今本《三辅黄图》正文中有些内容实际是颜师古注文，并非《黄图》原文，陈直先生已经详细校证。）[①]魏晋时期的如淳、张晏、孟康、晋灼等引用《黄图》来注释《汉书》，他们所见到的是原本《黄图》，应是可信的。因此，如淳注“《黄图》：高庙有便殿，是中央正殿”不会有误，而颜师古将“便殿”说成“非正大之处”，为“寝侧之别殿”，是“休息闲宴之处”，均是望文生义的解释。

颜师古以“旁侧”之意解“便殿”，这是其错解的症结所在。在一般情况下，“便”字也可以当“旁侧”之意解，但在重要的礼仪制度、礼仪场合中用作专用名词，就不一定以“旁侧”“非正处”之意解之。实际上，古代更主要是以“安”“平”来释“便”。许慎《说文》云：“便，安也，人有不便更之。”此释以平安、适宜之意。《尚书·尧典》：“九族既睦，平章百姓。”注云：“言化九族而平和章明。”孔颖达疏：“明以亲九族，平章百姓，亦是协和之也。”[②]司马迁《史记·五帝本纪》引此文：“九族既睦，便章百姓。”刘宋裴骃《集解》引徐广曰：“下云‘便程东作’，然则训平为便也。”唐司马贞《索隐》云：“《古文尚书》作‘平’，平既训便，因作‘便章’。”又《毛诗·小雅·鱼藻》：“乐只君子，万福攸同，平平左右，亦是率从。”郑笺云：“平，婢延反。《韩诗》作‘便便’，云闲雅之貌。”[③]郑玄对“平”的注音就读为“便”（“婢延反”）。《左传·襄公十一年》引此诗云：“乐只君子，福禄攸同，便蕃左右，亦是帅从。”另有《墨子·天志中》载：“百姓皆得暖衣饱食，便宁无忧。”此“便宁”也当“适宜”“安适”之意讲。不难看出，传世先秦两汉时期的文献中，“便”字更多地表示“平安”“适宜”“协和”“闲雅”等吉祥之意，若用于建筑、处所，则表示此地是非常重要的礼制性建筑或处所，并不是颜师古所解释的“非正大之处”。

近年来，地下出土的战国、汉代文字资料，也有“便室”“便坐”的

---

①陈直：《三辅黄图校证》，第117页。

②《尚书·尧典》，阮元：《十三经注疏》，第119页。

③《毛诗·鱼藻》，阮元：《十三经注疏》，第490页。

记载。如近来发现的清华简《楚居》中出现“便室”之名：“至酓羄（绎）与屈紃（纠），思（使）若（鄀）嗌（嗌）卜遷（徙）于𡔈（夷）宔（屯），为椟（梗—便）室₌（室，室）既成，无以内之，乃𡠛（窃）若（鄀）人之犝（犝）以祭。”[①]楚熊绎使鄀嗌占卜选择夷屯居住，并在夷屯先构筑“便室”，因没有牺牲用于祭祀，便偷窃了鄀人的牛以祭。此“便室”应是用于祭祀的宗庙[②]。因熊绎被周成王正式封为诸侯，建国都首先要筑宗庙，因此熊绎在夷屯所筑的“便室”，很可能就是楚国最初建国立都时所立宗庙。河南偃师南蔡庄乡发现一座东汉灵帝建宁二年纪年墓，该墓出土一块肥致碑，碑文是肥致弟子颂扬肥致君事迹的内容，其中一段为：“建宁二年大（太）岁在己酉，五月十五日丙午直建，孝苌为君设便坐，朝莫（暮）举门恂恂，不敢解（懈）殆（怠），敬进肥君，餟顺四时所有。”[③]此是肥致弟子孝苌为肥致所设“便坐”，并在朝暮、四时进行祭祀。此“便坐”即“便房神坐”之简称，为放置肥致神主之处，不能理解为放置于旁侧室的神主，更不能理解为“非正大之处”。略晚的《晋书·礼志中》明确记载了“便房神坐”：“武帝泰始四年，文明王皇后崩，将合葬，开崇阳陵，使太尉司马望奉祭，进皇帝密玺绶于便房神坐。”此供奉晋文帝司马昭神坐的“便房”，更应位于墓中最为显著的重要位置，而不会是旁侧的小曲室[④]。目前发现的西晋墓葬多是单室墓，晋武帝司马炎的峻阳陵已经调查清楚，也是单室墓[⑤]。因此，西晋时期的“便房”是指安放棺柩的主室，此“便房”用于安置晋文帝司马昭之神主，故称“便房神坐”，简称“便坐”。《汉书·霍光传》还记载葬具

---

①清华大学出土文献与保护中心编，李学勤主编：《清华大学藏战国竹简（壹）》。

②陈伟：《清华简〈楚居〉“梗室”故事小考》。

③河南省偃师县文物管理委员会：《偃师县南蔡庄乡汉肥致墓发掘简报》，《文物》1992年第9期，第37—42页；刘昭瑞：《论肥致碑的立碑者及碑的性质》，《中原文物》2002年第3期，第48—51页。

④《汉书·霍光传》颜师古注：“便房，小曲室也”，第2949页。

⑤罗宗真：《魏晋南北朝考古》，文物出版社，2001年，第78页。

中有“便房”：霍光死后，汉宣帝赐其“梓宫、便房、黄肠题凑各一具，枞木外藏椁十五具，东园温明，皆如乘舆制度”。服虔认为：“便房，藏中便坐也。”如淳注曰：“《汉仪注》：天子陵中明中高丈二尺四寸，周二丈，内梓宫，次楩椁，柏黄肠题凑。”认为“便房”即指东汉初卫宏所著《汉仪注》中的“楩椁”。颜师古则认为：“便房，小曲室也。如氏以为楩木名，非也。”[①]湖北江陵谢家桥发掘了一座西汉前期的木椁墓[②]，木椁内分为中间棺室、前室（头箱）、后室（足箱）及左右边室（边箱）五部分。所出遣册对椁室有记录：“便廓具室一，厚尺一寸，宽丈一尺，袤丈八尺。”[③]汉代的1尺约合今23.2厘米，以此来换算，所记“便廓具室”厚约0.26米，宽约2.55米，长约4.18米。此墓所用木椁的盖板、墙板、挡板、底板厚度不一，多在0.20—0.25米之间，木椁长宽以壁板的外侧计，宽2.67—2.76米，长4.10—4.24米。此木椁的实际尺度与遣册所记“便廓”非常一致。这说明，遣册所记的“便廓具室一”是指该墓墓主所用的整具椁室，而不是单指“旁侧”边室或“小曲室”，更不能理解为“非正大之处”。正确地解释是：“便椁”，安置棺柩之椁，为天子所用，亦称“便房”，灵魂所处之位，则称“便坐”。这里的“便”字，也是表示“平安”“适宜”“闲雅”等吉祥之意。由此看出，地下出土的战国、汉代有关“便室”“便坐”“便房”“便椁”等文字资料，均表明其是重要的祭祀性、礼制性之地，绝非颜师古所说的“非正大之处”[④]。

厘正了先秦两汉时期“便”字的本意，则可知颜师古对“便殿”的解释是错误的，即使是颜师古所在的唐代，“便殿”也不一定是指

---

①《汉书·霍光传》颜师古引诸家注，第2949页。

②荆州博物馆：《湖北荆州谢家桥一号汉墓发掘简报》，《文物》2009年第4期，第26—42页。

③杨开勇：《谢家桥1号汉墓》，荆州博物馆编著：《荆州重要考古发现》，文物出版社，2009年，第192页，竹简照片。

④高崇文：《释“便椁”、“便房”与“便殿”》，《考古与文物》2010年3期，第46—52页。

旁侧之“别殿”。宋叶梦得《石林燕语》载：“唐以宣政殿为前殿，谓之正衙，即古之内朝也。以紫宸殿为便殿，谓之上阁，即古之燕朝也。而外别有含元殿。古者天子三朝，外朝、内朝、燕朝。”[①]唐代以紫宸殿为“便殿”，是皇宫中“三朝”之一的“燕朝”大殿，亦即似于周之“路寝”。又北宋张洎曰：“今之崇德殿即唐之紫宸殿也，在周为内朝，在汉为宣室，在唐为上阁，即只日常朝之殿也。”[②]《三辅黄图》载：“宣室殿，未央前殿正室也。”可以看出，在唐代，三朝之一的紫宸殿亦称为“便殿”，象征周代的燕朝“路寝”，也与西汉未央宫前殿正室“宣室殿”类似。由此可见，颜师古将“便殿”释为“非正大之处”“寝侧之别殿”“休息闲宴之处”的观点完全是错误的。

《汉书》中凡有关“便殿”的记载中，也绝非表示这是“非正大之处”“休息闲宴之处”，而是特别强调其是非常重要的正式祭祀建筑。据《汉书·韦贤传》记载，西汉皇帝棺柩葬入陵墓之后，要在陵庙、便殿中定时进行祭祀，既然便殿用于祭祀，便殿之内就设有象征死者的神物，而绝不会是“休息闲宴之处”。《汉书·五行志》记载了董仲舒以春秋时鲁国两观、桓公庙、僖公庙及亳社四次火灾，来推演辽东高庙、高园便殿发生火灾的原因，认为“在外而不正者，虽贵如高庙，犹灾燔之，况诸侯乎！在内不正者，虽贵如高园（便）殿，犹燔灾之，况大臣乎！此天意也”。董仲舒以“天人感应”来推演高庙及便殿火灾的原因，并以此借喻不论是外封诸侯还是朝内重臣，只要“不正”就要灭之，此正表明了便殿是汉王朝非常重要的祭祖建筑，而非颜师古所说的“非正大之处”“休息闲宴之处”。

西汉帝陵陵园中陵寝、陵庙、便殿均用作祭祀，陵寝中置魂衣，陵庙中设神主，便殿中肯定也有所祭神物，即魂衣。《汉书·王莽传》载：

---

①叶梦得：《石林燕语》卷二，第19页。

②李焘：《续资治通鉴长编》卷三十二，第725、726页。

汉宣帝“杜陵便殿乘舆虎文衣废藏在室匣中者出，自树立外堂上，良久乃委地”，此是讲，汉宣帝的衣冠原藏在便殿室中匣内，后突然自立于便殿外堂上。此肯定是有人为反对王莽篡汉而作伪，但由此可以推知，便殿是前堂后室（或谓前堂后寝）的格局，于后寝匣中藏魂衣，并“日上四食”，每一季度将魂衣置于前堂进行“时祭”，“岁四祠”，即四季之祭。《汉书·平帝纪》也有类似记载：“乙未，义陵寝神衣在柙中，丙申旦，衣在外床上，寝令以急变闻。用太牢祠。”此是讲，汉哀帝义陵的“寝”里发生“急变”：前一天晚上寝令将魂衣已放入室内匣柜中，第二天早上衣冠突然出现在外床上，认为是神灵显圣，赶紧用“太牢祠”。此“外床”之“外”，似于宣帝杜陵便殿的“外堂”，即外堂之床。此“用太牢祠”之处，应在便殿中的前堂上。此也可证实，西汉陵寝中的便殿是前堂后寝的格局，后寝藏魂衣，前堂用于重大的祭祀，即“岁四祠”。此建筑正是如淳所说的“便殿，是中央正殿也”。之所以将寝殿又称为“便殿”，很可能是取义于葬后“安神”之殿，这也有似于先秦时期葬后在宫寝中举行“虞祭”之礼以安神。

被长期误解的“便殿”得以正名，便可以重新认识西汉帝陵的陵寝格局。考古已发现了汉宣帝杜陵陵园南门外东侧的寝园遗址及王皇后陵陵园南门西侧的寝园遗址[①]（图7-21）。宣帝杜陵寝园中部有一南北廊将寝园分隔成东、西两个院落，西院落面积大，中部略南有一座规模巨大的独立宫殿基址，被推测是寝园中的主体建筑寝殿，这一推断是正确的。根据上述对“便殿”的分析，则此寝殿又可称“便殿”，是举行重大祭祀的“中央正殿”。东部院落由庭院和数组建筑基址组成，以往学者多根据颜师古的解释将其定为“便殿”，如对其内部的格局进行分析，便会发现，东院建筑其实是西部正殿的附属建筑。东部院落内发现殿堂基址1座，大小庭院10余处，房屋数十间。在一些房屋内发现

①中国社会科学院考古研究所：《汉杜陵陵园遗址》。

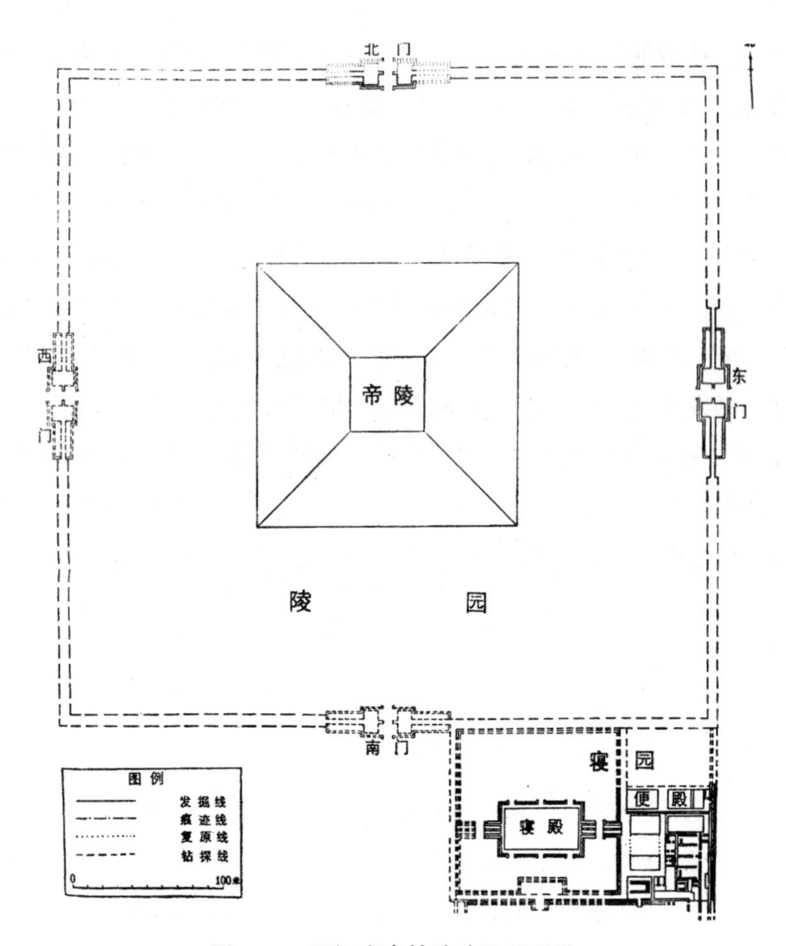

图7-21　西汉宣帝杜陵陵园平面图

（采自中国社会科学院考古研究所编著：《汉杜陵陵园遗址》，科学出版社，1993年，第7页）

有窖穴，窖穴内有大量已腐的粮食及牛、羊、猪、鳖、水禽等动物骨头，还有巨型铁鼎等残块，有的屋内还出有不少铲、镰、锛、犁铧等工具。六号院及其南门附近出土有剑、刀、镞、弩机和甲片等遗物。从这些发现看，这些建筑应是供管理、守卫和供奉陵寝的人员使用。文献记载，西汉帝陵设有“食官令”，职掌陵寝祭祀。《汉书·冯奉世传》记载：“竟宁中，（冯参）以王舅出补渭陵食官令。以数病徙为（渭陵）寝中郎。”如淳注“食官令”曰：“给陵上祭祀之事。”陵寝中的“食官令”应是职掌陵寝中的“日祭于寝”“寝日四上食”及“时祭于便殿”“便殿岁四祠”等“陵上祭祀之事”。由此推测，宣帝杜陵寝殿（即便殿）东部的附属建筑应是食官遗址，在此筹备寝殿祭祀之事。秦始皇陵的食官遗址处于内外城之间，西汉帝陵则将这类附属设施直接置于寝园内寝殿之旁侧，成为寝园的有机组成部分，这反映出西汉寝园的格局更加规整，更便于“日祭于寝”“寝日四上食”“时祭于便殿”“便殿岁四祠”等陵寝祭祀，体现出西汉陵寝祭祀更加制度化、规范化。

由于在墓侧起陵寝，也使西汉的宗庙制度发生了重大变化。前面已述及，西汉各帝陵均在陵旁设有陵庙。近年发掘的汉景帝阳陵附近的“罗经石”遗址[①]（图7-22），韩伟先生认为是社[②]，王学理先生认为是陵庙[③]，杨宽先生在其《中国古代陵寝制度史研究》一书中，上编将罗经石遗址推定为景帝庙（即德阳宫），下编则又说成为寝殿[④]。2003年，王莽九庙遗址的详细考古报告出版，可见其每座庙址的规划布局几乎与罗经石遗址完全相同[⑤]（图7-23）。平面布局均呈“回”字形，外围是正方形院墙，四面正中各辟一门，四门之间是四个曲尺形回廊。内部中心是正方形台基，四面各有三个门道，共十二门道，四周有砖铺地面、卵石散水，门道内侧均有厅堂建筑遗迹。四面门址按不同的方位分别出土四神空心砖或四神瓦当：东门为龙纹，西门为虎纹，南门为朱雀纹，北门为玄武纹。“罗经石”遗址主体建筑四面的铺地砖、墙壁等，均按照东、南、西、北方位的不同，分别涂有代表各个方位颜色的青、红、白、

---

①马永嬴、王保平：《走近汉阳陵》。

②韩伟：《罗经石乎？太社乎？——西汉阳陵“罗经石”性质探讨》，《考古与文物》2001年第2期，第56—58页。

③王学理：《太社乎？陵庙乎？——对汉阳陵罗经石为“男性生殖器座”论驳议》，《文博》2001年第5期，第54—61页。

④杨宽：《中国古代陵寝制度史研究》，第20、208页。

⑤中国社会科学院考古研究所：《西汉礼制建筑遗址》。

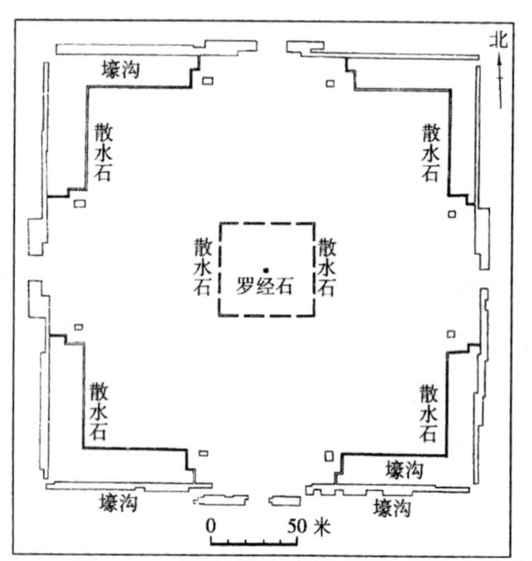

图7-22　西汉景帝阳陵“罗经石”遗址平面图

（采自刘庆柱、白云翔主编，中国社会科学院考古研究所编著：《中国考古学·秦汉卷》，第319页）

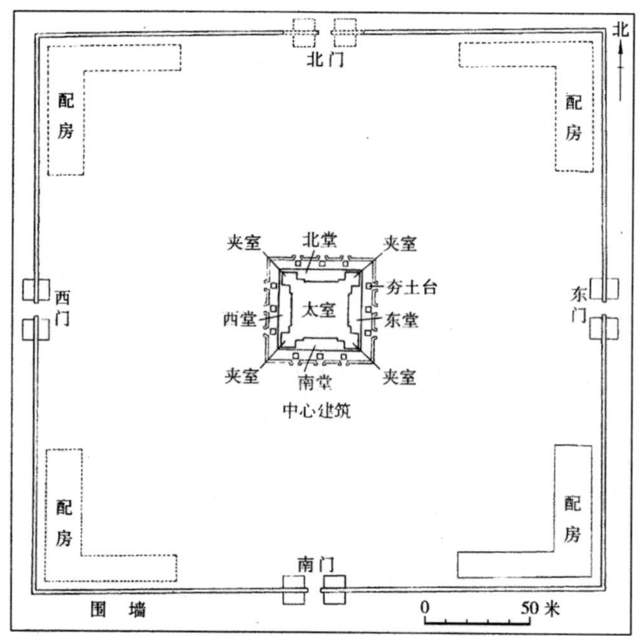

图7-23　汉长安城“王莽九庙”第三号建筑遗址平面图

（采自刘庆柱、白云翔主编，中国社会科学院考古研究所编著：《中国考古学·秦汉卷》，第214页）

黑颜色。根据王莽九庙各庙主体建筑四面墙体残留痕迹推测，可能也分别涂有不同方位颜色，只是曾经被大火焚烧，有些色泽已不清晰。对罗经石遗址的不同看法，主要是由中心台正中的“罗经石”引起。该石平面呈方形，边长1.7米，厚0.4米，上面加工成直径1.35米的圆盘，圆盘上刻有正方向十字凹槽。无独有偶，在王莽九庙12号庙址中心台的正中，也放置一块础石，为扁平椭圆形，长2.44米，宽2.05米，厚0.82米，顶面中部刻出平座，平座长1.85米，宽与石同。此础石与四周厅堂础石相比，是最大的一块。报告推测，中心木柱应直接竖立在此础石平座上。既然罗经石遗址的布局及建筑方式与王莽九庙遗址相一致，就可以肯定此遗址应当是景帝庙，即德阳宫。所谓“罗经石”，既不是测量方向的“罗盘石”，也不是放置社主或神主的基座，而是中心柱的础石[①]。此中心础石之所以刻有正方向十字凹槽，只是为了确保陵庙建筑的正方向而已[②]。汉景帝阳陵“罗经石”遗址之所以如此设计，是受当时盛行的“五行”思想的影响，这种格局与汉代经学家所设想的宗庙格局非常相符，是五行学说在汉代宗庙祭祀上的具体体现。所以，“罗经石”遗址可确定为汉景帝阳陵的陵庙。

由于墓侧起寝，使西汉各帝庙都立在了各自的陵墓附近，形成了分散的陵庙制，只有三年袷祭时才集中到高庙。《汉旧仪》载：“宗庙三年大袷祭，子孙诸帝以昭穆坐于高庙，诸堕庙神皆合食，设左右坐。”[③]王莽复古改制，为了突出其宗统地位，在都城长安南郊建立了九庙，以图恢复传统的集中庙制。东汉时期，彻底废止了西汉的陵庙制度，重新恢复了都城内的集中宗庙制度。

---

①傅熹年先生、钟晓青先生均认为“罗经石”可能是建筑中心的柱础石。见李零：《说汉阳陵“罗经石”遗址的建筑设计》补记，《考古与文物》2002年第6期，第60页。

②河南省文物考古研究所：《河南永城市芒砀山汉代礼制建筑基址》，《考古》2007年第7期，第47—52页。笔者曾参观发现，基址许多柱础石台面上刻有正方向的十字凹槽，这应是为了确定上面梁架结构的正方向。

③孙星衍等辑，周天游点校：《汉官六种》，第100页。

四、小结

通过对汉长安城的考查与研究，可以看出主要有以下礼制文化特点：

（1）从长安城的布局来看，皇宫占据整座城的绝大面积，居民区只占东北隅很少部分，反映了西汉时期集权制下的都城主要是为皇权服务的。

（2）从建筑格局看，突出表现了帝王之居至高无上的特殊地位。未央宫前殿建成前、中、后三殿即“三朝”，处于“建中立极”的位置，体现集权制下都城的礼制特点。这种大朝正殿居高、居中，官署分列其侧之布局，宫、庙分离及礼制建筑之格局等一系列特点，为深入研究统一的集权制的形成以及秦汉社会政治、经济、思想、文化等各方面的发展变化，均具有非常重要的意义。

（3）汉长安“左祖右社”的格局在王莽时期初步形成，但并不是规整的“左祖右社”格局，正规的“左祖右社”格局是在东汉都城洛阳建立的。

（4）对天地诸神的祭祀制度为后世奠定了基础。分祀五帝及诸神于都城四郊，开启了以后历代五郊坛制度的先河。祭天神于南郊，祭地祇于北郊，成为以后历代郊祀制度之统制。

（5）首次在都城南郊建立明堂、灵台、辟雍等礼制建筑，并成为东汉至隋唐沿用的制度。

（6）各宫殿建筑、礼制建筑多体现“五行”“五方”“五色”及“四灵”的宇宙观念，反映了西汉时期阴阳五行学说的盛行，正如《三辅黄图》所载：“苍龙、白虎、朱雀、玄武，天之四灵，以正四方，王者制宫阙殿阁取法焉。”

（7）西汉帝陵的布局特点，基本上是承袭秦始皇陵制，又进一步规范化、制度化，尤其是陵寝制度、陵庙制度，更体现了西汉帝陵祭祀制度的突出特点。

第八章　东汉都城洛阳的礼制文化

东汉洛阳城的前身可追溯到西周成王时兴建的成周城。《左传·昭公三十二年》载周敬王追述成王兴建成周之事："昔成王合诸侯，城成周，以为东都，崇文德焉。"《汉书·地理志》班固对河南郡洛阳县注云："洛阳，周公迁殷民，是为成周。"成王时期的青铜器何尊铭文也记载了成王"宅于成周"之事："惟王初迁，宅于成周，复禀武王礼，福自天。……则廷告于天曰：'余其宅兹中或（国），自兹乂民。'"[①]成王将成周视为天下之中，在这里治理天下之民。东周时期，敬王再次扩建成周，"王使富辛与石张如晋，请城成周"。杜预注："子朝之乱，其余党多在王城，敬王畏之，徙都成周。成周狭小，故请城之。"[②]秦庄襄王元年（前249），"秦界至大梁，初置三川郡"[③]，并"以吕不韦为丞相，封为文信侯，食河南洛阳十万户"[④]。1955年，在洛阳王城遗址内发现了"文信"钱石范[⑤]，说明吕不韦确是就封洛阳。秦统一六国后，全面推行郡县制，置洛阳县，亦为三川郡治。西汉初刘邦曾一度定都于洛阳，《汉

---

①王春法主编：《宅兹中国：宝鸡出土青铜器与金文精华》，北京时代华文书局，2020年。

②《左传·昭公三十二年传》，阮元：《十三经注疏》，第2127页。

③《史记·秦本纪》，第219页。

④《史记·吕不韦列传》索隐注："《地理志》高祖更名河南，此秦代而言'河南'者，《史记》后作，据汉郡而言之耳"，第2509页。

⑤左丘：《略谈"四曲文钱"》。

书·高帝纪》："（五年）帝乃西都洛阳。……帝置酒洛阳南宫。"其部下娄敬等人认为"都洛阳，不便，不如入关，据秦之固。"于是，刘邦乃西都长安，但洛阳仍是西汉政权控制中原地区的重要城市，并改三川郡为河南郡，洛阳为河南郡治[①]。东汉光武帝建武元年（25）十月进驻洛阳，洛阳成为东汉王朝的都城。

一、东汉都城洛阳的营建

据文献记载及考古勘察表明，周之成周、秦汉之洛阳地望在今河南省洛阳市以东15公里处，此处正是汉魏洛阳故城遗址。经对故城城垣的试掘，已发现西周城址、东周扩增城址、秦代扩增城址的城垣。西周城址的城垣呈方形，东周向北扩增，秦代向南扩增，整个城垣呈南北长方形[②]（图8-1）。考古发掘印证了成王始建成周、东周与秦时扩建的文献记载。刘邦都洛阳时间短暂，不会对洛阳进行营建，应是临时居于秦的三川郡治。新莽时期，更始刘玄欲都洛阳，遣刘秀整修洛阳："更始将北都洛阳，以光武行司隶校尉，使前整修宫府。"[③]此也应是就原有宫府进行修整。光武帝刘秀于建武元年进驻洛阳，"冬十月癸丑，车驾入洛阳，幸南宫却非殿，遂定都焉"[④]，洛阳成为东汉的都城。洛阳之名，乃以地处洛水之阳而名之，刘秀定都于此，因汉为火德，忌水，便改"洛"为"雒"。《汉书·地理志》颜师古注"洛阳"云："鱼豢云汉火行忌水，故去'洛''水'而加'隹'。如鱼氏说，则光武以后改为'雒'字也。"故东汉称"洛阳"为"雒阳"。

---

①《汉书·地理志》，第1555页。

②中国社会科学院考古研究所洛阳汉魏城队：《汉魏洛阳故城城垣试掘》，《考古学报》1998年第3期，第361—388页。

③《后汉书·光武帝纪》，第9页。

④《后汉书·光武帝纪》，第25页。

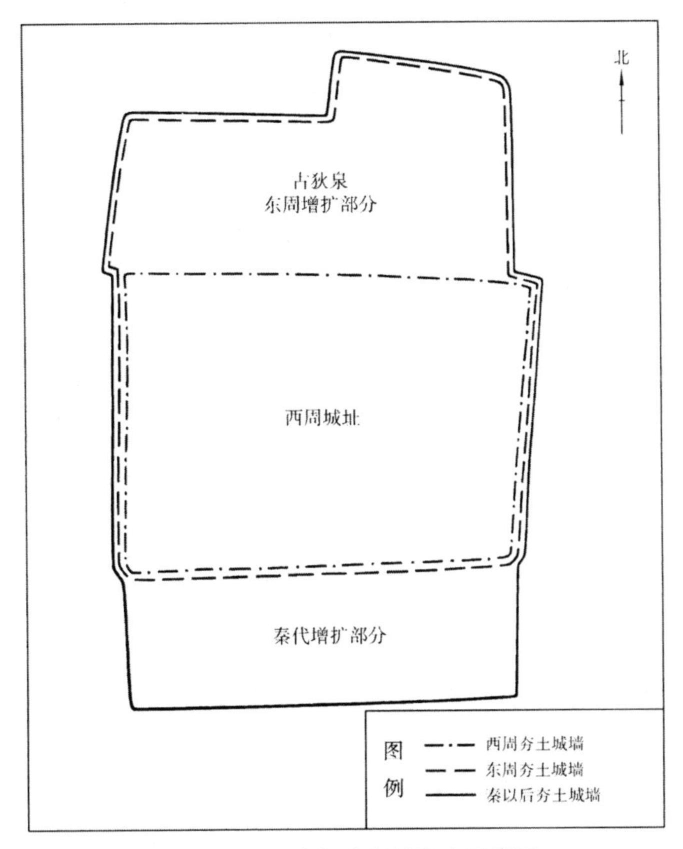

图8-1　两周秦汉洛阳城演变示意图

（采自中国社会科学院考古研究所洛阳汉魏城队：《汉魏洛阳故城城垣试掘》，第383页）

据《后汉书·光武帝纪》记载，为了增加作为都城的礼制要素，刘秀在原郡治洛阳城的基础上又进行了诸多增建：

建武二年（26），“起高庙，建社稷于洛阳，立郊兆于城南，始正火德，色尚赤。……遣府掾奉十一帝神主，纳于高庙”。

建武三年（27），“辛巳，立皇考南顿君已上四庙”。

建武三年，“冬十月壬申，幸春陵，祠园庙”。

建武五年（29），“初起太学，车驾还宫，幸太学，赐博士弟子各有差”。

建武十四年(38),“春正月,起南宫前殿”。

建武十九年(43),“春正月庚子,追尊孝宣皇帝曰中宗。始祠昭帝、元帝于太庙,成帝、哀帝、平帝于长安,舂陵节侯以下四世于章陵”。

建武中元元年(56),“是岁,初起明堂、灵台、辟雍,及北郊兆域”。

建武中元二年(57),“初立北郊,祀后土”。

经建武年间刘秀对洛阳城的营建,洛阳作为都城的格局基本形成。

班固《东都赋》描述了当时洛阳的盛况:“然后增周旧,修洛邑,扇巍巍,显翼翼,光汉京于诸夏,总八方而为之极。于是皇城之内,宫室光明,阙庭神丽,奢不可逾,俭不能侈。外则因原野以作苑,填流泉而为沼,发蘋藻以潜鱼,丰圃草以毓兽。制同乎梁邹,谊合乎灵囿。”[①]班固是东汉初期之人,此应是描述东汉都城的实况。

二、洛阳城的考古发现与布局

东汉灭亡后,曹魏、西晋、北魏沿用为都城,故常称为“汉魏洛阳城”。由于此城经数代改建、扩建,虽已进行长期考古工作,但发现的东汉洛阳城遗迹、遗址考古资料有限,所以,研究者多结合文献记载对东汉洛阳城进行复原与研究[②](图8-2)。

---

①萧统编,李善注:《文选》,第32页。

②对洛阳城主要的复原研究有:王仲殊:《东汉的都城(雒阳)》,《汉代考古学概说》,中华书局,1984年,第17—30页;刘庆柱、白云翔主编,中国社会科学院考古研究所编著:《中国考古学·秦汉卷》第五章第二节“东汉洛阳城遗址”,第228—244页;钱国祥:《由阊阖门谈汉魏洛阳城宫城形制》,《考古》2003年第7期,第53—63页;徐龙国:《东汉雒阳城遗址考古发现与研究》,刘庆柱:《中国古代都城考古发现与研究》(上),第320—330页。

城垣形制　东汉洛阳城的平面形状呈南北长方形。据勘测，北城垣全长约2523米，西城垣残长约3500米，东城垣残长约3895米[①]，南城垣已因洛河改道而冲毁不存，但根据《续汉书·郡国一》刘昭注引《帝王世纪》说："城东西六里十一步，南北九里一百步"[②]的记载，说明城的南北长度相当于汉晋时期的"九里"多。洛阳城南郊"三雍"遗址的发现[③]，可进一步推测南城垣的位置。《后汉书·光武帝纪》注引《汉官仪》载："明堂去平城门二里所。"根据这两处文献记载，可以推断出南城垣的大体位置当在今洛河河道内，在东、西城残垣往南再增加300米左右处。在城墙外面环绕着一条宽18—40米的护城河。

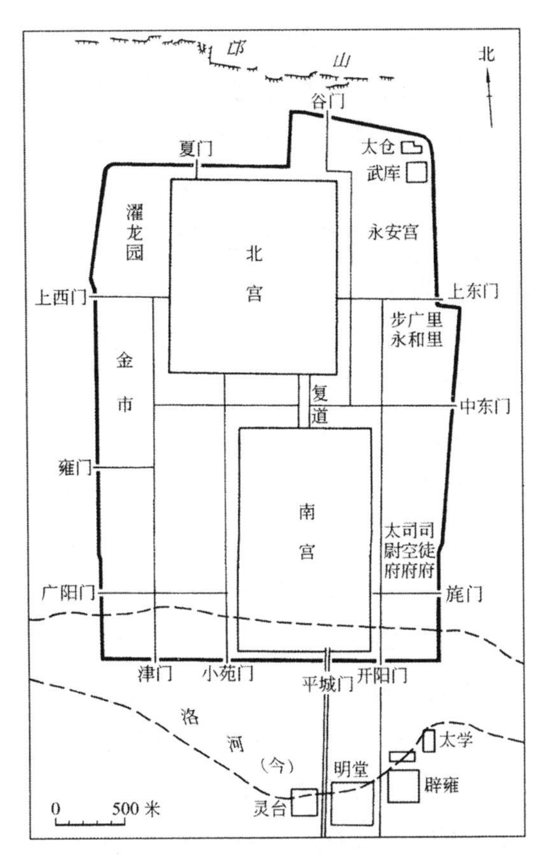

图8-2　东汉洛阳城平面布局复原示意图
（采自刘庆柱：《中国古代都城考古发现与研究》［上］，第322页）

①中国科学院考古研究所洛阳工作队：《汉魏洛阳城初步勘查》，《考古》1973年第4期，第198—208页。

②《续汉书·郡国一》，第3390页。

③中国社会科学院考古研究所编著：《汉魏洛阳故城南郊礼制建筑遗址：1962~1992年考古发掘报告》，文物出版社，2010年。

十二城门　文献记载结合考古勘察得知，东汉洛阳城有十二座城门：东垣三门，西垣三门，北垣二门，南四门。其城门名分别为：东垣自北而南为上东门、中东门、旄门，西垣自北而南为上西门、雍门、广阳门，北垣自西而东为夏门、谷门，南垣自东而西为开阳门、平城门、小苑门、津门[①]。《洛阳伽蓝记·序》记载，洛阳城门"门有三道，所谓九轨"。通过对北城垣夏门的勘查及东城垣上东门的发掘证实，东汉洛阳城的城门是一门三洞的形制，通往城内的道路为三道[②]。此印证了文献所载：洛阳城"宫门及城中大道皆分作三。中央御道，两边筑土墙，高四尺余，外分之。唯公卿尚书章服过从中道，凡人皆行左右，左入右出"[③]。

宫殿　南宫和北宫是洛阳城内两组主要的建筑群。南宫在西汉初就已存在，刘邦最初便是定都于洛阳。《史记·高祖本纪》载："天下大定，高祖都洛阳。……高祖置酒洛阳南宫。"《正义》引《舆地志》云："秦时已有南北宫。"《汉书·高帝纪》同样有此记载："（五年）帝乃西都洛阳。……帝置酒洛阳南宫。……上居南宫，从复道上见诸将往往耦语。"这说明在秦时已有南北宫，刘邦才能"置酒洛阳南宫"。光武帝刘秀初进洛阳城，就住在南宫的却非殿。研究者对南宫的具体位置虽有不同的看法，但基本都定位在都城的南半部略中位置。关于北宫，《后汉书·明帝纪》载：永平三年（60），"起北宫及诸官府"；永平八年（65），"冬十月，北宫成"。此似乎是明帝时新建北宫，但《正义》引《舆地志》云："秦时已有南北宫。"故明帝应是在秦宫的基础上新建北宫。研究者一般将北宫的位置推定在都城北半部略中处。

---

①《续汉书·百官志四》，第3610—3611页。

②中国科学院考古研究所洛阳工作队：《汉魏洛阳城初步勘查》；中国社会科学院考古研究所洛阳汉魏故城工作队：《汉魏洛阳城北魏建春门遗址的发掘》，《考古》1988年第9期，第814—818页。

③《太平御览》卷一九五引陆机《洛阳记》，中华书局，1960年，第941页。

文献记载，洛阳城内还有东宫、西宫、永安宫等[①]。据袁术烧南宫九龙门及东、西宫的记载，东、西宫应在南宫之内。永安宫则在北宫的东北部。

宗庙、社稷　《后汉书·光武帝纪》：“（建武二年）起高庙，建社稷于洛阳。”《续汉书·祭祀下》：“建武二年，立太社稷于洛阳，在宗庙之右，方坛，无屋，有墙门而已。”刘秀于建武二年以“左祖右社”的方位立高庙和社稷，肯定是在南宫的东、西两侧。目前宗庙和社稷的具体位置还不清楚，但刘昭注引《古今注》曰：“建武二十一年二月乙酉，徙立社稷上东门内。”[②]此为后人注释，是否属实，难以确定。

三公府、武库、太仓　《续汉书·百官一》刘昭注引《古今注》：“永平十五年，更作太尉、司徒、司空府开阳城门内。”[③]又引《汉仪》曰：“司徒府与苍龙阙对。”[④]据此，三公府应位于开阳门内南宫苍龙门东部。武库、太仓位于城的东北隅。

城南郊礼制建筑　《后汉书·光武帝纪》：建武五年，“初起太学。车驾还宫，幸太学，赐博士弟子各有差”。李贤注引《洛阳记》曰：“太学在洛阳城故开阳门外，去宫八里，讲堂长十丈，广三丈。”《光武帝纪》：建武中元元年，“初起明堂、灵台、辟雍”。李贤注引《汉官仪》曰：“明堂去平城门二里所，天子出，从平城门，先历明堂，乃至郊祀。”又曰：“辟雍去明堂三百步。车驾临辟雍，从北门入。”明堂、灵台、辟雍，合称“三雍”。1930年曾在城南大郊村发现晋武帝三临辟雍的纪念碑，后

---

①《后汉书·明帝纪》：“（永平）十八年秋八月壬子，帝崩于东宫前殿。”《后汉书·灵帝纪》：“（中平六年）八月戊辰，中常侍张让、段圭等杀大将军何进，于是虎贲中郎将袁术烧东西宫。”《后汉书·何进传》：“（中平六年八月）进部曲将吴匡、张璋素所亲幸，在外闻进被害，欲将兵入宫，宫阁闭。……会日暮，（袁）术因烧南宫九龙门及东西宫，欲以胁出让等。”《续汉书·百官志三》：“永安，北宫东北别小宫名，有园观。”

②《续汉书·祭祀下》，第3201页。

③《续汉书·百官一》，第3558页。

④《续汉书·百官一》，第3560页。

又发现碑座，可证“三雍”遗址位于城南大郊村一带[①]。这些礼制性建筑遗址均经考古勘察和发掘得以证实[②]。

南北郊坛 光武帝刘秀于建武二年在洛阳城南修建了南郊坛[③]。关于南郊坛的建筑形制和祭祀对象，《续汉书·祭祀上》中记载得比较详细：圆坛，双重，有八条登坛阶道。坛外有三重围墙，四面各有一门。祭祀对象有天地、五帝、日月、北斗、五星、中宿五官、二十八宿、五岳、雷公、先农、雨师、风伯、四海、四渎、名山、大川等，累计一千五百一十四神。最初没有高祖配祀，过了七年后，增加了高祖配祀的制度。今洛阳汉魏故城南郊仍有“大郊村”之名，有可能是南郊坛的位置所在。刘秀于建武中元元年立北郊坛于洛阳城北[④]。北郊坛的形制为方坛，四陛。祭祀对象除了后土神外，还有五岳、四渎、名山、大川等神，并以高皇后配祀[⑤]。

西市、马市、南市 《后汉书》记载，东汉洛阳有西市、马市、城南市，具体遗址还没找到，据文献记载，可大体推测其位置。

西市应在城内，大致在南宫的西北，在夏门大道以西、上西门大道附近这一地域内。西晋时称之为“金市”。东汉章帝时傅毅在《洛都赋》中有“面朝后市”[⑥]的辞句，反映出西市是东汉早期洛阳城的主要市场，且“面朝后市”也是先秦以来所沿用的周制。

马市应在城东郊，距上东门一里多，它是由于东汉洛阳漕运的发展而逐渐繁荣起来的。东汉初，漕船从黄河经洛水可达洛阳城南。建武二十四年（48）开凿明渠，漕船可直达洛阳城东，更接近太仓，这样便在

---

①阎文儒：《洛阳汉魏隋唐城址勘查记》，《考古学报》第九册，第117—138页。

②中国社会科学院考古研究所：《汉魏洛阳故城南郊礼制建筑遗址》。

③《后汉书·光武帝纪》：“（建武二年）起高庙，建社稷于洛阳，立郊兆于城南，始正火德，色尚赤。”

④《后汉书·光武帝纪》：建武中元元年，“初起明堂、灵台、辟雍，及北郊兆域。……二年春正月辛未，初立北郊，祀后土”。

⑤《续汉书·祭祀中》，第3181页。

⑥费振刚、胡双宝、宋明华辑校：《全汉赋》，北京大学出版社，1993年，第115页。

城东形成了粮食及其他物品的交易市场。

南市，晋时称为羊市，在城南郊，其具体地点在文献中没有记载，但从后代都城南郊市场所在位置或可得到一点线索。《洛阳伽蓝记》记载，北魏洛阳城的宣阳门外（即东汉洛阳城的小苑门位置），洛水南有“四通市”，文献中形容“天下难得之货，咸悉在焉”。四通市的繁荣与洛河水运业及其地处水陆交通会合处的地理条件有密切关系，东汉洛阳城南市或在这一地域。

居民区　田野考古工作中还没有发现东汉时期的平民居住遗址，据文献记载，东汉洛阳城内的居民区也是划分为里，具体形状不清楚，里的名称在文献中见有商里、延熹里等。

南郊的刑徒墓地　在城南灵台西南一个叫岗上村的地方，已发现刑徒墓地，这些刑徒应与洛阳城某项工程有关，在发掘的不到2000平方米的范围内，就有522座刑徒墓，密度极大①。

墓形状是一个很窄的土坑，有的有木棺，在死者的身上有2块残砖，上面刻有关于死者的简单文字。据刻字的年代，最早的是安帝永初元年（107）四月二十日，最晚的是安帝永宁元年（120），都是汉安帝时的，总共只有14年，已发现的刑徒就有500余人埋于此，说明劳累致死者的比例是极大的。

刑徒墓砖的文字格式主要有八种。（1）只刻姓名，如“卫奴”“龚伯”。（2）加刻“无任”或“五任”，如“无任谢郎”“五任冯少”。“五任”即有手工技能的，“无任”则无手工技能。（3）加郡、县名，如“南阳宛陈便”。这里的南阳宛不是籍贯，而是狱名，即宛县的狱中来的。（4）加刑名，如“梁国下邑，髡钳赵仲”。髡钳是汉代的一种刑法，即剃头发，髡钳即锢之铁钳，为五年刑。（5）加死亡日期，如“无任河南雒阳

---

①黄士斌：《汉魏洛阳城刑徒坟场调查记》，《考古通讯》1958年第6期，第40—44页；中国科学院考古研究所洛阳工作队：《东汉洛阳城南郊的刑徒墓地》，《考古》1972年第4期，第2—18页。

髡钳赵巨，元初六年闰月四日物故死”，死即尸。有的写为“……物故，死在此下”。(6)加刻部属，如“右部，无任少府若卢髡钳尹孝永初元年五月四日物故，死在此下”。“少府”是中央所置官职，“若卢”是少府属下的狱名，据《后汉书》记，洛阳有两狱，其中一狱就叫“若卢”，是专门关押犯罪官吏的狱所。“右部”，还有“左部”，是“右作部”“左作部”的省称，是管理刑徒劳动的部门，由将作大匠掌管，下设“左校令”“右校令”。(7)加刻“勉刑”，如“右部、勉刑济阳毁城双……”。秦汉时“勉刑”不是免除刑役，而是免除刑具，又叫“弛刑”。(8)加“第×笼”，有的刻在最后，有的在“右部”“左部”之后，可能是牢名，或是右部、左部管辖下的以牢笼为单位的刑徒编组。这批刑徒应当与修建洛阳城的某些工程有关。秦汉时多调用大量刑徒修建一些规模巨大的工程，如秦皇陵、汉景帝阳陵、武帝茂陵都发现了刑徒墓地，并且这几处的刑徒死后都戴有铁钳、脚链，而洛阳的这批东汉刑徒墓，没有发现戴铁钳的，这是否反映了刑徒的地位有所变化，还有待进一步研究。

帝陵　东汉王朝有14位皇帝，其中少帝被废，废帝遭贬，实际只有12位皇帝建造了帝陵。据《帝王世纪》记载，洛阳汉魏故城西北7.5—10公里有5座帝陵：光武帝原陵、安帝恭陵、顺帝宪陵、冲帝怀陵和灵帝文陵；故城东南15—24公里有6座帝陵：明帝显节陵、章帝敬陵、和帝慎陵、殇帝康陵、质帝静陵和桓帝宣陵。汉献帝的禅陵位于今河南焦作[①]。经过多年对位于洛阳附近的东汉帝陵勘查得知，洛阳北部5陵位于邙山之巅；洛阳东南的6陵位于洛河以南的万安山山麓，因此，洛阳的东汉帝陵可分为邙山、洛南两大陵区[②]（图8-3）。

①徐宗源辑：《帝王世纪辑存》，中华书局，1964年；《续汉书·礼仪下》刘昭注引《帝王世纪》，第3149页。

②严辉、张鸿亮、王咸秋：《洛阳东汉帝陵考古调查与发掘取得重要收获》，《中国文物报》2018年3月9日第8版；洛阳市文物考古研究院编著《邙山陵墓群考古调查与勘测第一阶段考古报告》，文物出版社，2018年；韩国河：《东汉帝陵有关问题的探讨》，《考古与文物》2007年第5期，第10—17页。

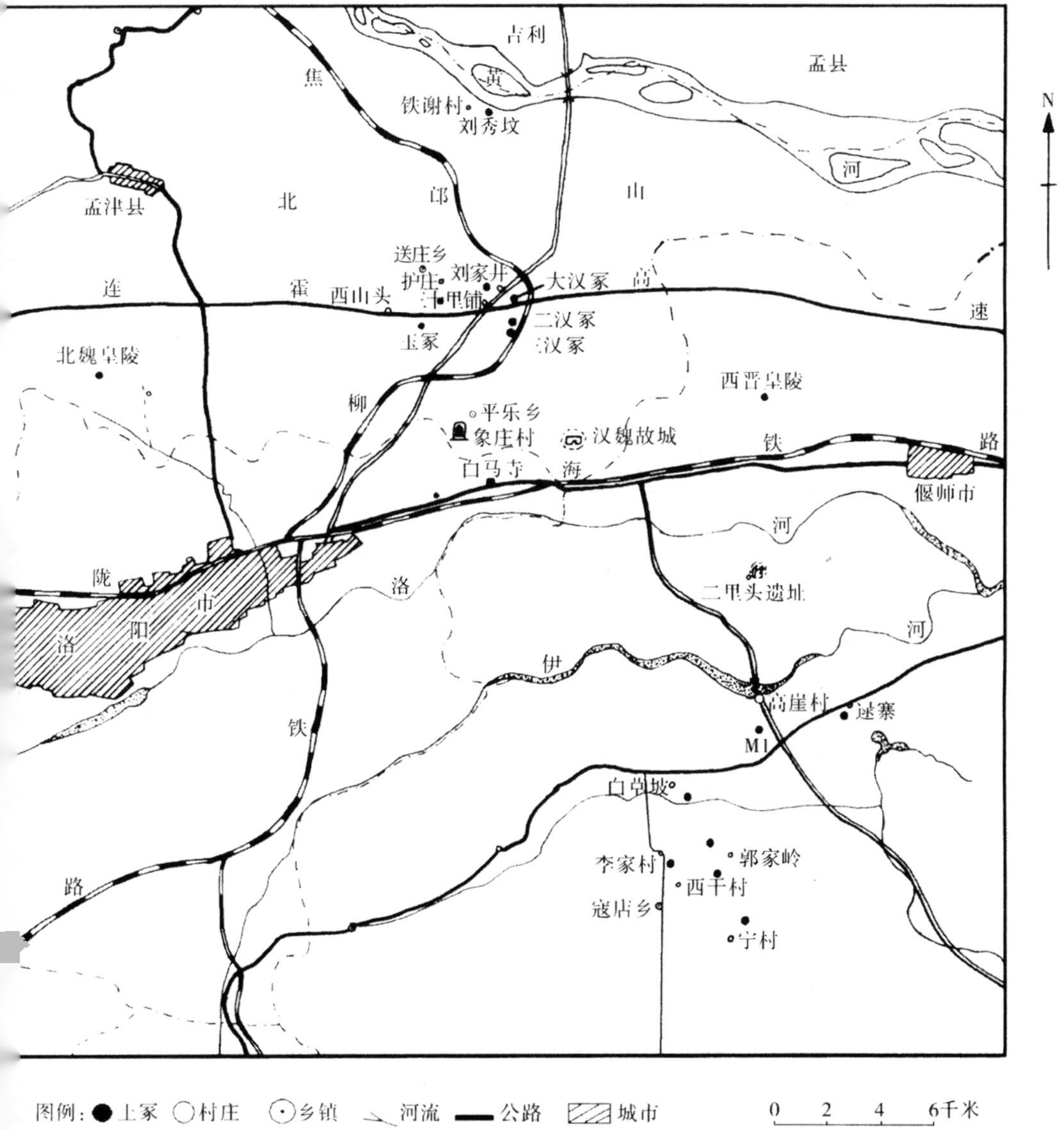

图8-3　东汉帝陵分布图

（采自韩国河：《东汉帝陵有关问题的探讨》，第11页）

三、东汉洛阳城的礼制文化研究

（一）刘秀营建洛阳城的理念

刘秀是在原郡治洛阳城的基础上营建都城的，受原城址所限，其整体布局并不完全符合传统都城的礼制规划，但在某些方面也是按传统的都城规划理念进行增建的。

东汉洛阳城平面形状不符合《考工记》所说的“方九里”，而是继续沿用秦汉时期的南北长方形旧城垣，南北长约9里，东西宽约6里，俗称“九六城”。虽不是“旁三门”，但东、西城墙开设3门，南城墙最初也是3门，后来刘秀为了去城南进行郊祀，才于建武十三年（37）开设平城门[①]。经过对城门的钻探和发掘得知，城门均是一门三洞[②]。三门洞通往城内的道路应为并行3条，因不是四面对称的“旁三门”，则无法形成《考工记》所说的“九经九纬”。但仍有符合都城礼制规划之处，如“洛阳城门依魏晋旧名。……门有三道，所谓九轨”[③]，“城中大道皆分作三。中央御道，两边筑土墙，高四尺余，外分之。唯公卿尚书章服过从中道，凡人皆行左右，左入右出”[④]。《续汉书·祭祀下》：“建武二年，立太社稷于洛阳，在宗庙之右。”此正是大朝居中、“左祖右社”之制。这些规划均符合《考工记》所载的古代都城传统建制。

（二）东汉洛阳城的宫殿建制

1. 南宫是大朝正宫

南宫和北宫是洛阳城内两组主要的建筑群。学界对两宫的主次关

---

①《续汉书·百官二》“南屯司马主平成门”刘昭注引《古今注》：“建武十三年九月，初开此门。”

②中国社会科学院考古研究所洛阳工作队：《汉魏洛阳城初步勘查》；中国社会科学院考古研究所洛阳汉魏故城工作队：《汉魏洛阳城北魏建春门遗址的发掘》。

③尚荣译注：《洛阳伽蓝记·原序》，中华书局，2012年，第6页。

④《太平御览》卷一九五引陆机《洛阳记》。

系有不同的见解：有人认为南宫是主宫[①]；有人认为北宫建成后成为主宫[②]；还有人认为两宫难分主次[③]。刘秀定都洛阳，“幸南宫却非殿”，此即肯定南宫是大朝正宫。建武二年“起高庙，建社稷于洛阳”。《续汉书·祭祀下》：“建武二年，立太社稷于洛阳，在宗庙之右。”这说明，“左祖右社”的格局是以南宫为居中的正宫而言的。东汉诸帝即位时均要拜谒位于南宫左边的高庙和光武庙，此也体现了南宫为正宫的地位。

明帝重建北宫后，南宫仍然是大朝正宫。《后汉书》中有不少记载。

《显宗孝明帝纪》：永平十八年，“帝崩于东宫前殿”。东宫应在南宫之内，说明明帝即位于南宫，也崩于南宫。

《皇后纪》：“及帝崩，肃宗即位，尊后曰皇太后、诸贵人当徙居南宫，太后感析别之怀，各赐王赤绶，加安车驷马，白越三千端，杂帛二千匹，黄金十斤。”明帝崩于南宫，章帝应即位于南宫。章帝尊其母为皇太后，皇太后及诸贵人徙居南宫，并在南宫赏赐诸王，这说明章帝时南宫仍是大朝正宫。

《和帝纪》：“章和二年二月壬辰，即皇帝位，年十岁。尊皇后曰皇太后，太后临朝。”又载：永元四年六月“庚申，幸北宫”。和帝即位四年后“幸北宫”，说明此前应即位于南宫。

《殇帝纪》：“孝殇皇帝讳隆，和帝少子也。元兴元年十二月辛未夜，即皇帝位，时诞育百余日。”又记：延平元年（106）“八月辛亥，帝崩，癸丑，殡于崇德前殿，年二岁”。南宫有崇德殿，殇帝出生百余日即皇帝位，不到一年而崩。可见，殇帝也是在南宫即位，又死于南宫。

---

①段鹏琦：《汉魏洛阳城的几个问题》，“中国考古学研究”编委会编《中国考古学研究——夏鼐先生考古五十年纪念论文集》，文物出版社，1986年，第244—253页。

②傅熹年主编：《中国古代建筑史》（第二卷），中国建筑工业出版社，2001年。

③周长山：《汉代城市研究》，人民出版社，2001年。

《孝安帝纪》：延平元年八月，“殇帝崩，太后与兄车骑将军邓骘定策禁中。其夜，使骘持节，以王青盖车迎帝，斋于殿中。皇太后御崇德殿，百官皆吉服，群臣陪位，引拜帝为长安侯。……太尉奉上玺绶，即皇帝位，年十三。太后犹临朝”。安帝是以长安侯的身份于南宫崇德殿即位[①]。

《顺帝纪》：安帝崩后，“中黄门孙程等十九人……迎济阴王于德阳殿西钟下，即皇帝位，年十一。近臣尚书以下，从辇到南宫，登云台，召百官。……夺得玺绶，乃幸嘉德殿”。顺帝是以济阴王的身份被迎至北宫德阳殿，随即至南宫嘉德殿即位。

《冲帝纪》：顺帝崩于南宫玉堂殿，二岁的冲帝即位于玉堂殿，三岁崩于玉堂殿。

《质帝纪》：“及冲帝崩，皇太后与冀定策禁中，丙辰，使冀持节，以王青盖车迎帝入南宫。丁巳，封为建平侯，其日即皇帝位，年八岁。”

《孝桓帝纪》：“会质帝崩，太后遂与兄大将军冀定策禁中，闰月庚寅，使冀持节，以王青盖车迎帝入南宫，其日即皇帝位，时年十五。太后犹临朝政。”

《孝灵帝纪》：“桓帝崩，无子，皇太后与父城门校尉窦武定策禁中，使守光禄大夫刘儵持节，将左右羽林至河间奉迎。……使窦武持节，以王青盖车迎入殿中。庚子，即皇帝位，年十二。”虽没说灵帝在南宫即位，但质帝、桓帝均是太后定策禁中而立两小皇帝于南宫，此处太后于禁中立灵帝，此禁中应是指南宫，即灵帝也是在南宫即位。后记“帝崩于南宫嘉德殿”，也说明灵帝时仍以南宫为大朝正宫。又《续汉书·五行一》记载：“灵帝光和元年，南宫平城门内屋、武库屋及外东垣屋前后顿坏。蔡邕对曰：‘平城门，正阳之门，与宫连，郊祀法驾所由从出，门之最尊者也。’”平城门与宫连，此宫肯定是南宫，皇帝法驾从南宫通过平城门去城南郊祀，平城门是“最尊者”，南宫当然应是皇帝执

---

①《后汉书·安帝纪》李贤注“崇德殿”：“洛阳南宫有崇德殿。”

政所在的大朝正宫。蔡邕是灵帝时期的议郎，参加了许多灵帝时期的礼仪活动，故这是当朝人对南宫和平城门重要地位的解释，应是最为可信的。

少帝刘辩："（灵）帝崩于南宫嘉德殿，年三十四。戊午，皇子辩即皇帝位，年十七。尊皇后曰皇太后，太后临朝。……中常侍张让、段珪等杀大将军何进，于是虎贲中郎将袁术烧东西宫，攻诸宦者。"又《何进传》："（袁）术因烧南宫九龙门及东西宫，欲以胁出让等。……（张让）因将太后、天子及陈留王，又劫省内官属，从复道走北宫。"这些记载表明少帝刘辩是在南宫即位，朝内的争斗厮杀也均是在南宫。由于南宫最后被袁术烧毁，东汉最后的献帝只能居于北宫了。

上述记载可证，南宫始终是东汉王朝的大朝正宫。

2. 南宫体现阴阳五行观念

对于南宫的形制，有学者复原为正方形[①]，有学者复原为南北长方形[②]。由于目前对南宫的具体位置还没勘察清楚，究竟南宫是方形还是长方形还没有定论。但从文献记载看，南宫应体现了阴阳五行观念。

《续汉书·百官二》："南宫南屯司马，主平城门；北宫门苍龙司马，主东门；玄武司马，主玄武门；北屯司马，主北门；北宫朱雀司马，主南掖门；东明司马，主东门；朔平司马，主北门：凡七门。"对"南宫南屯司马，主平城门；北宫门苍龙司马，主东门"的标点，历来不好解释。现有学者将其标点改为："南宫南屯司马，主平城门北宫门；苍龙司马，主东门；……"并指出"'平城门北宫门'，意思就是平城门北边的宫门，那个宫门与平城门相对而在北边"[③]。此处的"北宫门"实际是指平城门北面的南宫南门，平城门及南宫南门均由南宫南屯司马执掌，这样就理顺了本文的原意。

---

①王仲殊：《东汉的都城（雒阳）》。

②钱国祥：《由阊阖门谈汉魏洛阳城宫城形制》。

③张明华：《东汉南宫考》，《中国史研究》2004年第2期，第25—35页。

南宫南门名端门，东汉时期的一些重要礼仪活动均由端门出入，如冬至日礼仪活动："先气至五刻，太史令与八能之士即坐于端门左塾。……三刻，中黄门持兵，引太史令、八能之士入自端门，就位。二刻，侍中、尚书、御史、谒者皆陛。一刻，乘舆亲御临轩，安体静居以听之。"[①]腊日大傩驱疫活动："先腊一日大傩，谓之逐疫。……送疫出端门。"[②]皇帝大丧礼仪："大敛于两楹之间。五官、左右虎贲、羽林五将，各将所部，执虎贲戟，屯殿端门陛左右厢，中黄门持兵陛殿上。"[③]

南宫之端门应是仿照西汉未央宫而设。《史记·吕太后本纪》载："代王即夕入未央宫，有谒者十人持戟卫端门，曰：'天子在也，足下何为者而入？'……代王遂入而听政。"此述汉惠帝崩后，汉文帝以代王身份通过端门进入未央宫即皇帝位。颜师古注"端门"为"宫之正门"[④]。南宫端门也有似于周之内朝路寝之门。《周礼·夏官·太仆》："建路鼓于大寝之门外，而掌其政。"郑玄注："大寝，路寝也。其门外，则内朝之中，如今宫殿端门下矣。"贾公彦疏："故建之于正朝之所也。"郑玄是东汉后期的经学家，其以当朝之端门有似于周之"路寝"之门，足证南宫为正朝，端门为南宫之正门。

综上文献所记，南宫南有端门，东有苍龙门，北有玄武门，唯独没提及西门。难道倡导经学、遵从礼仪的东汉王朝能缺失西面的白虎门？有学者根据《续汉书·五行二》载"南宫云台灾……延及白虎、威兴门"，推断南宫西面也有白虎门[⑤]。由此可见，南宫是四面辟门的，分别以青龙、白虎、玄武为名，虽南门不名朱雀门，但北宫南门名朱雀门。南宫大朝前殿位居中央，"青龙白虎掌四方，朱雀玄武顺阴阳"[⑥]，这一切

①《续汉书·礼仪中》，第3126页。
②《续汉书·礼仪中》，第3127页。
③《续汉书·礼仪下》，第3142页。
④《汉书·五行志中》，第1374页。
⑤陈苏镇：《东汉的南宫和北宫》，《文史》2018年第1期，第5—24页。
⑥东汉镜铭常用语。

均遵循阴阳五行理念。由南宫前殿向南通过南宫正门端门、南城墙平城门，直达南郊礼制建筑群，此大道成为东汉皇帝举行重要礼制活动的礼仪通道。

（三）东汉洛阳城的“左祖右社”建制

《后汉书·光武帝纪》：“（建武二年）起高庙，建社稷于洛阳。”《续汉书·祭祀下》：“建武二年，立太社稷于洛阳，在宗庙之右，方坛无屋，有墙门而已。”刘秀于建武二年以“左祖右社”的传统建制立高庙和社稷，其位置肯定是在南宫的东西两侧。但刘昭注引《古今注》曰：“建武二十一年二月乙酉，徙立社稷上东门内。”[①]上东门是洛阳东城墙最北部的门，刘秀为何更改此前自己遵循的传统建制而将社稷移至上东门内？此为后人注释，是否属实，值得怀疑。目前宗庙和社稷的具体位置还不清楚，有待今后的考古工作来解决。

东汉光武帝刘秀出自西汉宗室，自称是承袭西汉的帝统，所以东汉王朝建立后，在洛阳建立西汉宗庙的同时，也在长安修复了高庙，形成了东庙和西庙。东汉皇室多次对西庙进行祭祀。

洛阳高庙祭祀的神主先后反复了多次。最初，光武帝于建武二年正月，立高庙于洛阳，“奉十一帝神主纳于高庙”[②]。建武三年，刘秀“立亲庙雒阳，祀父南顿君以上至舂陵节侯。时寇贼未夷，方务征伐，祀仪未设”[③]。至建武十九年有大臣再次提出立刘秀四亲庙于洛阳之事，但刘秀的四世祖神主无法作为皇帝纳入高庙，且刘秀与西汉诸帝也存在辈分上的问题，以汉高祖刘邦为始祖，汉元帝为第八世，刘秀为高祖九世之孙，成、哀、平三帝辈分都在刘秀之后，因此有大臣反对立刘秀的四亲庙于高庙中。于是刘秀最后决定，洛阳高庙祭祀汉高祖（太祖）、汉

---

①《续汉书·祭祀下》，第3201页。
②《后汉书·光武帝纪》，第28页。
③《续汉书·祭祀下》，第3193页。

文帝（太宗）、汉武帝（世宗）、汉宣帝（中宗）及汉元帝五帝，成、哀、平三帝纳入长安高庙祭祀。京师洛阳也不立刘秀四亲庙，而就园庙祭祀，并依次尊为皇考庙、皇祖考庙、皇曾祖考庙、皇高祖考庙[①]。这种庙制到刘秀死后举行丧葬之礼时又出现了问题。按丧葬礼仪，葬后要举行“班祔”[②]之礼，新死者的神主以昭穆次序入庙。刘秀死后，明帝“以光武帝拨乱中兴”，是“再受命”之祖，尊庙号曰“世祖”[③]。然而洛阳高庙中已有“太祖”“太宗”“世宗”“中宗”之庙，就不好将再受命的刘秀的“世祖”之庙纳入高庙中；而将刘秀神主祔于南阳的祖坟陵庙也不合适，因四亲祖均各自为陵庙，不是宗庙；刘秀的原陵又不设陵庙。这样，刘秀的神主只能安置于陵寝中进行丧祭之礼。刘秀的世祖光武庙则是在刘秀死后三年即明帝永平三年才建成投入使用[④]。明帝以后，东汉诸帝皆“尊俭无起寝庙”，神主均藏于世祖庙中[⑤]。东汉这种诸帝神主一庙“共堂”[⑥]的宗庙建制，为以后历代王朝所沿用。这样，都城洛阳便有了高庙和世祖庙两处宗庙，明帝以后诸帝即位时均要到高庙和世祖庙进行拜谒，以成即位之礼。

（四）东汉的太学建制

太学兴起于西汉武帝时期。董仲舒为武帝献策曰：“故养士之大者，莫大乎太学。太学者，贤士之所关也，教化之本原也。……臣愿陛下兴太学，置明师，以养天下之士，数考问以尽其材，则英俊宜可

---

①《续汉书·祭祀下》，第3194页；姜波：《汉唐都城礼制建筑研究》，第86页。

②《仪礼·既夕礼》：“卒哭，明日以其班祔。”

③《续汉书·祭祀下》，第3195页。

④《后汉书·显宗孝明皇帝纪》：永平三年，“冬十月，蒸祭光武庙，初奏文始、五行、武德之舞”。

⑤《续汉书·祭祀下》，第3197页。

⑥《隋书·音乐志》：“昔汉氏诸庙别所，乐亦不同，至于光武之后，始立共堂之制。”

得也。”[①]武帝听从董仲舒建议，“罢黜百家，表章六经”，遂“兴太学”[②]。汉武帝建元五年始立五经博士，“武帝立五经博士，《书》唯有欧阳，《礼》后，《易》杨，《春秋》公羊而已”[③]。此五部儒家经典被确立为官学，在太学里进行讲授[④]。宣帝甘露三年（前51），宣帝亲自召开了石渠阁会议，“诏诸儒讲五经同异”，“（宣帝）亲称制临决焉”。石渠阁会议结束后，宣帝于黄龙元年（前49）增立梁丘氏《易》、大小夏侯《尚书》、穀梁《春秋》等四家博士[⑤]，加上原有“五经”博士八员，共计十二博士：齐、鲁、韩《诗》，欧阳、大夏侯、小夏侯《尚书》，后苍《礼》，施、孟、梁丘《易》，公羊《春秋》，穀梁《春秋》，称黄龙十二博士[⑥]。由此，今文经学大盛。至王莽托古改制，遵从古文经，于是设立《左氏春秋》《毛诗》《逸礼》《古文尚书》《周官》（《周礼》）等古文经博士[⑦]，古文经也成为王莽托古改制的理论根据。元始四年，“莽奏起明堂、辟雍、灵台，为学者筑舍万区”[⑧]。王莽所建太学位于汉长安城南郊，与明堂、辟雍、灵台在同一范围内（参见第七章）。

东汉初年，刘秀重建太学博士制度。《后汉书·儒林列传》载：“昔王莽、更始之际，天下散乱，礼乐分崩，典文残落。及光武中兴，爱好经术，未及下车，而先访儒雅，采求阙文，补缀漏逸。先是四方学士多怀挟图书，遁逃林薮。自是莫不抱负坟策，云会京师，范升、陈元、郑兴、杜林、卫宏、刘昆、桓荣之徒，继踵而集。于是立五经博士，各以家法教

①《汉书·董仲舒传》，第2512页。

②《汉书·武帝纪》，第212页。

③《汉书·儒林传》赞，第3620—3621页。

④《汉书·儒林传》赞记武帝立五经博士，但只说了《书》《礼》《易》《春秋》四经，而缺《诗》经。宋王应麟《困学纪闻》载：“称举其四，盖《诗》已立于文帝时。”

⑤《汉书·宣帝纪》，第272页。

⑥《汉书·百官公卿表》：“武帝建元五年初置五经博士，宣帝黄龙元年，稍增员十二人。”

⑦《汉书·儒林传》：“平帝时，又立《左氏春秋》《毛诗》《逸礼》《古文尚书》，所以网罗遗失，兼而存之。”

⑧《汉书·王莽传上》，第4069页。

授,《易》有施、孟、梁丘、京氏,《尚书》欧阳、大小夏侯,《诗》齐、鲁、韩,《礼》大小戴,《春秋》严、颜,凡十四博士,太常差次总领焉。"所立十四博士皆为今文经。光武帝重置博士,为恢复太学做了必要的师资准备。建武五年,光武帝巡视于鲁,并使大司空祠孔子。还都洛阳后,便"起太学博士舍、内外讲堂,诸生横巷,为海内所集"[①]。重新在太学中讲授经学。顺帝时,又扩建太学,"凡所造构二百四十房,千八百五十室"。至质帝时,太学学生已达三万人[②],太学成为传授经学的中心。

但至东汉后期,由于受"党锢"事件的影响,经学出现衰落趋势。质帝之后,"章句渐疏,而多以浮华相尚,儒者之风盖衰矣"。尤其是桓、灵时期,激烈的"党锢"事件使太学士人蒙受劫难,"党人既诛,其高名善士多坐流废,后遂至忿争,更相言告,亦有私行金货,定兰台漆书经字,以合其私文"[③],可见正规的太学制度已被破坏,经学处于混乱之中,甚至出现了篡改、伪造经文的行为。对于这种混乱的经学形势,有识之士便倡议整顿太学,确立正确的经学体系。

正定经学是从灵帝熹平四年(175)开始的。曾校书于东观的议郎蔡邕指出,"经籍去圣久远,文字多谬,俗儒穿凿,疑误后学",乃与五官中郎将堂溪典等七人联名向灵帝"奏求正定六经文字"[④]。灵帝采纳蔡邕等人的建议,于熹平四年"诏诸儒正五经文字,刻石立于太学门外"[⑤]。蔡邕乃选定正确经本,"自书丹于碑,使工镌刻立于太学门外。于是后儒晚学,咸取正焉。及碑始立,其观视及摹写者,车乘日千余两,填塞街陌"[⑥],可见此时经学恢复之势。但仅过七年,董卓烧毁洛阳城,太学随之荒废,石经惨遭摧残,东汉一代的太学经学也就结束了。

---

①《后汉书·翟酺传》,第1606页。
②《后汉书·儒林列传》,第2547页。
③《后汉书·儒林列传》,第2547页。
④《后汉书·蔡邕列传》,第1990页。
⑤《后汉书·灵帝纪》,第336页。
⑥《后汉书·蔡邕列传》,第1990页。

关于熹平所刻经卷数，文献记载歧异，《灵帝纪》为“五经”，《蔡邕列传》为“六经”，《隋书·经籍志》则记“后汉镌刻‘七经’，著于石碑”。近人王国维考证，实为《周易》《尚书》《鲁诗》《仪礼》《春秋》五经与《公羊传》《论语》二部[①]，为立于官学的今文经。关于所立石碑的数目，《后汉书·蔡邕传》注引《洛阳记》的记载，总数为46枚。熹平年间刻的石经后世称为“熹平石经”，因是用隶书一种字体刻的，又称“一体石经”。董卓之乱中，太学遭到毁坏，魏文帝黄初五年（224），又在东汉太学旧址上重修太学，齐王曹芳于正始年间（240—249）用古文、篆书、隶书三种字体刻《尚书》《春秋》两部儒家经典，史称《魏石经》，又称《正始石经》《三体石经》。西晋初年，再次重修太学，咸宁二年（276）又立国子学，与太学并存。

《后汉书·光武帝纪》：建武五年“初起太学”，李贤注引《洛阳记》曰：“太学在洛阳城故开阳门外，去宫八里，讲堂长十丈，广三丈。”经考古勘察，太学遗址应在洛阳故城南郊今太学村一带。1980年，社科院考古研究所洛阳工作队对太学村北围墙北侧进行发掘，出土汉石经残块661余块，有字残石96块。有字残石所载内容，包括《仪礼》《春秋》《鲁诗》《论语》以及《仪礼》校记、《鲁诗》校记等[②]。在出土汉石经的西北部发现了魏晋以降的太学遗址，其平面呈长方形，东西宽150余米，南北长约220米。还发现一排排规整有序的长条形房舍，应是沿用了东汉太学房舍的结构和形式。在魏晋太学遗址东西两侧，也有一些长条形房舍遗址发现[③]。因魏晋太学是在东汉太学的基础上重修，说明东汉太学遗址正在此处，并且其实际范围还应更大（图8-4）。

---

①王国维：《观堂集林》卷二十《魏石经考》，第955、956页。

②中国社会科学院考古研究所洛阳工作队：《汉魏洛阳故城太学遗址新出土的汉石经残石》，《考古》1982年第4期，第381—389页。

③中国社会科学院考古研究所：《汉魏洛阳故城南郊礼制建筑遗址》。

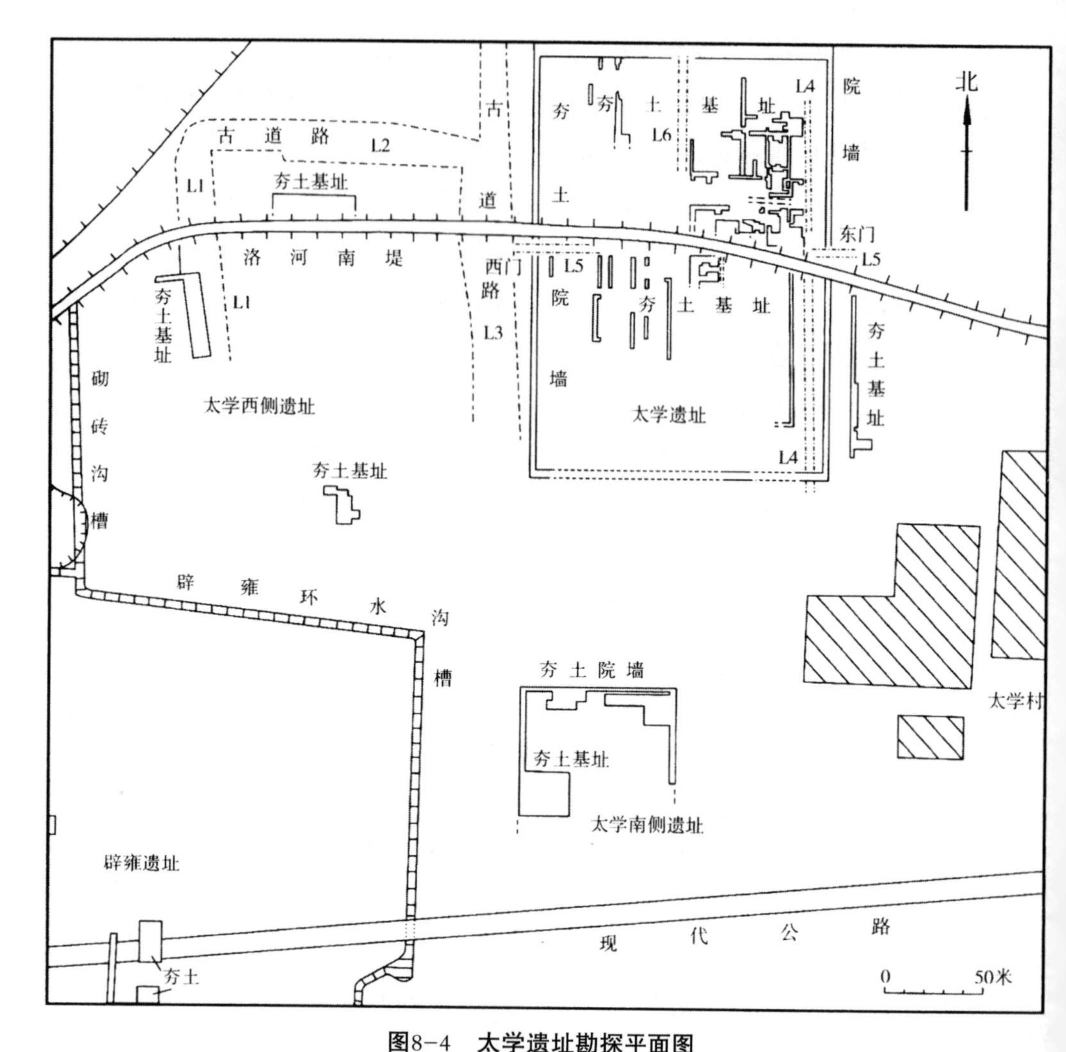

图8-4　太学遗址勘探平面图

（采自刘庆柱：《中国古代都城考古发现与研究》[上]，第341页）

（五）东汉的辟雍建制

辟雍之制始于周代。《诗·大雅·灵台》曰："於论鼓钟，於乐辟雍。"①又《诗·大雅·文王有声》曰："镐京辟雍。"②西周早期的麦方

①阮元：《十三经注疏·毛诗正义》，第525页。
②阮元：《十三经注疏·毛诗正义》，第527页。

尊铭文也记有周王在辟雍行礼之事："在辟雍，王乘于舟，为大礼。"[①]周之辟雍乃周王举行礼乐活动的地方。两汉都城南郊均建有辟雍，为汉朝皇帝行礼之处，《白虎通·辟雍》："辟者，璧也，象璧圆，以法天也。雍者，雍之以水，象教化流行也。"西汉成帝时，刘向曾建议兴建辟雍："宜兴辟雍，设庠序，陈礼乐，隆雅颂之声，盛揖攘之容，以风化天下。如此而不治者，未之有也。"成帝听从刘向建议，计划建辟雍于长安城南，后成帝崩，"营表未作"[②]。王莽托古改制，"欲耀众庶，遂兴辟雍"，建辟雍于长安南郊。东汉"世祖受命中兴，拨乱反正"，乃于建武中元元年建辟雍于洛阳城南。明帝即位，躬行其礼，养三老、五更于辟雍。明帝永平二年"三月，临辟雍，初行大射礼。冬十月壬子，幸辟雍，初行养老礼"[③]。东汉诸帝均在辟雍中行大射礼和养老礼。

《续汉书·礼仪上》记载了"养三老、五更之仪"：先选三公老者一人为三老，卿大夫中之老者一人为五更。其皆服礼服，持玉杖，斋于太学讲堂。行礼当日，皇帝先到辟雍礼殿，坐于东厢。遣使者安车迎三老、五更。天子迎三老、五更行三揖之礼：于门屏，行交礼，揖，导引进门；进门后，揖，导引三老、五更行于右，天子行于左；至阶，揖，天子升自阼阶于堂，三老升自宾阶于堂，面东。接下来，三公设几，九卿正履。天子亲自割牲，执酱、执爵献三老。献礼毕，进行"和乐"[④]之礼，"升歌《鹿鸣》，下管《新宫》，八佾具修，万舞于庭"[⑤]。至此，养老之礼结束。第二天，三老、五更"皆诣阙谢恩，以见礼遇大尊显故也"[⑥]。

---

①中国社会科学院考古研究所：《殷周金文集成释文》6015号器。

②《汉书·礼乐志》，第1033—1034页。

③《后汉书·明帝纪》，第102页。

④《礼经释例》载："凡乐皆四节，初谓之升歌，次谓之笙奏，三谓之间歌，四谓之和乐。"

⑤《后汉书·明帝纪》，第102页。

⑥《续汉书·礼仪上》，第3109页。

根据东汉举行养老礼之仪节，也可推断出辟雍礼殿的建筑格局。“万舞于庭”，说明礼殿坐落于庭院之中，庭院正面辟门，门前有屏，屏外有阙。行礼之大殿呈前堂后室的格局，设东、西厢，堂前有阼阶、宾阶。

1930年曾在城南大郊村发现晋武帝三临辟雍的纪念碑，后又发现碑座，可证辟雍遗址位于城南大郊村一带[①]。经考古勘察和发掘得知[②]，遗址范围约370米见方。遗址中部有一座大的殿基，殿基四面各有一组建筑，每组皆由左右二阙和双阙内侧的门屏组成。由此推断，此辟雍建筑是四向的，其中心殿基也应是四向的。由于殿基破坏严重，中心建筑礼殿的格局已无法搞清。根据上文养老礼之仪节推测的东汉辟雍建筑格局，该中心殿基应是“四向五室”的建筑格局，即每面均是前堂后室，设东、西厢，前堂设阼阶、宾阶，四向之中为太室。辟雍是依“五行”理念而建的礼制性建筑。

此辟雍遗址的环水水源通过遗址北部一条砖砌涵洞自北面到达遗址北部正中，然后向东、西两个方向分流，各流出180余米后折而向南，直到遗址以南，尚未显出转折闭合的迹象。由此可确认，此辟雍遗址的环水并非圆形，与《白虎通》的说法不同。东汉建初四年（79），章帝下诏在白虎观召开会议，评议“五经”同异，后由班固整理编辑成《白虎通》。为何该遗址形状与当时文献的记载不一致？“璧圆”是否是指中心建筑建于圆形的台基之上“以法天”，而不是指“环水”？此环水由北而南畅流，也可谓“雍之以水，象教化流行”。当然，此问题还可深入研究。

---

①阎文儒：《洛阳汉魏隋唐城址勘查记》。

②刘庆柱、白云翔主编，中国社会科学院考古研究所编著：《中国考古学·秦汉卷》第五章第二节“东汉洛阳城遗址”；中国社会科学院考古研究所：《汉魏洛阳故城南郊礼制建筑遗址》。

（六）东汉的明堂、灵台建制

关于明堂建制，早期文献《逸周书·明堂解》《考工记·匠人》《礼记·明堂位》《大戴礼记·明堂》等均有记载，但多歧异。正如王国维所说："古制中之聚讼不决者，未有如明堂之甚者也。《考工记》言五室，言堂而不言堂之数。《吕氏春秋·十二纪》《小戴记·月令》均言一太室四堂八个。《大戴记·盛德篇》则言九室。此三者之说已不相合。"①东汉蔡邕则说："故言明堂，事之大，义之深也。取其宗祀之清貌，则曰清庙。取其正室之貌，则曰太庙。取其尊崇，则曰太室。取其堂，则曰明堂。取其四门之学，则曰太学。取其四面周水圆如璧，则曰辟雍。异名而同事，其实一也。"②清代惠栋综合前人之说作《明堂大道录》，将明堂归纳为："明堂为天子太庙，禘祭、宗祀、朝觐、耕藉、养老、尊贤、飨射、献俘、治历、望气、告朔、行政皆行于其中，故为大教之宫。其中有五寝五庙，左右个，前堂后室，室以祭天，堂以布政。上有灵台，东有太学，外有四门。四门之外有辟雍，有四郊及四郊迎气之兆，中为方泽，左有圜丘。"并认为此制"始于神农之制，自黄帝尧舜夏商周皆遵而行之"③。惠栋主要是综合了先秦两汉的各家众说，将明堂复原成更为复杂的多功能建筑。其实，两汉文献所讲的明堂，均是古、今文经学不同学派以阴阳五行学说附会而成的明堂，惠栋并没有超出汉代各家之说。

现代学者顾颉刚对惠栋之说提出了质疑，"读惠栋《明堂大道录》一书，此制诚无代蔑有，亦无所不包矣。然自今日观之，则犹为一必当怀疑之问题也。……至《月令》式之明堂，乃阴阳家言之集中表现与其最后成就，全出理想，不必以事实求之者也"④。并指出，明堂在"古代只是一个朝南的大礼堂，是集众开会之所，本不神秘，但经汉儒鼓

①王国维：《观堂集林》卷三《明堂庙寝通考》，第125页。

②《续汉书·祭祀中》引蔡邕《明堂月令论》，第3178页。

③〔清〕阮元、王先谦编：《清经解　清经解续篇》第一册，上海书店，1988年，第801页。

④顾颉刚：《史林杂识·明堂》，中华书局，1963年，第26页。

吹，则与辟雍、灵台合而为一，为帝王所专有”[①]。如果说神农、黄帝时有所谓的“明堂”，那只能是如顾颉刚所言的“开会之所”。目前考古发现的新石器时期大型房屋建筑，均没有发现四向五室或四向九室布局者，也没有“亞”字形构造者[②]。考古发现的河南偃师二里头夏代宫殿基址[③]和偃师商代宫殿基址[④]、陕西岐山凤雏西周宗庙基址[⑤]和凤翔秦宗庙基址[⑥]，均不是四向建筑，更没有分五室或九室者，而是如顾颉刚先生所说是“朝南的大礼堂”。西汉时，汉武帝封泰山，“上欲治明堂奉高旁，未晓其制度。济南人公玊带上黄帝时明堂图。明堂图中有一殿，四面无壁，以茅盖，通水，圜宫垣为复道，上有楼，从西南入，命曰昆仑，天子从之入，以拜祠上帝焉”[⑦]。从公玊带所献明堂图看，其主体为一座“四面无壁以茅盖”的建筑，此所谓黄帝时明堂，并没有明显的五行观念之色彩。正如马端临所云：“《考工记》所言，夏后世室，殷人重屋，周人明堂，其制大概由质而趋于文，由窄而趋于广。以是推之，黄帝时无明堂则已，苟有之，则一殿无壁，盖以茅，正太古俭朴之制。又按武帝欲求仙延年，方士之谬诞者多假设黄帝之事，以售其说。……皆矫诬古圣，张大其词，以迎合时主之侈心。独公玊带所上明堂之制，乃简朴如此。……固未可以其言之并出于封禅求仙之时，而例黜之也。”[⑧]但待泰山明堂按照公玊带所献图修成后，武帝“则祠泰一、五帝于明堂上坐，令高皇帝祠坐对之。……而泰山下祠五帝，各如其方，黄帝并赤帝，

①李民：《〈尚书〉与古史研究》（增订本），中州书画社，1983年，第99页。

②汪宁生：《释明堂》，《文物》1989年第9期，第20—24页。

③杨锡璋、高炜主编，中国社会科学院考古研究所编著：《中国考古学·夏商卷》，第66、67页。

④刘庆柱主编：《中国古代都城考古发现与研究》第88页。

⑤陕西周原考古队：《陕西岐山凤雏村西周建筑基址发掘简报》。

⑥陕西省雍城考古队：《凤翔马家庄一号建筑群遗址发掘简报》。

⑦《史记·孝武本纪》，第480页。

⑧〔元〕马端临：《文献通考·郊社考·明堂》卷七十三，中华书局，2011年，第2251页。

而有司侍祠焉”。由此观之，武帝在泰山明堂是用于祭祀泰一、五帝之神，以高皇帝配祀。从祭祀序位上看，泰一居中央，五帝“各如其方”，显露出五帝、五方、五色的五行观念。不难看出，汉代阴阳五行思想盛行，甚至统辖着万事万物的发展规律。“汉代人的思想的骨干，是阴阳五行。无论在宗教上，在政治上，在学术上，没有不用这套方式的。……有阴阳之说以统辖天地、昼夜、男女等自然现象，以及尊卑、动静、刚柔等抽象观念；有五行之说，以木、火、土、金、水五种物质与其作用统辖时令、方向、神灵、音律、服色、食物、臭味、道德等等，以至于帝王的系统和国家的制度。”[①]至王莽时，遵从古文经，故于都城长安南郊所建的明堂，为“四向五室”的建筑格局（参见第七章）。

东汉的明堂是光武帝刘秀于建武中元元年所建，位于平城门外、辟雍之西[②]。据勘察，其平面略呈方形，四周建有夯筑围墙，东、西、南三面围墙墙基犹存，每面墙约长400米。围墙之内，中心部位为一座平面呈圆形的夯土建筑基址，直径61—62米。在圆形夯土建筑基址边缘处，犹有原包砌青石被拆后留下的环状沟遗迹。圆形建筑基址之上的建筑遗迹已毁坏不存[③]（图8–5）。根据此残留的遗迹现象推测，东汉的明堂应如经学家所云，是“上圆下方”的建筑。桓谭《新论》曰：“天称明，故命曰明堂。上圆法天，下方法地，八窗法八风，四达法四时，九室法九州，十二坐法十二月，三十六户法三十六雨，七十二牖法七十二风。”[④]桓谭历事西汉哀平、新莽、光武三朝[⑤]，正处王莽、刘秀建明堂之时，他所说的明堂建制应是真实的。杨鸿勋先生根据文献记载，将东汉明堂复原成三层建筑：底层为每面三堂，四面共十二堂；中层每面二室，四面

①顾颉刚：《汉代学术史略》，人民出版社，2008年，第1页。

②《后汉书·光武帝纪下》李贤注引《汉官仪》：“明堂去平城门二里所。……辟雍去明堂三百步。”

③中国社会科学院考古研究所：《汉魏洛阳故城南郊礼制性建筑遗址》。

④《续汉书·祭祀中》刘昭注引《新论》，第3177页。

⑤《后汉书·桓谭传》，第955—956页。

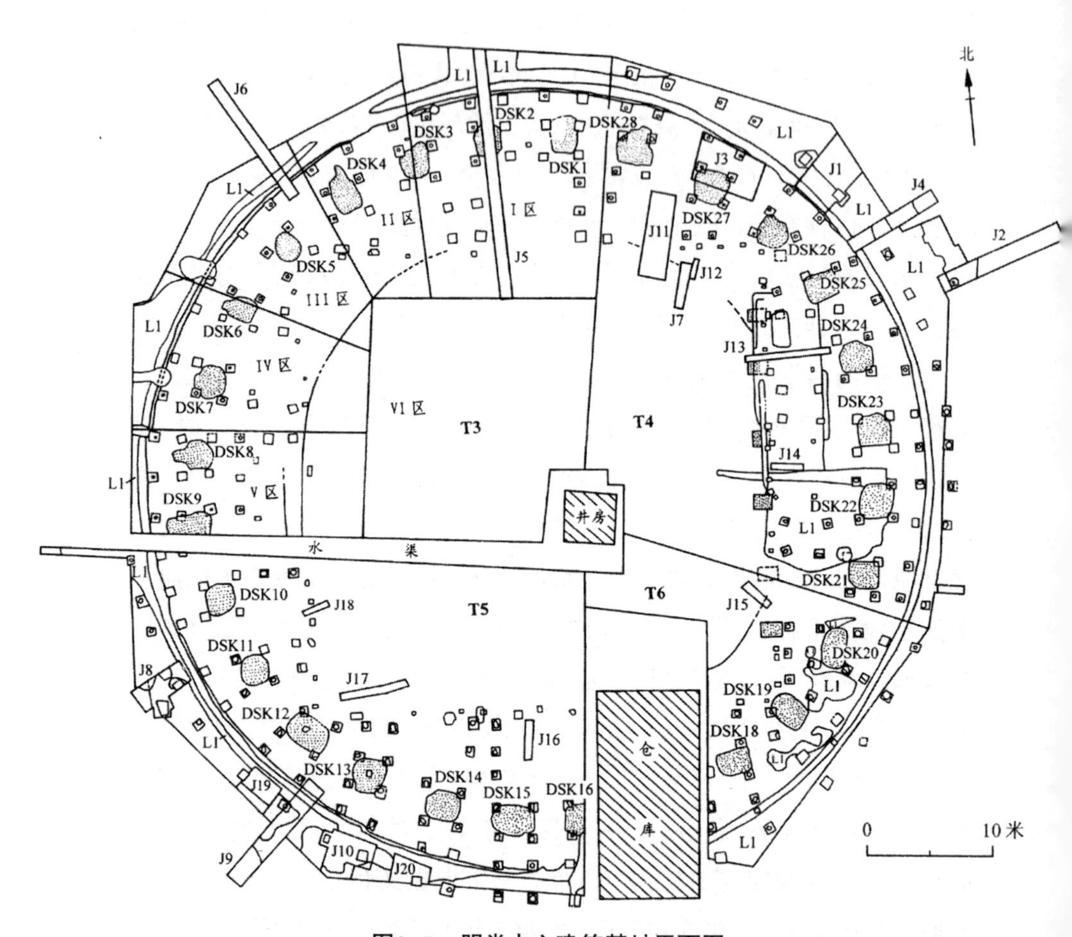

图8-5　明堂中心建筑基址平面图

（采自刘庆柱：《中国古代都城考古发现与研究》[上]，第339页）

共八室；上层中央为太室（图8-6）。此正符合今文经学派所主张的四向九室十二堂格局。杨先生的见解可备一说[①]。

关于东汉明堂如何进行祭祀之礼，《后汉书》各帝纪中有所记载。《显宗孝明帝纪》载：永平“二年春正月辛未，宗祀光武皇帝于明堂。……礼毕，登灵台”，并诏曰：“今令月吉日，宗祀光武皇帝于明堂，以配五帝。礼备法物，乐和八音，咏祉福，舞功德，班时令，敕群后。事毕，升灵台，望元气，吹时律，观物变。”《续汉书·祭祀中》也记载了此次礼仪活动：“明帝即位，永平二年正月辛未，初祀五帝于明堂，光武帝配。五帝坐位堂上，各处其方。黄帝在未，皆如南郊之位。光武帝位在青帝之南少退，西面。牲各一犊，奏乐如南郊。卒事，遂升灵台，以望云物。”这是东汉明堂建成后第一次进行祭祀之礼，祭祀的对象是五帝，以光武帝配祀。祭祀礼仪完成后，则“升灵台，望元气，吹时律，观物变”。李贤注云：“元气，天气也。王者承天心，理礼乐，通上下四时之气也，故望之焉。”“观元气”则是观天象吉凶，有无水旱、丰荒、灾疫之变。此后东汉皇帝在明堂的祭祀均是遵从此礼仪，如《肃宗孝章帝纪》：建初“三年春正月己酉，宗祀明堂，礼毕，登灵台，望云物。大赦天下”。《和帝纪》：永元“五年春正月乙亥，宗祀五帝于明堂，遂登灵台，望云物。大赦天下”。《顺帝纪》：“永和元年春正月己巳，宗祀明堂，登云台，改元永和，大赦天下。”“安汉元年春正月癸巳，宗祀明堂，大赦天下，改元安汉。”由此看出，东汉时期，每年正月于明堂祭祀五帝天神，然后登云台观天象，明堂与灵台是进行连续礼仪活动的建筑。

灵台位于平城门外大道西侧，与明堂一西一东夹道相对。遗址平面呈方形，四周有围墙，每边长200米左右，中部是一座50米见方的台基，残高约8米，顶部已塌毁，文献记“上平无屋”，故应是一个方形的平台。台基四面各辟上、下两层平台，下层平台每面有五间以上的回廊式建

---

①杨鸿勋：《宫殿考古通论》，第319—330页。

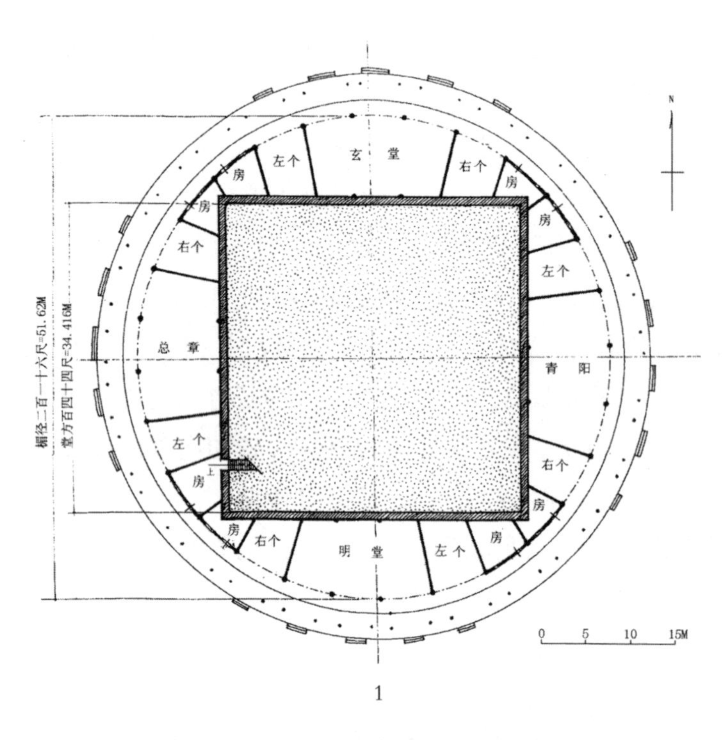
N
左个
玄　堂
右个
房
房
房
房
右个
左个
总　章
青　阳
左个
右个
房
房
房
右个
明　堂
左个
房
堂方百四十四尺=34.416M
0　5　10　15M

1

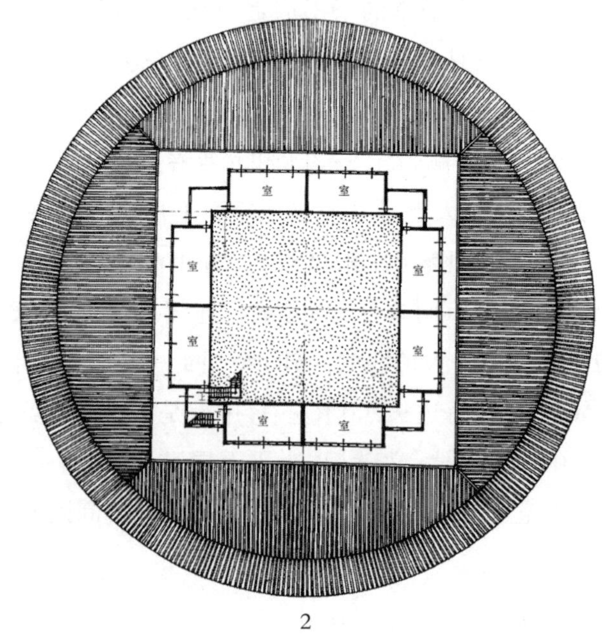
室
室
室
室
室
室
室
室

2

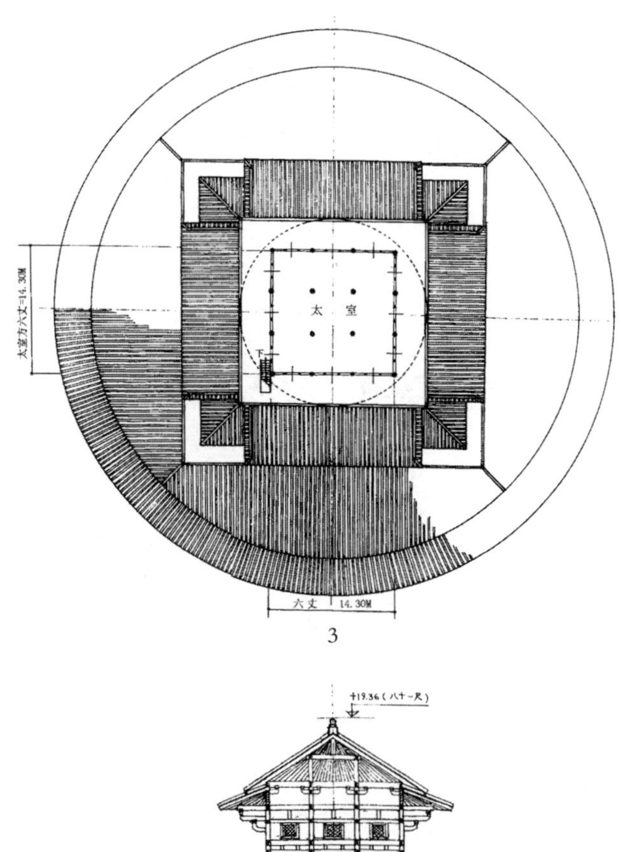

3

4

图8-6　明堂复原图(杨鸿勋先生复原)

1.底层十二堂平面图　2.中层八室平面图　3.上层太室平面图　4.明堂复原剖面图

(采自杨鸿勋:《宫殿考古通论》,第325—328页)

筑。上层平台每面有五间建筑，墙壁涂有东青、西白、南朱、北黑四种颜色以代表四个方向。另外，上层平台西面五间建筑的后面，又加辟五间内室（图8-7）。推测，此可能是《晋书·天文志》所载“张平子（张衡）既作铜浑天仪于密室中”的“密室”处[①]。

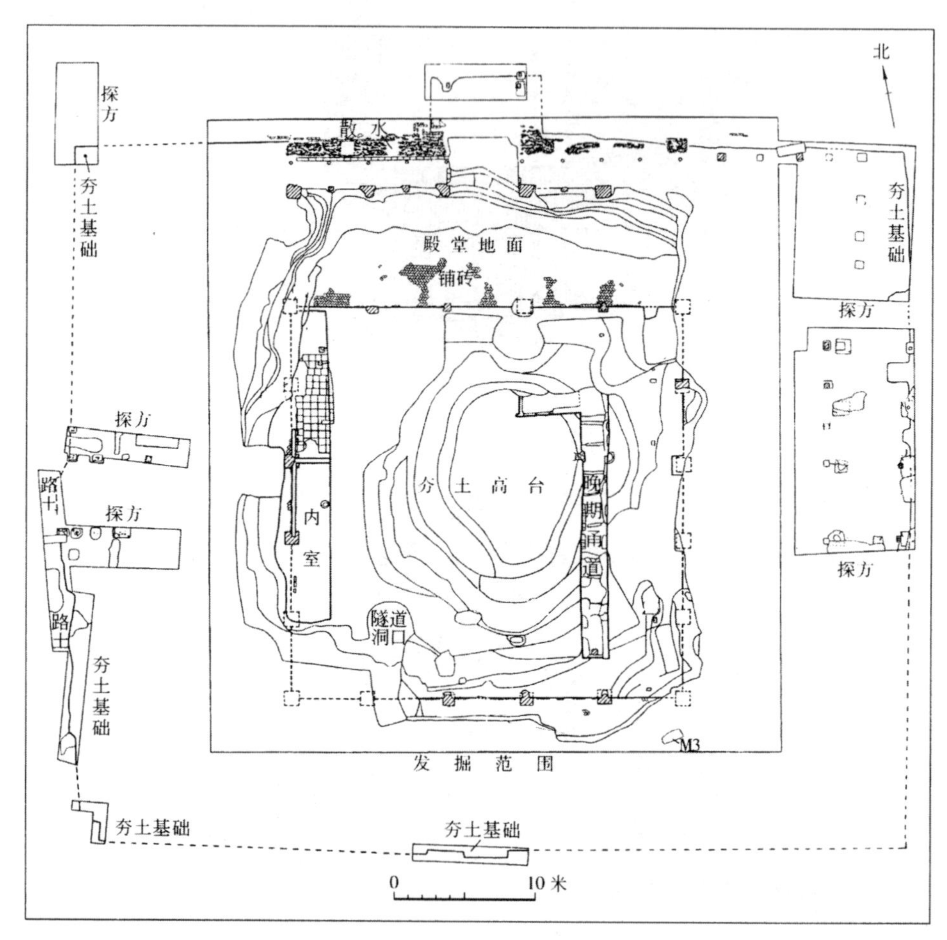

图8-7　灵台中心建筑基址平面图

（采自刘庆柱：《中国古代都城考古发现与研究》[上]，第340页）

①刘庆柱、白云翔主编，中国社会科学院考古研究所编著：《中国考古学·秦汉卷》，第237—240页。

考古发现及文献记载表明，东汉的明堂、灵台、辟雍、太学是分立的。然而，前引东汉蔡邕在《明堂月令论》中则认为，清庙、太庙、明堂、辟雍、太学是“异名而同事，其实一也”。蔡邕是东汉人，应当知道当时的礼制建筑的实际情况，为什么他所说的与实际情况不一样。其实，蔡邕是综合了先秦两汉时期有关明堂的各家众说，将其统一附属到东汉明堂之中，描绘成了一座无所不包的礼制建筑，所以其称“异名而同事，其实一也”。

（七）东汉时期的商品货币经济

王莽时期破坏了西汉的五铢钱制度，造成了国民经济的大崩溃。后又经历连年的战争，使得东汉初期社会经济秩序比较混乱，有十多年时间没有铸钱，主要用旧的王莽钱、西汉五铢以及半两钱，并且货币与布帛、金、粟杂用，又退回到物物交易的经济状态中。

至刘秀后期经济好转。建武十六年（40），马援建议恢复五铢钱的铸造，当时的三公府（太尉、司空、司徒）极力反对，提出了十三条反对意见，即书载的“十三难”，马援进行了反驳，于是建武十六年开始铸五铢钱，史称“天下赖其便”[①]。传世五铢钱铜范母铸有“建武十七年”等字样，是鉴定东汉前期五铢钱的标准[②]（图8-8）。

到桓、灵时期，内戚、宦官乱争，造成了政治经济的大混乱，史称“主荒政谬”[③]。桓帝时，有人上书言：“人以货轻钱薄，故致贫困，宜改铸大钱”，桓帝便让群臣商议这件事怎么办。当时的刘陶对桓帝讲：问题“不在于货而在乎民饥”，即使“沙砾化为黄金，瓦石变为和玉，使百姓渴无所饮，饥无所食”，所以“民可百年无货，不可一朝有饥”，并尖锐地指出，假如老百姓因饥饿而纷纷起来反抗，“虽方尺之钱，何能

①《后汉书·马援传》，第837页。

②蒋若是：《东汉五铢钱》，《秦汉钱币研究》，中华书局，1997年，第207—231页。

③《后汉书·党锢列传》，第2185页。

图8-8　东汉刘秀建武十七年（41）五铢钱铜范母
（采自上海博物馆青铜器研究部编：《上海博物馆藏钱币·钱范》，上海书画出版社，1994年，第326—327页）

有救其危”①。刘陶的这番议论，在古代货币史上占有一定地位。对此他提出了一项根本性的理论，在他看来，增加货币的数量，并不等于增加人民的真实财富，既不能止渴，也不能充饥，另外，当时百姓穷困饥饿的根源在于农业生产未得到充分发展，而且剥削过重，农民被掠夺殆尽，只有发展农业生产，轻徭薄赋，减少人民负担，才能保证人民的最低需要，这些都不是靠铸钱能解决的。刘陶生活在黄巾大起义前夕，他觉察到了当时阶级矛盾的尖锐，所以提醒以桓帝为首的统治者，假如有人振臂高呼，爆发农民起义，就是铸方尺之钱，也无济于事了。桓帝听信了刘陶的话，没有铸大钱。

由于东汉后期整个经济的衰落，货币不能稳定，出现了剪轮钱和延环钱，即一个五铢凿成两个用。灵帝中平三年（186）为了禁止剪轮钱和延环钱，铸了“四出五铢”，但仍不能制止货币的混乱局面，致使货贱物贵，谷石数万，货币几乎不行，又出现了以物易物的现象，使商品货币经济降落至最低点（图8-9）。

①《后汉书·刘陶传》，第1847页。

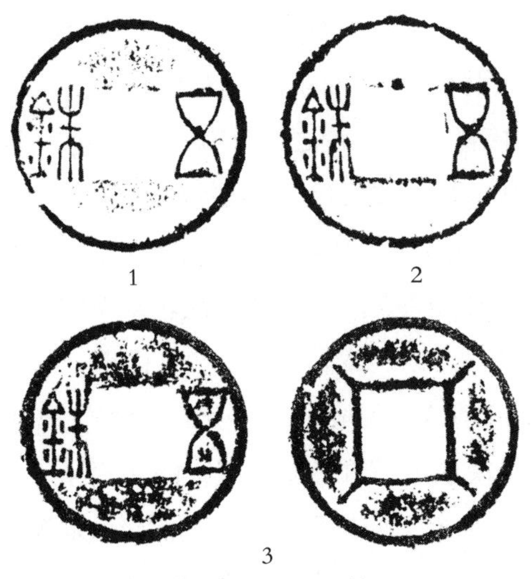

图8-9　东汉五铢

1.建武五铢　2.穿上星五铢　3.灵帝中平三年铸“四出五铢”
（采自国家文物局《中国古钱谱》编撰组：《中国古钱谱》，第137、139页）

（八）东汉帝陵的礼制规划

据考古勘察资料结合文献记载，东汉帝陵陵园的布局与西汉帝陵陵园相比，发生了较大变化，主要表现为：（1）将皇帝与皇后的“异穴并葬”改为“同穴合葬”，这样就由西汉时帝、后各筑陵园变为共筑一个陵园，并且从明帝开始又将陵园的围墙改成“行马”（竹木做的屏篱）。（2）西汉帝陵封土为覆斗形，东汉帝陵封土为圆形。（3）西汉帝、后陵都是坐西向东，东汉帝陵则改成坐北向南。（4）西汉帝陵的方形陵园四面正中均设门，东面为正门，东门向东有一条宽大的神道（或称司马道），神道两侧对称埋有大量陪葬墓。而东汉帝陵的方形陵园（或行马）有四出司马门，以南面正中“司马门”为正，南“司马门”向南应是神道。（5）西汉帝、后陵分别置陵寝于墓侧，其方位不固定。由于东汉帝、后同穴合葬，故陵寝共享一处，多建在陵墓南面的“司马门”之内，或东面的“司马门”之内。从明帝显节陵开始又新增了石殿。（6）西汉时分别于各帝陵旁立庙。东汉各帝陵旁不再立陵庙，实行集中庙制，将宗庙建在都城之内，呈“左祖右社”布局。(7)西汉从高祖长陵到宣帝杜陵，均在陵园旁设有陵邑，而东汉帝陵不设陵邑。

虽然东汉帝陵陵园布局较之西汉有较大变化，但在陵墓的祭祀制度、祭祀理念上基本是承袭西汉。东汉的陵墓祭祀主要还是在“便殿”中举行。《续汉书·礼仪下》载：东汉皇帝大丧，棺柩葬入墓中后，“容根车游载容衣。司徒至便殿，并輦骑皆从容车玉帐下。司徒跪曰‘请就幄’，导登。尚衣奉衣，以次奉器衣物，藏于便殿。太祝进醴献”。容根车载着已死皇帝的魂衣，在司徒的导引下至便殿，便殿床榻上设有幄帐，中黄门尚衣将魂衣安置在便殿幄帐内，然后由太祝主持进行祭奠之礼。此对祭祀大典在“便殿”中进行，说明在东汉时期，“便殿”仍然是陵园的正殿，在此正殿隆重祭奠死者。皇帝下葬当日在“便殿”中举行的祭祀大典，应是沿用先秦周制“日中而祭”的安神之礼。据《续汉书·礼仪下》记载，东汉皇帝大丧也实行虞祭之礼：“皇帝、皇后以下皆去粗服，服大红，还宫反庐，立主如礼。桑木主尺二寸，不书谥。虞礼毕，祔于庙，如礼。”此“祔于庙，如礼”正是先秦丧葬时虞祭后，奉神主祔于庙。《仪礼·既夕礼》载：“卒哭，明日以其班祔。”郑玄注：“班，次也。祔，卒哭之明日祭名。祔犹属也，祭昭穆之次而属之。”但东汉时虞祭之礼的具体仪节与先秦周制有别，而应承袭于西汉。先秦是将魂衣安置在宫寝中进行虞祭之礼，汉代已将魂衣安放在陵寝的便殿，所以，东汉在便殿举行的葬日祭奠就应类似于西汉的虞祭。东汉时，不仅虞祭在陵寝的便殿举行，而且虞祭后的卒哭祭、小祥祭、大祥祭、禫祭也是在陵寝中举行。《续汉书·礼仪下》载：“皇帝近臣丧服如礼。醳大红，服小红，十一升都布练冠。醳小红，服纤。醳纤，服留黄，冠常冠。……每变服，从哭诣陵会如仪。祭以特牲，不进毛血首。”此是讲虞祭后举行祥祭、禫祭时变换丧服的礼仪，这些祭祀都要“诣陵”举行，也就是到放置魂衣的便殿中举行，可见东汉帝陵陵寝的“便殿”仍然是祭祀安神的“中央正殿”。若依周制，祭祀活动本应在宫寝、宗庙中举行，但东汉时期转移到了陵寝中，这应当与东汉明帝实行上陵礼有关。

刘秀建立东汉王朝，承袭西汉刘姓帝统，一些礼仪制度主要是沿用西汉传统，丧葬礼仪也不例外。所以，刘秀建陵墓也如西汉帝陵一样建有陵寝，一系列的丧葬之礼要在陵寝中举行，如上举《续汉书·礼仪志》中置魂衣于便殿并在便殿中举行祭祀等。与丧葬礼仪紧密相关的还有宗庙建制，但是，光武帝时期宗庙祭祀制度还没理顺，存在一些不可避免的矛盾（见上文“左祖右社”节）。刘秀最初制定的宗庙制度，到其死时举行丧葬之礼却出现了问题。按丧葬之礼，葬后要举行“班祔”，在宗庙中为新的神主班列昭穆次序，之后再将新神主接回寝中祭祀，到服期满才迁神主入庙。刘秀死后虽尊其为世祖，但世祖光武庙则是刘秀死后三年即明帝永平三年才建成投入使用[①]。所以，将刘秀的神主祔于京师的高祖庙不合适，因辈分不合；祔于南阳祖坟的陵庙也不合适，因四亲祖均各自有陵庙，不是宗庙，且刘秀作为世祖皇帝，其神主也不好附于祖辈的王侯庙；而刘秀的原陵不设陵庙。这样，刘秀的神主便安置于陵寝中以享丧祭之礼，明帝也只能率公卿群臣上陵拜谒其父神主[②]。这大概是明帝实行上陵礼的真正原因。

汉灵帝建宁五年（172）正月，司徒掾蔡邕随驾参加了光武帝原陵的上陵礼，评议曰：“光武即世，始葬于此。明帝嗣位逾年，群臣朝正，感先帝不复闻见此礼，乃帅公卿百僚，就园陵而创焉。……以明帝圣孝之心，亲服三年，久在园陵，初兴此仪，仰察几筵，下顾群臣，悲切之心，必不可堪。”[③]汉明帝为其父光武帝“久在园陵”亲服三年，正是儒家所倡导的“三年之丧”之礼。东汉时期，“三年之丧”盛行，蔚然成风，大概与明帝的带头作用不无关系。但明帝并不会三年全部时间都在园陵服丧，

① 《后汉书·显宗孝明帝纪》：永平三年，“冬十月，蒸祭光武庙，初奏文始、五行、武德之舞”。

② 《后汉书·显宗孝明帝纪》：“永平元年春正月，帝率公卿已下朝于原陵，如元会仪。”

③ 《续汉书·礼仪上》刘昭注引《谢承书》，第3104页。

而应是按礼制行三年之丧礼，即在陵寝中举行卒哭、小祥、大祥、禫祭之丧礼。这也正是《续汉书·礼仪志》所记“皇帝近臣丧服如礼”，“每变服，从哭诣陵会如仪”制度形成之缘由。

论者对明帝实行上陵礼多有评议，如顾炎武评论说：“后汉明帝永平元年‘春正月率公卿以下朝于原陵，如元会仪’，而上陵之礼始兴。……而‘（永平）十七年正月明帝当谒原陵，夜梦先帝、太后，如平生欢，既寤，悲不能寐，即案历，明旦日吉，遂率百官及故客上陵。……’此特士庶人之孝而史传之以为盛节，故陵之崇、庙之杀也，礼之渎、敬之衰也。”[①]杨宽进一步阐述顾炎武的观点：“东汉政权之所以会推行‘上陵礼’，不是偶然的，正是当时社会上重视‘上墓’‘墓祀’的结果，也就是顾炎武所说把‘士庶人之孝’作为‘盛节’的结果。”并指出：“东汉以后，帝王对祖先的祭祀更加隆重，只是把这种隆重的祭祀典礼从宗庙迁移到了陵寝，使宗庙失去了重要作用”，“从此在统治者的祭礼中，陵寝的地位大大升高而宗庙的地位显著降低。”[②]顾、杨二氏的评议似乎有些偏颇，没有注意到上陵礼开始实行的真正原因。如上文所述，东汉实行上陵礼的主要动因，应是东汉初期由于帝统世系及辈分没理顺，致使宗庙祭祀一时处于窘境等。再者，认为上陵礼出现后，致使“陵之崇，庙之杀”“使宗庙失去了重要作用”“宗庙的地位显著降低”的观点也欠确切。自商周至秦汉乃至明清，历代王朝都将自己的宗庙奉为神圣不可侵犯之处，又何言帝王自己削弱其宗庙作用之举。况且，光武帝刘秀一开始建国立都，就将立庙作为头等重要大事，建武二年就在都城洛阳建立以汉高祖刘邦为首的宗庙。光武帝死后，明帝尊其为世祖，明帝永平三年世祖庙开始启用，成为以世祖刘秀为首的宗庙建制。至“灵帝时，京都四时所祭高庙五主，世祖庙七主，少帝三陵，追

---

①〔清〕顾炎武撰，〔清〕黄汝成集释，栾保群、吕宗力校点：《日知录集释》卷十五“墓祭”条，中华书局，2020年，第1255页。

②杨宽：《中国古代陵寝制度史研究》，第40—43页。

尊后三陵，凡牲用十八太牢”[①]。世祖庙七主分别为：世祖光武帝、显宗明帝、肃宗章帝、穆宗和帝、恭宗安帝、敬宗顺帝、威宗桓帝七神主。殇帝、冲帝、质帝皆年小而崩，神主不列于世祖庙，“就陵寝祭之”。皇后神主皆分别配享于世祖庙，但和帝母梁贵人、安帝祖母宋贵人、顺帝母李氏是被追尊为后的，故此三后的神主“就陵寝祭之”。可以看出，东汉时期对宗庙祭祀是非常重视和严格认真的。查阅《后汉书》各帝纪，每位新即位皇帝都要首先拜谒高庙、光武庙，遇到奇异之事，也要到宗庙中拜谒。又东汉皇帝每年“正月上丁，祠南郊。礼毕，次北郊、明堂、高庙、世祖庙，谓之五供。五供毕，以次上陵”[②]，并且对宗庙的祭祀为一岁五祀，时间依次为春正月、夏四月、秋七月、冬十月及腊月[③]。由此也可以看出东汉各代皇帝对宗庙祭祀的重视程度。更为重要的是，东汉时期是以“左祖右社”的格局在都城洛阳建立宗庙和社稷的。“左祖右社”是都城建筑规划的核心内容，是《周礼·考工记》所记载的理想化的都城设计方案，“朝”是政权所在，“社”是神权所在，“祖”是祖权所在，“朝”“祖”“社”三位一体，集中反映了政权、祖权和神权紧密结合的意识形态，在上层建筑领域充分体现了政权是利用神权和祖权来维护其统治地位的。这种“左祖右社”的都城规划格局，一直为历代王朝所沿用。因此，认为东汉上陵礼出现后，致使“陵之崇、庙之杀”“使宗庙失去了重要作用”“宗庙的地位显著降低”的观点是值得商榷的。当然，东汉时期宗庙制度也有重大改革。《宋书·礼志》载：“光武以中兴崇俭，七庙有共堂之制。”《隋书·音乐志》载：“昔汉氏诸庙别所，乐亦不同，至于光武之后，始立共堂之制。”这就是说，光武帝刘秀将传统的“天子七庙”制以及西汉“诸庙别所”制改革成诸神主“共堂之制”。明

---

①《续汉书·祭祀下》，第3197页。
②《续汉书·礼仪上》，第3102页。
③《续汉书·祭祀下》，第3193页。

帝以后，东汉诸帝皆“遵俭无起寝庙”，神主均藏于世祖庙中[1]。东汉这种诸帝神主一庙“共堂”的宗庙建制，为以后历代王朝所沿用，并形成后来的太庙制度。

明帝开始实行的上陵礼，不仅使宗庙祭祀和陵寝祭祀制度有所变化，而且使陵寝的建筑格局也发生了变化。东汉伏无忌《古今注》记载了东汉帝陵的陵寝建制情况[2]，根据所述陵寝格局，可分两种建制。一种是设有寝殿，另附有管理设施。如：光武帝原陵，寝殿、钟虡皆在周垣内；殇帝康陵，寝殿、钟虡在行马中，因寝殿为庙，园吏寺舍在殿北；冲帝怀陵，为寝殿行马，园寺吏舍在殿东；质帝静陵，寝殿、钟虡在行马中，园寺吏舍在殿北，因寝为庙；冲帝怀陵虽没注明“因寝殿为庙”，但据三少帝神主均在陵寝中进行祭祀，冲帝寝殿也应是“因寝殿为庙”；以及《续汉书·祭祀志》所载被追尊的三位皇后神主也是“就陵寝祭之”。这种“因寝殿为庙”的建筑格局，蔡邕《独断》讲得更清楚：“宗庙之制，古学以为人君之居，前有朝，后有寝，终则前制庙以象朝，后制寝以象寝。庙以藏主，列昭穆。寝有衣冠几杖，象生之具。总谓之宫。……古不墓祭，至秦始皇出寝，起之于墓侧，汉因而不改，故今陵上称寝殿，有起居、衣冠、象生之备，皆古寝之意也。”蔡邕所讲“皆古寝之意也”，道出了陵寝的来源，秦汉陵墓的寝殿源于先秦“前朝后寝”或“前庙后寝”的建筑形式。蔡邕所述陵寝的建筑格局及用途，与《古今注》中“因寝殿为庙”的“寝殿”及《汉书》《续汉书》中用于祭祀大典的“便殿”是完全一致的，可以说是同一祭祀建筑的不同名称，以“象生之具”而名之“寝殿”，以祭祀安神之意而名之“便殿”。蔡邕是灵帝时的司徒掾，又曾随灵帝参加过原陵的上陵之礼，他描述的陵寝建筑格局及用途是不会有问题的。另一种建制是，除寝殿外新增“石殿”，“寝殿”挪至

---

①《续汉书·祭祀下》，第3196—3197页。

②《续汉书·礼仪下》刘昭注引《古今注》，第3149页。此引文应是东汉伏侯《古今注》内容。

旁侧。这一建制是从明帝显节陵开始的，如：明帝显节陵，石殿、钟虡在行马内，寝殿、园省在殿东，园寺吏舍在殿北；章帝敬陵，石殿、钟虡在行马内，寝殿、园省在东，园寺吏舍在殿北；和帝慎陵，石殿、钟虡在行马内，寝殿、园省在东，园寺吏舍在殿北；安帝恭陵，石殿、钟虡在行马内，寝殿、园吏舍在殿北；顺帝宪陵，石殿、钟虡在司马门内，寝殿、园省寺吏舍在殿东。此种新的陵寝建制，显然"石殿"已成为整个陵寝的正殿，是举行重大祭祀活动之处，"寝殿"则位于"石殿"东侧或其后，真正成了专藏衣冠之所。《续汉书·礼仪志》记载东汉皇帝大丧时在"便殿"举行重大祭奠，而没有提及"石殿"，这是因为《古今注》与《礼仪志》所讲的角度不同，《古今注》是讲陵寝的建筑格局，而《礼仪志》是讲丧葬礼仪程序，从格局上看虽然"石殿"代替了"寝殿"的位置，但从功用上看依然是祭祀安神之正殿，《礼仪志》从丧葬程序的角度仍然可称"石殿"为"便殿"。东汉顺帝宪陵陵园已经发掘，在陵丘东侧发现东西排列的两处大型宫殿建筑基址，被推测为宪陵的石殿和寝殿遗址，这印证了东汉帝陵陵寝建制的新格局①（图8-10）。

四、小结

通过对东汉洛阳城的考查与研究，可以看出有以下主要的礼制文化特点：

（1）刘秀在原郡治洛阳城的基础营建都城，由于受原城址所限，其整体布局并不完全符合传统都城的礼制规划，但在某些方面仍按传统的都城规划理念进行增建，如遵循传统建制的"一门三道"。"左祖右社"则已正式纳入都城的建制，为后世历代王朝建都所遵从。

（2）南宫四面辟门，分别名之青龙、白虎、玄武，南门虽不名朱雀

①洛阳市文物考古研究院编著：《洛阳朱仓东汉陵园遗址》，中州古籍出版社，2014年。

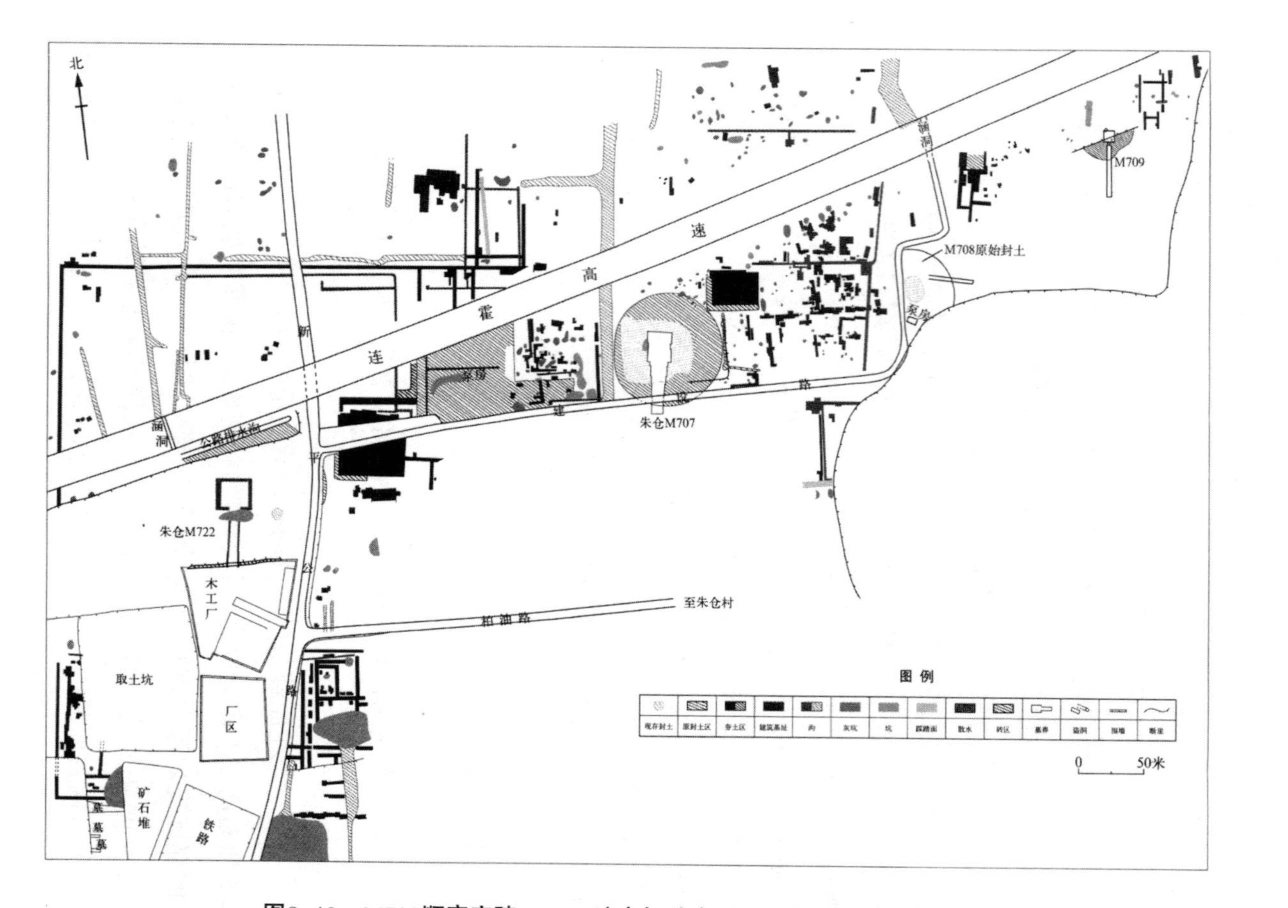

图8-10　M722顺帝宪陵、M707冲帝怀陵东侧石殿和寝殿遗址平面图
（采自洛阳市文物考古研究院：《洛阳朱仓东汉陵园遗址》，第17页）

门，但北宫南门名朱雀门，正符合“青龙白虎掌四方，朱雀玄武顺阴阳”的思想信仰。这些是阴阳五行观念在都城营建中的体现。

（3）在宗庙建制上进行了重大改革，实行诸帝神主一庙“共堂”的宗庙建制，为以后历代王朝所沿用，并形成后来的太庙制度。

（4）关于明堂、灵台、辟雍、太学的建制，两汉时期聚讼不已，但据考古勘察的各遗址与文献记载，已证实四者是分立的，各有不同的用途。明堂主要用于举行祭天之礼，灵台用于望气观天象，辟雍用于举行射礼和养老礼，太学为教授经学之处。明堂、灵台、辟雍均是依阴阳五行的理念而建。

（5）东汉帝陵一改西汉陵旁立庙制度，将各帝神主纳入都城宗庙。刘秀死后虽尊其为世祖，但世祖光武庙则是刘秀死后三年即明帝永平三年才建成投入使用。所以，如果将刘秀的神主祔于京师的高祖庙，因刘秀辈分在西汉成、哀、平三帝之前，不好排入，刘秀的原陵又不设陵庙，这样，刘秀的神主便安置在陵寝中以享丧祭之礼，明帝只能率公卿群臣上陵拜谒其父神主，由此便形成了东汉历代皇帝到刘秀原陵举行的“上陵礼”。

总之，东汉都城洛阳已形成典型的古代都城礼制文明之模式，对此后历代都城礼制文明建制有着深远影响。

第九章　结语

通过对先秦两汉都城礼制文明进行系统的研究，可以看出中国古代城市文明是一种礼制性的文明，依其自身的发展轨迹不断完善，这是中国古代城市文明的显著特色。

新石器时代最早出现祭祀性遗迹，但规模都比较小，墓葬中所出祭祀用具也比较简单，反映了当时人们最为朴素的思想信仰，相信万物有灵，认为一些事物的发生和变化都是神的旨意，于是出现了对天地诸神的崇拜，以及对诸神进行祭祀的礼俗。祭祀的目的也比较单纯，就是祈求天地诸神保佑风调雨顺，五谷丰登，生活平安。

发展到新石器时代后期，各地发现的祭祀遗址的规模庞大，并且集中，在各地发现的大中型城址内，祭祀遗址是最为突出的建筑，祭祀用的法器也多集中在最主要的大墓之中。这一切都表明，祭祀的性质发生了质的变化，由原来朴素的思想信仰演变成了一种特权，即神权。掌握这一特权的应是氏族、部落或部落联盟的首领，他们利用神权来行使领导权，而神权高于一切，这样便逐渐形成了最初的国家，也即“神权国家”。

夏、商、周三族群均是由原始部落联盟进入最初国家文明的，强势的政权还不十分牢固，往往沿袭先前的思维逻辑和思想观念，依靠天地神、祖先神来运转和维护政权，所以将神权和祖权奉为最高权力。因此“昔者虞夏商周三代之圣王，其始建国营都日，必择国之正坛，置以为宗庙，必择木之修茂者，立以为菆社”。这在夏都二里头遗址、商代四座都城遗址中通过以祭祀建筑为中心的布局得以充分反映，也由殷墟发现大量祭神、祭祖卜辞得以印证。

西周王朝祭祀的对象与商王朝类似，主要还是天神、地神和祖先神，其祭祀的目的更为明确，即借用神权来治理国家。《周礼·春官·大宗伯》：“大宗伯之职，掌建邦之天神人鬼地祇之礼，以佐王建保邦国。”周人认为，天神、地神、祖神是立国之本，对其进行虔诚的祭祀，才能安邦治国。因此，周王朝对都城的设置仍然是将宗庙和社坛作为主体建筑。周人对天地神、祖先神的祭祀更具实际意义，强调周王受命于天，是直接替天行命，这比商代王权与神权的关系更进了一步。周王首创“王权神授”的思想观念，以此来加强周王的统治权力。周王成了上天的儿子，是“天子”，故称“周天子”。并且只有周天子才有祭天的资格，也就是只有周天子才有替天行命的权力。由于西周王朝是凭借上天之命、依靠宗法制度来进行统治的，所以宗庙和社坛是其“行政”的重要场所，凡国之大事均要在宗庙、社坛中举行。这些礼制化的特质在西周铜器铭文中均有记载，在岐邑周原遗址、宗周丰镐遗址的考古发现也可佐证。

周王为了加强对神权的实际运用，便制定了更加系统的礼仪制度，将神权、祖权与政权紧密结合，形成了独特的礼制性社会形态。

先秦文献非常明确地指明了礼与政的关系：

礼，国之干也。（《左传·僖公十一年》）

礼，政之舆也。（《左传·襄公二十一年》）

夫礼，国之纪也。（《国语·晋语四》）

礼以体政，政以正民，是以政成而民听，易则生乱。（《左传·桓公二年》）

礼者，政之挽也。为政不以礼，政不行矣。（《荀子·大略》）

见其礼而知其政，闻其乐而知其德。由百世之后，等百世之王，莫之能违也。（《孟子·公孙丑上》）

礼典，以和邦国，以统百官，以谐万民。（《周礼·大宰》）

礼者，君之大柄也，所以别嫌明微，傧鬼神，考制度，别仁义，所以治政安君也。（《礼记·礼运》）

可以看出，三代之“礼”与礼俗习惯、人情世故等寻常之礼不同，有其特定的内涵，是一种治国安邦的制度，具有有效治理国家的政治功能和协调等级关系的整合功能。所以说，夏商周三代是独特的礼制性社会。从考古学文化特征看，新石器时期各地均有不同的文化特征，至夏商周时期各地文化逐渐趋同，均呈现出浓厚的礼制文化特征，这体现出礼制文明具有极强的向心性和统一性，全国各地正是在礼制文明的强烈影响下，进行大融合、大统一的。这不仅是物质文化的融合和统一，而且是思想观念上的融合和统一，故对于夏商周三代统一的政治格局的形成，礼制文明发挥了非常重要的作用。

东周时期，社会发生大变革，各国的都城规划较夏商周三代也有了大的变化，从建都理念上体现出国家政权性质的变革。东周列国都城虽各式各样，但均是由宫城和郭城组成，并且明确宫城是专为“君”而建，这与夏商周三代始建国营都要先置宗庙、立社坛不同，而是将筑宫城以守卫国君作为第一要事。东周时期各国宫城内的祭祀遗迹已很少见，社祀、宗庙等祭祀性、礼制性的建筑仍然存在，但已不在宫城之内，而是移至宫城之外。此正反映了集权制政权的权威上升，而神权则处于辅佐的地位。如果说，夏商西周时期，神权高于一切，国家政权完全在神权的护佑之下，还处于初级国家阶段，那么至东周时期，各诸侯大国已步入成熟的国家阶段，集权制的政治体制逐渐确立。至秦汉时期则完全成为集权国家政体。

西汉都城长安、东汉都城洛阳之营建，均体现了集权制的规划理念。帝王之居“建中立极”的建筑格局突出表现其至高无上的特殊地位，中央官署分列其侧，体现了集权制的都城规划方式。同时还融入了礼制文化内容，如大朝两侧的“左祖右社”，分祀五帝及诸神于都城四郊，祭天神于南郊，祭地祇于北郊，都城南郊建立明堂、灵台、辟雍等。这些礼制性建筑都是为集权制政权服务的，以在意识形态领域维护集权制政体。由汉代逐渐形成的新的都城规划理念，成为以后历代王朝所沿用的都城建制。

先秦两汉都城礼制文明比较明确地反映出社会形态发展的阶段性。新石器时代晚期的城市主要反映出神权与王权的结合，王在各氏族部落中产生，“由巫而史而为王者的行政官吏，王者自己虽为政治领袖，同时仍为群巫之长”[①]。这就实现了世俗王权与神权的紧密结合，王权利用神权来行使领导权，使松散的原始氏族发展为有紧密联系的氏族部落联盟实体，由此逐渐形成最初的国家，也即氏族部落联盟性质的“神权国家”。这是中国古代文明发生质的重大演变的第一阶段。

夏、商、周三族群均是由原始部落联盟进入最初国家文明的。夏族兴起于西羌。《史记·六国年表》载：“禹兴于西羌。”《集解》引皇甫谧云：“孟子称禹生石纽，西夷之人也。”夏族是西部“九州之戎”部落联盟中的强族[②]，以其为首建立了部落联盟性质的“神权国家”。东部则是以商族为首建立的部落联盟性质的“神权国家”。《吕氏春秋·异用》记，商汤时的诸部族闻商汤之德泽及禽兽，均来归附，“汉南之国闻之曰：‘汤之德及禽兽矣。’四十国归之”。虽然这是后期文献，但殷墟卜辞中有记载殷人伐诸方国的现实记录。并且甲骨卜辞还记载了商王令“王族”征伐诸方国之事：“庚辰，令王族比𠂤”（《屯南》190）[③]；“己亥贞，

①陈梦家：《商代的神话与巫术》。
②顾颉刚、刘起釪：《〈尚书·甘誓〉校释译论》。
③中国社会科学院考古研究所：《小屯南地甲骨》。

令王族追召方”（《南北》616）[1]；“己亥，历贞，三族王其命追召方”（《京津》4387）[2]商代已将不同氏族部落区分为不同的“族”，商族是当时部落联盟中的最强大之族，商王朝是以商族为首建立的部落联盟性质的“神权国家”。周族也是“西土之人”。《尚书·牧誓》载，周武王在牧野誓师时，开首即自称“逖矣，西土之人”，然后乃向“庸、蜀、羌、髳、微、卢、彭、濮”八族士兵誓师灭商，说明这八族均是西方部族，并且周武王是奉上天之命率部落联盟灭商的。武王曰：“为鉴不远，在彼殷王。……上帝不常，九有以亡。上帝不顺，祝降其丧。惟我有周，受之大帝。”[3]周率八族联盟灭商后，建立了以周族为首的周王朝，并采取分封制对全国进行控制，《左传·昭公二十六年》记“昔武王克殷，成王靖四方，康王息民，并建母弟以蕃屏周”。周王朝将同姓子弟分封到全国各地，对一些异姓也进行了分封，于是在全国形成了以周族为主导的宗法式统治体系。《诗经·大雅·板》云：“大邦维屏，大宗维翰，怀德维宁，宗子维城。”郑笺云：“王者天下之大宗。翰，干也。……大宗，王之同姓之适子也。王当用公卿诸侯及宗室之贵者，为藩屏垣干。”周天子为大宗，为“百世不迁”之宗[4]，其他各封国国君在其封国内也是“百世不迁”之宗，但相对周天子则为小宗，要维护周天子这一大宗，此种宗法形式推行至各封国，使全国形成了各级宗族贵族相互维护而“百世不迁”的“宗族国家”。

可以看出，夏商周三代是以强势的族群掌控国家政权，依靠血缘关系和宗法制度来进行统治，而“礼制”则是维护其宗法统治的重要

①胡厚宣：《战后南北所见甲骨录》，来熏阁书店，1951年。

②胡厚宣：《战后京津新获甲骨集》，群联出版社，1954年。

③《墨子·非命下》引周武王《太誓》语，见许嘉璐：《诸子集成》（上册），第96页。

④《礼记·大传》：“别子为祖，继别为宗，继祢者为小宗。有百世不迁之宗，有五世则迁之宗。百世不迁者，别子之后也。宗其继别子之所自出者，百世不迁者也。宗其继高祖者，五世则迁者也。”

理论根据,《左传·隐公十一年》载“礼,经国家,定社稷,序民人,利后嗣者也。”三代将原本部落联盟性质的“神权国家”,逐渐转化成了以血缘关系为纽带、以宗法关系为准则、以礼仪制度为保障的强势宗族性质的“礼制国家”。这是中国古代文明发生质的重大演变的第二阶段。

东周是大变革时期,维护统治秩序的宗法制度松弛,礼乐制度遭到破坏,社会各阶层关系重新分化,冲破宗法、礼制束缚的强势政治势力纷纷出现,《论语·季氏》载“天下无道,则礼乐征伐自诸侯出”。由此,夏商周以血缘关系为纽带的强势宗族性“礼制国家”政体也就退出历史舞台,代之而来的则是新兴的集权制政体的兴起。各诸侯国都城均筑起“大朝”政殿,并制定了大朝“礼仪”,国之大事均在大朝中进行朝议,最后由国君根据朝议集中裁定,体现出各诸侯国初步产生集权制政治体制。两汉时期,逐渐确立了大朝政殿“建中立极”的位置,两侧“左祖右社”以辅佐,分祀诸神于四郊以拱卫,完全形成了一种新的都城营建格局,从而表现出社会的发展已进入成熟的集权制国家形态。这是中国古代文明发生质的重大演变的第三阶段。

当然,秦汉之后,夏商周三代所创造的独特的礼制文明并没有就此消失,尤其是其特有的向心性、统一性的特质,在历代王朝始终是意识形态领域的精神支柱,继续维护着全国大一统的政治格局。中国历史上改朝换代屡屡发生,其间还有几次北方民族入主中原,但即使如此,传统的礼制文明也从未中断,这是中华古代文明有别于世界其他国家的一个重要特征。而广义的礼仪文明则成了人们的道德规范和行为准则,《论语·季氏》说“不学礼无以立”,这是中国古代礼仪文明的重要社会价值所在。

总之,通过对先秦两汉都城礼制文明的研究可以看出,都城既是物象的行政规划形式,又是政治和意识的体现。礼制为复杂的国家机器服务,以处理人与人、人与神、国与国等关系,维护统一的社会秩序,这构成了中国古代城市文明的显著特色，并展示了中国古代文明漫长而复杂的演变历程，呈现了中华文明独特的发展轨迹。

后　记

拙著是2016年国家社会科学基金资助项目成果，2022年项目结项，结项鉴定等级为优秀，五位匿名评审专家予以极高的评价：

评审专家一：我国一直以“礼仪之邦”为自豪，在相当长的时间里，礼仪一直是我国古代文明的重要特征。进入文明社会以来，随着国家的建立，都城逐渐成为国家最重要的礼仪中心，集中了当时最高和最核心的礼仪制度，成为研究当时礼仪制度的最重要地点。本课题以都城礼仪制度为题开展的研究，抓住了古代礼仪制度研究的核心，并从长时段上开展了不同时期都城礼仪文化的发展与对比研究，从过去多集中在都城布局、功用的考古学研究，升华到当时政体形态、社会形态的发展研究之中，其以都城、建筑而探讨的礼仪制度发展，超越了过去以文献、以器物为主要对象的礼制研究。是一项非常值得称道的开创性工作，具有重要的理论价值。建议尽快修改出版。

评审专家二：作者在礼制文明的视角下，对史前城址、夏商周都城遗址、东周列国都城、秦都城、西汉长安城、东汉洛阳城的形制布局，尤其是与都城相关的祭祀、宗庙、陵墓、手工业商业等遗存，作了全方位、长时段的考察，全面论述了中国古代文明产生与发展的独特历程。

近年来，随着中华文明探源工程的开展，对于中华文明如何产生发展、其特质如何、要素有哪些等问题有许多论述，有的大家意见一致，有的则众说纷纭。关于中华文明的要素，大家意见并不一致，但比较一致地认为，城市是文明最为重要的要素。为什么城市最重要，就是因为城市包涵了最多人类文明的成就，其中就包括礼制文明。关于礼制文明，此前很少有研究者对其进行系统的研究，更无人对此做长时段的考察。作者以礼制文明为视角，对城市产生以来，特别是进入夏商周以后的都城遗址进行了长时段考察，得出了全新、系统的认识。作者把都城布局、功用的考古学研究，上升到政体形态、社会形态、社会发展等方面研究的高度，揭示出中华文明发展演变的独特轨迹，为读者描绘了一幅礼制文明演进的画卷：由原始崇拜到祭祀权力的集中，到神权、祖权的产生，到三代神权、祖权与政权紧密结合的政体形成，再到东周秦汉时期中央集权政体的产生。

作者利用了考古发掘成果、文献及甲骨文、金文资料和学界已有的研究成果，全书章节设置合理，论述清晰，结论可靠，研究成果将对中华文明探源具有很大促进作用。同意出版。

评审专家三：《先秦两汉都城礼制文明研究》系统梳理了目前的考古发现成果，集中论述夏、商、西周、东周以及两汉都城的礼制文化，指出中国古代城市文明的特征就是有一种礼制性的存在，通过物象的行政规划形式来体现统治者政治和意识的价值。因此这个成果具有重要的学术价值和历史意义。具体而言，新石器时代晚期的城市主要反映出神权与王权的结合，出现神权至上的社会形态，出现了“神权国家”。夏商周时期，对天地神、祖先神的祭祀与政治统治紧密结合，并因此制定了维护统治秩序的礼仪制度。此时城市的规划首先要营建宗庙和社稷，实际上就是以神来治民，以礼来治国。到了东周时期，主要体现在“筑城以卫君，造郭以守民”，体现出的是集权制的政治体制。都城普遍在宫城之内构筑高台，此高台建筑是“大朝”正殿所在。秦汉时期确立了“建中立极”的宫室礼制特点，形成了左祖右社的格局，尤其是郊祀制度的形成以及明堂、灵台、辟雍等礼制建筑的建立，对魏晋隋唐有很大影响。这些结论都是作者深入探讨的论点，符合历史发展的实际，具有很强的学术导向和理论价值。

评审专家四: 选题意义方面:先秦时期是中国文明的起源阶段,包括建筑礼仪、思想文化等,这些对后世文明的发展产生了深远的影响。礼制建筑中蕴含着礼制的思想,从新石器晚期时代到汉代,礼制建筑不仅体现了当时建筑水平,同时也是礼制、政治制度等多方面的反映,因此选题具有重要意义。

研究方法方面:文章从史前时代礼制至两汉都城礼制遗存为研究对象,运用考古类型学、聚落考古、古文献结合等方法,对我国古代早期礼制遗存进行梳理,从建筑礼制方面进行综合分析。研究方法得当。

新石器时期以来至汉代,考古在黄河、长江流域发掘发现了很多大型夯土的建筑遗址,其中不少为礼制建筑。如在山西襄汾陶寺遗址,就发现了宫殿区、祭祀区等不同功能的区域。夏商时期偃师二里头、郑州商城、洹北商城、殷墟等都有大量建筑遗存,商周以后这些发现更多,为建筑礼制研究提供了新的资料。礼仪制度是华夏文明的根本特征之一,它具有等级性、象征性和政治性特点。文章抓住了这些特征,对礼制建筑等级的特征进行阐述,文图并茂。

文章用翔实的考古资料,论证礼制建筑的形成与发展。从礼制建筑视角对不同地区不同阶段的礼制文明进行分析研究。资料收集全面,行文规范,是一篇重要著作。

评审专家五: 该成果依据历年考古发掘资料,在前人研究的基础上,运用考古材料与历史文献相结合的研究方法,对先秦两汉都城礼制文明进行综合研究。思路清晰,框架结构较为合理,材料较为翔实,引证符合规范,所得结论具有一定的学术价值和现实意义。作者有关秦雍城、咸阳以及西汉长安、东汉洛阳等都城礼制文明的研究成果,具有一定的新意。

此外,五位评审专家还提出了一些宝贵的修改建议,促使拙著得以较好的修改、定稿。对于五位匿名评审专家的良好评价及建议表示衷心感谢！

本书的出版得到方李邦琴北京大学人文学科文库出版基金赞助，深表感谢！

本书的插图由北京大学考古文博学院王蕻荃、杜心怡、何燕三位同学帮助扫描，学院方笑天老师协助查找资料和校对，北京大学出版社方哲君老师为本书的编辑出版付出诸多辛劳，在此一并致以深深的谢意！

高崇文

2024年5月30日

北大考古学研究丛书

沈睿文　主编

1. 林梅村:《西域考古与艺术》
2. 孙庆伟:《礼以玉成——早期玉器与用玉制度研究》
3. 林梅村:《波斯考古与艺术》
4. 曲彤丽:《旧石器时代动物考古研究》
5. 高崇文:《先秦两汉都城礼制文明研究》
6. 陈建立:《先秦时期铸铜业的中原与边疆》
7. 孙华:《考古学研究方法论》
8. 孙华:《中国古代铜器研究》
9. 方笑天:《两汉之变——两汉陵墓变革的考古学研究》
10. 崔剑锋:《源与流:古代重要资源开发与流通的科技考古观察》
11. 韦正:《汉晋考古学研究》
12. 秦岭:《中国农业起源与早期发展的考古学探索》
13. 杨哲峰:《秦汉墓葬的结构类型与区域变迁研究》
14. 何嘉宁:《军都山古代居民体质、健康与社会——人骨遗存的生物考古研究》
15. 方拥:《中国土木营造的制度和思想研究》
16. 陈凌:《中国境内祆教遗存考古学研究》
17. 彭明浩:《中原地区石窟崖面与窟前建筑研究》
18. 徐怡涛:《崇宁“营造法式”的滥觞与播越研究》

19. 雷兴山:《聚邑成都 两系一体——周原遗址商周时期聚落与社会研究》
20. 沈睿文:《中古时期墓葬神煞研究》
21. 邓振华:《中国早期农业化进程考古研究》
22. 倪润安:《拓跋起源的考古发现与研究》
23. 吴小红:《基于碳十四方法的夏商周年代研究》
24. 何嘉宁:《人骨遗存压力指证与古人健康状况重建研究》
25. 张颖:《长江下游地区新石器时代人地关系的动物考古学研究》
26. 张海:《中国田野考古学史(1921—2021)》
27. 李锋:《中国旧石器考古学研究史》